O AVESSO DO BORDADO

MARIANA FILGUEIRAS

O avesso do bordado
Uma biografia de Marco Nanini

1ª reimpressão

Copyright © 2022 by Mariana Filgueiras

Grafia atualizada segundo o Acordo Ortográfico da Língua Portuguesa de 1990, que entrou em vigor no Brasil em 2009.

Capa
Alceu Chiesorin Nunes

Foto de capa
Carol Sachs

Foto de quarta capa
Flavio Colker

Caderno de imagens
Mariana Metidieri

Pesquisa de imagens
Sérgio Bastos

Checagem
Érico Melo

Preparação
Angela Vianna

Índice remissivo
Probo Poletti

Revisão
Jane Pessoa
Gabriele Fernandes

Dados Internacionais de Catalogação na Publicação (CIP)
(Câmara Brasileira do Livro, SP, Brasil)

Filgueiras, Mariana
    O avesso do bordado : Uma biografia de Marco Nanini / Mariana Filgueiras. — 1ª ed. — São Paulo : Companhia das Letras, 2022.

    ISBN 978-65-5921-361-0

    1. Atores – Brasil – Biografia 2. Nanini, Marco, 1948- I. Título.

22-128257   CDD-791.092

Índice para catálogo sistemático:
1. Atores brasileiros : Biografia   791.092

Cibele Maria Dias – Bibliotecária – CRB-8/9427

Todos os direitos desta edição reservados à
EDITORA SCHWARCZ S.A.
Rua Bandeira Paulista, 702, cj. 32
04532-002 — São Paulo — SP
Telefone: (11) 3707-3500
www.companhiadasletras.com.br
www.blogdacompanhia.com.br
facebook.com/companhiadasletras
instagram.com/companhiadasletras
twitter.com/cialetras

Para a Rosinha

*Sempre se engraçando com a vida, sempre
com sua capa vermelha
gozando
o touro que o não ataca, antes o lambe
sem maiores problemas, se tornando
sempre
um vigilante sorridente
de seu próprio fracasso, sempre um autopalhaço
que com nenhuma graça se contenta
e, nos espelhos velhos do seu camarim abafado,
se desabafa, sempre lendo
as bulas pelo avesso, os jornais ao contrário,
a história a seu gosto,
botando sempre algo de seu nas coisas
que se encarregam, vistas,
de o fabricar e consumir, sempre o seguinte, o ghost-writer
sempre o seguidor da banda, o espião solitário
que investiga as chances de uma praça
onde só há memória e destroços,
memória e liberdade
e uma coisa branda que eu não sei o nome.*

Leonardo Fróes, "O caranguejo come a própria perna",
Esqueci de avisar que estou vivo, 1973

Sumário

Apresentação — A linha e o linho 11

Prólogo — "Isso é o teatro" 17

PARTE 1: 1940-69

1. Nasce uma estrela (laaaá no céu) 23
2. Manaus e as pirâmides do Egito 32
3. O saltimbanco Nanini 42

PARTE 2: 1970-79

4. Milton, Dercy e Afonso 63
5. A vida escrachada 79
6. Tragédia e comédia 92
7. "Quase indescascável" 108
8. O avesso do bordado 124

PARTE 3: 1980-2021

9. Lenta, gradual e segura 143

10. *Doce deleite* 161
11. *O mistério de Irma Vap* 174
12. Um caso de amor com a máquina 192
13. Somos tão jovens 212
14. *A Grande Família* 230
15. Um homem em cima de um palco pensando 255

Epílogo — "O teatro é a arte da morte" 279

Agradecimentos 291
Linha do tempo 297
Notas 305
Referências bibliográficas 319
Créditos das imagens 325
Índice remissivo 327

Apresentação
A linha e o linho

"Você não sabe o que descobri", disse Marco Nanini, ao abrir a porta. Era outono no Rio de Janeiro, uma tarde fresca de céu limpo, e eu chegava à sua casa para mais uma das muitas entrevistas que fizemos para este livro. De moletom e chinelos, a cabeleira branca e farta que cultivava para o rei Augusto, personagem da novela *Deus Salve o Rei*, Nanini me recebeu com um sorriso largo: "O Babão andava muito amuado esses dias, e eu não sabia o que era, aquilo estava me incomodando. Então deitei perto dele e pensei: ele só me vê de baixo... E se eu passasse mais tempo na altura dele, olhos nos olhos? Eu nunca fico à altura dele. Talvez ele se sinta mais seguro, quem sabe mais feliz. Aí fiz o teste. Olha só". Nanini deitou-se no chão do escritório, onde o cachorro passava as tardes com ele, para mostrar a manobra de corpo. De repente, na minha frente, um homenzarrão de 1,82 metro estava estirado com o seu cão, não como se o imitasse, mas como se fosse outro boxer. Porque era.

"Deu certo", falou, enquanto Babão o lambia efusivamente.

Só depois de muitas entrevistas — muitas, mesmo, foram mais de trinta em três anos — entendi que Nanini é um sujeito que se revela muito mais na fabulação do que na realidade. É um profissional da contracena. Ele não perde a oportunidade de criar um personagem, construir um cenário, imaginar um conflito. O seu modo de estar no mundo é amaciado pela ficção. "Venha ver o bandejão que eu fiz", chama o ator no meio de um assunto, cruzando a sala e apontando para uma fileira de pedaços de mamão no parapeito da varanda. É um golpe que ele dá nos tiês, pardais e tucanos que visitam o seu quintal toda manhã. Quando aparecem, Nanini aproveita para espiá-los, tomando deles algum meneio de cabeça para compor um personagem. Naquele maio de 2018, o personagem da vez era um monarca medieval que teve a postura corporal roubada em parte do papa Francisco, em parte de um falcão-rei que Nanini ficou observando num vídeo do YouTube. Tudo lhe serve. Quando encarna um tipo nordestino, por exemplo, busca o sotaque primeiro naquilo que o personagem come, pondo na boca o que lhe falta. Para viver Odorico Paraguaçu, do filme *O bem amado* (2010), chupou todos os cajás, pitombas e seriguelas que pôde, uma maneira muito pessoal, e fabulosa, de alcançar a prosódia exata.

 A atenção às emoções do ambiente, a disposição para o outro, o talento para transformar detalhes que o cercam em traços dos personagens, oferecendo seu corpo em banquete para a catarse alheia: tudo isso me fazia pensar em como o ator é um elo com o mundo. Que por meio dele é possível unir o homem e a natureza. O real e a imaginação. Nanini tem um modo muito próprio de fazer a vida se encontrar com a linguagem — e o que é a arte senão isso?

 Aos poucos essa ideia foi se desembaraçando. O ator como um elo, um laço, uma agulha que cose também o personagem e o público, a razão e a emoção. Depois de mais de cinquenta anos de carreira, Nanini conta que tudo o que fez nesse tempo foi perseguir o momento mágico em que palco e plateia estão tão amarrados, tão unidos — o que um sugere o outro capta, o que um anseia o outro reage, o que um esboça o outro ri — que o tempo desaparece. "Quando acontece, ahhh... É Mandrix[1] com gim-tônica", diz ele, usando um de seus bordões para descrever o gozo.*

 Havia ainda outro sentido na metáfora que me ajudava a visualizar a trajetória do ator: ao longo das entrevistas, e das vezes em que o acompanhei em ensaios e filmagens, percebi que Nanini é uma conexão entre os saberes teatrais do passado e os atores do futuro. É como se ele guardasse uma caixa de

---

* Em depoimento à autora. De agora em diante, os demais depoimentos que não estiverem referenciados em nota foram dados à autora. Nos eventuais casos em que há muitos depoimentos num mesmo parágrafo, para que seja possível diferenciá-los, optou-se por incluir essa informação. (N. E.)

costura[2] muito rara e antiga e pudesse emprestá-la a qualquer artista que quisesse vestir um personagem. Infelizmente, não são muitos os que se interessam pelo trabalho artesanal.

Tendo aprendido dramaturgia com nomes como Afonso Stuart, Milton Carneiro ou Dercy Gonçalves — uma geração que se formou no circo e que se diferenciava pela exímia expressão corporal, capacidade de improviso e reverência ao teatro clássico —, Nanini sabe, como poucos, executar qualquer estilo de bordado. Dos mais simples aos mais elaborados; dos mais translúcidos aos mais coloridos; dos mais abstratos aos mais figurativos. Quem o observou de perto garante que aprendeu alguns pontos.

Neste livro, tentei examinar como ele faz o que faz. Como o ator mais profícuo da sua geração — com mais de cem obras exibidas, entre peças de teatro, filmes, novelas e seriados, além de mais de cinquenta prêmios — conseguiu manter o padrão de qualidade nos seus quase sessenta anos de carreira.

Não houve um só ano, desde 1965, quando pisou num palco pela primeira vez, que Nanini não tenha interpretado um personagem. O normal era viver dois, três e até quatro ao mesmo tempo — um no teatro, outros em novela, filme ou seriado. Até descobrir que podia fazer muitos de uma vez só, como aconteceu em *O mistério de Irma Vap* (1986-96), chegando a trinta tipos simultaneamente, e na novela *Êta Mundo Bom!* (2016). Nanini criou personagens que entraram no imaginário popular, como Lineu Silva, de *A Grande Família* (2001-14); o Capitão Severino de Aracaju, de *O auto da compadecida* (2000), e o impagável dom João vi, de *Carlota Joaquina, princesa do Brazil* (1995). A maioria deles não foi imaginada pelos autores da maneira como Nanini os exibiu. O colorido é todo seu. De onde vem tanta imaginação?

Foi o que me propus a fazer: xeretar seu baú. Investigar sua *caixa de costura*. Esticar o linho no bastidor, sentir a tensão do tecido, tatear a linha com os dedos até encontrar suas pontas soltas. Ler cada etiqueta, abrir cada colchete, desenrolar cada carretel. Vasculhar especialmente o fundo escuro, onde os aviamentos se enrolam, confusos, com botões e pedaços de chita. Eu só entendi exatamente o que ele fazia quando ouvi o depoimento do ator Emiliano Queiroz, seu colega de profissão: "Desde que o conheci, o que mais me chama atenção é o acabamento que Nanini dá aos personagens. São os detalhes, uma postura que seja. Nem sempre todos veem, mas ele se preocupa com o avesso do bordado".[3]

A primeira parte do livro é sobre a formação do ator, entre os anos 1940 até o final dos anos 1960. A cidade de Recife, inebriada de jazz bands legadas do pós-guerra, onde seus pais, a partir de uma dança, começaram a namorar. Um amor de cinema que deu a Nanini uma infância ficcionalizada em hotéis, festas e viagens. A construção da sensibilidade poética em Manaus, capital que marcou profundamente sua relação com a emoção, a beleza e a natureza. E também com a arte: foi lá que ele descobriu o teatro, à beira do rio Negro. Era na saída do suntuoso Teatro Amazonas que o pequeno Marco Antônio cercava artistas para assinarem seu caderninho de autógrafos, se deixando seduzir pelo showbiz. De cidade em cidade, acompanhando a família itinerante, o artista saltimbanco foi sendo forjado — até chegar ao Rio de Janeiro, em 1958, quando a liturgia das missas o empurraria para o altar, seu primeiro palco. De lá iria direto para o Conservatório Nacional de Teatro.

Na segunda parte, que vai até o final dos anos 1970, me debruço sobre a estrutura artística de Nanini. As primeiras referências teatrais, a construção de uma inteligência cênica, o desenvolvimento de uma habilidade corporal, a tensão entre comédia e tragédia, a forma de lidar com as críticas e de criar seus personagens. O que o ator extraiu da sua experiência como dramaturgo, diretor e produtor. Aprender a viver e a morrer com o outro, aprender a amar, a desistir, a dançar rumba ou a tocar sanfona por um personagem, a enxergar com olhos de vidro ou a atirar com um rifle — e o que fica de tanto aprendizado.

A terceira parte conta a trajetória do ator desde o finalzinho dos anos 1970 até os dias atuais e inclui seus principais trabalhos. Como nesse período o volume de obras é imenso, escolhi dividir os capítulos por temas, sem deixar de respeitar uma cronologia: entender como Nanini enfrentou a política sob a ditadura civil-militar; como estabeleceu a versatilidade como uma potência dramática; como participou de um dos maiores fenômenos teatrais brasileiros, a peça *O mistério de Irma Vap*; como viveu a aventura do cinema; como ganhou e perdeu amigos e amores; como ajudou a contar as mudanças sociais brasileiras protagonizando outro grande sucesso na série *A Grande Família*; como tem fôlego para se lançar em trabalhos experimentais até quando parece sugado pela depressão.

A história do ator Marco Nanini conta a história da dramaturgia brasileira: ele passou pelo teatro moderno, pelo besteirol, pelo teatro político, pelo teatro de vanguarda e pelos musicais. Fez turnês viajando em kombis, dividiu o palco com ratazanas, foi assaltado dentro de um camarim. Fez pornochanchadas, cinema de retomada, estourou bilheterias com longas comerciais, experimentou o cinema de arte, apresentou filmes em festivais internacionais. Viu personagens seus virarem fantasias de Carnaval, gírias nas ruas, nomes de animais. Fez novela das seis, das sete, das oito, das dez, das onze; fez programas de humor populares e seriados de linguagem sofisticada. Produziu, dirigiu, escreveu e até fundou o próprio teatro. Nanini experimentou tudo o que há em arte popular brasileira. "Pintou e bordou", para não perder outra expressão ainda mais corriqueira.

É uma *ilusão biográfica*[4] a ideia de que uma narrativa linear possa conter uma vida. A quantidade de informações factuais deixaria o livro catalográfico, modorrento, quiçá invasivo, tudo o que Nanini não é. O leitor não vai encontrar aqui cada detalhe de todos os trabalhos, amigos ou namorados do biografado, mas certamente os mais significativos. Foram tantas vidas que viveu, tantas pessoas com as quais cruzou e tantas histórias escondidas na memória que prefiro acreditar que esta é apenas a sua primeira biografia. A biografia de um ator de quase 75 anos que está vivo, muito vivo, criando e contando sua própria história. Este livro é um registro possível e autorizado dessa memória, auxiliado pelos documentos históricos da época e pelos depoimentos dos seus pares — foram seus amigos, ex-companheiros, colegas de trabalho e funcionários que me ajudaram a enfiar as linhas no buraco das agulhas, nas cerca de cem entrevistas feitas, no total. Como a memória cultural brasileira é frágil, e o teatro, por princípio, efêmero, a minha escolha foi escrever um livro que ajudasse a arrematar uma parte dessa história.

"Uma lembrança é um diamante bruto que precisa ser lapidado pelo espírito. Sem o trabalho da reflexão e da localização, seria uma imagem fugidia. O sentimento também precisa acompanhá-la para que ela não seja uma repetição do estado antigo, mas uma reaparição", escreve a psicóloga Ecléa Bosi em *Memória e sociedade*, a respeito dos usos da memória na reconstituição histórica, ensinamento que me guiou na ética deste trabalho. Todas as lembranças foram, nesta escrita, imantadas de sentimento. Um sentimento que está em cada fala, silêncio, fotografia, carta, jornal velho ou programa de teatro esmaecido; e que induz o fato a uma reaparição, não a uma simples repetição. "A compreensão do agora a partir do outrora", como escreveu a filósofa Marilena Chauí no prefácio do mesmo livro.

O lado que vemos do bordado pode até ser o mais vívido, mas talvez não seja o mais interessante. Preferi tentar mostrar aos leitores onde Nanini esconde suas arestas ou como faz para deixar os nós invisíveis. O emaranhado me instiga tanto quanto o avesso perfeito: saber como o ator erra para exibir um acerto, onde começa e termina um trabalho, os caminhos tortuosos que percorre entre o esboço e a arte final.

Prólogo

"Isso é o teatro"

O ano era 1973. Marco Nanini já fazia sucesso como ator de teatro e novela quando estreou, no dia do seu aniversário de 25 anos, a montagem de *As desgraças de uma criança*. Escrito em 1846, é um clássico de Martins Pena, pioneiro das comédias de costumes no país. Em meio à ditadura militar, era um convite irresistível. A atriz Camila Amado tentava firmar sua própria companhia teatral, e estava muito animada em produzir uma ideia original e meio amalucada do diretor Antonio Pedro: apaixonado por Martins Pena, ele queria transformar aquela história de mentiras e traições em um musical, uma burleta improvisada. "Uma brincadeira louca em que entrassem rugidos de leão, risadas fora de hora e sons inesperados",[1] disse ele a *O Globo* durante os ensaios, entre o pianista estreante Eduardo Dussek e os atores Wolf Maya e Marieta Severo, que também integravam a peça.

Era um truque genial: montar um texto do século XIX driblava a censura, ao mesmo tempo que o improviso, recurso característico das chanchadas, dava ao elenco um pouco de liberdade. "O humor pode ser tão corrosivo quanto uma denúncia", vaticinou Antonio Pedro ao jornalista.

Era a primeira vez que Nanini teria liberdade total para criar no palco. Até então, emendara uma novela na outra, e seus papéis no teatro tinham sido muito bem amarrados, sem tantas lacunas para cacos. Improvisar mesmo, só nas experiências rápidas que teve com Dercy Gonçalves, atriz que ensinava os atores a se virar em cena na marra, por nunca seguir fielmente os textos dos espetáculos.

A carta branca era uma característica de Antonio Pedro. "O bom do teatro são as pessoas em cena — e é em cima delas que o teatro deve ser jogado. Se não contar com a criatividade de cada um, ficando só no nível da interpretação, então não há nada a se ver. É melhor ficar em casa olhando a televisão", disse o diretor em outra entrevista da época, dada ao jornalista Tarso de Castro. Ele nunca deixou de pensar assim. "A gente não pode se esquecer que interpretar, na língua de Shakespeare, é *to play*: brincar, jogar, tocar, lutar, além de representar. As pessoas se esqueceram que interpretar é se divertir em cena, é se deixar afetar pelo outro", declarou quando o entrevistei.

Nas palavras de Camila Amado, a trama de *Desgraças...* se resumia assim: "Uma criança que dorme. A peça gira em torno do medo e da vontade que temos de acordá-la. Ela, como um boneco, representa ali qualquer pessoa que esteja fora da realidade e que precise ser sacudida para perceber o que acontece à sua volta".[2] Enquanto a criança dormia, os personagens desenrolavam seus dramas.

Em uma das cenas, o personagem de Nanini, o soldado Pacífico, tentava enganar outros dois personagens com um assunto qualquer, e o imbróglio terminava com uma deixa: "Compre nas Casas da Banha". Já era um caco, naturalmente — no tempo de Martins Pena não existia o supermercado popular cujo mascote era um porquinho simpático e onipresente nos comerciais de televisão nos anos 1970. Nos ensaios, Nanini começou a estender essa deixa, citando itens de mercearia e dando uma receita culinária aleatória na sequência. Como os outros caíram na risada, insistiu na estratégia em cena. O que sempre funcionava. Antonio Pedro declarou ao *Diário de Notícias*: "Nanini é inigualável na invenção de gags. Durante os ensaios pintaram 697 gags diferentes, todas ótimas, e a gente terminou tendo que tirar algumas para dar tempo ao público de respirar um pouco e para não prejudicar a imagem da história".[3]

A cada sessão, no entanto, Nanini complicava a receita. O pato passava a ter três coxas, o corte virava uma facada no coração, o tempo de preparo quadriplicava. A paciência que precisava ter para esperar o tempo do forno, ele descrevia desenhando no palco um saco gigante. Quando o prato ficava quente, ele já estava nervosíssimo, e explicava à plateia que o momento mais difícil da receita era tirar do forno e colocar no congelador, e imitava o gesto, com desesperada angústia, suando, enxugando a testa, num esforço estupendo. Ao fim do primeiro mês da peça, tinha inventado um prato tão surrealmente improvável, com detalhes de execução tão minuciosos, que o público ia ao delírio. E foi assim ao longo da temporada: a cena ocupava mais de quinze minutos e tornou-se o ponto alto do espetáculo.

Nos jornais, as críticas à peça elogiavam o exímio tempo cômico do ator e sempre destacavam a "cena da receita culinária". Yan Michalski, crítico do *Jornal do Brasil*, chamou a montagem de "virulenta e picante chanchada operístico-operística". Simon Khoury considerou-a "uma renovação no teatro brasileiro". Clóvis Garcia, de *O Estado de S. Paulo*, derreteu-se: "Não temos dúvidas de que o espetáculo fará carreira [...]. A julgar pela reação da plateia [...], essa previsão parece fácil de fazer".

Quando assistiu ao espetáculo, Marília Pêra fez chegar um bilhete à trupe:

Senhores Nanini, Maya, Lafayette [Galvão, ator]*, moço do piano (fantástico), Antonio Pedro e Colmar* [Diniz, figurinista]*, senhoras Camila e Marieta, orquestra, coro, corpo de baile, solistas e primeiros bailarinos, figurações (inteligentes ou mudas), cartazes, iluminações, maquiadores, palco e plateia: o espetáculo de vocês é a coisa mais linda, comovente, engraçada, criativa, saudável e unida que eu já vi em toda a minha vida. Pode ser que eu ande muito influenciada por uma coisa chamada amor. E foi o meu coração aberto que essa coisa de vocês pegou: porque eu fiquei achando que só com muito amor se cria um espetáculo assim. Desejo para vocês todo o sucesso do mundo. E um carinho muito especial para o Antonio Pedro.*

Todo o amor, da fã, Marília Pêra

Em 1974, precisando de mais lugares para acomodar o público que não parava de crescer, a peça migrou para o Teatro Casa Grande, no Leblon. Mais de um ano depois da estreia, estava no auge, cada vez mais afinada por novos improvisos. Tinha virado um musical anárquico, que incendiava a plateia. Certa tarde, Nanini chegou mal ao teatro. Não fez as brincadeiras de sempre com o elenco, os maquinistas, as camareiras. O pai, Dante Nanini, estava internado no Hospital do Câncer, na Praça da Cruz Vermelha, na Lapa. Ele tinha acabado de visitá-lo e sabia que estava perto do fim. Saiu do hospital e foi direto para a matinê. O cenário histriônico, o figurino colorido, a maquiagem feérica, nada ornava com o estado de espírito do ator. Os colegas estavam a par do problema, mas não tinham muito o que fazer. A casa já estava lotada. Ele entrou calado e muito tenso no palco. Estava sufocado.

Quando o soldado Pacífico desceu do palco para servir cafezinho aos espectadores, no que era uma das cenas cômicas do personagem, começou a improvisar: "Vamos, minha senhora, tome aqui o seu cafezinho", e a mulher aceitou. Depois, escolheu uma mocinha tímida que não queria pegar a xícara: "Pode ficar tranquila que nenhum de nós do elenco está com doença venérea!", e a plateia riu frouxamente. Começou a mexer com todo mundo, o que sempre fazia, enquanto segurava a bandeja. De repente, soltou a frase: "Meu pai está morrendo de câncer, e vocês aí, se divertindo à minha custa". O público explodiu em gargalhadas.

O desabafo íntimo foi um alívio. Nanini precisava contar a verdade ao público. Eram setecentas pessoas rindo de uma verdade interditada, de um dia crucial na vida do ator. Naquele fim de tarde, Nanini aprendeu como o teatro está intrinsecamente conectado à vida. "Como é que digo uma verdade e as pessoas morrem de rir acreditando que é mentira?", pensou ele. "Isso é o teatro."

PARTE I

1940-69

1. Nasce uma estrela (laaaá no céu)

> *Se esta rua fosse minha*
> *Eu mandava ladrilhar*
> *Com pedrinhas de brilhante*
> *Para meu bem passear*
> *A tristeza, Vassourinhas,*
> *Invadiu meu coração*
> *Ao pensar que talvez nunca*
> *Nunca mais te veja, não*
> Joana Batista Ramos e Matias da Rocha,
> "A marcha nº 1 do Clube Vassourinhas", 1945

Na década de 1940, uma viagem de bonde dos subúrbios ao centro do Recife levava o tempo ligeiro de compor um cordel. A capital pernambucana começava a se modernizar, e as máquinas elétricas e a vapor aproximavam as gentes, fortalecendo o convívio. Elas vinham de todos os lugares: Recife era a terceira maior cidade do Brasil e tinha um dos portos mais importantes. Com uma barreira natural de recifes que servia como quebra-mar, era uma parada obrigatória de navios e aviões que cruzavam os hemisférios Norte e Sul. Eram pessoas vindo de outros países, estados, cidades, subúrbios, se apinhando na região central. O murmúrio das ruas embaralhava sotaques, rezas, cantorias, frevos, o ronco do trem e o apito do bonde. Ano a ano daquele período marcante da história da cidade, a vida social ia ficando cada vez mais intensa, com os moradores "trocando pernas" pela rua da Imperatriz, pela rua da Aurora, terminando na praça do Diário, apelido da praça da Independência, onde ficava a sede do jornal *Diario de Pernambuco*, o mais antigo do país. Eram tempos de vestir terno ou saias de tergal plissadas para ir aos cinemas de rua; de fazer compras — dizia-se "fazer vitrines" — na rua Nova, parando estrategicamente na frente da loja Sloper para bater papo; de tomar sorvete no Gemba, a sorveteria mais famosa. Na tradicional capital do açúcar, as moendas de cana estavam em quase toda esquina vendendo o caldo gelado em copos duplos, e os bolos de rolo ainda tinham na receita um segredo. Quem morava nos sobrados passava horas vendo o movimento das ruas pelo "quem me quer", como eram chamados os parapeitos; e quem passava a pé tinha tempo para apreciar os adornos da fachada de cada edificação, sempre diferentes entre si.

Uma das mais imponentes era a do Grande Hotel do Recife, à beira-mar, no bairro Santo Antônio, região central da cidade. Erguido em 1938 pela própria prefeitura, que não dispunha de um hotel imponente na capital para receber visitantes ilustres, o Grande Hotel do Recife era inspirado no carioca Copacabana Palace. Não pela arquitetura, já que o Grande Hotel era em art nouveau e o Copacabana Palace guardava referências em art déco. Mas pelos detalhes: os mesmos quartos espaçosos, os mármores importados, os carpetes verdes, os lustres de cristal. Era tudo tão superlativo que a festa de inauguração do hotel teve quatro jazz bands, duas orquestras e um show do cantor Francisco Alves, tudo para 2 mil convidados. Além, é claro, da plateia de curiosos, que ficou assistindo ao espetáculo do lado de fora, tomando sereno. E caldo de cana.

Recife se modernizava, a população ganhava as ruas e a noite ardia em festas, mas em meados da década de 1940 o mundo estava em guerra. As notícias chegavam pelo rádio, pelos jornais e pelos militares americanos, que aportavam em quantidade, em decorrência da escolha da capital como sede da base naval dos Estados Unidos na região do Atlântico Sul. Além dos militares, o mundaréu de gente que trançava pela capital incluía muitos industriais, comerciantes, autoridades e artistas.

Para entreter aquela gente toda com classe, bem como à elite econômica e política da cidade, o hotel tinha um cassino que funcionava todos os dias das quatro da tarde às quatro da manhã. Às terças, quintas e aos sábados, a jogatina era animada com uma banda própria, a Orquestra do Grande Hotel, a cargo do maestro Fernando Barreto. Era a época áurea das big bands, e não havia noite sem as canções de Frank Sinatra, Ray Conniff e Glenn Miller. Em ocasiões especiais, havia shows de Sílvio Caldas, Aracy de Almeida ou da Orquestra Tabajara. O som do naipe de metais se misturava ao tilintar das fichas de aposta, aos brindes de taças de cristal finíssimo. E dos talheres, naturalmente. O cardápio queria agradar os americanos. Os bufês serviam "peru de perna grossa", "pudim americano de ervilhas", "enroladinhos à Ohio", "*ice creams*". Mas tudo decorado com as folhagens tropicais do gravatá-do-mato e paqueviras, espécies usadas em decoração de mesa por aguentarem bem o calor.

O cineasta Orson Welles foi um dos famosos que se hospedou no Grande Hotel do Recife, em 1942, quando rodava o mítico filme *É tudo verdade*, logo depois do sucesso de *Cidadão Kane*. Mas, ao contrário da maioria dos americanos, Welles não se interessou muito pelo cassino: nas poucas noites que passou no Recife, perambulou de bar em bar.[1]

Com o fim da Segunda Guerra Mundial, em 1945, Recife já estava contaminada pelo estilo de vida americano, as jazz bands, os cassinos e os cinemas de rua. Até banana-split o Gemba passou a vender. Clubes e sociedades musicais foram criados para ambientar os militares, o que impulsionaria definitivamente a vida noturna da cidade. Mas a euforia logo sentiria um tranco: em abril de 1946, o presidente da República, Eurico Gaspar Dutra, justificando a tradição "moral, jurídica e religiosa do povo brasileiro", proibiu os jogos de azar em todo o país. Da noite para o dia, todos os cassinos — que movimentavam cerca de 300 milhões de dólares por ano — deveriam ser fechados. Os donos, metidos em outros negócios, como mineração, especulação imobiliária ou heranças, aos poucos foram se virando. Já os trabalhadores do ramo, crupiês, caixas, cilindreiros, seguranças, garçons, cozinheiros, porteiros, músicos, cômicos, mestres de cerimônia, enfim, todos ficaram na rua.

Quando o maître Dante Barroso Nanini foi contratado no Grande Hotel do Recife, portanto, podia se considerar um sujeito de sorte. Vindo de São Paulo, onde tinha mais de vinte anos de experiência no ramo, tendo sido inclusive presidente da União Beneficente dos Empregados em Hotéis e Similares

(UBEHS), teria a missão de chefiar o salão do suntuoso restaurante do estabelecimento. Aos 44 anos, o descendente de italianos assumiu a tarefa com firmeza e uma incontestável liderança. Era o rei do salão: tudo o que acontecia ali era mérito e responsabilidade sua. Diversas vezes teve o serviço chamado de "impecável", "elegantíssimo", "inesquecível" nas colunas sociais do *Diario de Pernambuco*. Tinha boas relações com os jornalistas da cidade, que frequentavam o Grande Hotel e costumavam entrevistá-lo para notas diversas. Numa delas, acerca de uma polêmica sobre dar ou não gorjetas em restaurantes, um repórter usou Dante como exemplo de defesa do "gracejo", lembrando que garçons e maîtres contavam com o dinheiro extra para viver. Serviu autoridades, apartou brigas, posicionou desafetos em mesas afastadas no salão. Sugeria vinhos, indicava pratos, dizia "Como vai?" em dezenas de línguas. Dominava todas as etapas do ofício com elegância, fosse dobrar um guardanapo de pano ou se desembaraçar de eventuais golpes dos clientes (não raro um mais esperto saía sem pagar a conta). Alto e portentoso, muito bem-vestido e educado, com os cabelos sempre bem penteados para trás e a calça afivelada no meio da barriga, Dante passava a confiança de quem resolveria qualquer problema. Vez ou outra, ainda assumia a organização de jantares especiais, como maître de bufê. Foi ele quem cuidou do jantar inaugural do restaurante da Faculdade de Direito do Recife, por exemplo, ou da recepção de gala a Assis Chateaubriand em visita à cidade. A vida profissional lhe corria bem.

Na vida pessoal, no entanto, ele estava encalacrado. Em São Paulo, era casado e tinha quatro filhos, mas abandonou a família para ficar com uma jovem bailarina argentina por quem se apaixonara — e de quem acabou tomando um pé na bunda. Desiludido, decidiu recomeçar a vida na capital pernambucana, mesmo longe dos filhos, quando surgiu a oportunidade do novo emprego.

Mas não demorou muito para esquecer a tal dançarina de tango. Uma vez por mês, Dante fazia as unhas e aparava os cabelos num salão de beleza que funcionava dentro de uma galeria próxima ao hotel. Encantou-se por uma das manicuras, uma mocinha muito garbosa e bem-humorada. Chamava-se Maria Esmeralcy Guerra de Moraes. Ela não era da capital, mas da cidade de Goiana, na mata norte de Pernambuco.

Não era uma cidade qualquer, e isso Dante saberia logo. Goiana é a terra da famosa Batalha de Tejucupapo, ocorrida em 1646. Toda mulher nascida lá ganha a alcunha de heroína, é naturalmente considerada uma "heroína de Tejucupapo". Ainda mais se tiver Maria no nome, como Esmeralcy, também nascida de outra Maria, Maria José Guerra de Moraes. É uma história bonita: em meio a Insurreição Pernambucana — movimento de reação de portugueses e pernambucanos contra os colonizadores holandeses, que culminaria na Batalha dos Guararapes, quando os últimos seriam expulsos definitivamente do país — aconteceria na Vila de São Lourenço de Tejucupapo um episódio marcante: no último domingo de abril de 1646, famintos em meio a uma das batalhas contra os portugueses, os holandeses tentaram saquear mandioca, farinha e frutas da pequena vila de pescadores. Há uma versão que diz que os homens da vila estavam em Recife vendendo peixe nas feiras, e as mulheres estavam sozinhas no povoado quando os inimigos chegaram. Mas há outra versão que defende que os homens, já prevendo o ataque, foram emboscá-los na estrada de acesso. Os holandeses desviaram e chegaram à vila por uma região de mangue, surpreendendo as mulheres.

Em ambas as versões, no entanto, os holandeses não esperavam encontrar um batalhão de mulheres armadas de paus, panelas e caldeiradas de água fervente e pimenta amassada. Agricultoras de origem indígena, lideradas por quatro Marias — Maria Camarão, Maria Clara, Maria Quitéria e Maria Joaquina —, elas derrotaram seiscentos homens. Escondidas no local onde hoje é encenada anualmente a batalha, o Monte das Trincheiras, elas esperavam os inimigos. Quando eles surgiam, derramavam o preparado fervendo sobre eles, que, caídos, eram golpeados por facões e instrumentos de pesca. Deitaram pelo menos trezentos cadáveres. A Batalha de Tejucupapo é considerada a primeira batalha brasileira tendo mulheres como protagonistas.

Maria Esmeralcy era uma descendente das "heroínas de Tejucupapo". A seu modo, do alto dos seus um metro e meio, e exatamente trezentos anos depois das suas ancestrais, também derrotaria o descendente de italianos alto e charmoso que lhe fazia a corte no salão de beleza — mas com água morna, o suficiente para amaciar suas cutículas. Esse era um hábito religioso de Dante: uma de suas funções no Grande Hotel do Recife, como maître, era também fiscalizar o asseio dos garçons e cumins, se estavam barbeados, com unhas limpas, cabelos aparados. Para isso, era fundamental dar o exemplo.

Em comum, ambos tinham filhos distantes. Quando novinha, Cecy, como era chamada, havia sido expulsa da casa dos pais por estar grávida. O pai, ex-militar e comerciante, católico fervoroso, não tolerou o que considerou uma afronta. Ela então deixou a criança com uma tia e foi buscar trabalho na capital, a cerca de 65 quilômetros de distância.

Logo Dante e Cecy começaram a se encontrar fora do salão, a frequentar os shows das jazz bands que fervilhavam na cidade. Ambos gostavam muito de dançar. Mas quando tocava um tango, Cecy notava que Dante ficava amuado, saía da pista e voltava para a mesa. Como ela conhecia a história da bailarina argentina, em vez de dar um chilique, bolou um plano: frequentar aulas de tango às escondidas. E assim fez.

Certa noite, quando estavam entre amigos num night club da cidade, a orquestra deu o tom para "El día que me quieras", clássico de Alfredo Le Pera. Antes que Dante ficasse ensimesmado com os primeiros versos — "*Acaricia mi ensueño/ el suave murmullo de tu suspirar...*" —, Cecy pediu a um amigo para sugerir disfarçadamente a Dante que a tirasse para dançar. "Por que você não dança essa música com a Cecy?", perguntou o sujeito de pronto. Sem jeito, em público, ele obedeceu. Enlaçou a namorada pelas costas — "*Y si es mío el amparo/ de tu risa leve, que es como un cantar,/ ella aquieta mi herida,/ todo, todo se olvida...*" — e ficou surpreso. Nunca a tinha visto dançar daquele jeito. Aos poucos, foi se soltando, e como se ouvisse pela primeira vez o que Gardel cantava, voou baixo com ela pelo salão. "*La noche que me quieras/ desde el azul del cielo/ las estrellas celosas/ nos mirarán pasar...*".

Era um amor de cinema. Sempre altivos e alegres, ele muito alto, ela muito baixa, o que dava ao casal um aspecto complementar simpático e agradável. Dante, elegante e charmoso, um bon vivant que sabia dançar e receber como ninguém; Cecy, expansiva e engraçada, e também amorosa, apaixonada por bichos e plantas, sempre vestida de cores vivas e com brincos grandes — usar adereços chamativos era um truque, dizia ela, para desviar a atenção do rosto, que não achava propriamente bonito.

Das pistas de dança e salões de beleza, logo o casal mudou-se para um sobrado modesto, no bairro do Pina, onde podiam economizar dinheiro para mandar aos filhos. E fazer mais um. Em 31 de maio de 1948, menos de dois anos depois de se conhecerem, nasceu Marco Antônio Barroso Nanini, um bebê de cinco quilos e trezentos gramas e 54 centímetros que quase arrebentou a mãe no parto. Apesar de não serem casados no papel — Maria Esmeralcy usava o nome de "Cecy Nanini" informalmente, como um nome artístico —, Dante conseguiu registrar o menino como filho legítimo, o que na época era custoso sem uma certidão de casamento. Organizou até uma cerimônia de batismo na igreja, para alegria de Cecy, que assim como a família em Goiana era muito católica.

A única memória nítida que Nanini guardou dessa casa foi também a primeira de dor. O banheiro, grande, tinha uma banheira e uma janela que dava para uma árvore frondosa. Todos os dias aparecia um sabiá cantando na janela, tornando os banhos da criança uma festa. Certo dia, o menino desavisado entrou no cômodo e deu de cara com o passarinho morto, boiando na banheira. Foi um choque. Era a primeira vez que a criança sabia que a morte encerrava a vida, e que isso acontecia sem despedidas. Foi uma tristeza tão grande que Nanini voltaria a ela outras vezes para construir as emoções dos seus personagens.

Da casa ficou ainda uma outra lembrança borrada, mais uma sensação: uma extrema felicidade por estar na varanda, com os pais, além de um cachorrinho e um jabuti, sob o sol. Sempre tiveram bichos, era uma paixão de Cecy que ficaria com Nanini para sempre. Num misto de imaginação e resquício de alguma fotografia, ele lembra de apontar para cima e dizer: "Eu queria ser uma estrela laaaá no céu". O desejo de ter um espaço sob o sol, fosse uma varanda ou um jardim, onde tivesse muitos bichos e pudesse apontar para o céu o perseguiria até a vida adulta.

Essa foi a única casa que os Barroso Nanini tiveram. Com a crise econômica enfrentada pelo Grande Hotel do Recife, Dante começou a migrar de hotel em hotel, primeiro como maître, depois como gerente, onde lhe oferecessem um bom salário. A família passaria a viver em suítes, uma facilidade que tinham os empregados de confiança em hospedarias de luxo. Foi assim em João Pessoa, Caldas do Cipó, Salvador, Manaus, Belo Horizonte, até chegarem ao Rio de Janeiro, onde ficariam pelo resto da vida.

A vida nos hotéis impôs ao menino uma teatralidade antes mesmo da consciência: os salões eram luxuosos cenários, os hóspedes eram variados personagens e a cortesia dava o tom do texto. As suítes em que viviam, no entanto, não eram um camarim, mas o próprio espaço doméstico. Foi uma infância de camisa de botões, calça curta e sapatos, tudo bem passado, vincado e lustrado, distinção exigida para circular pelos corredores. O saguão era seu quintal e tudo servia de brinquedo: os carrinhos de limpeza, os espelhos, as escadas suntuosas. Quando havia crianças entre os hóspedes, era uma festa. Mas quando não havia, Marco Antônio fazia suas traquinagens sozinho: trocava os sapatos que os hóspedes deixavam na porta para engraxar, colocava sal no açucareiro, açúcar no saleiro. Certa vez, foi pego em flagrante por uma turista americana na suíte dela. Aproveitando que a camareira limpava o quarto, ele entrou pela porta semiaberta e ficou observando as malas, os vestidos e perfumes da hóspede. Quando ele pegou um cartão-postal que ela havia deixado sobre a mesa para ver a foto de perto, perdido em pensamentos, a mulher ruiva apareceu de repente, deu-lhe um tapa e ralhou com ele num inglês tão rude que Nanini tomaria trauma da língua pelo resto da vida.

A primeira parada foi em 1951, no Paraíba Palace Hotel, em João Pessoa, onde a contratação de Dante Nanini para a "direção técnica" na reabertura do hotel foi anunciada em jornais: "Ex-maître do Grande Hotel do Recife, com mais de trinta anos de exercício profissional no sul do país". Era o principal hotel da capital paraibana, com o diferencial de oferecer "quartos servidos de camas com colchões de molas e água corrente", além de um "ótimo serviço de bares para senhoras e cavalheiros". Ficaram ali menos de um ano, pois logo Dante recebeu um convite melhor para trabalhar no Grande Hotel Caldas do Cipó, na cidade de Cipó, no sertão baiano, onde também não passou mais de um ano — o hotel entrou em declínio. Dessa época restaram poucas fotos, mas todas revelavam a família confortável tanto nos ambientes sociais do hotel quanto nos ambientes mais íntimos, quando passeavam na cidade, recebiam a visita de parentes e estavam mais descontraídos. Cecy estava sempre muito bem-arrumada, com seus vestidos estampados, de modelagem acinturada e acessórios extravagantes. Ela se empetecava todas as manhãs antes de descer e auxiliar o marido a ciceronear as figuras que chegavam — milionários, atletas, políticos, artistas, industriais, turistas. Dessa época, cultivou o hábito de fazer cadernos onde escrevia sobre as pessoas que a impressionavam, pequenos arquivos separados por nomes — na letra A, por exemplo, havia um pequeno dossiê sobre Adalgisa Nery, escritora de quem gostava muito, junto a alguns de seus poemas preferidos.

De Caldas do Cipó foram para Salvador, onde também ficaram por pouco tempo. Mas o suficiente para passarem lá o Carnaval, festa importantíssima para Cecy Nanini. Se os hotéis fundaram a teatralidade no pequeno Marco Antônio, os carnavais a aguçaram como nenhum outro evento. Quando ainda era bebê, no Recife, a mãe já criava fantasias excêntricas para vesti-lo. Uma das mais marcantes foi a de "gato preto em campo de neve": Cecy envolveu o filho numa renda negra e o enfiou num carrinho cheio de algodão. Foi um sucesso. Em outro Carnaval, ela aproveitou seus cabelos crescidos para fantasiá-lo de havaiana, com saia e arranjo floridos. Houve também uma famosa fantasia de pirata, e não era um pirata qualquer, mas um perneta (uma das pernas foi disfarçada com tecido). Quando ele ficou mais crescido, Cecy teve de começar a negociar os temas. O primeiro escolhido por ele foi um palhaço, que foi tão bem encarnado pelo folião peralta que lhe rendeu o primeiro prêmio em um concurso de fantasias infantis. E aí não parou mais.

O segundo prêmio viria com uma fantasia de Cristóvão Colombo, quando a família foi morar em Manaus, logo na sequência de Salvador. Nessa época houve ainda uma fantasia do general romano Marco Antônio, uma brincadeira com o próprio nome, outra ideia de Cecy. Na concepção desta, ele acabou brigando com a mãe, que queria uma capa curta, realista, e o menino queria porque queria uma capa grande, suntuosa. Conseguiu. Quando entrou no clube onde aconteceria o baile, cruzou com uma menina fantasiada de Cleópatra, para delírio dos fotógrafos do evento infantil, que registraram o pequeno casal de amantes históricos. E ainda fizeram as imagens na frente de um painel ilustrado com uma jaula cheia de leões. Entre flashes, leões e uma rainha do Egito, a sensação de prazer foi inesquecível.

2. Manaus e as pirâmides do Egito

> *O intuito da representação [...] é exibir um espelho à natureza.*
> William Shakespeare, *Hamlet**

Não era fácil chegar à cidade. O aeroporto não era preparado para aviões quadrimotores, o que obrigava os viajantes a descer em Belém, fazer escala e pegar um bimotor até lá. O percurso poderia levar até treze horas, contando as paradas para abastecimento no meio do nada. No trecho com o bimotor, as cabines não tinham pressurização, o que fazia com que os tripulantes vomitassem a toda hora. Dante, Cecy, Marco Antônio e José Alberto aterrissaram em Manaus em 1954. José Alberto, o Zeca, era o primeiro filho de Cecy, então com dezoito anos, e fora passar uns tempos com a nova família da mãe.

Quando eles chegaram, Manaus sofria apagões constantes. Era comum vagarem às escuras, o céu ora riscado pelo brilho verde dos vaga-lumes, ora pela luzinha fraca de uma lamparina. Apesar de ter sido uma das primeiras cidades brasileiras a ter luz elétrica, graças ao ciclo áureo da borracha (1879-1912),

---

* Tradução de Millôr Fernandes.

a crise do pós-guerra dificultava a importação de peças de reposição das usinas de energia. A falta de luz também suspenderia o uso dos bondes elétricos, que só voltariam a funcionar em 1956 — os bondes manauaras tinham linhas com nomes como "Flores" ou "Saudade", e levavam placas com regras curiosas, como a que dizia que não se podia cuspir dentro deles.

Em franca decadência depois da derrocada do segundo ciclo da borracha (1942-5), Manaus já via longe os tempos de "acender charutos com notas de 100 mil-réis", como escreveu Narciso Lobo sobre o período: "Os arrivistas mais espertos já haviam abandonado a região [...]. Ficaram os que não puderam sair e mais aqueles que optaram por ficar. Manaus [...] foi uma cidade morna e provinciana, esquecida no coração da floresta amazônica". Era o resultado cruel de uma colonização esbaforida, que priorizou a exportação da borracha para o mercado europeu na virada do século, enquanto violentava os modos de existência indígenas, os rios e as florestas. Na ânsia de construir a "Paris dos trópicos", usando mão de obra barata para erguer construções luxuosas, o que o desenvolvimento na região fez foi criar o colapso do futuro, aterrando igarapés com "uma *banlieu* de nordestinos famélicos e indígenas destribalizados e tristes, morando em mocambos", como escreveu José Ribamar Bessa Freire a respeito da desigualdade social da capital.[1] Manaus não parecia uma cidade, mas um delírio.

Mas ela dava sinais de que podia se reerguer. Um filho da terra bem-sucedido em São Paulo apostou no turismo, que poderia ser impulsionado com o desenvolvimento do setor de transportes, e voltou a pôr os olhos na cidade. Era o empresário Adalberto Vale, filho de seringalistas que fez fortuna no Sudeste durante o Estado Novo com a empresa de seguros Prudência Capitalização. Amigo de Getúlio Vargas, sofisticado e agradável, compactuava com o ideal de um Brasil moderno e urbano. "Um dos mais diletos amigos do Amazonas",[2] como era chamado nos jornais, Adalberto não economizou esforços para erguer um hotel exuberante em Manaus. Arrendou o tradicional edifício Ajuricaba, que ficava bem no Centro, encomendou um projeto modernista aos arquitetos Luís da Costa Leite e Helmut Quacken, levou pessoalmente o paisagista Roberto Burle Marx para conceber a praça que ficava ao redor do hotel e as pinturas que decorariam os salões. Anunciado nas principais revistas do país com publicidade de página inteira — "Conheça o Inferno Verde gozando as delícias de um paraíso",[3] uma alusão ao romance *Inferno verde*, de Alberto Rangel, sobre a

Amazônia —, prometia "bares", "ar-condicionado em todos os apartamentos", "barbeiro" e "salão para senhoras". Uma manchete do *Jornal do Commercio* alardeava que o empreendimento teria "água filtrada em todas as torneiras", o que era um luxo para quem imaginava encontrar uma Manaus supostamente atrasada. E que hoje soa como ironia, se pensarmos que a cidade está incrustada na maior bacia hidrográfica do mundo.

    Inaugurado em abril de 1951 com uma festa para a elite manauara em seu "jardim tropical", tudo no hotel era hiperbólico: as 49 suítes eram espaçosas, todas decoradas com mobiliário modernista, e os hóspedes ainda contavam com um minizoológico e uma boate particular. Só não tinha piscina: havia duas pequenas lanchas, a *Jangada* e a *Tucunaré*, que levavam às pequenas praias que se formavam à beira do rio Negro. O balanço perfeito entre o glamour cinematográfico, o conforto metropolitano e o exotismo tropical. O empreendimento era a síntese da chegada da modernidade à região amazônica e de um estilo de vida moderno que condizia com o aumento da população urbana, a expansão do rádio e do cinema no país — e, por que não, até da reorganização geopolítica internacional dos anos 1950, visto que agora a capital tinha condições de receber bem chefes de Estado, artistas e empresários estrangeiros.

    Era o hotel mais deslumbrante em que Dante Nanini já havia trabalhado. Contratado pelo próprio Adalberto Vale, que foi buscar indicações de profissionais nos grandes hotéis do país, Dante ganhou de cara sua confiança. Tinha acesso a "verbas de representação", um valor disponível para gastar em jantares de negócios e eventos representando o hotel, e, sobretudo, voz de comando. Mais do que o gerente, era o prefeito do hotel. Agia como dono, mas sem sê-lo, em mais um papel no grande teatro que era seu ofício.

    A família dessa vez não foi morar em uma suíte, mas em um apartamento que ficava em frente. No hotel, faziam as refeições, usavam a lavanderia e passavam o tempo. Como o serviço de quarto também atendia ao apartamento, a área de serviço acabou ociosa, e logo Cecy teve a ideia de fazer ali uma espécie de área de lazer extra que chamava de Ramal 70. Era um espaço curioso, que fazia jus ao espírito inventivo de Cecy, onde ela guardava os brinquedos do filho, os adereços de Carnaval, a vitrola, os discos, e onde levava as amigas para tomar drinques. Foi no Ramal 70 que Marco Antônio descobriu que Papai Noel não existia, enquanto conversava desavisadamente com uma camareira do hotel. Uma decepção que, se não chegou a provocar o impacto da morte do sabiá, o deixaria com traumas de festas natalinas por alguns anos.

De tanto acompanhar o marido nos afazeres da administração, Cecy tornou-se uma cicerone do hotel, uma porta-voz dos eventos sociais. Eram muitos: havia "renques recreativas", "soirées dançantes", jantares natalinos e carnavalescos, eventos temáticos, como a Festa do Charme, a Festa das Margaridas e o Festival da Solidariedade. O *Jornal do Commercio*, um dos principais de Manaus, tinha uma coluna social chamada "Aconteceu Grand Monde", assinada por um tal Parsifal de Gales, que cobria em detalhes todos os eventos do hotel, sempre citando a recepção do "senhor e senhora Dante Nanini": ele, tão gentil que batizava drinques com os nomes dos hóspedes, como um certo Sulá Coquetel, dedicado a uma tal Sulamita Ferreira. De Cecy Nanini, o colunista sempre elogiava a presença "em bonita e invulgar toalete", "elegantecendo o salão". Certa vez, chegou a opinar sobre seu corte de cabelo: "A senhora Nanini cortou o cabelo e ficou um pouco diferente. Gostava mais como era. Assentava-lhe melhor".

Marco Antônio foi matriculado no colégio público, e o irmão não ficou mais do que alguns meses com a família, logo voltando ao Recife. Não criaram laços de amizade, e poucas vezes ele voltaria a ver o Zeca. De novo como filho único, dessa vez pelo menos tinha uma turma de outros garotos da mesma idade. Juntos, subiam nas mangueiras e sapotizeiros que infestavam as ruas de Manaus, soltavam pipas, brincavam de pique e disputavam campeonatos de futebol de botão. Mas não com botões de baquelite ou madrepérola, como era mais comum em outras cidades. Em Manaus, os botões eram feitos de sementes de tucumã, um fruto muito comum na Amazônia. Havia todo um ritual que acontecia durante as férias escolares: os meninos saíam em grupos e tomavam um bonde até algum bairro afastado onde pudessem se embrenhar na mata fechada para encontrar os tucumanzais. "Quem nunca andou debaixo de árvores não sabe que tem direito à sombra", escreveria José Ribamar Bessa Freire num de seus artigos sobre a vida em Manaus nos anos 1950.[4]

O tucumã é uma palmeira muito rica, de espinhos bravos. Das suas palmas, os indígenas extraem a fibra de tucum, usada na confecção de redes de dormir e de pescar. Do fruto, além da polpa alaranjada de sabor marcante — servida num dos sanduíches mais famosos de Manaus, o X-Caboclinho —, também se aproveita a semente para fazer objetos. Um dos mais famosos é o "anel de tucum", que o padre espanhol e missionário da Teologia da Libertação Pedro Casaldáliga cunhou como símbolo da causa dos despossuídos da terra. Quem usa o anel de tucum assume o compromisso de defender quem luta pela terra.

E da semente também se faziam botões de futebol. Depois de recolher os frutos de tucumãs variados — o tamanho do coquinho influenciava a posição do jogador em campo, por isso catavam os de tucumã-arara, que eram maiores e rendiam bons zagueiros; dos de tucumã-açu, que eram menores, faziam bons atacantes; e os do tucumã-piririca eram bons para os armadores —, os garotos levavam a sacola cheia de volta para casa. E as calçadas das ruas viravam linhas de produção: uns descascavam os frutos, outros comiam a polpa, outros ralavam as sementes no chão para ficarem mais lisas e redondas. Tinha o truque de pisar em cima da semente com um chinelo e ir arrastando calçada afora. Depois que estivessem bem ajeitadas, era a hora de cortar em rodelas. Havia duas opções: ou chamar algum menino mais velho que soubesse manejar o terçado, ou levar em alguma oficina que tivesse torno para fatiá-las. O processo ainda estava longe do fim: agora era hora de voltar às calçadas para ralar o excesso de fibras. O remate final era o polimento feito com cera de carnaúba, quando os botões ficavam lisinhos e brilhantes. Alguns ainda pintavam seus times com tinta colorida e caprichavam na bolinha, feita de cortiça aparada. Só assim tinham início os torneios inter-ruas, que se estendiam até as aulas recomeçarem.

Outra brincadeira que lhe tomava horas de concentração era a que fazia com uns blocos de madeira desiguais que tinha guardados numa caixa, e com os quais construía castelos, pontes, edifícios onde viviam seus personagens imaginários. Pessoas que se visitavam, discutiam, brigavam e se amavam. Pela sua desenvoltura com o público, era ele que a professora designava para levar a bandeira nacional nos desfiles de Sete de Setembro pela avenida Eduardo Ribeiro, a principal da cidade.

Tudo acontecia nessa avenida de 37 metros de largura. Era onde ficavam a Justiça e a imprensa, as butiques de modas e os bares, onde toda a gente se encontrava. Era nela que passavam os pouquíssimos carros de Manaus, o que dava uma sensação de segurança para as crianças brincarem livremente, descalças, sem medo de acidentes. Os ônibus eram tão raros que tinham apelidos fixos — "lá vem o Periquito da Madame"; "acabou de passar o Pirata da Perna de Pau" — em alusão às marchinhas de Carnaval da moda. Era nessa avenida que aconteciam os ensaios de quadrilhas juninas, os jogos de futebol, os desfiles de corsos, onde corriam as fofocas. A primeira vez que Marco Antônio ouviu falar em um casal de lésbicas foi numa conversa fiada num dos passeios na avenida. Era um segredo da cidade que duas mulheres vivessem amasiadas, ainda que todos comentassem. Cecy lhe explicou o caso sem entrar em muitos detalhes, naturalizando o episódio.

Com cobertura de betume, o chão da avenida Eduardo Ribeiro destoava das ruas de terra batida. Suas calçadas eram largas e faziam esquina com alas de ficus-benjamim. Ou com as mansões abandonadas de quem tinha ido à bancarrota, casarões que ocupavam quarteirões inteiros com seus bosques internos. Completamente vazios.

Era uma avenida aconchegante, o que não combinava muito com o frenesi de qualquer outra avenida de capital. Uma avenida que tinha o tempo de uma viela. O poeta Thiago de Mello escreveria sobre os anos 1950 em *Manaus: Amor e memória*:

> Antes de tudo, era um tempo de tempo. Um tempo em que o tempo dava. Dava e ainda sobrava [...]. De resto, não havia pressa. Os homens tinham um andar vagaroso, era macio o caminhar das moças. É verdade que de vez em quando a gente perdia o bonde. Mas, ao contrário do poema de Drummond, ninguém chegava a perder a esperança.[5]

Era uma cidade bela e estranha: homens vendiam pães saborosos em pequenas embarcações anunciando a manhã; outros acendiam lamparinas de flandres com querosene para anunciar a noite. Marco Antônio ficava fascinado. Nos fins de semana, ia com os pais comer peixes de rio ou carne de tartaruga em restaurantes muito simples montados em palafitas — para chegar, pulavam de canoa em canoa sobre o rio, um percurso que lhe parecia uma aventura. Numa dessas vezes, ficaram presos num dos pequenos estabelecimentos por uma tempestade forte de verão. O garoto descobriu ali o cheiro da chuva, um odor forte de rio mexido que o deixou inebriado. As pesadas gotas de chuva batendo sobre as imensas vitórias-régias que circundavam as palafitas formavam uma cena extraordinária. Era beleza em estado bruto, estalando sob seus olhos.

Mais impactante do que a chuva amazônica na sua memória só a Maloca dos Barés — um galpão aberto, à beira do rio Negro, entre os armazéns do Porto de Manaus, com um palco e caixotes de madeiras fazendo as vezes de assentos, onde aconteciam espetáculos de música, dança e variedades. Uma tentativa meio mambembe de emular a arquitetura indígena da habitação dos Barés, etnia que vivia na orla do rio Negro junto aos Manaós, que batizaram a capital. Esse era o programa preferido de Marco Antônio e seus amigos, não importava qual fosse a atração. Mesmo quando a censura proibia a entrada de crianças, eles davam um jeito: um dos garotos morava exatamente ao lado da Maloca, e levava os amigos para ver os espetáculos de cima do muro.

A Maloca dos Barés pertencia à Rádio Baré, difusora da capital. No auge da era do rádio, a emissora transmitia novelas, noticiários, comédias e apresentações musicais — muitas das quais aconteciam na Maloca dos Barés, com entrada popular para os moradores da cidade. As atrações vespertinas encenadas entre as cortinas coloridas competiam com outro espetáculo: o pôr do sol seguido de céu estrelado. Ou então o reflexo da lua cheia no rio Negro. Para Marco Antônio, era o lugar mais bonito do mundo. Ali ele viu pela primeira vez a cantora Angela Maria, uma das suas paixões, vibrou em concursos de misses, riu em números de palhaços, foi barrado em apresentações de rumba — as quais acabava assistindo do muro do amigo. O que ele mais gostava era quando tinham vaudevilles: espetáculos com esquetes de dança, mímica, piadas, malabaristas, até o número principal, geralmente um show de música.

Pela simplicidade e atmosfera vibrante, a Maloca dos Barés era muito mais acessível e encantadora do que o imponente Teatro Amazonas, a principal referência cultural da capital. Fundado em 1896, no auge do primeiro ciclo da borracha, o palacete renascentista guardava atrações mais clássicas, como óperas e orquestras estrangeiras, o que àquela altura acontecia cada vez menos. O Teatro é, até hoje, uma das edificações mais superlativas da região amazônica. Tem uma cúpula nas cores da bandeira brasileira, paredes de aço escocês, lustres de bronze francês, cristal e escadas em mármore de Carrara, afrescos pintados no teto côncavo e pano de boca representando o encontro dos rios Negro e Solimões. Com capacidade para setecentas pessoas, incluindo os camarotes, o teatro acompanhou a decadência do pós-guerra, e em meados dos anos 1950 precisava de reforma urgente. Com as paredes descascando e a iluminação a lamparina, no entanto, o Teatro Amazonas ainda era bem servido de peças infantis, e foi lá que Marco Antônio assistiu a um espetáculo pela primeira vez. Ficou tão entregue que voltou uma, duas, três, quatro vezes para assistir à mesma peça. Ele tinha descoberto um truque: se subisse as escadas laterais, conseguia alcançar a coxia e ver o que acontecia nos bastidores. As trocas de roupa, os refletores escondidos, o corre-corre dos contrarregras. Foi um caminho que nunca mais perdeu.

Aos domingos, Manaus era uma festa. Se fizesse sol, o programa era aproveitar o dia nos "banhos" das praias de rio da região — a preferida dos Barroso Nanini era a praia de Cacau Pirera, a que chegavam depois de cruzar o rio Negro de lancha, atravessando o emaranhado de igarapés. Outra opção eram as apresentações da banda da polícia no coreto da praça, onde moças e rapazes faziam footing. Havia a programação variada da Maloca dos Barés, e as matinês do Cine-Teatro Guarany, onde Marco Antônio aprendeu a amar as chanchadas. Tornou-se fã fervoroso de Oscarito, Mazzaroppi e Grande Otelo, mas seu coração palpitava quando a estrela dos filmes era a atriz Eliana Macedo. Foi sua primeira paixão. Eliana era uma atriz belíssima, simpática e popular, que em nada fazia lembrar a aura inacessível das atrizes internacionais. O efeito tinha uma explicação: no auge do sucesso dos filmes da Atlântida, o estúdio procurava uma "nova" Carmen Miranda. O diretor Watson Macedo quis testar a sobrinha, que era professora, sabia dançar e cantava muito bem, além de ser muito fotogênica. Deu certo. Como tornou-se estrela por acaso, não carregava os vícios do estrelato, o que transparecia nos papéis que fazia. Eliana geralmente fazia a mocinha dos musicais, um tipo de recatada, mas esperta, espevitada, carismática. Como não se encantar com a artista cantando "Beijinho doce" com a sua dupla, a atriz Adelaide Chiozzo, no filme *Aviso aos navegantes*? E como cantava, dançava, tocava instrumentos e interpretava com desenvoltura, a ideia de que um bom artista deveria desempenhar bem todas essas habilidades ficou cristalizada na cabeça de Marco Antônio — que na volta do cinema ia imitando os personagens pelas ruas.

Nessa época começou a colecionar autógrafos. Como o interesse por artistas foi crescendo, ganhou da mãe em agosto de 1955 um caderno pautado com capa de couro para reunir as assinaturas e fotos das personalidades que passavam pelo hotel e que se apresentavam na Maloca dos Barés e no Teatro Amazonas. Tinha um esquema: o pai o avisava quando alguém importante ia chegar ou sair, e o menino ficava no saguão com o caderno em punho. Quando tinha a chance, pedia a cortesia de uma assinatura. Quando era surpreendido e estava sem o caderno, pedia o autógrafo em papeizinhos e os colava depois. Os primeiros a assinar foram os próprios pais, na folha de rosto, como "miss papai" e "miss mamãe", o que indicava que o primeiro propósito do caderno era recolher autógrafos de misses.

O caderno é uma joia: a primeira foto é de Marco Antônio de calção de banho com a miss Distrito Federal de 1955, Elvira Wilberg, que lhe fez uma simpática dedicatória. Depois assinaram Gilda Medeiros, miss Pará, e Aparecida Benz, miss Minas Gerais. Há uma foto em que ele aparece extasiado, sentado num sofá do hotel, de sandálias de couro e conjuntinho estampado, entre as beldades Ethel Chiaroni, miss São Paulo, e Simei Ribeiro, miss Maranhão. Há uma foto assinada do craque do Vasco Ademir de Meneses, uma da cantora Angela Maria e uma graciosa da cantora Nora Ney: "Para o brotinho Marco Antônio, uma beijoca". Com a miss Brasil Martha Rocha conseguiu uma linda foto olhando embasbacado para a musa, retrato que fica ao lado de outro, em que o menino está abraçado às misses Florianópolis e Amazonas, olhando garboso para o futuro.

A sua paixão platônica, Eliana Macedo, assina uma foto, que leva sobre ela outra dedicatória, esta refeita pela atriz em 1979, quando se reencontraram: "Depois de tantos anos, eu volto a assinar no teu caderno. Só que desta vez é com muito mais amor e carinho. Um beijão da Eliana". Ainda na leva de atores das chanchadas, a atriz e dançarina Fada Santoro também registrou sua passagem pelo caderno do pequeno fã, bem como o galã Cyll Farney. A atriz que fez *Pluft, o fantasminha* no cinema, Zélia Matos, deixou duas fotos no caderno: uma de maiô tomando banho de rio e outra tocando acordeom. No Natal de 1955, Marco Antônio conseguiu que o recém-eleito presidente da República, Juscelino Kubitschek, lhe escrevesse um parágrafo num dos tais papeizinhos: "Sumamente sensibilizado, agradeço os seus cumprimentos de Boas Festas pelo Natal, que retribuo cordialmente, augurando-lhe felicidades no novo ano". Cantor e gaiteiro de sucesso da Rádio Nacional, Pedro Raimundo, mais conhecido como Gaúcho Alegre, autor de sucessos como "Prenda minha" e "Adeus, Mariana", também deixou seu autógrafo dedicado a Marco Antônio. E o cantor Ataulfo Alves, o palhaço Carequinha, a atriz Virgínia Lane. Com uma letra de professora e uma assinatura de estrela, a aviadora Ada Rogato também registrou seus votos "ao galante menino". Ela chegava a Manaus depois de cumprir mais um de seus feitos mirabolantes: tinha acabado de ser a primeira piloto a cruzar a selva amazônica sozinha, em um pequeno avião, sem rádio, apenas com uma bússola. E ainda Juca do Acordeon, o comediante Ankito, a atriz Nancy Montez, o cantor espanhol José María Madrid; a miss Amazonas Zeina Ramadan; a miss Brasil Teresinha Morango. O último autógrafo do caderno é uma brincadeira da atriz e amiga Marília Pêra, que em 1979 colou uma foto sua e assinou como se fosse uma das misses do início do caderno.

O barulho da chuva batendo na vitória-régia, os botões de tucumã, a lua se espelhando no rio Negro, os vaga-lumes piscando na cidade escura, o Ramal 70, a algazarra das crianças na avenida Eduardo Ribeiro, o gosto da carne de tartaruga, o emaranhado dos igarapés, o entra e sai de artistas no hotel, os shows na Maloca dos Barés. As primeiras maravilhas, suas Pirâmides do Egito, como diria em entrevistas anos depois. Dos seis aos nove anos, Marco Antônio tomava consciência de si, aprendia a reconhecer o que o emocionava e tinha tempo para fabular o mundo. Como num poema de Manuel Bandeira, "tudo lá parecia impregnado de eternidade".[6] Manaus nunca sairia da sua cabeça.

3. O saltimbanco Nanini

E ao poder de uma palavra
Recomeço minha vida
Nasci para te conhecer
E te chamar

Liberdade
    Paul Éluard, "Liberdade"*

Se Recife lhe deu o primeiro cenário e Manaus afinou sua sensibilidade para as belezas do mundo, o Rio de Janeiro forjou o saltimbanco que ele sempre seria. Foi na edulcorada Cidade Maravilhosa que o menino Marco Antônio se tornaria um artista popular e entraria definitivamente para a história da dramaturgia brasileira.

A chegada à capital da República, onde os Barroso Nanini viveriam a maior parte da vida, foi aos poucos. Ainda em Manaus, Dante recebeu uma boa proposta de trabalho para gerenciar um hotel em Belo Horizonte. Como já an-

---

* Tradução de Carlos Drummond de Andrade e Manuel Bandeira.

dava desejoso de voltar ao Sudeste, aceitou. Tomaram o bimotor até Belém, o quadrimotor até Goiânia, e de lá seguiram para a capital mineira. Chegaram em 1957, quando a avenida do Contorno de fato contornava a cidade, antes das inúmeras modificações do traçado urbano. Marco Antônio tinha nove anos e nada o consolava da tristeza de ficar longe dos amigos e ter de recomeçar tudo em outra cidade. Nem o caderno de autógrafos, que estava tão gordinho como ele. Ficou triste, e também bravo: foi nessa época que entrou na primeira briga na escola, depois que um garoto de outra turma o chamou pela terceira vez de "gordinho de merda". "Olha quem vem chegando, é o gordinho de merda", "Olha quem acabou de passar, é o gordinho de merda". Cansado de fingir que não ligava, um dia levou um canivete escondido para a escola. E, num acesso de raiva, foi para cima do implicante, numa confusão que envolveria a direção da escola, seus pais e os pais do moleque.

De volta à rotina de morar em um hotel, a suíte ocupada pela família em Belo Horizonte tinha uma pequena varanda que dava para a rua. Enquanto o pai e a mãe trabalhavam, e um pouco para curar o banzo de Manaus, Marco Antônio ia para a sacada, onde gostava de improvisar discursos para multidões imaginadas. Foi lá que ele viu TV pela primeira vez, a lembrança mais marcante que guarda da passagem por Minas Gerais. Na verdade, já tinha visto em São Paulo, quando passou uns dias na casa de um padrinho para operar as amígdalas (o único médico que fazia a cirurgia em Manaus tinha cortado a glote de uma paciente, o que deixou Cecy apavorada). Mas ter uma TV à disposição, assistir a programas e filmes de chanchada dentro da própria casa — ou da própria suíte —, era a primeira vez.

Não completaram nem um ano em Belo Horizonte. Logo Dante conseguiu trabalho no Rio de Janeiro. Os Barroso Nanini chegaram à cidade em 1958, um ano marcante na história do Brasil e da sua capital federal. Marco Antônio tinha dez anos. A família foi direto para a rua Ferreira Viana, 29, no Flamengo, onde Dante assumiria o cargo de gerente do tradicional Hotel Regina. Fundado em 1922, era muito frequentado por políticos e comitivas internacionais, pela proximidade da sede do governo federal, o Palácio do Catete, a poucos metros dali. Mais uma suíte transformada em lar, mais um saguão feito de sala de estar. Os hóspedes chamavam o espaço de convivência de Praça da Alegria, em alusão ao programa humorístico homônimo da TV Rio, comandado por Manoel de Nóbrega.

Curiosamente, anos antes, o mesmo hotel serviu de lar a uma família que também migrou de Minas Gerais para o Rio com um menino que se tornaria patrimônio da cultura nacional: o pianista Nelson Freire. Por muito pouco Nanini e Freire não brincaram juntos na Praça da Alegria. Quem sabe o pianista mirim não poderia ser um reforço à turma da rua Ferreira Viana, da qual Marco Antônio começou a fazer parte nas brincadeiras de pique-esconde, quando voltava da escola. Naquela época, as turmas de jovens eram divididas por ruas, e os principais rivais do grupo da Ferreira Viana eram os meninos da rua Silveira Martins. A moda eram as brigas a pedradas (chegaram a ganhar os jornais as disputas entre os alunos do Colégio Pedro II, em São Cristóvão, e os do Colégio Militar, na Tijuca).

Gorducho e muito arrumadinho, do tipo que usava suspensórios, camisa engomada e cabelo penteado de lado, Marco Antônio não durou muito nas brincadeiras que exigiam joelhos ralados. Era mais divertido passar o tempo inventando plateias. Agora, em vez da sacada, ele tinha à disposição outro elemento cênico vigoroso: as cortinas da suíte, que iam do teto até o chão e eram tão estruturadas que serviam perfeitamente para o seu teatro imaginário. No quarto, apresentava espetáculos que ele mesmo criava, dirigia e representava. Os abajures das mesinhas de cabeceira eram virados para o centro do suposto palco, com o foco em sua direção. Era um astro. Ou uma estrela.

Quando se cansava da plateia, brincava de professor. Com a sala cheia de alunos, naturalmente. Tinha um quadro-negro de brinquedo, no qual passava questões dificílimas para a turma. Era um professor genioso: havia os alunos de que gostava e aqueles com os quais implicava. Não se prendia à profissão: se ganhasse um brinquedo de cientista, já fantasiava que era Albert Einstein; se encontrasse nas gavetas uma caixa de primeiros socorros, já se imaginava como o dr. Zerbini, médico brasileiro famoso à época. Mesmo brincando, gostava de ser famoso.

Em 1958, o Brasil estava eufórico. Com Pelé e Garrincha, a seleção brasileira de futebol ganhou sua primeira Copa do Mundo, na Suécia, e João Gilberto gravou a canção símbolo da Bossa Nova, "Chega de saudade", de Tom Jobim e Vinicius de Moraes, dois acontecimentos que ajudaram a afirmar uma identidade nacional. Gingando no futebol e na canção, o Brasil chamava a atenção do mundo. A modernização do país se consolidava com a construção — e invenção — da sua nova capital, Brasília. Em 1958, ela não era mais um delírio, começava a sair do papel. Um clima de esperança que vinha desde 1956, quando Juscelino Kubitschek assumiu como presidente da República e prometeu um desenvolvimento sem precedentes ao país, apesar do crescimento da inflação e do aumento da dívida externa. A indústria vibrava com os primeiros produtos totalmente fabricados aqui, a exemplo do radinho de pilha. O rádio ainda era o principal meio de comunicação, e os programas musicais da Rádio Nacional eram uma febre. As cantoras Marlene e Emilinha dividiam e animavam suas torcidas, enquanto o maestro Villa-Lobos vivia seu auge. As TVs começavam a se expandir como veículos de consolidação dos novos hábitos de consumo, de comportamento e entretenimento. Foi exatamente nesse ano que um novato diretor, Carlos Manga, inventou um truque de edição que permitia que outro jovem artista, o comediante Chico Anysio, contracenasse consigo mesmo. Uma revolução. Os cinemas estouravam em gargalhadas com as chanchadas lançadas uma atrás da outra, enquanto o Cinema Novo começava a provocar as cabeças pensantes com suas inovações estéticas. O escritor Jorge Amado lançava *Gabriela, cravo e canela*; Zé Celso montava *A ponte*, a primeira peça do Teatro Oficina; e, num curso de datilografia, Roberto Carlos conhecia Erasmo, outra explosão em vista. Eram tempos "bárbaros", cheios de "borogodó", "brotos" e, para muitos, "sopa no mel", como sabiam as gírias da época. Mas não para todos, claro. Foi em 1958 que tiveram início os movimentos de educação popular capitaneados pela esquerda católica, que tentava reduzir o número de cerca de 50% de analfabetos do país. Não seria fácil levantar o Brasil, mas havia muita confiança na promessa.

O Rio de Janeiro vivia seus últimos anos de capital federal — Brasília seria inaugurada em 1960. Na orla do bairro do Flamengo, que ainda estava sendo aterrada para o que viria a ser um grandioso parque público, o Museu de Arte Moderna erguia suas pilastras modernistas assinadas por Affonso Eduardo Reidy, e os fotógrafos da revista *O Cruzeiro* registravam supostos óvnis que renderam assunto por meses na cidade. O frescobol era inventado nas areias da praia pelos irmãos Millôr e Hélio Fernandes, o pintor Di Cavalcanti podia ser visto sempre no bar Villarino, no Centro, desenhando as paredes ou tomando umas e outras com a cantora Aracy de Almeida e o escritor Paulo Mendes Campos. Pixinguinha, outra figura fácil nas ruas da cidade, podia ser flagrado no bar Gouveia, na travessa do Ouvidor, pedindo um "chóps", como pronunciava. Febre no Carnaval daquele ano, a música "Madureira chorou" emplacou um feito raro: continuou tocando o ano inteiro.

Apesar da melodia exaltada, a canção contava uma história triste do bairro da Zona Norte. No ano anterior, havia morrido tragicamente a atriz e vedete de teatro de revista Zaquia Jorge, que fundou o único teatro de revista ou "de rebolado" da região, o Teatro Madureira. Chamada de Estrela do Subúrbio e Vedete de Madureira, Zaquia se afogou no mar da Barra da Tijuca aos 33 anos. Tinha acabado de gravar uma participação no filme *A baronesa transviada*, de Watson Macedo, quando quis dar um mergulho na praia acompanhada de duas amigas e não voltou com vida. A comoção popular provocada por sua morte inspirou o samba de Carvalhinho e Júlio Monteiro, gravado por Joel de Almeida: "Madureira chorou/ Madureira chorou de dor/ Quando a voz do destino,/ Obedecendo ao divino,/ A sua estrela chamou./ Gente modesta,/ Gente boa do subúrbio/ Que só comete distúrbio/ Se alguém lhe menosprezar./ Aquela gente que mora na Zona Norte/ Até hoje chora a morte/ Da estrela do lugar".

O clima encantador, claro, era também uma romantização. A cidade que caía em lágrimas por suas estrelas também vivia de torneiras secas pelos constantes vazamentos da adutora do Guandu; a cidade que inaugurava escadas rolantes também tinha as ruas esburacadas; a cidade que espirrava lança-perfume tinha um mau cheiro estonteante; a cidade que aprendia a fumar cigarro com filtro não tinha ainda coleta de lixo regular.

Entre jantares, comitivas e a Praça da Alegria, a vida no Hotel Regina corria bem, e dessa vez parecia que a família ia ficar bons anos na mesma cidade, como aconteceu. Certa vez, Dante acordou com uma notícia que o deixou aflito: no jornal *Correio da Manhã*, a manchete "Polícia apura roubo de 2 mil dólares" dizia respeito a um incidente ocorrido no Hotel Regina. A reportagem dava conta que um hóspede, chamado Mauro Martins, havia prestado queixa na delegacia do Catete sobre o sumiço de 1,2 milhão de cruzeiros e 2 mil dólares do cofre individual que usara durante sua estada no hotel. Era algo próximo de um escândalo para o metódico gerente que, como o leitor pode imaginar, inspiraria o filho na construção de um de seus personagens mais célebres. Sim, Lineu, de *A Grande Família*, era todo inspirado em Dante Nanini.

A fim de esclarecer o incidente antes mesmo que a polícia o convocasse a depor, Dante certificou-se da movimentação de cada cofre cedido aos hóspedes na semana e descobriu que o saque no cofre 18 havia sido feito por um comerciante chamado Walter Mueller, de Timbó, Santa Catarina, que tinha passado alguns dias no Rio de Janeiro, mas que àquela altura já estava em casa. Dante não se fez de rogado: tomou o primeiro avião para Florianópolis e foi ter diretamente com o suposto ladrão. Chegando lá, deparou-se com um industrial abastado, a quem não parecia fazer falta a quantia surrupiada. O industrial contou-lhe que a chave do seu cofre estava presa a um barbante com um numeral gasto, confundindo "8" com "18", e, na pressa de embarcar, abriu o cofre errado, pegou o dinheiro que havia sem conferir e foi-se embora. Chegando em casa, notou que havia, de fato, cruzeiros a mais, "e que já se prontificava a remeter ao Rio". Mas que nada sabia dos 2 mil dólares. Dante fez o homem escrever uma carta de próprio punho contando toda a versão, autenticou a declaração, voltou ao Rio, entregou-a à polícia e enviou uma cópia ao jornal. Com a carta, um acréscimo do próprio gerente:

Temos, assim, que existe um autor confesso da retirada do conteúdo do cofre questionado, sendo ele pessoa de boa situação social, proprietário e administrador de uma indústria que vale algumas vezes o valor alegadamente subtraído. Dessa forma, somente o inquérito policial poderá apurar o que na realidade ocorreu, já tendo sido fornecido um exemplar de carta que ora lhe remeto, às autoridades da 9ª Delegacia, a fim de instruir as investigações, não sendo evidentemente correto veicular-se suposições desairosas à minha pessoa — como ocorre com a notícia acima referida — por antecipação ao resultado dos trabalhos policiais.

O *Correio da Manhã* publicou tudo, e Dante preservou a imagem do estabelecimento e dele próprio.

A imagem de idoneidade e retidão que Marco Antônio construiu do pai só foi arranhada no dia em que ficou sabendo que ele tivera outros quatro filhos. Até o início da adolescência, ele não sabia de nada. Foi por volta dos doze, treze anos que os pais o sentaram à beira da cama para contar a história (os filhos iam visitar Dante, e eles não queriam que Marco fosse pego de surpresa). Além do irmão mais velho, o Zeca, que vivia com a família da mãe em Goiana desde pequeno, e com quem tivera uma breve e estranha convivência em Manaus, havia ainda outros quatro irmãos adultos por parte de pai. O imbróglio familiar nunca foi totalmente esclarecido: o que ele soube foi que o pai havia sido casado em São Paulo e que, durante uma breve temporada trabalhando num hotel na Argentina, se enamorou de uma bailarina de tango. Quando voltou ao Brasil, separou-se da mulher para viver o novo amor, mas àquela altura a dançarina já havia desistido dele. Aos 44 anos, sem uma nem outra e com os quatro filhos já adultos, optou por fazer as malas e aceitar uma proposta de emprego que havia surgido no Recife. Dois anos depois, recomeçaria tudo com Cecy e o nascimento do temporão, Marco Antônio.

Com o mundo se desvelando ao seu redor, aos treze anos Marco Antônio começou a trabalhar como auxiliar de almoxarifado no Hotel Plaza, em Copacabana. Ia à escola pela manhã e na parte da tarde fazia balanços dos móveis e objetos, controlava as bebidas, as comidas e o material de limpeza. Durou apenas três dias no emprego. Não conseguia acertar os balancetes, se atrapalhava todo. Acabou arrumando outro emprego, como assistente do gerente do Hotel Riviera, também em Copacabana, onde deu mais sorte, pois não tinha expediente fixo, e sua tarefa era auxiliar o gerente, Berthold Stern, um senhor agradável e muito paciente com o jovem aprendiz. Ficaria como assistente da gerência dos treze aos dezessete anos.

Lá conheceria uma funcionária que o marcaria profundamente. Sebastiana trabalhava como chefe da lavanderia, que funcionava ao lado do almoxarifado, onde Marco Antônio sempre estava. Era a primeira vez que ele conhecia e conversava com adultos sem a intermediação dos pais. A rotina de Sebastiana o instigava. Ela morava em Duque de Caxias, na Baixada Fluminense, e precisava pegar diversas conduções para estar às oito horas no hotel, ao passo que ele enfrentava no máximo vinte minutos entre o Flamengo e Copacabana. Ela lhe contava todo o seu percurso até chegar ao hotel, e tudo o que ainda tinha que fazer depois que chegava em casa — cuidar dos três filhos, fazer comida, lavar roupa, preparar a marmita e, no dia seguinte, acordar às cinco horas e começar tudo de novo. Ela o impressionava, especialmente nos detalhes: na hora do almoço, tirava a marmita da bolsa e esquentava a lata de metal no ferro de passar da lavanderia. Enquanto isso, ia contando suas histórias, as histórias dos filhos, do bairro onde morava, sempre sorrindo, o que também o encantava. Tudo o que ela fazia ou contava era novidade para ele, que não se cansava de observar seus gestos nobres, sua paz em meio a tantas tarefas. Com Sebastiana, Marco Antônio ia tomando contato com a realidade social do Rio de Janeiro enquanto aprendia a observar as minúcias de um personagem marcante.

O caderno de autógrafos seguia com ele, como uma testemunha da criança que virava um jovem adulto. No Hotel Riviera e no Hotel Regina, recolheria a assinatura de Grande Otelo, um dos seus ídolos; da cantora Alaíde Costa, do cantor Jair Rodrigues, da atriz Isaura Bruno (que fazia a personagem Mamãe Dolores da novela *O Direito de Nascer*, um dos maiores sucessos na teledramaturgia brasileira). No dia 7 de setembro de 1964, coletou uma assinatura curiosa: a do então presidente da República, marechal Castelo Branco, um dos cabeças do golpe militar que tinha acontecido meses antes. Castelo Branco assinou o caderno e escreveu: "Com o apreço do seu compatriota".

Marco Antônio tinha quinze anos na noite do golpe militar, 31 de março de 1964. Assim como muitos brasileiros, não fazia a menor ideia do que estava acontecendo. Havia uma tensão no ar, mas não chegava a ser tema para o adolescente. A política não era um assunto corriqueiro entre os pais. Tampouco na escola os professores ou colegas debatiam as reformas do presidente João Goulart, um dos estopins do golpe. Muito pelo contrário. Todo o imaginário que pudesse se associar ao comunismo era tabu. No final de março de 1964, os hotéis estavam muito movimentados por conta da Semana Santa, que caiu nos dias 26 e 27, e, com o trabalho puxado, ele mal notou o que ocorria nas ruas.

Mas no fim da tarde da terça-feira seguinte, o fatídico dia 31 de março, percebeu que os hóspedes estavam inquietos com comentários sobre um engarrafamento verde-oliva que se formava da Glória até a rua das Laranjeiras, o que era bem perto da sua casa. Havia um clima de tensão no ar. No Hotel Riviera, os telefones tocavam sem parar e os funcionários cochichavam entre si. Havia mais buzinas do que o normal vindo das ruas, e ele subiu até o terraço do hotel, onde tinha uma visão ampla da cidade, para tentar entender o que estava acontecendo nas ruas. Lá de cima, viu viaturas da polícia passando com sirenes barulhentas em direção a Botafogo. Chovia forte, o que tornava tudo mais dramático.

No início da noite, sem dar muitas informações, o hotel dispensou todos os empregados para que voltassem para casa imediatamente. Só que não havia mais ônibus — nem ônibus, nem trens, nem bondes, o que deixou multidões sem transporte público em toda a cidade, e sem saber direito o que estava acontecendo. A paralisação dos motoristas, motorneiros e cobradores era a greve geral convocada pelo Comando Geral dos Trabalhadores no dia anterior, em defesa das liberdades democráticas e sindicais ante a ameaça de um golpe militar. Marco Antônio conseguiu uma carona até o Flamengo e saltou na praia, em meio aos carros que tentavam escapar do trânsito das ruas internas, já tomadas por viaturas do Exército, que iam para o Palácio das Laranjeiras defender Jango, e por viaturas da Polícia, que iam para o Palácio Guanabara defender o governador da Guanabara, Carlos Lacerda, opositor de Jango e um dos articuladores do golpe.

Quando desceu, havia muitas pedras soltas na via, para a construção do Aterro do Flamengo. Atravessou a pista com dificuldade, olhando para o chão, tomando cuidado para não tropeçar. Quando levantou a cabeça viu uma cena inesquecível: a sede da União Nacional dos Estudantes (UNE), que ficava na praia do Flamengo, em chamas. Ele não fazia ideia, mas por iniciativa dos dirigentes estudantis, toda a documentação da entidade estava sendo queimada. Na sua cabeça, a cidade se acabava. Ao entrar na rua Ferreira Viana, o trânsito ainda estava impedido para a passagem de viaturas, as buzinas se misturavam com sirenes e ele apertou o passo na chuva para chegar rapidamente ao Hotel Regina. Naquela noite começava um golpe militar que instituiria uma ditadura por longos 21 anos.

No dia seguinte, enquanto Jango voava para Brasília — de lá iria para Porto Alegre no fim do dia, e até o exílio no Uruguai, no dia 2 —, vinha gente de longe para o bairro do Flamengo ver a UNE lamber em chamas. Civis apoiadores do golpe incendiavam as faixas estendidas na fachada enquanto o Exército destruía o prédio a marretadas. Nos edifícios vizinhos, alguns apartamentos da praia do Flamengo jogavam papéis picados da janela, uma manifestação pública de comemoração, como era comum no Réveillon.

Na sua rotina de empregado de hotel, no entanto, nada mudou. Nem na rotina doméstica. Como muitos brasileiros, o adolescente seguiu trabalhando e estudando normalmente. Por isso, no dia 7 de setembro, quando soube que o presidente da República estava no saguão do hotel, foi correndo com seu caderno de autógrafos pegar a assinatura dele, como faria com qualquer outra personalidade de destaque.

Apesar da ditadura, a vida seguia. Deslumbrado com a fartura das óperas na cidade, Dante aproveitava as folgas para frequentá-las. Outro programa preferido da família era assistir aos jogos de futebol no Maracanã, o que exigia todo um preparo aos domingos, para sair cedo, comprar ingressos, conseguir um bom lugar na arquibancada. Cecy também adorava ir à feira, onde podia repor o estoque de flores secas coloridas que gostava de ter na suíte. Carregava Marco Antônio consigo e o ensinava a pechinchar.

Aos domingos, quando não estava de serviço no hotel nem havia um grande jogo no Maracanã, o filho a acompanhava à missa na igreja de Santa Teresinha do Menino Jesus, em Botafogo. Entre os fiéis que subiam no altar para ler as Epístolas, o jovem espichado e magricela sempre dava um jeito de participar. Era o único jovem que se oferecia. Nas outras missas, apenas senhores de voz empostada faziam as leituras. Quando precisaram de um voluntário para interpretar são João Batista numa Sexta-Feira Santa, lembraram de Marco Antônio, que topou na hora. Tudo o que precisava fazer era vestir a roupa do santo e ficar andando dentro da igreja. Como fez bem o papel, o padre o chamou para representar novamente o santo no final do ano, na procissão de depois da Missa do Galo. Dessa vez ele foi além e agiu como se fosse o próprio são João Batista. Altivo e glorioso, só se sentiu um pouco constrangido depois, vendo que era o único santo incorporado.

Foi então que a paróquia resolveu investir nos autos e contratou uma professora, Clarice Stuckart, para dar aulas de voz e canto aos sábados para os fiéis que liam as Epístolas. Era o mesmo dia em que a igreja cedia um pequeno auditório que tinha no subsolo para ensaios e apresentações de um grupo de teatro amador. Entre as aulas de dona Clarice, o burburinho dos atores começou a lhe chamar a atenção. Marco Antônio começou a assistir aos ensaios e às apresentações do espetáculo, que era infantil e se chamava *O bruxo e a rainha*. Fez amizade com os atores no camarim, comentava a evolução das cenas com o diretor e até do bilheteiro se tornou íntimo. Cada um vinha de um canto. A companhia tinha um espírito saltimbanco do qual ele também comungava, tendo vivido em tantas cidades em tão pouco tempo. Um dos atores contracenava com a própria mãe, cadeirante, no espetáculo; outro era um senhor que havia tentado fazer sucesso por anos sem conseguir nada; outro era homossexual assumido, novidade que também o instigava; e outro era um jovem que tinha exatamente a sua idade, dezesseis anos, e logo virou o primeiro grande amigo: Pedro Paulo Rangel. Estava tão encantado com aquele ambiente rico em novidades que nem se dava conta de que o texto da peça era uma bobagem.

Quase não acreditou quando lhe convidaram para fazer o papel do bruxo, em substituição a algum ator que teve de deixar os ensaios. O bruxo se transformava num príncipe — mas Marco Antônio só faria a parte do bruxo mesmo, porque, quando ele virava o príncipe, quem assumia o papel era o dono da companhia. Para conseguir ensaiar e trabalhar, não teve jeito: começou a matar as aulas da escola.

A estreia foi com o coração na boca, as mãos geladas, as pernas tremendo e dez pessoas na plateia. A família não fazia ideia — nem que Marco Antônio estava prestes a repetir de ano pelas faltas e muito menos que o motivo era sua estreia no teatro. O medo não era de que eles não aprovassem, era que impedissem mesmo. Àquela altura, já estava apaixonado pelo teatro, e percebeu que, se quisesse mesmo se dedicar à arte, precisaria fazer a coisa parecer séria. Foi quando começou a arquitetar um plano com o amigo Pedro Paulo, o Pepê.

Era comum que voltassem a pé dos ensaios na igreja de Santa Teresinha, pela praia de Botafogo, até o Hotel Regina, no Flamengo, percurso que faziam em cerca de cinquenta minutos. Numa dessas vezes, descobriram que a antiga sede da UNE, destruída no ano anterior, agora abrigava uma escola de teatro. Não uma escola qualquer, mas o Conservatório Nacional de Teatro. Era um espaço que respirava teatro havia tempos: em 1962, em parceria com a UNE, fora fundado ali o Centro Popular de Cultura (CPC), com o objetivo de fazer e divulgar uma arte popular revolucionária, conectada com camponeses, operários e universitários. Os responsáveis pela empreitada eram o dramaturgo Oduvaldo Vianna Filho, o Vianinha, o cineasta Leon Hirszman e o sociólogo Carlos Estevam Martins. Logo aderiram ao CPC o poeta Ferreira Gullar, o músico Carlos Lyra, o dramaturgo Paulo Pontes, entre outros nomes da contracultura, engrossando o movimento, que produziu shows, peças, editou livros e deu cursos de arte. Na fatídica noite de 31 de março de 1964, o teatro da UNE estava prestes a ser inaugurado com uma peça produzida pelo CPC, *Os Azeredo mais os Benevides*, de Vianinha.

Mas não foi pela afinidade com o CPC que o Conservatório Nacional de Teatro foi parar na sede da UNE. Tão logo o golpe militar se deu, e a UNE foi incendiada, os CPCs foram todos fechados. Em janeiro de 1965, o marechal Castelo Branco doou a sede da UNE ao Serviço Nacional de Teatro (SNT), órgão então ligado ao Ministério da Educação. A diretora do SNT era a diretora e crítica teatral Barbara Heliodora, e sob seu guarda-chuva estavam não só o Conservatório Nacional de Teatro como a biblioteca e o museu do SNT. Foram todos para a nova sede, que passou por uma obra para receber os novos ocupantes — o mesmo governo que destruiu o prédio agora gastava dinheiro para reerguê-lo. As obras levaram menos de três meses, e em abril o professor Gianni Ratto já ensaiava com os alunos o *Auto da alma*, peça que celebrava o quinto centenário de Gil Vicente. Em setembro, já estavam abertas as inscrições para o curso de pré-vestibular que preparava os interessados para a prova de ingresso aos cursos.

O plano era um só: fazer o curso pré-vestibular e passar no vestibular de qualquer jeito. Só entrando no Conservatório é que Marco Antônio poderia se dar ao luxo de largar o emprego no hotel e, quem sabe, viver como ator. Como já ganhava o próprio dinheiro, não dava para voltar a depender dos pais — além disso, com a nova turma de amigos, queria liberdade para sair à noite sem hora para voltar, se apaixonar e quem sabe morar sozinho. Àquela altura, tanto ele quanto Pepê romantizavam a vida nos palcos e acreditavam que os trabalhos apareceriam com facilidade.

Mas até para fazer o curso pré-vestibular era preciso passar por um teste. Marco Antônio entrou num palco totalmente vazio. A orientação era a de que desse uma volta completa ao redor de uma cadeira antes de dizer o texto decorado. Naquele momento, teve uma epifania: até então havia feito apenas o bruxo, que entrava em cena todo maquiado e vestindo um camisolão até os pés, tornando muito mais fácil entrar no personagem. Não era ele, mas um bruxo. Mas ali, à paisana, se deu conta de que o trabalho que buscava viria eternamente daquela volta ao redor da cadeira. Seria daquela forma, sem cenografia, sem figurino, que deveria buscar as emoções e todo o universo do personagem. Atrapalhado, derrubou a cadeira. E começou a dizer o texto.

Foi aprovado. O curso preparatório funcionava no Jardim Botânico, no Instituto de Artes e Ofícios, e tinha a duração de três meses. Paralelamente, a temporada de *O bruxo e a rainha* o estimulou a escrever uma peça infantil, *A floresta encantada*, que montou quase de brincadeira com alguns amigos, o que lhe dava ainda mais segurança para fazer o curso preparatório. Lá teve o primeiro contato com o livro *A preparação do ator*, de Constantin Stanislavski. Tomou aulas de dicção, expressão corporal e improvisação. Tudo era novidade para o funcionário do Hotel Riviera, que àquela altura já tinha sido reprovado na escola. Era o teatro ou nada.

Quando a mãe entendeu que o filho não pretendia seguir carreira em hotel, tampouco faria algum curso superior clássico, tentou garantir que a vaga no Conservatório não lhe escapasse. Cecy conhecia de vista, como hóspede recorrente do Hotel Regina, o ex-governador e deputado federal do Ceará Paulo Sarasate. Notório apoiador do regime militar, Sarasate era influente no Ministério da Educação, para o qual estava sendo sondado pelo marechal Castelo Branco como possível titular. Como o Conservatório fazia parte do SNT, que integrava o Ministério, Cecy achou boa a ideia de pedir a ele uma carta de recomendação para o filho.

Foi o primeiro encontro de Marco Antônio Nanini com Barbara Heliodora: entregou a ela, em mãos, sua carta de recomendação para ingresso no Conservatório. Muito gentil, o que contrariava a fama de crítica severa que sempre ostentou nos jornais em que publicava textos teatrais, Barbara lhe deu um conselho de vida: "Meu filho, não é assim que se faz. Estude, se prepare, que vai ser melhor para você". Ele saiu da sala envergonhadíssimo, sem querer nem ver a mãe por perto.

No final de 1965 ele e Pepê fizeram a prova do vestibular, que incluía a apresentação de um trecho de texto clássico ensaiado, uma prova de conhecimentos gerais, uma prova de improvisação e uma entrevista com a banca examinadora. Como queria ser um ator trágico, escolheu apresentar *Antígona*, de Sófocles. Selecionou o trecho em que o mensageiro conta para a rainha toda a tragédia de Antígona. Estava relaxado e apresentou-se de forma segura. A prova de conhecimentos gerais também tinha sido boa. Na de improvisação, devia criar uma cena sobre o primeiro dia de liberdade de um sujeito que havia ficado preso por anos. Também se saiu bem. Na banca, teve de enfrentar Barbara novamente, acompanhada de Gianni Ratto e Maria Clara Machado, professores do curso.

Fez as provas e foi tirar uns dias de férias com a família materna no Recife, sem conhecer o resultado. Quando voltou, ficou surpreso ao saber que ele e Pepê tiraram a maior nota entre os inscritos em Interpretação, o que lhes garantiu a vaga no curso de Formação de Atores do Conservatório Nacional de Teatro. Nunca mais sairiam dos palcos. Quase cinquenta anos depois, em 2013, na mesa que entrevistaria o já consagrado ator Marco Nanini no Museu da Imagem e do Som, no projeto Depoimentos para a Posteridade, Barbara Heliodora lembraria aquela primeira banca examinadora, em 1965: "Estava na cara, desde o primeiro dia, que ele era ator. Foi um aluno brilhante".

Com eles, passaram também Augusto Olímpio, Jorge Botelho, Luís Armando Queirós, Carlos Gregório, Neila Tavares, nomes que logo pipocariam em novelas e peças de teatro famosas. A turma só o chamava de "Nanini", o que não dificultou na hora de cravar o nome artístico que usaria: Marco Nanini. Em 1966, tiveram aulas com um time notável: Gustavo Doria, Sérgio Viotti, Sadi Cabral, Maria Clara Machado e Maria Helena Bezzi.

De cara, Nanini e Pepê ficaram muito amigos de Neila Tavares, que tinha dezesseis anos, era muito charmosa e despachada, e cresceu indo ao teatro com a mãe, fã de espetáculos. Juntos, formavam um trio inseparável. "Éramos umas crianças descobrindo o teatro e o mundo, tudo era novidade pra gente, matávamos aula pra brincar de cabra-cega na neblina do Corcovado... Em comum, éramos de classe média, de famílias de poucos filhos, formados no 'televizinho'", contou Neila, que seguiu a carreira de atriz, fez novelas, teatro, cinema e deu aulas em Nova Friburgo, no interior do Rio. "Televizinho" era como se chamava, na época, o hábito de assistir TV na casa dos vizinhos. Neila lembrou que foi muito influenciada pelo programa *Câmera 1*, da TV Tupi, no qual apenas uma câmera contava toda a história apresentada em plano sequência pelo cenário. "A gente cresceu vendo Paulo Autran, Sérgio Britto, Fernanda Montenegro fazendo teatro ao vivo na TV. Quem não ia querer fazer aquilo?", brincou Neila.

As aulas de interpretação eram divididas entre Sadi Cabral e Sérgio Viotti. Primeiro diretor de Cacilda Becker em teatro profissional, bailarino e ator de teatro, novelas e mais de quarenta filmes, Sadi Cabral foi um trauma para Nanini. Era exigente e apegado aos textos clássicos. Na primeira aula, apresentou à turma a peça *O diletante*, de Martins Pena, uma comédia de costumes escrita em 1844. Na segunda aula, perguntou à turma quais textos conheciam de Shakespeare. Nanini respondeu que não conhecia nenhum. E Cabral deu-lhe um sabão diante da classe. "Estou aqui para isso, para aprender, oras", reagiu um Nanini de dezoito anos.

Teria mais boa vontade com o teatro inglês nas aulas do radialista, ator, diretor, tradutor e crítico teatral Sérgio Viotti, que tinha passado quase uma década trabalhando como autor e diretor de radioteatro na BBC de Londres. Seus diários de classe eram os mais completos do grupo de professores: Sérgio descrevia o conteúdo de cada aula com sua letra miúda e elegante: "Análise da peça *Juno e o pavão*, de Sean O'Casey; Mímesis: repetição de frases em verso; Posição correta de pôr-se de pé em cena: o corpo ereto relaxado".

Foi no final da aula em que analisou a peça *Juno e o pavão* que, sem querer, Viotti despertou a comédia em Nanini. O professor propôs à turma que encenasse o texto como avaliação de final de semestre. Nanini, que fazia questão de sempre pegar os papéis trágicos, nesta leitura foi incumbido de representar o personagem Jack Boyle, o único cômico na peça. Ficou desesperado, chegou a chorar em casa preparando a leitura, e implorou ao professor que trocasse. "Não sei fazer isso, não quero fazer isso, não tenho que fazer isso!", reagia. Viotti não deu muita bola para o piti: "Não, não e não". Quando começou a fazer o maldito personagem diante da turma, todos riam sem parar. Ele tinha certeza de que os alunos riam do seu ridículo em cena. Demorou até perceber que eles riam do ridículo do personagem e que fazia bem a comédia quando ela parecia trágica. Para acostumar-se com o gênero, passou a ler Molière. E começou a desembaraçar a teia que une tragédia e comédia: se o espectador é capaz de rir do trágico e chorar do ridículo... deve ser porque é a presença do trágico que acentua o cômico, e é o riso que dá ênfase ao drama. A cabeça fervilhava.

A lição do "corpo ereto relaxado" de Viotti jamais foi esquecida pelo colega Pedro Paulo Rangel. "Ele nos ensinava a nos colocar em cena, a projetar a voz, como se exibir. Eu ainda lembro do Viotti me dizendo: não ponha essa perna aí na frente, ponha a perna atrás, para te dar mais firmeza em cena e para exibir sua figura. Eu aprendi a não cortar minha figura, eu sei estar bem em cena", detalha Pedro Paulo. No fim do ano, Viotti chamava os alunos e dizia se tinham ou não talento. A Pepê e Nanini, garantiu que tinham.

As aulas de preparação corporal eram dadas pela coreógrafa Nelly Laport, que tornou-se amiga de Nanini por toda a vida. Ao final do curso, ela lhe daria de presente o vinil que usava em classe para embalar a dança dos alunos.

As aulas de improvisação eram dadas pela atriz Maria Clara Machado, àquela altura já consagrada dramaturga, diretora e atriz, além de fundadora do Teatro O Tablado, outra importante escola de teatro do Rio de Janeiro. Ela provocava cenas entre os alunos a partir de palavras inesperadas, como "radiografia" ou "pulga", mescladas a mudanças de sentimentos, como "evolução do medo". As aulas de impostação eram dadas por uma cantora lírica italiana, Maria Helena Bezzi, que exigia muitos exercícios de respiração aos alunos usando o diafragma. Ela exercia sobre eles um certo fascínio, por viver sozinha num casarão do século XIX em Laranjeiras, cercada de gatos, empregados e uma imensa biblioteca musical de partituras raras. Havia ainda aulas de francês, português, expressão corporal, história das artes e esgrima — única disciplina que não registrou uma falta sequer de Nanini e pela qual ele fechou o semestre com nota nove. Neila lembrou que as aulas de esgrima não eram apenas para as cenas clássicas de luta. "Muitas cenas de teatro são construídas com base na ação da esgrima: um ataca, o outro recua. Um contra-ataca, o outro se esquiva."

Os três amigos costumavam passar os fins de semana em Paquetá — àquela altura, Dante e Cecy Nanini já tinham deixado o Hotel Regina e arrendaram uma pequena pousada na ilha, chamada Meu Cantinho. Como passavam tempo demais juntos, e traziam do Conservatório hábitos livrescos como deitar abraçados para ler textos teatrais, passear de mãos dadas, ver filmes recostados um no ombro do outro, Cecy ficava incomodada. "Era muito engraçado, porque ela achava escandaloso, mas morria de rir. Era uma mulher muito interessante a Cecy, dizia 'A Neila com dois homens na cama!', como se estivesse brava, mas emendava numa gargalhada", conta a atriz.

Não eram só os modos liberais que preocupavam a mãe de Nanini. Desde que começou a fazer teatro, e a ficar perambulando agarrado a Pepê e Neila, o jovem começou a fazer uns desenhos estranhos, disformes, de cores escuras, e a passar tempo demais no Cemitério dos Pássaros do bairro (e único do país). "'Marco Antônio era alegre, vivo, agora virou mórbido e fica indo pro cemitério', a mãe dele dizia, mas logo ria de si mesma, e a gente ria com ela. Os desenhos eram feios mesmo", divertia-se Neila, lembrando que o Nanini gótico não durou muito tempo. "Minha turma já era a do teatro, minha cabeça já era outra. Cheguei [ao] Conservatório todo enrustido, cheio de culpa católica, e lá aprendi que podia ser quem eu quisesse", comenta Nanini.[1]

Em 1967, para delírio dos alunos, a aula inaugural do ano letivo foi com a atriz Fernanda Montenegro, que, aos 37 anos, já era uma grande dama do teatro nacional. Era a primeira vez que recebia tal convite, falar a jovens sobre o ofício do ator. Fernanda abriu o coração, os livros que trazia na cabeceira, e montou uma sessão lírica inesquecível sobre o amor ao teatro.

A aula foi tão impactante que seu texto foi impresso na íntegra em *Cadernos de Teatro*, do Teatro O Tablado, em 1981. Alguns trechos: "[O teatro] é o único enigma benfazejo na vida dos homens, o único eficaz"; "Não se assimila nada no teatro que não seja para restituir. Isto é toda arte do ator"; "Vocação é resultado [...], não passa de escolha persistente"; "Ninguém aguenta esta profissão apenas para ganhar o pão. Todos nós trazemos um anseio de arte"; "É possível se viver de teatro no Brasil? É. [...] Claro que mal. [...] Num dia você pode se dar ao luxo de comer caviar e beber champanha. E no momento seguinte você pode não ter a possibilidade nem de um pastel"; "O que nos resta é trabalhar para essa minoria que ainda nos vem ver, e que num bom espetáculo nos procura como nós o procuramos"; "Se querem esta profissão, não virem por favor montes de carnes, parasitas e amebas. Sejam, antes de mais nada, criaturas presentes"; "Como vivemos agrupados [...] temos que fazer do grupo uma parte de nós mesmos. Evitem a segregação"; "A marcha do ator que vai ao encontro da sua personagem, é uma corrente lenta de se estabelecer. [...] Nos primeiros ensaios não procuro fazer logo tudo"; "Respeitar a nossa arte e respeitar o nosso público conferem a nós, atores, uma espécie de aristocracia".

Entre 1967 e 1968, a ditadura civil-militar se acirrava, e com ela as perseguições, prisões, censuras, passeatas. Vez ou outra os alunos do Conservatório Nacional faziam greves, mas durante a maior parte do tempo, passar as noites estudando teatro era um refúgio para Nanini. Curiosamente, à luz do que acontecia no país, todo o conteúdo das aulas parecia um esforço contra o retrocesso. Os alunos decoraram a poesia "Liberdade", de Paul Éluard, para as aulas de francês; fizeram exercícios de composição de personagens com *A tempestade*, de Shakespeare; leram juntos a peça *Jornada de um imbecil*, de Plínio Marcos. Entre as aulas de valsa e sapateado, treinaram o método Stanislavski com o texto *Caos*, de Maksim Górki, se aprofundaram nas revoluções burguesas nas aulas de história da civilização, e, no turbulento Maio de 1968, discutiram juntos a peça *O rei da vela*, de Oswald de Andrade — cuja montagem incendiária feita pelo Teatro Oficina, em São Paulo, acabou censurada no mês seguinte. Para quem não ouvia falar de política em casa, o Conservatório foi uma formação de base. "Como as aulas eram no prédio que tinha sido na UNE, atacada durante o golpe em 64, ainda havia nas paredes as marcas de balas e resquícios da destruição provocada pelo incêndio. Lembro bem da gente lutando para que a direção não escondesse ou apagasse aquelas marcas", rememorou Neila, a mais militante do trio. E a mais rueira também: "Era uma época privilegiada: a gente desviava do Glauber Rocha nos bares, porque ele era chato, e do Vinicius de Moraes, que era bêbado. Todo mundo se encontrava nos bares".

Nem mesmo as aulas de "*maquillage*" dadas pelo franzino mestre Jansen escapavam ao clima político. Encarregado de ensinar aos jovens atores como envelhecer, emagrecer ou mudar o caráter de um personagem usando apenas maquiagem, o professor carregava consigo muitos bastões de tinta de rosto. Eram de uma marca que indicava no rótulo o temperamento do personagem de acordo com a cor: o que tingia o rosto de amarelo chamava-se "Cínico", o que empalidecia se chamava "Tísico", o vermelhão era o "Satanás". Com alunos chegando para as aulas direto de assembleias e manifestações, mestre Jansen não tardou a ter um ou outro bastão surrupiado para pintar cartazes com palavras de ordem.

Nanini guarda até hoje um dos livros mais usados por ele durante o Conservatório Nacional: *Teatrologia*, escrito por José da Silva Aranha, de 1949. Era uma espécie de bíblia de dramaturgia, com noções básicas de história do teatro, filosofia, direção, iluminação, gêneros, arquitetura de cenário, vocabulário, exercícios de dicção e caracterização.

É uma obra que envelheceu de forma curiosa: no volume aprende-se, por exemplo, que quando um artista que desempenha papéis jovens, o "galã", também canta e dança, ele é chamado de "galã brilhante". Que "canastrão", o mau ator, vem de, "kanastra" palavra grega que em português significa uma espécie de tatu, um animal "que se enterra". Que as luzes azuis são boas para cenas de ciúme e desconfiança, e as luzes vermelhas são usadas em cenas de disputa e guerra. Que se deve tomar cuidado com o público que aplaude demais ("são os críticos mais perigosos"), que os primeiros atores no Brasil foram os indígenas Aimberê, Guaixará e Savarana, que representaram papéis de diabos. Que João Caetano, depois de dar baixa no Exército brasileiro, onde servia como cadete, vindo da Guerra da Cisplatina, interpretou tipos em "espetáculo em travesti", como eram chamadas as peças com atores vestidos de personagens femininos. Que só em raríssimos casos devem se erguer os braços muito acima da linha da cabeça, e que as mãos não devem ser movimentadas "à guisa de chocalhos" na frente do peito, sob risco de dispersar o público. Que é muito diferente interpretar um embriagado amoroso, que chora e quer morrer, e um embriagado maneiroso, que ri e faz anedotas.

No final do curso, Nanini e Pepê apresentaram sua versão da peça cômica *As criadas*, de Jean Genet. Eles interpretavam duas empregadas, Geni e Zuenir. Mal puseram os pés no palco, e a plateia veio abaixo: uma era alta e em tudo contrastava com a outra, baixinha. Já bastante confortáveis com a linguagem da comédia, com total entrosamento entre si, tiraram nota máxima. A apresentação foi um sucesso. Curiosamente, foi a única vez que dividiram um palco.

No último ano do curso, Nanini já tinha deixado o Hotel Riviera e estava trabalhando em um banco, fazendo atendimento ao público, depois de conseguir errar todas as contas no caixa. Como os pais viviam em Paquetá, e o percurso de ida e volta para a ilha era um pouco custoso — a travessia de barca levava uma hora e quinze minutos, e a última saía do centro do Rio às onze da noite —, ele foi morar num quarto alugado numa casa de família no Flamengo. Uma casa estranhíssima, onde não sentia nenhuma vontade de ficar. Àquela altura, só pensava em teatro. Chamado por um dos professores para atuar na peça *Salomé*, de Oscar Wilde, não pensou duas vezes antes de começar a ensaiá-la. O elenco teria Paulo Gracindo e Helena Ignez, e seria apresentada no Museu de Arte Moderna. A estreia estava marcada para o dia 29 de março de 1968, anunciada nos jornais.

Mas na véspera acontecera uma tragédia: o estudante secundarista Edson Luís de Lima Souto, de dezoito anos, foi assassinado por policiais militares que invadiram o restaurante Calabouço, no Centro do Rio, durante uma manifestação. Os estudantes tiraram o corpo de Edson Luís de lá e o carregaram em passeata até as escadarias da Assembleia Legislativa, onde foi velado. O incidente chocante mobilizou manifestações em todo o país, aumentando o clima de tensão política. A estreia foi cancelada e todo o elenco foi para a porta do Theatro Municipal se juntar à multidão em protesto. Nanini encontrou a amiga Neila, que vinha direto do Teatro Opinião, onde também ensaiava uma peça que foi imediatamente cancelada. *Salomé* só estreou no dia seguinte, e, ao final da apresentação, os atores distribuíram rosas brancas para cada espectador. A vida e o teatro se embaralhavam de um jeito desmedido demais para que ele não acreditasse. Não havia mais outra opção.

No dia seguinte, pediu demissão no banco e apostou definitivamente no teatro.

PARTE 2

1970-79

4. Milton, Dercy e Afonso

Se você acreditar, ele existe! Se você não acreditar, ele não existe. Tudo aquilo em que se crê, existe.

Luca, em *Ralé*, Maksim Górki, 1901

    Era um ônibus caindo aos pedaços. Os amortecedores gastos faziam a carcaça oscilar nas curvas e qualquer vento tirava os pneus do chão. As janelas rangiam, os assentos não reclinavam, os pneus furavam. Para dormir, só deitando no chão, com a mochila de travesseiro. A Companhia Milton Carneiro viajava pelo Brasil do jeito que era possível a uma trupe mambembe de teatro no final dos anos 1960. Para o dono da Companhia, Milton Carneiro, que tinha começado sua carreira circulando pelo país em lombo de burro, boleia de caminhão e "gaiolas", que eram barcos movidos a lenha, aquele ônibus era um luxo.

    De formação clássica em circo, Milton Carneiro já era um profícuo ator de teatro, cinema e de comédias televisivas em 1969, quando conheceu Marco Nanini e o convidou a integrar sua trupe. Trabalhava com Cacilda Becker e era contratado da TV Globo, o que lhe dava certo status, mas pouco dinheiro. Vindo de família pobre e com fama de avarento, recorria às bilheterias para complementar a renda. Tinha uma companhia de teatro que viajava com cenários, figurinos e um grupo de atores capaz de encenar até vinte textos diferentes no repertório. Se fossem contratados pela paróquia de uma cidade do interior, faziam as peças mais pudicas. Em capitais, arriscavam as mais ousadas. Havia ainda os espetáculos infantis e os de variedades.

Além de percorrer o Brasil de norte a sul, a Companhia Milton Carneiro também seguia o calendário dos seus filmes: "Quando um filme que eu fiz estava prestes a ser lançado, eu corria até a produtora e pedia o plano, o caminho que a fita ia fazer. Aí eu lia: primeira cidade, Petrópolis; segunda, Teresópolis; terceira [Nova] Friburgo, quarta Campos; quinta Macaé [...]. Então eu viajava com a peça seguindo o roteiro do filme [...]. Não dava no bico, [...] o público assistia ao filme num dia e, no outro, ia ao teatro ver o ator em carne e osso. Esse processo era perfeito!", contou Milton.[1]

Quando decidiu largar o emprego no banco e apostar no teatro, Nanini imaginou que os convites para trabalhar viriam aos carrilhões. Na sua cabeça, o ofício de ator era uma profissão como outra qualquer, o dinheiro pingaria de um jeito ou de outro. Já estava gostando demais do som dos risos da plateia, não dava para parar. Ao final da temporada da peça *Salomé*, de Oscar Wilde, na qual fez uma ponta em 1968, viu que não era bem assim. Tinha vinte anos e findava o mês sem conseguir pagar o aluguel do quartinho em que morava numa casa de família no Flamengo. Com os pais vivendo na ilha de Paquetá, foi o jeito que arrumou para ter mais independência. Depois de uma adolescência solitária, estava louco para experimentar o que a vida de ator lhe prometia.

Se os trabalhos no teatro já eram escassos, com o acirramento da censura ficaram ainda mais. Em 1968, pelo menos 43 peças foram censuradas, suspensas ou tiveram cenas cortadas no país.[2] Um dos poucos trabalhos que surgiram para ele foi a montagem de *Ralé*, de Maksim Górki, que inauguraria o Teatro Novo, na Lapa. Sonho antigo do diretor e seu ex-professor no Conservatório Nacional, Gianni Ratto, que idealizou para o espaço um centro cultural completo. O teatro teria sua própria companhia de atores, para o qual Gianni fez uma seleção que durou vários dias. Entre 150 inscritos, a maioria de recém-formados, ele escolheria apenas dezessete. Marco Nanini foi um dos selecionados, o que lhe garantiu uma ajuda de custo mensal, uma espécie de bolsa de estudos, e uma refeição por dia, servida no bandejão do próprio teatro.

Com preços populares e mais de mil lugares, a montagem foi um sucesso, com filas à porta e boa recepção na imprensa, animada pela celebração dos cem anos de nascimento de Górki. À entrada do teatro, um cartaz imenso exibia todos os significados da palavra "ralé" — arraia-miúda, bagaceira, borra, choldra, enxurra, escória, escorralhas, escuma, escumalha, fezes, gentaça, gentalha, gentama, gentinha, gentuça, lixo, mundiça, patuleia, plebe, plévia, poeira, populaça, populacho, povaréu, poviléu, povo, rabanada, rafameia, raleia, sarandalhas, vulgacho, vulgo, zé-povinho.

Nanini interpretava o acordeonista Alióchka, um rapaz alegre dentro de uma tragédia. Como ele nunca havia tocado acordeom na vida, Gianni Ratto arranjou um instrumentista que tocava da coxia. Tudo ia muito bem — o bandejão, a bilheteria, o truque —, quando o sonho de um novo teatro foi interrompido brutalmente.

O Teatro Novo ficava ao lado do prédio do Dops, o famigerado Departamento de Ordem Política e Social, órgão da ditadura militar para combater supostos crimes contra o Estado. Quando os agentes superiores descobriram que seria montada na vizinhança a peça de um autor russo, deram ordens para cercar o teatro, prender e interrogar o sujeito. O que eles não sabiam era que Maksim Górki estava morto desde 1936. Mesmo assim, fizeram uma incursão surpresa no meio da tarde, armados de metralhadoras, enquanto os alunos estavam em aula. Ninguém foi preso, mas no mesmo dia o mecenas do empreendimento, Paulo Ferraz, recebeu o comunicado que proibiu definitivamente o funcionamento do Teatro. O que parecia um novo trabalho não durou nem dois meses.

Os atores, que já começavam a ensaiar o segundo texto da Companhia, *Ubu rei*, do surrealista francês Alfred Jarry, ficaram completamente perdidos. Nanini era um deles. Sem saber o que fazer, sem a bolsa que recebia da Companhia e nenhuma outra perspectiva, foi chorar as pitangas no restaurante Acapulco, em Copacabana, onde se reunia a classe teatral carioca. Dividia um guaraná e um pastel com algum colega do Conservatório — era o que costumavam fazer para segurar uma mesa até que alguém pedisse mais alguma coisa — quando conheceu o ator Ary Fontoura, apresentado por um amigo em comum, o cenógrafo e figurinista Chico Ozanan. Estavam todos desanimados, e o assunto era um só: o fechamento do Teatro Novo. Já conhecido ator de teatro e novelas, Ary perguntou como poderia ajudar, e Nanini quis saber se ele conhecia alguém para dividir um quarto barato, pois precisaria sair da pensão do Flamengo com urgência. Ary pediu um tempo para pensar e, sem que ele soubesse, tomou suas referências com outros atores. Como só ouviu coisas boas a respeito de Marco Nanini, a determinação nos ensaios, a boa família e até a timidez, Ary lhe ofereceu sua casa por um tempo, a custo zero.

Ary Fontoura foi além em sua generosidade. À época, ele gravava um esquete de humor na TV Globo. Conversando com Milton Carneiro, então seu colega de elenco, este lhe perguntou se não conhecia um jovem ator "que não fosse muito caro" e que topasse viajar pelo Brasil integrando sua Companhia. Em sua biografia, Ary conta: "Olhei então para o Milton Carneiro, que era um mambembeiro fantástico, um sujeito assim que quem trabalhasse com ele só ia aprender, e ia aprender o certo, e o errado, [...] e indiquei o Marco Nanini".[3]

Foi quando Nanini subiu no ônibus de Milton Carneiro e saiu em turnê pelo país. Pôs sua mochila com "duas calças, três cuecas e um par de sapatos" no bagageiro, entre as malas de figurinos que Milton conseguia emprestados da TV Globo e os tamboretes usados como cenário. Agora, sim, era um saltimbanco de verdade, pulando de cidade em cidade sob a orientação de um diretor que seria sua primeira referência teatral de peso.

Milton não tinha frescuras. Teatro para ele era um trabalho braçal que servia tão somente para emocionar e divertir o público. Não era detalhista na marcação de cenas e muitas vezes estreava uma peça sem concluir a direção, deixando que a plateia induzisse os atores às soluções cênicas. "Se você me assistir no dia da estreia e voltar quinze dias depois, irá perceber que eu tirei cinquenta por cento do que o diretor idealizou, e criei cem por cento em cima da reação dos espectadores", disse ele. Outra regra de ouro dele era começar os espetáculos com a melhor piada, lição que tinha aprendido com a atriz Dulcina de Morais: "O espetáculo vai funcionar conforme o seu início". O ator que começava a peça tinha de estar muito bem em cena. E tudo devia estar explícito logo nos ensaios: "Tem atores que escondem o que vão fazer durante os ensaios e só se mostram plenos no dia da estreia. Eu sou bem diferente! [...] Em teatro, é muito mais correto e inteligente o ator dar um pouco mais, e o diretor depois cortar um pouco, atenuando uma intenção, podando um gesto, do que dar de menos e o diretor ficar puxando, pedindo e insistindo".[4]

Lições que Nanini foi aprendendo durante as intermináveis conversas dentro dos ônibus da Companhia nas longas viagens Brasil adentro. Numa delas, depois de ir do Rio de Janeiro a Belém, depois de Belém a Teresina, quando chegou ao trecho Teresina-Natal, que levaria dez horas, Nanini achou que não

fosse mais aguentar. Até porque na sequência fariam mais uma viagem Natal-
-Salvador. Foi até uma farmácia e pediu ao balconista algum remédio que o
apagasse por algumas horas, a fim de suportar tanto tempo sacolejando na estrada.

O balconista entregou a ele uma caixinha do tranquilizante Mandrix. Ele
guardou no bolso e resolveu só tomar depois da apresentação teatral da noite,
quando o ônibus desse a partida. A peça acabou tarde e, como era a última sessão na cidade, o elenco brindou com umas caipirinhas no camarim. Nanini tinha bebido duas quando subiu ao ônibus e lembrou de tomar o remedinho de
nome estranho. Não deu muito tempo, ele sentiu que estava com o riso frouxo.
Ria de tudo: da cortina que não fechava, do fã que quase entrou no ônibus por
engano, do seu corpo tentando caber na poltrona, até que apagou. Acordou já
em Natal com o sol no meio do céu.

Foi um caso de amor. Dali em diante, o Mandrix tornou-se um companheiro de viagens, de noitadas, de festas. Nanini demorou a descobrir que não
era só ele que tomava, mas toda uma geração. Mandrix, ou metaqualona, era
um sedativo depressor do sistema nervoso central receitado para insones que,
em sobredose ou associado ao álcool, causava efeito de euforia amorosa. Quem
usou conta que a sensação não era apenas de torpor, como era comum em
qualquer tranquilizante, mas um afrouxamento geral dos sentidos, um transe
que soltava o riso, o choro, o tesão. Em inglês, era chamado de *quaalude*, contração que significava *quiet interlude*, ou Mandrax. Em português, tinha o codinome vulgar de "mandracão" ou "mandracona". Nanini não sabe até hoje se
foi amor ou Mandrix, mas nessa mesma viagem apaixonou-se de tal forma por
um rapaz em Belém que voltou ao Rio de Janeiro aos prantos, segurando o
tempo todo as cartas de amor que haviam trocado.

Até ser proibido pelo Ministério da Saúde nos anos 1980, pelo efeito viciante — o que obrigou os órfãos a ir buscar a droga de ônibus na Argentina,
que ainda a vendeu por mais tempo —, o Mandrix foi uma febre. De Keith Richards a Rita Lee, de Andy Warhol a Maysa, de Robert Plant a Alceu Valença, em
Nova York, Paris ou Rio de Janeiro, todo mundo tomava Mandrix. Levava trinta minutos para induzir um efeito que durava até seis horas. Foi depois de uma
lasquinha de Mandrix que Cazuza beijou Ney Matogrosso pela primeira vez;
foi citando o Mandrix que David Bowie fez a música "Time";[5] foi chapado de
Mandrix que Frank Zappa escreveu o verso *"Hurtin' for sleep/ in the quaalude*

moonlight";[6] foi por causa das doses excessivas de Mandrix que Leonard Cohen ganhou o apelido de Capitão Mandrax.

Na peça *Trate-me Leão*, encenada pelo grupo teatral Asdrúbal Trouxe o Trombone, em 1977, em texto que retratava o comportamento da juventude dos anos 1970, havia uma cena em que duas personagens, Gilda e Julita (uma interpretada pela atriz Patricya Travassos, outra por Regina Casé) estão chapadas de Mandrix e começam a conversar sobre o sentido da vida. Uma delas abraça um orelhão e diz: "Orelhão, me descola uma linha que te arrumo um brinco". Começam a ligar para vários amigos, dizer besteiras, fazer pequenas revelações sexuais, até que uma delas cai que nem uma batata no chão.

Numa das vezes em que tomou Mandrix, Nanini desmaiou sobre o volante do carro. Por sorte, foi socorrido pelo ator Felipe Carone, que passava no cruzamento na hora. Não chegou a machucar ninguém, e em meia hora já estava bem, mas o susto o fez suspender os comprimidos por um bom tempo.

Para potencializar o efeito, o truque era tomar com algum álcool. A atriz Zezé Motta tomava com sangria: "Era a bebida mais barata do cardápio do Acapulco, o bar que os atores frequentavam depois das peças de teatro. E a sangria vinha numa jarra enorme, então, rendia bem para atores duros, como a gente. Um dia eu estava sentada na mesa do bar e vi uma amiga que não via há muito tempo, entrando. Eu fiquei eufórica, ela tinha passado um tempo exilada por causa da ditadura, levantei e fui abraçá-la. Mas eu tinha tomado Mandrix com sangria e não tinha mais controle do meu corpo... Antes de chegar na porta, caí no chão. Eu ficava completamente lenta".

Apesar dos riscos, a sensação de prazer era tamanha que virou uma expressão recorrente de Nanini. Quando uma coisa era muito boa, ele dizia que era "Mandrix com gim-tônica".

E essa foi uma fase "Mandrix com gim-tônica". Com a trupe, viajou pelo país encenando a peça *Show do crioulo doido*, versão para excursão de um texto de autoria de Sérgio Porto, de crítica ao racismo, que havia ficado famoso no Rio de Janeiro. No espetáculo, Nanini aceitou a provocação de Milton Carneiro de experimentar algo que, anos depois, se tornaria uma marca sua: fazer múltiplos papéis em cena. Em pouco mais de uma hora de peça, interpretava um garçom desastrado, um cozinheiro gay e uma rumbeira — personagem inspirada nas dançarinas de rumba que ele via escondido na Maloca dos Barés, em Manaus. Também levaram pelo Brasil afora o texto *Este banheiro é peque-*

no demais para nós dois, de Ziraldo, em que Nanini fez seu primeiro protagonista, e *Sexo zangado*, de Max Frisch e Sérgio Porto. Como eram comédias ágeis, apresentadas em teatros populares lotados, o soldo era pouco, mas certo. A plateia, sempre diversa, lhe deu cancha para lidar com todo tipo de público.

Tudo era uma aventura. O ônibus que enguiçava e precisava ser içado por um guindaste no meio da estrada; as pensões baratas (e com baratas) em que dormia com os pés para fora da cama; as roupas que lavavam na pia do banheiro para secar de um dia para o outro; os pratos feitos que dividiam em botequins; o sono chapado de Mandrix no assoalho do ônibus.

Na Companhia Milton Carneiro, além da versatilidade em cena, ele aprendeu uma lição valiosa: a não depender de iluminação, cenário ou figurino. Em teatro mambembe, todos os dias acontece um imprevisto, e em vinte minutos uma toalha de mesa tem de virar um casaco de vison, ou um morcego pendurado no cenário deve ser incorporado à cena. Um teatro podia ter a voltagem em 220, outro em 110, e um terceiro ter a luz claudicante, o que fazia com que a fita magnética da trilha sonora cada vez tocasse de um jeito, obrigando os atores a adaptarem suas danças e cantos ao ritmo da luz.

Fazer muito com pouco ou quase nada: era o *teatro pobre*,[7] de Grotowski, conceito que tanto estudara no Conservatório Nacional e agora era visto na prática. "Ele me ensinou muitos truques, me deu o tempo certo da comédia, me mostrou como tirar proveito das situações, como conquistar o público, por mais frio e distante que ele esteja", enfatizou Nanini. "Todos os espetáculos eram basicamente improvisados. Depois que você passa por essa prova de fogo, está apto a enfrentar qualquer tipo de plateia, diretor estrangeiro ou autor, seja ele do teatro do absurdo, experimental ou das sombras".[8]

Para quem mal tinha completado vinte anos, a precariedade era um banquete para os sentidos. Se Milton Carneiro foi a primeira referência dramática de peso para Nanini, a segunda viria na sequência, e lhe ensinaria muito sobre se virar em cena. O improviso agora seria um banquete para o corpo.

Entre o final de 1968 e o início de 1969, como viajava bastante com a Companhia Milton Carneiro e não tinha muito dinheiro, Nanini saiu da casa de Ary Fontoura e foi para o lugar onde moravam muitos artistas jovens no Rio de Janeiro entre 1964 e 1971: o Solar da Fossa.

Isso só foi possível porque Ary tinha feito outra gentileza fundamental a Nanini: enquanto participava da novela *A Ponte dos Suspiros*, na TV Globo, Ary soube que o produtor Moacyr Deriquém estava atrás de figurantes que soubessem lutar esgrima. E que fossem jovens e esbeltos, para compor a Veneza mítica a que a novela aludia — um texto de aventura de Dias Gomes, assinado sob o pseudônimo de Stela Calderón. Foi na cozinha de casa que ele perguntou a Nanini se ele tinha alguma noção de esgrima. "Eram minhas melhores notas no Conservatório", respondeu ele, sem exagerar. No dia seguinte, Nanini estava no elenco da novela como figurante, abrindo a espada sua história na TV. "Nossa função era botar uma peruca e lutar um pouco de espada, matar, morrer; depois, mudava a peruca, matava, morria de novo. Como a maioria dos figurantes não tinha noção de esgrima, tive de morrer na mesma novela em vários papéis. Eu morria de frente, de costas, de lado, deitado, em pé, até enviesado", contaria ele.[9]

Uma figuração foi levando a outra, e os pagamentos dos cachês da TV permitiram que ele alugasse um quarto no Solar. O casarão do século XVIII era bem localizado — ficava no bairro de Botafogo, na Zona Sul carioca, onde hoje está o shopping Rio Sul — e tinha dezenas de quartos alugados sem burocracia e a preços módicos. Passaram por lá nomes como Gal Costa, Paulinho da Viola, Zé Kéti, Guarabyra, Caetano Veloso, Gilberto Gil, Fernando Pamplona, Tim Maia, Betty Faria, Antonio Pitanga, Milton Nascimento, Hélio Oiticica, Paulo Leminski. No pátio central do Solar, onde eles se esbarravam, surgiram criações que fizeram história na cultura popular brasileira. O jornalista Toninho Vaz conta que lá foram compostas as músicas "Alegria, alegria" e "Paisagem inútil", de Caetano Veloso, e "Sinal fechado", de Paulinho da Viola.[10] Foi lá que o livro *Catatau* começou a ser escrito por Paulo Leminski, e o trio Sá, Rodrix e Guarabyra se formou. Foi lá também que Chico Buarque e Marieta Severo teriam um dos seus primeiros encontros amorosos.

Foi lá também que Nanini recebeu do ator Dary Reis — que havia sido seu professor no Conservatório Nacional — o convite para integrar a trupe de teatro de Dercy Gonçalves, de quem era amigo próximo. Um dos atores de uma peça de Dercy que estava em cartaz precisaria ser substituído, e ela procurava um jovem ator para a temporada. Entre as figurações na TV e mais uma temporada "mambembando" (era assim que se dizia à época) pelo país com uma estrela do teatro nacional, ele começou a fazer as malas no Solar, onde acabou ficando por curtíssima temporada. "Lembro que ele decidiu ir mesmo, a gente estava começando os testes de atores para a peça *Roda viva*, do Chico

Buarque, e o Nanini não pôde participar porque já estava na estrada com a Dercy. Mas eu não tenho dúvida de que ele aprendeu tanto com ela quanto nós aprendemos com a *Roda viva*, uma das montagens teatrais mais importantes do país", contou o ator e diretor Antonio Pedro, que trabalhou em diversos títulos com Nanini. Não só aprendeu, como Dercy seria a sua segunda grande referência dramática depois de Milton Carneiro.

No primeiro encontro com Dercy, Nanini estava suando de nervoso. Ícone do teatro e do cinema popular dos anos 1950 e 1960, Dercy era uma grande estrela da TV Globo e o então maior Ibope da emissora, com o programa de variedades e humor *Dercy de Verdade*. Quando ela descia do carro, ao chegar à sede da emissora para as gravações, o que fazia com horas de antecedência, todos os atores desapareciam, temendo sua fama de desvairada. "Dercy chegou! Dercy chegou!", era o que se ouvia nos corredores. Anos depois, ela diria a Nanini: "Eu não gosto que tenham respeito por mim, eu gosto que tenham medo". Naquela tarde, no entanto, ele teve de enfrentá-la: foi até seu camarim conversar sobre a vaga que Dary Reis havia lhe indicado.

Cercada de seu entourage, Dercy mandou o molecote se sentar numa cadeira vazia. Completamente estabanado, foi Nanini se sentar, e a cadeira quebrou, arriando as quatro pernas. De bunda no chão, levantou-se e colou-se à parede mais próxima, sem mover um músculo. Foi contratado. Saiu do camarim com o texto da peça *A viúva recauchutada*, com a recomendação de assistir às apresentações daquela semana para observar o papel que faria. Foi duas vezes ao teatro, imaginando que aquilo era só um exercício de observação, já que provavelmente haveria um ensaio depois.

Não houve. Naquela mesma semana, Nanini estrearia sem qualquer ensaio prévio. Chegou ao teatro cinco horas antes. Aflito, trancou-se no camarim e ficou experimentando as roupas do personagem, à espera de alguém que lhe desse qualquer orientação. Quando abriu a cortina depois do terceiro sinal, Nanini entrou no palco para contracenar com a estrela da companhia sem saber a marcação dos atores na peça, sem intimidade com o cenário, sem saber se o sofá afundava ou por qual porta deveria sair. Estreou desesperado. Sua única segurança era um ponto eletrônico que lhe meteram na orelha sem que ele nunca tivesse usado aquilo. Como havia interferência de som e ele acabava ouvindo o ponto dos outros atores, ali também aprendeu a desligar o aparato.

A casa estava lotada, o que fazia com que todos os seus movimentos parecessem ainda mais desconexos, observados por mais pessoas. Nanini errava tudo e sofria terrivelmente no palco. Ali aprendeu "como tudo deveria ser a partir de tudo o que não poderia ser, mas era", como resumiu anos depois.[11]

Dercy corrigia os atores em cena em um ritmo tão frenético que ninguém conseguia acompanhá-la, o que só aumentava a carga de humor no palco. Eram aulas públicas de teatro, mas constrangedoras. Quando o público se escangalhava de rir de alguma tirada sua, e Nanini já emendava a próxima fala, Dercy ralhava com ele: "Para! Não fala! Espera o público diminuir o riso, porra!". Vermelho, querendo morrer, Nanini seguia, até o próximo "Para!". Aos poucos ele foi percebendo que ela montava um picadeiro em cena, e que os risos vinham desse circo completo. Bastava obedecer-lhe como a uma maestrina. Com ela, a arte de representar parecia cada vez mais difícil, porém o ritmo da comédia ficava cada vez mais fácil.

Era uma equação fundamental para o domínio do improviso: Dercy não seguia o texto em cena, apesar do ponto eletrônico que ela fazia questão de que todo elenco usasse. Nada parecia óbvio. O aparelho no ouvido ficava obsoleto, o texto original já não fazia sentido na terceira ou quarta apresentação, o que aconteceria em cena era uma surpresa completa a cada dia.

Nessa peça, Nanini representava Gatinho, o namorado jovem da viúva recauchutada do título, interpretada por Dercy. A personagem era uma senhora rica que chegava à cidade grande vinda do interior com Gatinho a tiracolo. Na primeira parte da peça, ela surgia toda esbodegada, com uma peruca mal-ajambrada, ainda na ressaca da morte do marido. Na segunda parte, aparecia já toda maravilhosa, vestido fino e joias caras. Recauchutadíssima.

Certa vez, no intervalo entre o primeiro e o segundo ato, Nanini estava na coxia tão preocupado em não perder a hora de entrar em cena que acabou não ouvindo a deixa. Distraiu-se por um segundo com qualquer coisa, ficou aéreo, meio apatetado, olhando para o alto. Não se deu conta de que Dercy o esperava sozinha no palco. Ela não fez absolutamente nada, além de colocar as mãos nas cadeiras, em silêncio. E ficou esperando, junto com a plateia. De repente, foi caminhando lentamente em direção a ele, admirando seu transe. Nanini ainda demorou a se tocar, e, quando aconteceu, entrou em cena completamente estabanado, derrubando cadeiras e pequenos objetos. Desesperado, esqueceu o texto. E, para surpresa dele, ela não gralhou, não soltou seus "Para!", mas começou a achar graça. E quanto mais ela ria, mais aturdido ele ficava. A cena não evoluía por causa do ataque de riso de Dercy. Ele tentava retomar do ponto onde havia parado, mas gaguejava, e a plateia se acabava de rir. A viúva tinha de ler uma carta, mas mal começava e logo se danava de rir de novo. Outra atriz que participaria da cena, Cirene Tostes — que interpretava a dona da casa na qual a viúva chegava —, tinha de entrar no palco, mas ninguém dava a sua deixa. Nanini gaguejando, Dercy estrebuchando e a atriz esperando, sem entender nada. Eis que Dercy solta: "Entra logo, Cirene!".

Àquela altura a peça já tinha virado uma bagunça, e a atriz entrou em cena como se nada estivesse acontecendo, tentando seguir o texto à risca. O que fez a plateia ir abaixo de vez. Todos riam muito, e quando Cirene finalmente conseguiu abrir a boca, Dercy a interrompeu e exclamou: "Para, para essa merda aí que eu vou mijar!". E saiu do palco. Foi mesmo ao banheiro, no meio do espetáculo, para delírio do público, que àquela altura já devia estar todo se mijando também. E o pano se fechou.

Foram muitas sessões de ralhadas, improvisos e risadas até que Nanini e Dercy se aproximassem nos camarins. Até então, ela chegava ao teatro — sempre com bastante antecedência, lição que Nanini levou por toda a vida —, seu séquito de peruqueiros e camareiras a cercava, e a atriz pouca corda dava ao elenco. Como eles morriam de medo dela, não se atreviam a chegar perto. Era o palco o seu espaço de intimidade. Quando acabavam as apresentações, Dercy não ia para os bares comemorar com os outros, mas gostava de ir a bingos sozinha. Nanini a respeitava tanto que não tentava cruzar essa fronteira — nem sequer a cumprimentava quando chegava ao teatro, esperando que a atriz cedesse o primeiro gesto. Só muito tempo depois, quando já tinham intimidade, Nanini zombava da falta de sorte de Dercy no jogo, o que já era uma piada entre os dois. O dinheiro, à época, não lhe faltava. À fama de louca desvairada da atriz se somava outra surpreendente: era a diretora de companhia que melhor pagava os artistas. Só não gostava de bancar a hospedagem quando viajavam em turnê — achava que cada um tinha que se virar por conta própria.

Foi numa dessas viagens com ela que Nanini retomou o hábito da leitura, que havia abandonado desde o Conservatório Nacional. Para economizar e não ceder à tentação de ficar bebericando com os colegas nas cidadezinhas em que pernoitavam, trancava-se no quarto lendo os livros de Agatha Christie que costumava encontrar nas mesinhas de cabeceira dos hotéis, geralmente junto com a Bíblia.

Em 2008, pouco antes de morrer, Dercy falou sobre o encontro dos dois: "Quando eu conheci o Nanini, ele era um meninão comedor de biscoito. Tímido demais, eu aprontava umas armadilhas em cena: inventava falas, fugia do texto pra ver se ele conseguia improvisar, se era um artista mesmo. Às vezes ele se atrapalhava um pouco, mas com o tempo mostrou ser da primeira linha. A vida deve ser levada sem pressa, aprendendo o que ela tem a nos ensinar. E ele mostrou com o tempo que realmente tinha tendência para brilhar. Vivemos muitas coisas juntos, histórias hilárias. A minha vida é engraçada, uma ventania em que não dá pra ninguém ficar parado".[12]

E como ventava. Certa noite, no Teatro das Nações, em São Paulo, Nanini e Dercy contracenavam quando ela o surpreendeu e ficou de quatro no palco. A cena não pedia tal movimento, mas como ele já estava acostumado a segui-la, acocorou-se também. Ela seguiu improvisando e ordenou-lhe entredentes que pegasse os seus peitos. Nanini tremeu e pensou: "Como vou pegar os peitos da Dercy Gonçalves?". Preferindo acreditar que ela exagerava, nem esboçou o gesto. Ela repetiu a ordem, dessa vez mais alto, para a plateia ouvir. E ele travou, inseguro. Foi quando ela berrou: "Pega, rapaz, pega!". Dercy foi tão incisiva que ele enganchou-lhe os peitos com força, provocando uma gargalhada geral. A cena estava resolvida, e com ela mais uma lição de liberdade: um ator não pode ter pudor.

Outra lição era sobre a autoria que a interpretação impunha ao texto. Com Dercy Gonçalves, Nanini aprendia que nenhum texto era apenas do autor, pois era preciso se apropriar dele com o improviso. Era uma maratona de sobressaltos: cacos sobre cacos, cenas inteiras criadas na hora, bordões testados abruptamente. No final, público e elenco saíam exauridos do teatro, confirmando a catarse como um exercício ritualístico de purificação.

Consciente do seu talento, a atriz não admitia plateia vazia: achava um desperdício de Dercy Gonçalves. E para ela uma plateia vazia era uma plateia com menos de cem pessoas. Não adiantava ter trinta, oitenta, 99 pagantes: ela só admitia de cem para cima. Foi esta a razão que a fez sair de cartaz três vezes com a segunda peça que fez com Nanini em 1969, *A gatatarada*.

O nome do espetáculo era uma invenção dela, assim como a concepção, direção e produção. Ensaiou o elenco por quinze dias e estreou. Como a bilheteria não conseguia alcançar os cem pagantes, ela decidiu sair de cartaz. Então reformulou a peça e estreou novamente. Certa feita, apareceu no teatro com a cantora Claudette Soares, sem avisar ninguém do elenco. Claudette entrou, fez um número musical no meio da peça, saiu, e os atores sem entender nada. Dercy limitou-se a dizer: "Fiquem quietos!". As notas nos jornais dão o tom da confusão: "Dercy estreia peça"; "Novo espetáculo de Dercy Gonçalves é cancelado"; "Depois de cancelada, *A gatatarada* reestreia em 7 de janeiro". E nada de fazer o mínimo de cem pagantes com que ela cismava. Então, na semana seguinte, saiu de cartaz de novo, reestruturou o espetáculo e estreou mais uma vez.

Nem os censores escapavam do seu histrionismo: quando eles iam fiscalizar as peças que tinham sido autorizadas previamente, era praxe que fossem assistir a uma sessão acompanhando com a leitura do texto original. Nas vezes em que uma peça de Dercy passava por esse escrutínio, era um desespero. Certa noite, Nanini presenciou uma delas. O administrador do teatro cercou a atriz e deu o famigerado recado: "Dona Dercy, a censura está aí, a senhora só vai poder dizer o que está no texto". Depois de dar um piti e xingar quatro gerações do censor, ela se resignou: "Não sei dizer o que está no texto". Como nem adiantava confiar no ponto eletrônico — um capricho de ostentação técnica que não tinha função efetiva nas suas peças, já que costumava cair da sua orelha pelo palco, dada sua movimentação efusiva —, ela resolveu entrar em cena com o bloco de texto na mão. E passou toda a apresentação fingindo que a leitura do calhamaço fazia parte da sua personagem. Entre um trecho e outro, dizia suas sandices, inventava a torto e a direito, mas sempre voltando ao texto original, como um guia. De vez em quando, olhava para Nanini e dizia "Vamos, agora é a sua vez!", para dar credibilidade à façanha. O tempo foi passando, e a loucura se instalando: ela fingindo que acompanhava o texto original, ele fazendo a contenção dramática, o público se esbaldando de rir. De repente, ela lançou um olhar de irritação e disse a ele: "É a sua vez, rapaz, preste atenção. Você não sabe seu papel de cor? Eu não sei o meu e estou lendo isso aqui feito uma babaca porque tem um censor filho da puta aí na plateia que está me obrigando a ler esta merda, e não sei essa bosta de cor!". O censor levantou-se e foi embora. Não se sabe se por medo de Dercy ou por puro acaso, a peça nunca foi censurada. O que é bastante curioso se pensarmos que três meses antes o seu programa na TV Globo, *Dercy de Verdade*, fora suspenso por quinze dias por ter desrespeitado os artigos n°s 12 e 18 do decreto n° 61.123, de 1° de agosto de 1967, que proibiam alterações em programas já aprovados pela censura.

* * *

A terceira referência crucial para a formação de Nanini foi o ator veterano Afonso Stuart. Marco Nanini tinha 27 anos quando viveu Gino na comédia *Um padre à italiana*, um texto espanhol que fez muito sucesso na Europa e havia sido adaptado no Brasil. O personagem era um jovem diácono, desses que usam cabelos revoltos, batina e tênis, e que resistia em uma paróquia conservadora, encarnada na figura do bispo, interpretado por Stuart.

Acrobata e palhaço de formação, o espanhol Afonso Stuart nasceu com o cinema, em 1895.[13] Veio parar no Brasil depois de uma longa turnê com a família circense pela Europa e América do Sul, atraídos por um contrato longo com o Circo Spinelli, em 1908. Eram todos talentosos: a mãe era uma acrobata inglesa, o pai, um trapezista espanhol. Uma tia era equilibrista e atriz, casada com um palhaço. Um dos irmãos mais velhos de Afonso era um exímio instrumentista, e veio na trupe com a mulher e o bebê, que tinha o pomposo nome de Oscar Lorenzo Jacinto de la Inmaculada Concepción Teresa Díaz. O pequeno Oscar ficaria mais conhecido entre nós como Oscarito, um dos mais completos artistas brasileiros.

Aos treze anos, para além das acrobacias, o talento cômico do jovem Afonso Stuart transformou-o no palhaço Periquito, papel que lhe deu cancha para uma consistente trajetória como ator de comédias no teatro de revista e nas chanchadas. Stuart era referência de uma geração que levava os saberes circenses ao teatro convencional, principalmente pelo uso expressivo do corpo, talhado em pantomimas. Ao longo de cinquenta anos de carreira, fez mais de cinquenta peças e dezoito filmes, muitos deles com o sobrinho, Oscarito. Era uma referência tanto para Milton Carneiro quanto para Dercy Gonçalves, que também tinham no corpo e no humor a âncora para o teatro que defendiam.

Na montagem de *Um padre à italiana*, Stuart tinha oitenta anos e status de estrela no elenco, apesar do papel de coadjuvante. Para o jovem Nanini, que despontava como ator, era uma honra dividir a mesma paróquia com Stuart. Cada um dos seus gestos era observado por Nanini, dentro e fora do palco. Um ator que ia para os ensaios de terno, que era o primeiro a chegar ao teatro, que não mascava o texto, decorado em longas caminhadas entre a praça Tiradentes e a Leopoldina. Um ator que vivia com uma pensão de menos de um salário mínimo, e, por depender da bilheteria para se manter, nunca havia recusado um papel sequer. Apesar de cômico, era tradicional e se constrangia com as modernidades teatrais da época — numa entrevista, chegou a dizer que não compreendia por que alguns atores "andavam de gatinhas" no chão para fazer laboratório de personagens, se não iam usar aquilo na peça.[14] Laboratório para ele era aprender a tocar violino para um espetáculo ou a cantar para uma ópera, como já havia feito. Atuar era como rezar uma missa, um ritual cheio de fé, reverência e liturgia.

Numa das apresentações, um detalhe curioso chamou a atenção de Nanini em cena: Stuart segurava uma cartela de comprimidos nas mãos, mas de uma forma pouco confortável, escondida do público. Nanini observava aquele detalhe intrigado, como o espectador de uma cena paralela que acontecia no palco. Sabia que ali Stuart já não era só um religioso, mas um mágico preparando um truque para a plateia.

Minutos depois, enquanto alguma discussão se desenrolava no centro do palco, o bispo foi até o canto e perguntou para algum incauto sentado à plateia: "Está na hora de tomar o meu remédio?". Indiferente à resposta, sacou a cartela, estalou o alumínio e engoliu o comprimido com gestos expressivos. Foi um gracejo bolado pelo ator que aconteceu num átimo, não interferiu na cena principal e arrancou gargalhadas do público. Tudo absolutamente controlado para se desenrolar exatamente antes da sua fala seguinte. Um detalhe que lhe custou levar um blíster disfarçado entre os dedos por mais de meia hora, já que a batina do figurino não tinha bolso.

A inteligência cênica não passou despercebida a Marco Nanini. "Só alguns espectadores mais atentos talvez tenham percebido aquele ritual, que era muito discreto. [...] Ele dava as deixas com seus movimentos requintados, que pareciam cronometrados. Eu não perdia nada do que ele fazia, e dizia para ele depois do espetáculo: Stuart, me desculpe, no primeiro ato eu represento, [mas] no segundo, tomo aulas de teatro assistindo a você representar", contou o ator.[15]

Diretor do espetáculo e responsável pela escalação tanto de Afonso Stuart quanto de Marco Nanini, Antonio Pedro lembrou de outra cena em que Stuart fazia algo parecido: "Ele sincronizava todos os gestos, era algo muito impressionante. Lembro que numa cena ele dobrava um guardanapo. Eu não sei como ele fez aquilo, mas ele calculou o tempo exato da deixa pra começar a dobrar o pano e, na última dobradura, começar a falar, era perfeito". Tão detalhista, lembra o diretor, que mesmo aos oitenta anos, ainda fazia maquiagem para envelhecer o personagem: "Ele reforçava as rugas dos olhos com um lápis, colocava um travesseirinho que ele tinha para fazer uma corcunda, era uma graça. Isso é uma característica de um ator de teatro com formação em circo, porque no circo a concentração precisa ser muito rápida, já que muitas coisas acontecem ao mesmo tempo, e para isso a apresentação do personagem precisa ser imediata. Um ator entra em cena e já se identifica pelo bordão, ou pela maquiagem, ou por alguma característica física muito marcada. O picadeiro não tem a proteção do palco italiano, o ator precisa se esfolar em público, e isso ensina muita coisa. É um teatro carnal", animou-se Antonio Pedro, lembrando que, quando conheceu Stuart, na peça *Onde canta o sabiá*, de 1966, ele entrava no palco dando uma pirueta e caindo num barril. Tinha setenta anos.

Ainda assim, era muito discreto. O fato de Stuart não querer aparecer mais do que os outros atores no palco também servia de lição a Nanini. Stuart ensinava a coser os detalhes da cena, a fazer o avesso perfeito. "Se o ator quiser brilhar sozinho, o público percebe, e o espetáculo fica feio, desagradável e dá aflição. [...] No início da minha carreira, cometi o erro de querer brilhar sozinho, de querer aparecer mais do que os colegas, que o diretor, o iluminador e o cenógrafo", diria Nanini, lembrando a devoção pelo ídolo. "Foi um dos artistas que mais respeitei, porque tinha uma disciplina, uma técnica, uma humildade... Ah, que artista empolgante! Ele não era subserviente, não era uma pessoa apagada, não era nada disso. Ele ficava no seu canto matutando sobre tudo o que acontecia, e com uma sabedoria incrível. [...] Ele sabia exatamente do seu talento, mas era humilde em relação à profissão que abraçou. Com ele aprendi que o que importa em cena é a verdade, estritamente a verdade".[16]

Lições do velho circo e do teatro popular passadas a Nanini como um bastão numa corrida de revezamento. Com Milton Carneiro, aprendeu a fazer muito com pouco; com Dercy, a improvisar em qualquer situação; e com Stuart, a perseguir a verdade nos detalhes.

5. A vida escrachada

> Não é o dinheiro que conta, é a nossa arte. Nós somos o teatro de revista, a chama que mantém acesa essa paixão maravilhosa. Foi deste palco que saíram Oscarito, Grande Otelo, Mesquitinha, a incrível Virgínia Lane, a fantástica Mara Rúbia, e se a gente se esforçar, der a alma, o sangue, [...] ainda vamos ter de novo aqueles grand finales com escadarias, cascatas, lantejoulas, paetês. Pensem nisso...
>
> Joana, em *A vida escrachada de Joana Martini e Baby Stompanato*, Bráulio Pedroso, 1970

A verdade é que a vida andava improvisada demais. Aprender a improvisar no teatro até ajudava a improvisar no dia a dia, mas às vezes Nanini sentia falta de uma máquina de lavar roupas para chamar de sua. E de uma cama em que coubesse o corpanzil de 1,82 metro. Quando começou a fazer novelas como espadachim em *A Ponte dos Suspiros*, em 1969, ainda morava no Solar da Fossa, saído da casa de Ary Fontoura, depois de acampar numa casa de família no Flamengo. A ideia de voltar a viver com os pais não era uma opção, dada a dificuldade de entrar e sair de Paquetá diariamente. Cecy e Dante levavam uma vida cada vez mais pacata na ilha, um bairro do Rio de Janeiro que parece fincado no século XIX, com suas charretes e baobás. Enquanto a vida dos seus pais se aquietava na Pousada Meu Cantinho, a sua se atiçava. Só faltava o seu cantinho.

Dois amigos do teatro alugaram um apartamento na rua Resedá, na lagoa Rodrigo de Freitas, e perguntaram se Nanini não queria se juntar a eles. Eram Wolf Maya e Zezé Motta, mas na verdade eram Wolf Maya, Zezé Motta, Lucélia Santos, Sandra Pêra, Ney Matogrosso, Eduardo Dussek e Ronaldo Resedá, porque o apartamento acabou abrigando todos eles, em diversas combinações possíveis. Na mesma rua morava o casal de novelistas Dias Gomes e Janete Clair, além da atriz Maria Zilda, também amiga do grupo. Nanini aceitou, feliz da vida. Encerrou sua estada no Solar da Fossa e deu início a uma longa temporada nas ladeiras arborizadas do bairro que margeia a lagoa carioca — na verdade, uma longuíssima temporada, já que ele mora na região até hoje.

Zezé Motta tinha acabado de voltar de uma temporada de três meses nos Estados Unidos, onde foi apresentar *Arena conta Zumbi* com o grupo de teatro de Augusto Boal. Saiu do Brasil com os cabelos alisados a ferro quente e voltou com as madeixas volumosas à black power. Contagiada pelo movimento Black is Beautiful, Zezé influenciava todos à volta com sua conscientização racial. "Lá eu comecei a me aceitar como negra. Saía nas ruas do Harlem e reparava que os negros americanos andavam de cabeça erguida. Não tinham essa postura subserviente que eu sentia no Brasil e em mim mesma", conta Zezé.[1] Recém-chegada, estava procurando um apartamento pequeno no Rio. Numa das noites que passava com os amigos do teatro no bar Acapulco, conversando com o ator Wolf Maya, ele contou que também estava de mudança, e que tinha visto um imóvel maravilhoso, numa rua muito arborizada e com preço acessível. O único porém é que precisaria dividir com mais gente, porque tinha três quartos. E assim surgia a República Resedá, logo completada por Marco Nanini.

Bucólico, bem iluminado e cercado de verde, o apartamento era uma joia. Tinha cômodos grandes, pé-direito alto e tomava sol nascente. Era um pequeno segredo da Fonte da Saudade, a ladeira principal do bairro. A vizinhança era simpática e silenciosa. De alguma forma o imóvel fazia Nanini lembrar do sobrado do bairro do Pina, no Recife. Sentiu-se acolhido.

Numa das primeiras festas da república, ansioso por mostrar aos amigos que podia dar conta dos afazeres domésticos, inventou de cozinhar um prato.

Nada complicado, pois Nanini sempre preferiu comida caseira. Sugeriu um filé aperitivo. Só que ele nunca tinha cozinhado na vida. De repente, tinha uma frigideira numa das mãos e um pacote de carne crua na outra, e não tinha ideia do que fazer com nenhum dos dois. O fogo baixo, o medo de salgar e o desespero não ajudaram: por mais que se dedicasse, a carne foi ficando dura e não tinha gosto de nada. Aflito, foi jogando o drinque que estava bebendo na panela até flambar tudo inesperadamente e quase ficar sem sobrancelhas. Magicamente, o filezinho ficou macio e temperado. Não se sabe até hoje se estavam todos de porre e sem condições de avaliar o prato ou se de fato vodca combina com alcatra. Assim nasceu um inesperado filé à Nanini, repetido em outras festas. O improviso realmente lhe caía bem.

A República Resedá era uma festa. Decorada de forma espontânea, com os poucos móveis que cada um levou, tinha mais antiguidades herdadas do que novidades compradas. Zezé lembra que uma vez chegou em casa toda feliz com uma poltrona bergère, o assento e as espaldas em capitonê, peça que tinha sobrado da casa de um amigo, o ator Paulo Vilaça. Nanini e Wolf torceram o nariz: não caberia na sala. Sem saber o que fazer com a poltrona, que achava chiquérrima, Zezé colocou-a na cozinha, que era enorme e ainda estava sem móveis. "Era uma casa muito engraçada, onde você descascava batatas numa poltrona de veludo na cozinha", diverte-se ela. "Sempre achei que a Resedá daria um filme, todo mundo passou por lá ou queria morar com a gente."

Uma das pessoas foi a atriz paulista Lucélia Santos. Quando se mudou para o Rio de Janeiro, os novos amigos do teatro recomendaram que tentasse morar na Resedá, segundo eles, a república mais legal da cena. Zezé recebeu Lucélia para uma visita ao apartamento, mas avisou que infelizmente todos os quartos já estavam ocupados. Lucélia foi entrando como se não estivesse escutando o que Zezé dizia, até achar o quartinho de serviço: "E este aqui, alguém mora nele?". Zezé ficou surpresa, porque eles nunca consideraram alugar o menor cômodo da casa. Lucélia insistiu em que ficaria bem ali mesmo, e assim passou a integrar a trupe. "Ela organizou tão direitinho o quarto que ficou sendo o lugar mais bem-arrumado do apartamento", conta Zezé. Outro que passou pela República Resedá foi Ney Matogrosso. Quando Zezé foi filmar *Xica da Silva*, ela passou três meses direto em Diamantina, em Minas Gerais, e alugou o próprio quarto para o cantor que começava sua carreira solo depois de sair da banda Secos & Molhados.

Numa festa à fantasia que fizeram na Resedá, como era chamada, Zezé lembra que o músico Eduardo Dussek apareceu todo enrolado em gaze de farmácia, idêntico a uma múmia, para deleite dos convidados. Em outra festa com o tema "personagens de terror", o ator Walmor Chagas não sabia que era para ir fantasiado. Desconcertado de estar trajando jeans e camisa social em meio a monstros e vampiros, achou por bem ficar a festa toda na varandinha externa da casa, "para não atrapalhar o clima". De tanto as pessoas irem lá levar salgadinhos e insistir para ele entrar, a festa acabou ganhando um novo ambiente, mais inusitado e apertado. "A festa acabou ficando mais animada na varandinha do que dentro de casa", recorda-se Zezé.

Nanini e Zezé tinham uma paixão em comum: os animais domésticos. Adotaram um vira-lata todo pretinho, e Zezé o batizou de Gruncis, nome da etnia africana que ela acabara de descobrir que fazia parte das suas origens. Tinham também uma gata, a Branca. Certo dia, Zezé foi levar Branca na veterinária e lá soube que havia outra gata abandonada no consultório, de um dono que a levou para parir e nunca a buscou. Zezé saiu com uma e voltou para a Resedá com duas gatas. Não deu muito certo: as duas se estranharam e o apartamento teve de ser dividido em dois territórios — uma gata ocupava o lado de dentro do imóvel, a outra ocupava o lado externo. Teve um ano em que uma pariu no Natal e a outra pariu no Réveillon, deixando os moradores enlouquecidos. "Ficamos com catorze gatos no apartamento, era uma confusão, uma das gatas não tinha leite, era eu e o Nanini amamentando aquele monte de filhotes no dia 1º de janeiro", conta Zezé, rindo da cena. "Num daqueles dias, eu ouvi um reboliço do lado de fora, fui lá achando que as gatas podiam estar brigando e vi uma das cenas mais lindas da minha vida: a que tinha leite dando de mamar pros filhotes da que não tinha. Aquela casa era puro amor, até entre quem se estranhava. Fico emocionada só de lembrar."

A amizade entre os dois duraria a vida inteira, e é até hoje uma das mais sólidas de Nanini. Quando deixou a República Resedá, continuou vizinho de Zezé Motta, e por anos mantiveram a guarda compartilhada de outro gatinho, o Afonsinho (uma homenagem ao ator Afonso Stuart). Com Wolf Maya, a amizade fortalecida pelo ambiente doméstico virou paixão; a paixão virou um romance rápido e, antes que a magia da Resedá se desfizesse, o romance tornou a virar amizade.

Wolf Maya lembra dos tempos da Resedá com imenso carinho: "O Nanini, pra mim, é a minha família. Eu estudava medicina e teatro. Uma vez, fui ver a peça *A vida escrachada...* e me apaixonei pela Zezé Motta. Logo depois a gente começou a namorar e eu fui morar com ela. Mas a gente precisava dividir o aluguel, e chamamos o Nanini, logo depois veio a Lucélia. Era uma farra. Lembro da gente preparando a Lucélia para o teste que ela ia fazer com o Herval Rossano para o papel da escrava Isaura, a gente colocando algodão para aumentar os peitos da Lucélia, a gente passando texto juntos... Depois a gente preparando a Zezé para fazer o teste da Xica da Silva, o mesmo carinho, todo mundo se ajudava. Naquela época, a gente não tinha essa concepção de 'fazer sucesso', como é hoje, não tinha tanto espaço assim. A gente buscava um bom personagem porque através dele mais trabalhos poderiam aparecer. Então, quando tinha um teste desses, todo mundo se ajudava. A gente dividia tudo: quando a Lucélia passou no teste, ela ficou duas semanas fazendo as compras de casa, porque era quem estava com mais dinheiro. Depois a Zezé passou no teste, aí foi a vez de ela bancar o mercado. Ela fazia um feijão aos sábados que nos alimentava a semana inteira. Éramos muito felizes. Depois eu namorei a Lucélia, a Maria Zilda, o Nanini, todos nós nos namorávamos, nos cuidávamos, nos divertíamos. Todos os gatos da rua vinham ficar na nossa casa não era à toa, era uma casa de muito amor. A gente associava doideira com responsabilidade, a gente captava todo mundo que podia ser interessante pro grupo, que podia contribuir artisticamente. A gente conhecia um a família do outro, lembro de ir para Inhaúma visitar a mãe da Zezé, de ir pra Paquetá visitar os pais do Nanini, de nadar na piscina da casa da mãe da Camila Amado... A Resedá foi o *turning point* de todos nós: todo mundo conseguiu bons trabalhos nessa fase, todos nós melhoramos como atores. Por isso eu digo que era uma família, a família que nós fizemos. Se nós precisamos de qualquer coisa, mesmo estando soltos no mundo, estamos conectados. A gente se liga e se protege".

Em um dos apartamentos do prédio vivia uma senhora que logo se afeiçoou ao grupo: Maria de Lourdes Saboia de Melo, chamada por eles de dona Didi. Funcionária do extinto Instituto Brasileiro do Café, ela era a única do edifício a ter um telefone em casa, um privilégio em 1969. Era o número dela que os atores deixavam para contatos de trabalho ou emergências pessoais. Dona Didi recebia os recados, anotava em papeizinhos e os colocava embaixo da porta dos jovens. Vez ou outra cismava que Wolf Maya estava magro demais e lhe mandava potes de mingau com os bilhetes. Se ouvia os espirros de Nanini, já oferecia algum chá para resfriado. "Eu tive sorte. Era uma turma muito jovem e amiga. O mundo evoluiu muito em tecnologia, em conhecimento, mas em relações humanas, não. Nanini é uma pessoa muito especial", disse ela, aos 94 anos.[2] A amizade entre Nanini e dona Didi foi tão franca que, anos mais tarde, quando decidiu sair do Rio e morar no Espírito Santo com o filho, ela vendeu seu apartamento muito abaixo do preço a Nanini. Foi sua primeira casa própria.

Todos os dias alguém batia lá: a atriz Maria Zilda, o ator e pianista Eduardo Dussek — sem gaze — também. Entusiasmado pela vontade que Zezé tinha de cantar e Nanini, de aprender, ele levava vinis e músicas suas para sessões de cantoria. Uma das vizinhas da frente tinha um piano e abria a sala para a turma ensaiar. Anos depois, de mudança e sem espaço para o piano de meia cauda, ela acabou deixando-o com Zezé, que guarda a relíquia até hoje.

Eram tempos "Mandrix com gim-tônica". Ter uma casa também lhe dava um corpo. Nanini experimentava a liberdade que o teatro e a autonomia ofereciam. Deixou o cabelo crescer e as roupas que usava foram ficando mais divertidas. A paixão por Oscar Wilde, que começou quando fez *Salomé*, o influenciava no estilo que levaria pelo resto da vida, meio dândi, meio teatral — certa vez a apresentadora de TV Hebe Camargo brincou que seu estilo parecia o de um Woody Allen misturado ao Visconde de Sabugosa, de Monteiro Lobato. Nesse início dos anos 1970, era comum vê-lo com umas bolsas de couro meio recortadas que ele mesmo fazia — no início, até vendeu uma ou outra, um hobby inesperado. Nanini estava mais solto, mais expressivo, e os novos personagens que interpretava lhe davam ainda mais segurança sobre quem era e o que amava fazer.

Foi quando tomou coragem, uma balsa para Paquetá e decidiu conversar com a mãe sobre sua homossexualidade. O quarto plácido na Pousada Meu Cantinho acalentava o assunto, a presença amorosa e colorida de Cecy deixava tudo mais fácil. Ele não rodeou, disse logo de uma vez. Os brincos grandes faziam par com os gestos largos, a fala alta, a reação histriônica e forçosamente natural de quem já sabia havia muito, mas precisava confortá-lo com insuspeição. A primeira conversa foi entre Nanini e Cecy. A segunda foi entre Cecy e Dante. Pai e filho não costumavam falar sobre o óbvio, e tinha sido assim desde a conversa sobre os quatro irmãos que Nanini desconhecia. Era como se não fosse necessário, um desconforto inútil, um silêncio apaziguador. A preocupação de Dante era com a instabilidade da profissão de ator, em como o filho ia fazer para manter-se de pé. Quando Cecy lhe contou sobre a sexualidade de Marco Antônio, não fez o assunto render. Ele também já desconfiava, desde que o filho lhe pediu para emancipá-lo aos dezessete anos para conseguir entrar nas boates cariocas.

Contar aos pais lhe deu mais liberdade na maneira de se expressar, de se sentir presente no próprio corpo. Nanini sempre foi um sujeito alto, de fisionomia marcante, cabelos fartos. O corpo rechonchudo da infância tinha se espichado, e aos 22 anos era magro, com ossos proeminentes nas maçãs do rosto, que lhe marcavam as expressões. No início da carreira, seu porte era um diferencial, como lembra o ator e diretor Antonio Pedro, que escalou Nanini para pelo menos três espetáculos nos anos 1970: "Além do enorme talento e carisma, o que o diferenciava era o físico também. Nanini tem um corpo muito expressivo, um rosto grande, nariz grande, dança muito bem. Quando você está formando elenco, percebe logo quem se destaca na multidão. E o Nanini podia estar na terceira fila de atores num palco para testes que ele sobressaía. Podia estar escondido num coro que você via ele à distância. Era impressionante".

Nanini começou a entender que o domínio do corpo era parte fundamental da sua poética teatral. Foi gostando mais de si e do que via no espelho. Percebeu que a grandiloquência trabalhava a seu favor: ser estabanado tinha um quê de clown. Palhaços têm pés e mãos grandes. Ser grande colocava sua fragilidade em contradição. Era preciso investir nessa aventura, ele sabia, desenvolver cada vez mais a consciência corporal e habilidades específicas — tal como faziam Milton Carneiro, Dercy Gonçalves e Afonso Stuart, que cantavam, dançavam e davam piruetas.

Ter visto muitas chanchadas desde garoto o convenceu de que um bom ator precisava saber mais do que interpretar. Precisava cantar bem, dançar bem, ser bom mímico, empostar a voz, conhecer os movimentos básicos de alguns esportes e instrumentos musicais. Até hoje, seu maior medo é de perder os movimentos do joelho, ficar afônico ou ser vencido pelas dores nas costas. Fez apenas uma operação plástica na vida, para tirar um excesso de papada, mas nunca entendeu quem assume o risco de ficar sem a expressão das rugas. Foi ainda aos vinte e poucos anos que percebeu que o corpo é a primeira arena do ator e que sem ele não resta nada. Por um período curto, praticou remo na Lagoa, que era perto da nova casa, e chegou a sair numa baleeira, que é um barco maior, de competição. Desde que a esgrima o levou à TV, ele passou a dar mais importância ao desenvolvimento de habilidades físicas, mesmo que nunca tenha se dedicado profundamente a nenhuma modalidade.

Nanini chegou a fazer caratê, capoeira e balé ao mesmo tempo, quando foi convidado a participar da peça *A vida escrachada de Joana Martini e Baby Stompanato*, em 1970. Com texto de Bráulio Pedroso, direção de Antonio Pedro, trilha sonora de Roberto e Erasmo Carlos e produção, atuação e coreografia de Marília Pêra, o espetáculo era uma sátira ao teatro de revista. Como toda boa sátira, exagerava as características do gênero. Centrada em um casal formado por uma ex-vedete e um gângster, era uma espécie de spin-off dos protagonistas de uma novela de 1969 da TV Tupi, *Super Plá* — personagens que fizeram mais sucesso que o folhetim e ganharam uma peça só para eles. No texto, havia um personagem cômico que se destacava no enredo, um bailarino gay que apresentava o espetáculo, como um mestre de cerimônias. Estava quase certo que o humorista Amândio Silva faria o papel, até que aconteceu um dos encontros mais importantes da trajetória de Marco Nanini: o cometa Marília Pêra cruzou o céu.

Nanini era muito amigo do ator pernambucano André Valli, que o apresentou à estrela da sua turma de amigos. Ele via todas as peças de que Marília participava, era um fã. Sonhava em conhecê-la um dia, mas não imaginava que seria tão logo. Filha de atores e musicistas, Marília nasceu praticamente numa coxia e teve formação clássica de palco: era pianista, cantora, bailarina e atriz. Já tinha feito inúmeros musicais, peças e novelas quando conheceu o jovem ator. Em sua biografia, Marília detalha o encanto e a afinidade imediata que sentiu por ele: "Travei meu primeiro contato com o Nanini em 1969, quando eu estava fazendo *Fala baixo, senão eu grito*. Parece que ele na ocasião era meu fã e o André Valli o levou um dia para me conhecer. Eu sabia que ele tinha feito escola de teatro, e já havia trabalhado com Dercy Gonçalves e também com Milton Carneiro. Recordo-me de que duas ou três semanas após eu tê-lo conhecido, o Nanini juntou-se a Rinaldo Genes, que era ator, e a Luís Armando Queirós, ambos amigos, e os três foram encontrar-se comigo num bar. Isto ocorreu num domingo à noite. Fui jantar com os três, e o Nanini sugeriu que fôssemos para um lugar afastado uns quarenta quilômetros do Rio, uma região montanhosa onde a família do Luís Armando tinha uma casa. E eu, maluca, topei. Passamos pelo hotel onde eu morava para apanhar umas roupas e, lá pelas duas ou três horas da madrugada, rumamos para um lugar chamado Javari (ou Javaré). Durante essa viagem, o Nanini, muito engraçado, quase nos matou de rir. Era um humorista fora de série! Eu ria de perder a voz com ele. Por essa época eu passei a proclamar com entusiasmo que havia conhecido um rapaz que era um grande ator. Todos me perguntavam onde é que eu o vira em cena para justificar tanta euforia. Na verdade, eu ainda não o vira representar, mas podia apostar na minha convicção".[3]

Foi Marília quem insistiu com Bráulio Pedroso, o autor da peça, e Antonio Pedro, o diretor, para que considerassem sua indicação para o papel. Nanini fez um teste e passou.

Tão logo soube que faria um bailarino, começou a preparar o corpo com Ronaldo Resedá, músico e dançarino que morou por um tempo na República Resedá, e que anos depois seria uma aposta do mercado fonográfico como o "John Travolta brasileiro". O nome não era uma coincidência. Foi morando lá que Ronaldo Andrade de Morais decidiu incorporar o nome da rua ao seu nome artístico, por sugestão de Nanini, que achava que o nome da árvore de flores fartas lhe daria mais brasilidade. Também começou a fazer aulas de caratê e capoeira com a nova amiga e ainda mais nova coreógrafa Marília Pêra. A atriz brincava dizendo que era uma "vedete subnutrida", por não ter o corpo curvilíneo das artistas do teatro de revista.

Enquanto Marília preparava coreografias leves, escrachadas, que dessem um ar meio irresponsável ao texto, o diretor, Antonio Pedro, queria que o espetáculo também tivesse uma mensagem política. "Ele tinha ideias sérias a respeito do texto [...]. No final do primeiro ato, por exemplo, em que o teatro de revista era invadido pelo Esquadrão da Morte, ele botou todo o elenco com pernas quebradas, com a cabeça enfaixada, com muito sangue. Acho que isso tinha a ver com a invasão do teatro Galpão na peça *Roda viva*, ele também estava lá, talvez precisasse exorcizar aquilo tudo. Eu achava que *Vida escrachada...* deveria ser uma revista solta e brincalhona, e só. Mas respeitei a direção dele", analisou Marília.[4]

A primeira temporada da peça, em São Paulo, não foi nada bem. Havia 35 pessoas em cena, várias mudanças de figurino, uma orquestra ao vivo e ninguém na plateia. Ainda houve um problema: uma vedete argentina convenceu Marília a admiti-la no corpo de bailarinos, mas bebia todos os dias antes de entrar em cena. Uma noite, colocou o pé na frente de Zezé Motta, que também integrava o elenco, para que ela caísse. Foi demitida na hora. Não satisfeita, denunciou Marília Pêra para a polícia, como traficante de drogas, baseada numa cena em que os personagens fingiam que fumavam maconha. Dois dias depois, a polícia baixou no teatro, prendeu dois atores e foi até o apartamento de Marília Pêra, no edifício Copan, onde revistaram tudo. O elenco passou a noite na delegacia tentando liberar os presos e Marília foi levada por policiais à Delegacia de Tóxicos e Entorpecentes, segundo ela, "no mesmo carro [em] que tinha sido assassinado o guerrilheiro [Carlos] Marighella".[5] O caso só foi encerrado na manhã seguinte, quando os policiais desistiram de procurar drogas com o elenco.

Zezé Motta guardou uma boa lição da queda: "Eu caí em cheio no fosso da orquestra, com um pé na tuba e outro no músico. Aí eu lembrei da lição que tanto a Maria Clara Machado quanto o Zé Celso tinham me ensinado: 'Se você errar, incorpore o erro'. Foi o que eu fiz. Cantei a música todinha com um pé na tuba e outro no músico. O pior é que o cara nem tinha acabado de pagar a tuba!".[6]

A temporada paulistana amargou um prejuízo de mais de 400 mil cruzeiros, mas, em vez de decretar falência e desistir da peça, Marília quis salvar o caixa com uma nova temporada em outra cidade. Ela reformulou todo o espetáculo antes de estrear no Rio de Janeiro. Quebrou a cabeça, mudou sequências, tirou as referências políticas mais evidentes e fez cortes bruscos no elenco e no cenário, enxugamento que acabou virando um jargão no grupo: "Dar uma mariliada", a partir de então, significava mudar radicalmente. Para caber no estreito palco do Teatro Ipanema, transformou "sete escadarias em dois degraus", segundo Nanini. Levou o elenco para o Rio de ônibus, cada um ficou hospedado com um amigo, sem gastar com hotel.

Na véspera da estreia, no entanto, *A vida escrachada...* foi censurada em todo o território nacional. Mais uma vez na polícia defendendo a peça, mas agora na Polícia Federal, no Departamento de Censura, Marília suplicou a uma tal "dona Selma", dizendo que precisava estrear para pagar a escola do filho. Não era mentira: naquele mês, até a mensalidade da escola das crianças Marília tinha comprometido no pagamento da dívida que o espetáculo deixara em São Paulo. Implorou, chorou, ajoelhou. Às sete da noite, dona Selma liberou a peça. A estreia estava prevista para as nove horas.

E aconteceu um milagre desses que só acontecem em jogos de futebol: deu tudo certo naquela noite. A peça estreou muito bem e virou a maior bilheteria da cidade. Ao fim de 1971, os jornais diriam que aquele tinha sido "o ano de Marília Pêra no teatro", pela manobra genial que transformou um fracasso num fenômeno de público. *A vida escrachada...* fez muito mais sucesso do que a novela que a originou, e o espetáculo ficou dois anos em cartaz. Marília liquidou as dívidas em São Paulo e ainda comprou seu primeiro apartamento.

Foi uma virada para ela, mas muito mais para Nanini. O encontro entre os dois foi visceral. De cara, ele se sentiu absolutamente fascinado por aquela figura magnética e esfuziante. A sua história sofrida de vida, a carreira trilhada de forma independente desde muito nova, a relação de disciplina que tinha com o corpo e a voz, as "mariliadas". Tudo o que ela fazia o deixava vidrado. "O talento dela é quase genético, [...] e tudo isso ela guardou e explodiu de uma forma moderna, naquela época. Isso me atraía muito. O jogo de cena com ela, o tempo de cena, a contracena — que é o que eu acho mais importante no espetáculo, era deliciosa. Quando a contracena funciona, você joga com o outro ator [...], isso dá uma sensação muito boa, porque você esquece a realidade e embarca no mundo da fantasia. E é uma sensação extraordinária", lembra Nanini.[7]

Os dois viviam juntos. A revista *Intervalo* cravou à época: "Marília Pêra está amando Marcus (*sic*) Nanini", relatando que o romance "ia progredindo" durante a temporada carioca de *A vida escrachada...* e da novela *O Cafona*, em que ele interpretava Julinho, um hippie apaixonado por Shirley Sexy, personagem de Marília.[8] A admiração de fato se confundiu com paixão por um tempo, e os dois tiveram um breve relacionamento — muito mais breve do que sabiam as revistas de fofoca. E muito mais profundo.

Até então, a única experiência sexual que havia tido com uma mulher fora, aos dezoito anos, numa das vezes que o irmão mais velho, Zeca, foi lhe visitar e o levou a um prostíbulo na antiga Zona do Mangue, no Rio de Janeiro. Ficou horrorizado com o cheiro de urina, a ansiedade no rosto das pessoas e a falta de chave nos quartos. Ele havia idealizado sua primeira experiência sexual com carinho e amor, e o que o irmão lhe apresentava era constrangedor. Chegou a entrar no quarto com uma das mulheres, quando foi invadido pelo forte perfume Royal Briar, uma loção barata da época. E disse a ela que não ia acontecer nada. Sentiu pena, ranço, raiva do irmão. Saiu do quarto, deixou Zeca na boate e voltou para casa.

Aos 23 anos, o corpo estava em ebulição. Ora pelos Mandrix, que ainda tomava de vez em quando; ora pelas aulas de dança com Ronaldo Resedá, com quem também começava uma bonita história de amor; ora pela presença maravilhosa de Marília Pêra, que aguçava sua existência em todos os sentidos, mesmo depois do fim do romance. Marília fazia Nanini querer cantar, e cantar fazia seu corpo vibrar.

A simples presença de Marília o desnorteava. O voto de confiança dela, ao indicá-lo para a peça, fez com que ele se desdobrasse em mil para corresponder às suas expectativas. Ao mesmo tempo, a convivência diária nos ensaios e aulas preparatórias os aproximava e refinava a relação que construíam. Para Nanini, Marília Pêra sempre foi uma das atrizes mais completas do mundo, e nunca estiveram juntos sem que ela o tivesse ensinado algo — ele lembra de como ela o ampliava em cada detalhe. Uma das orientações dela era para que Nanini não ficasse olhando o público do palco, uma mania que ele tinha e de que ela não gostava. "Isso revela uma insegurança do ator, é como se você quisesse comprar o sorriso deles", dizia ela.

Na grandiloquência do personagem bailarino de *A vida escrachada...*, ela o ensinava a manter a sutileza. Marília transformava o gesticulado das suas mãos grandes demais em gracejos sugeridos. Nem os pés escapavam à sua direção sensível: foi com Marília que Nanini aprendeu a experimentar sapatos diferentes para cada personagem. Um sapato de couro, camurça ou um tênis mudam completamente a forma de encontrar o andar de um tipo. A base de um personagem é o corpo, e a base do corpo são os pés, sabia bem Marília, dançarina de formação clássica. A emoção, para chegar à voz, precisava passar pelos pés.

O resultado do encontro foi fabuloso. Depois de *A vida escrachada...*, Nanini passou a ser mais procurado para entrevistas e trabalhos, a ter sua atuação destacada em críticas de jornais — não aparecia mais apenas na lista do elenco. "Após a formação no Conservatório, o trabalho na companhia de Dercy Gonçalves lhe proporcionou um desembaraço, uma descontração que permitem a esse quase principiante uma atuação de intérprete experimentado no gênero. Ele é o braço direito de Marília Pêra no sucesso do espetáculo", publicou o *Diário de Notícias* em janeiro de 1971.

"A grande novidade da noite é o jovem talento de Marco Nanini, que já se expressara tão bem num personagem por ele criado em *Ralé* [1968, de Maksim

Górki], no Teatro Novo, há dois anos, e que agora se apresenta num maior domínio cênico, não só no que diz respeito ao seu poder de improvisação, como no de histrionismo técnico que confere à sua falação um tom de cartilha brilhante e um humor sempre pronto a funcionar dentro de uma absoluta comunicabilidade, dom especial e necessário a qualquer ator, em qualquer gênero", estampou o jornal O Globo na mesma semana.

Os dois começavam ali uma parceria de vida. Marília passaria a chamar Nanini para os elencos em que trabalhava — ela tinha o hábito de só assinar contratos que incluíssem sua turma de amigos, para garantir que todos tivessem trabalho —, e ele soube aproveitar a deixa. Foi assim na novela *O Cafona*, de 1971, na TV Globo; e nos musicais *Pippin*, de 1974, e *Deus lhe pague*, de 1975. "Onde é que eu estava que o Marco Nanini não estava? Só se não houvesse papel para ele", escreveu Marília.[9] Os dois viajavam juntos, tomavam porres, conversavam sobre a vida e a arte — e até batizar Nina Morena, a caçula de Marília, Nanini batizou. Muitas das ideias dos dois viraram fenômenos teatrais, como *Doce deleite*, em 1981, em que eram só eles em cena. Marília ainda seria responsável por sucessos cruciais na trajetória do ator, como a novela *Brega & Chique* e a peça *O mistério de Irma Vap*, que ficou onze anos em cartaz.

"No teatro, cada geração tem as suas duplas. Fernanda Montenegro e Sérgio Brito, Paulo Autran e Tônia Carrero, Walmor Chagas e Cacilda Becker, [...] Regina Casé e Luiz Fernando Guimarães são exemplos disso. Atores e atrizes com mais ou menos a mesma idade e a mesma cabeça acabam se cruzando", tentava resumir Marília ao jornal *O Globo*. Nanini concordava: "Não tenho uma visão crítica distanciada de Marília, estamos muito próximos. Mas sinto nela um lado de disciplina profissional herdada do pai — que eu também tenho, herdado desta gente toda —, aliado a uma maneira nova de representar, muito pessoal, que é inata dela".[10]

Certa noite, Nanini decidiu mostrar a Marília uma joia guardada em seu armário. O caderninho de autógrafos que trazia desde Manaus. Impressionada com tantos retratos de atrizes, assinaturas e dedicatórias, Marília tirou uma foto sua da bolsa, em que aparecia bem vedete, num vestido púrpura de veludo molhado, e a colou no caderno. Decorou a página com decalques de flores que vinham em embalagens de presente e assinou com caneta colorida: "Nanini, para sempre sua, Marília, 29-1-79".

6. Tragédia e comédia

> *Vivam bem, mas depressa.*
> *Não se omitam.*
> *Não se omitam porque há um limite de tempo.*
> *Você não pode adiar para sempre a sua ação na existência.*
> Bráulio Pedroso, Encontro no bar

Não paravam de chegar convites. *A vida escrachada de Joana Martini e Baby Stompanato* colocou Nanini definitivamente no picadeiro. Depois do sucesso do espetáculo, o ator emendou um trabalho atrás do outro: a peça infantil *Romeu e Julieta*, em que contracenou com a colega dos tempos de Conservatório, Neila Tavares; a peça *Cordão umbilical*, com texto de Mario Prata, seu primeiro encontro com o diretor Aderbal Freire-Filho e a novela *O Cafona*, sua estreia oficial na TV Globo como ator contratado. Estreia não só sua como de Bráulio Pedroso, também autor de *A vida escrachada...* Bráulio tinha acabado de escrever uma novela de imenso sucesso na TV Tupi, que ficou para a história como uma revolução na teledramaturgia brasileira: *Beto Rockfeller*. Foi a primeira novela a experimentar os temas de crítica social no lugar dos dramalhões afetivos.

Com o mote de revelar o lado sórdido da vida burguesa, *O Cafona* também entrou para a história: era a primeira novela da TV a exibir a famosa tarja ao final dos capítulos com os dizeres: "Qualquer semelhança com pessoas vivas ou mortas ou com fatos reais terá sido mera coincidência". Uma precaução do departamento jurídico da emissora, porque o folhetim era, de fato, inspirado em fatos reais. Na trama, Nanini vivia um pastiche do diretor de cinema marginal Julio Bressane, e seu personagem se chamava, ora, Julinho. Junto com os amigos Cacá e Rogério (uma alusão aos cineastas Cacá Diegues e Rogério Sganzerla, interpretados por Osmar Prado e Carlos Vereza), Julinho queria filmar *Matou o marido e prevaricou com o cadáver*, uma brincadeira com o nome do filme *Matou a família e foi ao cinema*, de Bressane. Era uma sátira à chamada "esquerda festiva", crítica também inédita na TV.

A novela ainda teria outros marcos: foi a primeira a ter trilha sonora lançada em disco e contava no elenco com a cantora Maysa, que fazia imenso sucesso à época. Na trama, ela era uma socialite decadente que tomava muitos porres e era escorraçada de lugares sofisticados. Curiosamente, a talentosa cantora, que também era conhecida pela embriaguez, estava sem beber à época da novela, o que confundia fãs e amigos mais próximos. "Um grande amigo me falou: 'Que pena, você voltou a beber. Seus pileques na novela me deixam penalizado'. Foi quando me convenci de que era mesmo uma grande atriz", escreveu Maysa em seu diário.[1]

Nanini emendou *O Cafona* com a novela infantil *A Patota* e a peça *É proibido jogar lixo neste local*. Entre uma e outra, ainda gravou quatro episódios do programa *Comédia Especial*, um teleteatro mensal da TV Globo. O ano de 1972 foi um dos mais atribulados de sua carreira, o que o fez ganhar o primeiro perfil na imprensa. Com uma bela foto sorridente, Nanini tinha sua origem teatral destacada no texto e esforçava-se para parecer simpático à TV: "Televisão dá oportunidade de se fazer bons trabalhos", era o título da notícia. "Adaptei-me bem, embora ainda tenha muito a aprender. É uma outra técnica e uma outra forma de fazer teatro", disse ele.[2] Na verdade, ainda não estava totalmente à vontade com as câmeras, o que só aconteceria nos anos 1980, com o humorístico *TV Pirata*.

Ainda em 1972 — à custa de muita sopa da dona Didi deixada na República Resedá, pois ela se preocupava com o fato de Nanini estar sempre cansado — veio a novela açucarada *O Primeiro Amor*, um folhetim de Walter Negrão que entrelaçava a história de três famílias de classes sociais distintas. Era a primeira vez que Tônia Carrero fazia uma vilã na TV. O elenco de peso contava também com Paulo José, Rosamaria Murtinho, Aracy Balabanian, Leonardo Villar, Renata Sorrah, Flávio Migliaccio e o ídolo popular Sérgio Cardoso. Uma curiosidade sobre a novela é que atores e atrizes tiveram de treinar bastante o uso de bicicleta, pois na cidadezinha fictícia de Nova Esperança todos andavam sobre duas rodas — uma artimanha do autor para marcar bem a diferença social da família dos milionários da trama, que só andavam em carrões. A abertura da novela era uma tomada aérea do que hoje se chama "bicicletada" — um desfile de cinquenta bicicletas diferentes —, que precisou ser feita com a ajuda de um carvalhão do Corpo de Bombeiros, solução estética bastante ousada para a época.

Certo dia, depois de gravar uma tarde inteira com Sérgio Cardoso, que interpretava seu pai na trama, por volta das sete da noite Nanini foi para o teatro, onde estava em cartaz com outra peça, que acabava às 21 horas. Quando deixou o camarim, tomou um susto: vários atores da novela o esperavam, consternados, à saída do teatro.

Sérgio Cardoso tinha acabado de morrer. Nanini ficou arrasado, estivera com ele havia menos de quatro horas, ele parecia bem de saúde, não podia acreditar. Correu para a casa do ator, a tempo de encontrar o corpo ainda quente. Sérgio, de apenas 47 anos, tinha sofrido um ataque cardíaco. Rapidamente a notícia se espalhou, provocando homenagens em todo o país. Foi uma comoção inédita, um marco na história do culto às celebridades no Brasil. Era a primeira vez que um ator morria no meio de uma novela, em uma época em que elas já eram muitíssimo populares.

No dia seguinte, Nanini foi ao enterro e ficou ainda mais perturbado com o que viu: a multidão de fãs se batendo para entrar no cemitério São João Batista, atropelando as coroas de flores, pedindo autógrafos aos artistas, invadindo a privacidade da família. Ali ele conheceu os "papagaios de enterro", fãs que iam a velórios de famosos só para ver outros artistas de perto. Ficou completamente horrorizado quando presenciou o seguinte diálogo entre duas mulheres: "Aaaaaaaaaah, que pena que foi tão rápido!", disse uma, ao final do velório. A outra respondeu: "Não se preocupe não, a Dalva vai daqui a pouco". "Dalva" era a cantora Dalva de Oliveira, que estava internada em um hospital de Copacabana em estado grave, acometida por uma doença até então desconhecida.

Coincidentemente, foi depois de ter visitado sua grande amiga Dalva no hospital que Sérgio Cardoso começou a passar mal em casa e não resistiu. Dalva viria a falecer doze dias depois.

Os jornais chamaram de "histeria coletiva" o que aconteceu no enterro do ator, contando que 15 mil pessoas haviam estado no local: "Não sobrou vaso inteiro, estátuas foram mutiladas [...]. Cinquenta PMs tentavam conter o povo [...]. Ninguém segurava as meninas desesperadas para ver Francisco Cuoco". Ao final, o São João Batista estava totalmente depredado, e a preocupação geral era conseguir o número da sepultura para jogar no bicho.[3]

Nanini decidiu nunca mais ir a nenhum enterro. Com uma folga de vinte capítulos já gravados, a TV Globo ainda levaria mais de uma semana para decidir o que fazer com a novela. Tomou-se uma decisão simples: substituir o ator e seguir com o mesmo personagem. Leonardo Villar entrou no lugar de Sérgio Cardoso. As cenas começaram a ser gravadas exatamente do ponto em que haviam parado. "Na última cena que Sérgio gravou, ele tinha saído de um cômodo, passando por uma porta. Quando apareceu em outro cômodo e abriu a porta, quem surgiu foi o Leonardo Villar. A gente tinha que falar 'Papai!'. Mas nós tivemos um frouxo de riso nessa gravação, aquilo era um constrangimento. Foi a coisa mais esdrúxula que já pude presenciar", detalhou Nanini.

Para o público, com efeito de edição, ficou um pouco mais bem-acabado: na cena em que Sérgio Cardoso sai pela porta, a imagem é congelada, entra o ator Paulo José à frente de todo o elenco e se dirige ao espectador, contando que Sérgio havia morrido, com uma bela retrospectiva da sua carreira, e que a partir daquele momento seria substituído pelo ator Leonardo Villar, seu antigo colega de turma. Seria uma forma de homenagem. A cena prosseguia, e, quando a porta se abriu novamente, já era Leonardo em cena.

A morte de Sérgio ainda teria outro desdobramento absurdo: um jornal de Manaus publicou uma nota dizendo que o ator sofria de catalepsia, uma doença que deixa os músculos rígidos, levantando suspeitas de que talvez ele tivesse sido enterrado vivo. A história, que não tinha qualquer comprovação, dizia ainda que a família pedira que o corpo fosse exumado, e, ao abrir o caixão, o ator estaria virado de bruços, com arranhões no rosto. Diversos jornais e revistas repercutiram a notícia, e o boato se espalhou. Apesar de o fato ter sido negado pelos familiares e esclarecido anos depois numa reportagem do programa dominical *Fantástico*, isso não impediu que a história virasse uma lenda urbana e fosse repescada vez ou outra pela imprensa.

A situação excêntrica ensinou Nanini a enfrentar a morte em cena. Depois daquela, todas as mortes em cena teriam um pouco da carga trágica do fim de Sérgio Cardoso. Ele não teria dificuldades para buscar a emoção ao interpretar uma pessoa que morre, ou outra que perde um ente querido. Tinha acabado de experimentar o que havia de mais extraordinário na situação. E se a vida real o ensinava a vivenciar a morte na ficção, a ficção, por outro lado, também o ensinava a encarar a morte na vida real. Foi pensando em tudo o que aconteceu na novela que Nanini começou a imaginar a finitude dos próprios pais.

Houve ainda um incidente trágico à época que marcou muito esse seu período de enfrentamento da morte. Numa noitada no bar Acapulco, estava com o namorado, Ronaldo Resedá, próximo a uma mesa com outros amigos, entre eles o escritor Mario Prata e Aderbal Freire-Filho, quando de repente todos ouviram um tiro. E outro. E mais outro. Rapidamente as pessoas começaram a gritar e a correr. No Rio-Jerez, bar ao lado, em frente à Galeria Alaska, havia um corpo estendido no chão: era o jogador de futebol e campeão mundial Almir Pernambuquinho, morto, enquanto outro sujeito agonizava do outro lado da rua. Foi a primeira vez que Nanini sentiu tão próxima a violência armada, o que era ainda mais desesperador sob uma ditadura. A polícia, no entanto, custou a aparecer naquela noite, e as testemunhas reconstituíram os fatos por si mesmas: o incidente aconteceu depois que três portugueses (dias depois descobriu-se que eram estelionatários que vendiam tapetes falsos no Rio) começaram a atacar verbalmente alguns bailarinos do grupo transformista Dzi Croquettes, que dividiam uma mesa no mesmo bar. Almir, que estava ao lado com alguns amigos, ouviu os xingamentos e partiu para cima dos estrangeiros, começando uma briga física. Só que um deles estava armado e disparou. Um amigo de Almir também estava armado e revidou. E começou o tiroteio no calçadão da praia de Copacabana. Um tiro pegou em Almir, outro, no seu amigo. Durante muitos dias, Nanini acompanhou revoltado a história pelo *Jornal do Brasil*. O periódico acatou sem questionar a versão dos portugueses, que culparam Almir e fugiram do país. O crime nunca foi resolvido. Anos depois, Mario Prata resumiu o que viu numa crônica no jornal *O Estado de S. Paulo*: "O violento e craque machão brasileiro que morreu defendendo um grupo de homossexuais".[4]

O tema da morte o perseguia. Pouco antes, o autor Bráulio Pedroso tinha dado um susto nos amigos: diagnosticado com um câncer no intestino, teve de fazer uma cirurgia às pressas, o que deixou familiares e pessoas mais próximas aflitos na sala de espera do hospital, como em uma cena dramática. Nanini era um deles — apesar de nervoso, conseguia acalmar os demais. Bráulio estava frágil, mas ainda se encontrava no auge da carreira de dramaturgo e era imensamente querido pela classe artística, que enviava apoio e fazia orações. Depois de horas de operação, tudo deu certo. Bráulio safou-se.

Acamado em casa, se recuperando da cirurgia, escreveu uma peça curta sobre um sujeito que se despede da vida, amparado apenas por uma amiga. A trama parte de um casal de velhos que se encontram num bar, anos depois que um deles se recupera de uma doença. A peça chamava-se *Encontro no bar*.

Amigos de Bráulio, o músico Egberto Gismonti compôs a trilha, o poeta Geraldo Carneiro fez as letras, e a vizinha de prédio, Camila Amado, decidiu produzir o texto. Uma das atrizes mais disputadas da sua geração, de formação clássica e histórico impecável, Camila estava em uma fase da carreira em que emendava um trabalho no outro, para sustentar a família depois da morte do marido.

Camila pegou um empréstimo gordo no banco e fez uma pequena reforma no Teatro das Artes, na Gávea, para inclinar um pouco mais a plateia. Chamou Ruy Guerra para dirigir o texto (depois substituído por Celso Nunes) e montou o elenco: Zanoni Ferrite, Otávio Augusto e ela. Começaram os ensaios, e a peça estreou com a casa cheia. O que parecia um sucesso, no entanto, foi só uma ilusão: nunca mais apareceu ninguém. Nenhum público, zero ingressos vendidos, um fenômeno raro nas salas cariocas. Arrasada, Camila dispensou os atores e abraçou o prejuízo.

Numa manhã, pensando na vida, foi andando pela lagoa Rodrigo de Freitas até o teatro e subiu no palco. Estava triste demais, mas no teatro se sentia melhor. Camila conta o que aconteceu na sequência: "No fundo da plateia, alguém abriu a porta, o sol entrou numa réstia de luz, e junto com ela uma figura magra, alta, com o louro dos cabelos cheio de cachos, que veio se encaminhando contra a luz — não vi o rosto —, chegou perto de mim e disse: 'Meu nome é Marco Nanini. Assisti a *Encontro no bar* na estreia, gostei muito. Soube que o Zanoni Ferrite saiu da peça e gostaria de substituí-lo'".[5] Ela ainda argumentou que a montagem era um fracasso, mas ele teve a ideia de mudar um pouco o espírito do texto e viajar com o espetáculo. Nanini levou o amigo, o ator Wolf Maya, para substituir Otávio Augusto, que também havia sido dispensado.

O que Camila ainda não sabia era que havia uma motivação extra para Nanini querer tanto fazer aquela peça. O pai, Dante Nanini, tinha acabado de descobrir um câncer, e o prognóstico não era muito favorável. Era uma ponte que ele fazia entre o que tinha se passado com Bráulio Pedroso e o que se passava com seu pai — um ensaio de despedida da vida. Representar aquele texto era uma forma de homenagem velada ao seu pai, de sentir e expressar o que ele estava vivendo: a decadência do corpo, o isolamento social, o fim da vida. Dante nunca soube dessa deferência.

O esforço não adiantou. Ensaiaram *Encontro no bar* durante um Carnaval inteiro, reviraram o texto, percorreram vários estados. Era um fracasso atrás do outro. A tragédia ao menos serviu para aproximar Camila e Nanini, que seriam amigos pela vida inteira. Mesmo depois da morte dela, em 2021, ele ainda usa uma aliança de ouro que trocaram em sinal de amizade.

Certa noite, em Londrina, se abraçaram alegres no camarim com a notícia de que a bilheteria havia vendido vinte ingressos. Mas não passava disso. Amiga de Nanini, Louise Cardoso lembra de ter adorado: "As peças eram muito caretas na época, e *Encontro no bar* era instigante, fantasiosa, misteriosa. Uma pena não ter sido compreendida, não ter sido nem vista". Entre os pouquíssimos espectadores, uma mulher escreveu uma carta a Camila e a Nanini para agradecer as mudanças que o texto havia provocado nela um ano depois. "Ela dizia que tinha 45 anos, era virgem e tinha sempre morado com a mãe. O que ocorreu foi que depois de assistir a *Encontro no bar* ela viu o tempo que tinha perdido, de modo que estava escrevendo para mim e para o Marco Nanini contando que estava casada com um homem desquitado, que estava grávida e que ia se arriscar a ter um filho."[6]

Para suprir o rombo financeiro, Camila e Nanini tiveram a ideia de produzir um texto clássico para viajar por escolas, uma estratégia quase desesperada de fazer alguma bilheteria. Chamaram Antonio Pedro, que conhecia teatro profundamente, e partilharam o drama: precisavam de uma peça que fosse tiro certo. Antonio Pedro pensou logo em Martins Pena, autor brasileiro de comédias de costumes do século XIX. Sugeriu *As desgraças de uma criança*. Além de tudo, a escolha os protegia de ter problemas com a censura, pois era um texto leve, ainda que esperto.

Levantaram *As desgraças de uma criança* em 28 dias. Convidaram um músico desconhecido que tinha acabado de voltar da Europa, John Neschling, para compor a trilha da peça. Escalaram o elenco: Camila, Nanini, Wolf Maya, Lafayette Galvão e Marieta Severo. Antonio Pedro ficaria na direção. Ainda precisavam de um pianista que também fosse ator. Neschling sugeriu o maestro da TV Rio, Osvaldo Borba, mas, ao ouvi-lo no ensaio-teste, Nanini e Camila o acharam formal demais.

Numa noitada de Mandrix com gim-tônica no bar Acapulco — Camila surrupiava seus comprimidos engatinhando, de madrugada, até a gaveta da mesa de cabeceira do pai —, os dois avistaram um rapaz loiro, com o cabelo esparramado pelo ombro, batucando na mesa como se estivesse tocando um piano imaginário. Estava sozinho e era lindíssimo. Outra aparição que merece ser descrita por Camila: "Nanini e eu nos olhamos e dissemos: 'Eis o nosso pianista'. Me levantei, dirigi-me ao loiro lindo — levei umas três horas para chegar até a mesa em que ele estava — e perguntei se ele era pianista. Respondeu que sim. Combinei para ele se apresentar às 15 horas no teatro".[7]

Chamava-se Eduardo, mas o nome artístico era Duardo Dusek. Ele foi pontual, mas errou todas as notas diante de um John Neschling estupefato. Era um risco enorme que Camila e Nanini queriam assumir apostando no novato nervoso no lugar de um maestro respeitado. Nanini e Camila bateram o pé por Dusek. Deu certo. Escalado para o elenco, revelou-se uma figura fundamental na montagem: tocou piano, cantou e ainda inventou as maquiagens que se tornaram uma marca do espetáculo, inspiradas no artista inglês David Bowie e nas máscaras kabuki japonesas.

A peça foi um sucesso. Nem conseguiu circular pelas escolas, como era o objetivo, tamanha a adesão do público. Nanini acumulava menções elogiosas nos jornais, que destacavam os momentos em que o ator roubava a cena com improvisos. Marieta lembra que tudo o que ele fazia no palco também fazia nos bastidores: "Ele era uma peste. […] Ele adorava pôr creme de barbear nas minhas botas, espirrar água nos outros com uma seringa e jogar estalinhos no palco. Não parava quieto".[8] Certa vez, ele se irritou com algum imprevisto e saiu do palco no meio da cena. Camila improvisou para a plateia, confiante de que ele voltaria em menos de um minuto: "O cavalo foi dar uma volta, mas o espírito dele está aqui". E ele voltou. Depois das apresentações, o grupo ia para a casa de Marieta, na Lagoa, brincar de "detetive", um jogo de adivinhação que adoravam: um sorteio definia quem ia representar o detetive e quem ia representar o assassino, sem que os outros soubessem. Para acertar quem era quem, o grupo precisava ficar muito atento ao "crime", que eram piscadelas.

Nanini estava apaixonado pelo clima do grupo, mas principalmente pela montagem — e acreditava que mesmo sem ter um tema político, a peça era o exemplo de "uma atitude política na arte".[9] Afinal, em meio a uma ditadura virulenta, o diretor Antonio Pedro havia criado um espaço de total liberdade para os atores, que improvisavam à vontade. O espetáculo satirizava o texto original, um texto clássico brasileiro, escrito em 1846, e era interpretado de um modo também tipicamente brasileiro — o crítico Yan Michalski dizia que o que caracteriza o teatro nacional ante outras culturas teatrais é o modo de incorporar alguma brasilidade a qualquer representação, seja um Macunaíma ou um Hamlet.[10] Era exatamente o que acontecia no palco. "*Desgraças...* foi um precursor do besteirol. Mauro Rasi foi influenciado pelo *Desgraças...*, Vicente Pereira também, toda essa geração do besteirol que fez tanto sucesso nos anos 1980 aprendeu vendo *Desgraças...*", orgulha-se Antonio Pedro. A atriz Louise Cardoso conta que viu *Desgraças...* seis vezes: "Essa peça mexeu muito com a minha cabeça artística. Eu vi que não existia só o teatrão clássico, que era possível desmontar um texto clássico e rir dele. Até então as peças tinham uma dramaturgia muito realista, e *Desgraças...* quebrava com tudo isso. Foi um acontecimento".

Nanini estava pleno com o trabalho, mas a vida pessoal se via em frangalhos. Dante havia piorado. O caso já era irreversível. Internado no Hospital do Câncer, na Lapa, em observação, Dante estava frágil e resignado. Em nada lembrava o sujeito altivo de outrora, que frequentava óperas, organizava jantares de presidentes e dançava tango. O único hábito que conseguiu manter até o fim foi a leitura de clássicos — outro traço que Nanini levaria para Lineu.

Não havia muito o que fazer a não ser visitar o pai no hospital entre uma sessão e outra do teatro, tomando o cuidado de não fazer o papel do filho compungido. Juntos, na enfermaria, pai, mãe e filho relembravam histórias de infância, Dante e Nanini brincavam com os exageros de Cecy, que reclamava dos hóspedes de Paquetá, assunto corriqueiro que aliviava o ambiente pesado do hospital. Era um esforço íntimo reviver os tempos em que moravam só os três. De vez em quando, um silêncio cortava a conversa e se firmava entre eles. Cecy abria uma janela, fazia uma oração consigo mesma. Nanini acariciava o pai, comentava as notícias do dia. Às quatro da tarde, deixava o hospital para a sessão vespertina da peça, prometendo voltar no dia seguinte, o que deixava Dante alegre. Ia andando da praça da Cruz Vermelha, onde fica o hospital, até o Teatro Nacional de Comédia, no Centro do Rio. Naqueles vinte minutos a pé, exercitava uma mudança emocional abrupta: tinha que fazer a tragédia virar comédia. "A boa comédia oculta o drama", diria anos depois.[11]

A última imagem que Nanini guardou do pai foi a dele sentado no degrau de uma das escadas do hospital, cabisbaixo, calado, esperando o fim.

As desgraças de uma criança ficou dois anos em cartaz. Tempo suficiente para que Camila pagasse todas as suas dívidas. Quando a trupe estava se apresentando em São Paulo, ela decidiu abandonar a peça. Estava em falta com outro trabalho, acertado anteriormente. Nem em sonho Camila imaginou que aquela versão amalucada de Martins Pena fosse fazer tanto sucesso, ainda mais depois do fracasso de *Encontro no bar*, que tinha texto excelente e praticamente o mesmo elenco, o que só provava a força do inesperado no teatro.

Nanini ficou muito desapontado com Camila. O elenco já estava maturando outra substituição — a atriz Marieta Severo não pôde fazer a temporada paulista, e a atriz Bete Mendes entrou em seu lugar —, e recomeçar os ensaios com mais uma troca poderia desmotivar o grupo. Além de tudo, Camila e Nanini eram como irmãos, e aquela surpresa parecia uma traição a ele. Futuramente, ela se arrependeria da decisão, pois desistiu de fazer a outra peça ainda na fase de ensaios, assustada pelas propostas inusitadas do diretor. O sujeito queria que o elenco andasse de uma cidade a outra a pé para incorporar os personagens. Camila não tinha a menor paciência para esses artifícios. Ela pediu desculpas a Nanini e voltou a *Desgraças...* a tempo para a turnê que circularia pelo interior de São Paulo. "Eu vinha de dois fracassos, viúva, dois filhos pra criar, e a peça me fez voltar a respirar", diria ela.[12]

Na manhã do dia 4 de abril de 1974, o elenco se dividiu entre quem tinha carro e quem não tinha para percorrer as cidades do interior paulista. Não sobrava muito dinheiro na temporada, e toda chance de economizar no deslocamento era aproveitada. Nanini foi no banco do carona do fusquinha de Bete Mendes, e o músico Eduardo Dussek, no banco de trás.

Bete e Nanini estavam bem próximos naqueles dias, pelas horas que ela passava no camarim aprendendo a fazer sua maquiagem de rosto com o colega. O que a fazia demorar nem eram as delicadas linhas da máscara, mas as risadas com Nanini. "Eram dias gloriosos. Lembro que Nanini usava lentes de contato, e um dia uma das lentes caiu no palco. Estávamos em cena, plateia lotada... E aconteceu a magia dos que sabem fazer a cena: como a peça se passava no final do século xix, com figurinos de época, ele inventou que havia perdido um olho, que tínhamos que recuperá-lo urgentemente. Imagine nós todos em cena, em mirabolantes coreografias, cuidando para não pisar forte no tablado, buscando a lente... A plateia embarcou conosco, sem entender a improvisação, mas se divertindo muito, até que a achamos... Aplausos entusiasmados, e nós, felizes como crianças, pela travessura que deu resultado", recorda-se Bete.

Ninguém sabe exatamente como aconteceu: estavam quase chegando à cidade de Bauru quando um pneu estourou e o carro capotou quatro vezes. Sem cinto de segurança, a quase cem quilômetros por hora, Bete atravessou o vidro e, com o impacto, foi parar no meio da pista, tendo um traumatismo craniano severo. Nanini teve uma torção forte, que lhe dava a sensação de ter esmigalhado os ossos do pescoço. Ficou um bom tempo imóvel no acostamento, em pânico, mas conseguiu sair andando. Dussek teve só arranhões leves. Levada para o hospital de Pirajuí, antes de ser transferida para Bauru, Bete tornou-se o centro das atenções da classe artística. Em pré-coma, seu estado era muito preocupante. Um amigo conseguiu tirar um neurologista renomado das férias em Goiás para atendê-la de graça. Outros se alternavam para acompanhá-la no hospital.

Além de atuar em *Desgraças...*, Bete estava no ar em uma novela da tv Tupi, e teve de ser substituída às pressas. Precisaria fazer uma cirurgia na cabeça, e a expectativa de recuperação era demorada. O sofrimento foi agravado pela memória de outra violência que ela havia sofrido recentemente: ter de raspar a cabeça para a operação a fazia lembrar das sessões de tortura que sofreu no doi-Codi, quando foi presa pela ditadura militar, acusada de subversão. Atordoada pelos sedativos, Bete gritava no hospital: "Façam o que vocês fizerem, seus filhos da puta, mas não vou falar nada".[13] Imobilizaram a atriz numa camisa de força. Entre a vida e a morte, com a carreira interrompida e sem conseguir esquecer da tortura, Bete sofria terrivelmente.

Nanini estava em choque. Gessado do tórax até o queixo, não conseguia dormir. Se pregasse os olhos, sonhava com os objetos do carro caindo sobre a sua cabeça, depois com a sensação do fusca finalmente parado e ele de joelhos no acostamento, com dores no pescoço e o pavor de não conseguir mais andar. Quando Bete foi transferida para Bauru para fazer sua cirurgia, Nanini ficou internado em Pirajuí sozinho, e as notícias sobre o estado de saúde da colega começaram a ficar desencontradas, o que o deixava cada vez pior. Enquanto isso, os fãs da cidadezinha faziam fila para visitá-lo na enfermaria. Levavam condolências, santinhos com orações e pedaços de bolo.

Quando teve alta, Camila Amado foi buscá-lo em Pirajuí para levá-lo a São Paulo. No caminho, ele pediu para que ela desviasse do trajeto e o levasse até o hospital em que estava Bete, em Bauru. Nanini estava aflito. Camila resistiu, mas cedeu.

Ao ver a amiga sem cabelos, cheia de hematomas e ainda atordoada, Nanini desmaiou. Quando a pressão voltou ao normal, sua dor no pescoço estava insuportável. O colar cervical usado com o gesso o sufocava. Ele implorou aos médicos do hospital de Bete que tirassem o acessório, mas como o procedimento havia sido feito em outra unidade de saúde, eles não podiam interferir. Em choque, aflito e agora irado de dor, Nanini teve um ataque feérico: "Se vocês não tirarem, eu vou começar a bater com a cabeça na parede, aí o problema será deste hospital!", gritou, aumentando ainda mais o tormento.[14] Os médicos ficaram com medo e tiraram o colar cervical, o que foi um erro: a viagem de avião de Bauru a São Paulo o entortou ainda mais, causando dores por meses. É uma síntese irônica que ele faz da época: "Acabei tendo uma ligação tão íntima com o ortopedista que foi quase um casamento, porque a gente não parou de se ver".[15]

Durante longos sete meses, as sessões de fisioterapia diárias foram ajeitando sua coluna, de milímetro em milímetro. Cada pequena vitória era comemorada pelos amigos da República Resedá, fosse amarrar um sapato sem uivar de dor ou conseguir virar o pescoço sem girar o corpo todo. Nanini ficou com uma sequela um tanto curiosa: precisava deitar-se onde quer que fosse e nos momentos mais improváveis. Descobriu que quando a dor era lancinante, deitar o fazia se sentir melhor. Diversas vezes teve de sair do meio da plateia de algum espetáculo que assistia para acomodar-se no assoalho.

Bete foi se recuperando aos poucos. Sua primeira aparição na TV aconteceu seis meses depois do acidente, num *Caso Especial* da Globo chamado *Reviravolta* Se os cabelos curtíssimos que cresciam pós-operação a tiraram da escalação como protagonista da novela *Gabriela*, por outro lado a colocaram diretamente no papel da personagem Sílvia, da novela *O Rebu*, um dos grandes marcos da sua carreira. Ela conta como elaborou o acidente: "Dois trancos que sofri foram duas lições fantásticas que me forjaram, que me ajudaram a viver melhor. O primeiro foi a prisão e as torturas. O segundo foi o acidente de carro no qual sofri traumatismo craniano. Hoje sou uma pessoa absolutamente apaixonada pela vida".[16]

Nanini demorou a se recuperar do trauma. Como as dores não cessavam e por vezes era impossível até caminhar, a colega de república, Lucélia Santos, apresentou a ele um certo Lourival, também conhecido como "doutor Nero". Nero, para quem acreditava, era o espírito do imperador de Roma, que encarnava no médium Lourival de Freitas num centro espírita em Cavalcante, bairro do subúrbio carioca, e fazia cirurgias com beberagens de ervas e ferramentas caseiras. Segundo o próprio espírito, Nero dava consultas médicas para expiar os pecados que cometeu quando mandou incendiar Roma — e segundo quem se consultava com ele, algumas receitas médicas prescreviam banhos de querosene, por irônico que fosse.[17]

Nanini foi se consultar com o doutor Nero de supetão, tentando um encaixe na agenda, já que os atendimentos eram muito disputados. Deu sorte. Um político faltou à operação espiritual agendada, e Lourival perguntou a Nanini se não queria fazer a cirurgia de uma vez. Sem pensar muito, ele aceitou. Ali mesmo deitou-se no chão. Doutor Nero pegou uma tesoura de unha e uma agulha com linha. Fez uma estrela imaginária, cortou a perna do ator, costurou. Três minutos depois, Nanini conta que caminhava normalmente. Havia um músico durante o procedimento — Doutor Nero dizia que a música ao vivo era a melhor anestesia que se pode dar aos pacientes. Para isso, tinha até uma lista de músicos famosos que colaboravam com as sessões, tocando durante as cirurgias de forma voluntária. Um deles era o novato Chico Buarque, que herdou o contato místico do amigo Vinicius de Moraes. Certa vez, a irmã de Chico, Miúcha, operou o joelho com o médium ao som do irmão cantarolando para ela, com Tom Jobim ao piano.

Muito amigo do médium, Tom Jobim citou Lourival na canção "Dinheiro em penca", composta com o poeta Cacaso ("Uma vez em Nova York/ Liguei pro meu feiticeiro/ Que atendeu o telefone/ Lá no Rio de Janeiro"). Tom e Lourival chegaram a compor uma canção juntos, "João Barandi", que permanece inédita no Acervo Tom Jobim.[18] João-barandi (*Piper callosum*) é uma planta medicinal muito usada em ritos religiosos. Considerada a "folha dos encantados", deve ser encontrada por acaso — "é a folha que some da estrada se alguém sair de casa dizendo que irá colhê-la"[19] — e é para ser usada em tratamento de dores muito fortes.

O êxito da operação espiritual de Nanini não duraria muito. As dores voltaram, e cada vez mais fortes. Ele entendeu que conviveria com elas para sempre, como de fato aconteceu. Como Jobim, Nanini também ficou amigo de Lourival, mas desistiu de outra operação. Preferia tomar os chás que ele indicava, como o de joão-barandi.

O acidente era mais uma tragédia que chegava tão perto dele. Aquele carro capotando o fez imaginar a própria morte, de um jeito que nem o fim de Sérgio Cardoso ou o do próprio pai fizera. A morte era a tragédia máxima, o teatro o ensinou, e ele voltaria muitas vezes àquelas emoções para construir suas cenas de dor. Mas uma outra lição que o teatro também ensinava era de que a tragédia se irmana à comédia. Uma sustenta a outra. Não à toa, as máscaras rindo e chorando representam o teatro — juntas. "A comédia é a tragédia mais o tempo", é uma frase muito usada nas teorias de humor, atribuída a Mark Twain. Há uma definição de Mel Brooks que também ilustra essa dicotomia: "Tragédia sou eu quebrar uma unha, comédia é você cair num buraco de esgoto e morrer".[20] Isso porque a mesma situação dramática pode ter um tratamento cômico ou trágico — dependendo do referencial. Afinal, a matéria-prima, que são os conflitos humanos, é uma só. O filósofo Henri Bergson escreveu que "um personagem de tragédia em nada alterará a sua conduta por saber como a julgamos; [...] mas um defeito ridículo, uma vez se sinta ridículo, procura modificar-se, pelo menos exteriormente".[21] Assim, analisam estudiosos do humor, a "comédia diferencia-se da tragédia por não bater de frente, buscar as contradições irreconciliáveis da época, mas, ao contrário, por tentar driblar essas contradições, estabelecendo pactos que permitem à vida prosseguir".[22]

Só que essa não era uma lição fácil de aprender. Desde o Conservatório Nacional, quando queria fazer as tragédias, mas só lhe restavam as comédias,

Nanini achava que um ator cômico jamais teria o mesmo valor que um ator dramático. A tensão entre ambas foi fazendo sentido aos poucos: "Com o passar do tempo, [vi] quão tênue é a divisa entre a tragédia e a comédia. Você ri do trágico e chora do ridículo. [...] Nos primeiros passos que dei para decupar a tragédia de cada personagem, o drama de cada um, [...] mais uma vez constatei que comédia e tragédia são uma coisa só".[23]

A relação intrincada entre tragédia e comédia lhe daria outras lições preciosas sobre a arte de representar. A primeira era a ideia de temperar a comédia com a tragédia e vice-versa, para potencializá-las. Se um personagem é muito histriônico, dar a ele um traço trágico reforça seu histrionismo; ao mesmo tempo, se um personagem é todo desgraçado, ter um elemento cômico acentua seu drama. "Relendo *Hamlet* [...], gargalho com as coisas dele. Ele é de um sarcasmo e de um humor incríveis dentro de uma tragédia absoluta. Quando comecei a ver o que a tragédia tinha de latente em termos de comédia, e vice-versa, consegui me aprofundar mais no interior das personagens e encontrar mais equilíbrio nas minhas interpretações", conta Nanini.[24]

A relação entre tragédia e comédia é um tema recorrente nas suas reflexões acerca da profissão. Se o que importa numa representação é sempre a emoção do personagem, não faz muita diferença se ele é trágico ou cômico. No entanto, um personagem cômico, para dar certo, precisa ser esculpido pelo seu lado trágico, acredita Nanini, e vice-versa, dando como exemplo o Lineu, personagem do seriado *A Grande Família*, e um dos seus maiores sucessos. "O que faz o Lineu ser engraçado? É o drama que ele tem para manter uma família com problemas financeiros. O Molière tem muito disso. O personagem de *O burguês ridículo* não sabe, mas é totalmente patético. Ele tem uma tragédia de solidão, é feito de idiota por todo mundo, é uma tragédia, de alguma maneira. Tem um quê de tristeza no personagem. O que chama o espectador é a emoção transmitida naquela hora, ao vivo", defende Nanini.[25]

Outra lição que aprendeu foi a de que a comédia não se sustenta muito tempo sem um corte trágico. Quando começa a emendar uma piada na outra, é preciso ter uma interrupção dramática para que a comédia não se perca em si mesma: "Quando tem uma piada que dá muito certo, eu tiro, porque senão você fica meio mecânico. Quando a piada funciona e você a diz como um tiro certo, você começa a levantar uma luz de emergência. Isso quer dizer que você está apostando muito numa coisa fake. Aí eu prefiro eliminar ou amenizar a piada e buscar outra em outro lugar. Depois, com o tempo, quando ela tiver força para voltar, ela volta. Mas eu não gosto de ficar escravo do tiro certo".[26]

No limite, quando Nanini sente que as piadas e a própria interpretação ficam automatizadas demais, ele até sai da peça, como aconteceu com *Um padre à italiana*, em 1975. Ele reconheceu que o desempenho tinha se tornado cristalizado e cheio de clichês. Mudar não era uma opção: os colegas seriam prejudicados em cena, pois já estavam acostumados à marcação. As duas horas de prazer já tinham virado martírio. Tragicamente, ele saiu de cena.

Esse pensamento também serve para a forma como Nanini conduz a própria carreira: se emenda muitas obras cômicas, o que passou a acontecer cada vez com mais frequência, tenta salpicar um drama entre uma e outra. O choro descansa o riso. Para ser o tipo de ator que sempre almejou — aquele que faz qualquer papel —, precisa saber dosar comédias e tragédias na sua trajetória.

Camila Amado o aconselhava a fazer mais tragédias. Para ela, que deu aulas de teatro por décadas, a tragédia é o grande êxtase de um ator: "Porque faz você enfrentar todos os seus medos, todos os seus horrores, todas as possibilidades de erro, e ao mesmo tempo você é obrigado a se distanciar e olhar com paixão o ser humano que erra. Segundo Aristóteles, na tragédia o herói trágico comete um erro de julgamento que o transporta da felicidade para a infelicidade. E nós estamos o tempo todo nesse fio da navalha. […] Já a comédia lança um olhar sobre esse mesmo drama da humanidade, só que sem compaixão alguma, e sim com crueldade".[27] Nanini seguiu muitas vezes esse conselho, que não era só dela, mas também de Fernanda Montenegro — quando *O mistério de Irma Vap* encerrou a última temporada, depois de ficar onze anos em cartaz, entre 1980 e 1990, a atriz recomendou que ele fizesse um *Hamlet* imediatamente.

Ainda assim, se precisa escolher entre fazer rir ou chorar — uma pergunta frequente em entrevistas —, Nanini costuma escolher o riso como resposta: "Sinto, mesmo, um imenso prazer em ver o público rir. Quando estou no palco representando, seja um drama, farsa, comédia ou épico, e sei que num determinado momento a plateia vai sorrir, fico completamente louco. Adoro quando riem, quando gargalham e rolam pelo chão. Ver o público gritar, chorar, espernear e ficar feliz de tanto rir é o que me dá mais prazer na vida".[28]

7. "Quase indescascável"

> MOÇA *Dedico minhas divagações, não sei até que ponto poéticas, a um faqueiro, porque é muito importante que eu me lembre de um faqueiro.*
> *A chave desse mistério, ninguém procure.*
> *Apenas me guarde dentro da lembrança por tudo que fui capaz de amar.*
> Marco Nanini, *Descasque o abacaxi antes da sobremesa*, 1973

"Uma passagem esquizofrênica em um ato, dedicada a um faqueiro." A frase está datilografada na primeira página do texto *Descasque o abacaxi antes da sobremesa*, a única peça de teatro de autoria de Marco Nanini que foi montada. Escrita em 1973, quando ele tinha 25 anos, respondia a um desejo muito forte de experimentar a escrita, de sentir o que sente um autor. A peça queria mostrar como todos temos os mais variados "abacaxis" para descascar, principalmente quando estamos sozinhos. De uma forma muito íntima, expondo pensamentos e anseios, o que Nanini escreveu foi uma comédia rasgada sobre a solidão. O enredo tem início quando uma personagem, Moça, chega a um bar procurando uma vaga de garçonete anunciada nos classificados. Para mostrar ao dono do estabelecimento que merece o emprego, ela faz de tudo: fala sobre a vida, dança, canta, surta, conta piadas, chora e ainda imita Carmen Miranda. "Precisava escrever algo. Não um drama, pois é fazendo rir que se consegue dizer e mostrar o mais importante. [...] O *Abacaxi...* é uma coisa [...] muito próxima da ideia de ter um filho. São fotografias, slides não só da minha vida, como de todo mundo", contou ele ao jornal *O Globo*.[1]

A vontade de escrever aflorou durante os ensaios da peça *Encontro no bar*. Houve uma ideia inicial de Camila de fazer três pequenas peças em um ato, e Nanini achou que valia a pena tentar escrever uma delas. Mas Camila desistiu do formato, e o texto dele, escrito sob efeito de umas caipirinhas, e com título surrupiado de um anúncio de jornal, foi para a gaveta. Lá também estavam outros dois textos ainda não finalizados: *Hoje eu sou aquela cadela suja* e *Hotel do amor*, este último escrito com o amigo André Valli.

Descasque o abacaxi antes da sobremesa foi o primeiro texto no qual ele acreditou de verdade. Mesmo assim, quando André Valli o leu e se animou a encená-lo, interpretando ele mesmo a personagem Moça, Nanini se embaraçou. Já não tinha certeza se estava pronta. A verdade é que precisava tê-la escrito, mas não tinha certeza se queria vê-la no palco.

Valli encorajou o amigo, chamando outra figura próxima aos dois para a direção, Antonio Pedro, que aceitou de pronto. Assim que leu o texto, o diretor teve a ideia de transformar a protagonista em uma figura andrógina, com uma maquiagem que a deixasse metade homem, metade mulher. Também imaginou o cenário: latas de lixo, tapumes de obra, placas de trânsito, peças que ele mesmo foi catando na rua, para imprimir mais realismo à mise en scène. Um bar mundano, onde sujeitos trôpegos e desesperados param para pedir trabalho, dispostos a qualquer coisa para consegui-lo.

Quando os ensaios começaram, Nanini foi chamado para assistir. Ao final da sessão, tinha odiado o espetáculo. "Era como se eu estivesse nu em praça pública. Eu falei: então ser autor é isso? Pelo amor de Deus, não façam mais essa peça! [...] Me botaram para fora do teatro, não podia assistir ao ensaio porque eu perturbava. Eu fiquei desesperado."[2] Antonio Pedro lembra exatamente do dia: "Ele não gostou, achou que o texto não tinha qualidade, mas eu disse a ele: nem tudo o que a gente faz é de alta qualidade sempre, eu defendo a baixa qualidade também. Eu sou o cara que defendia a chanchada nos anos 1970, eu sempre defendo a comédia popular, e toda comédia popular é meio escrota, desde Aristófanes".³ Como ainda estava em cartaz com *As desgraças de uma criança*, Nanini só veria a montagem de *Abacaxi...* na semana seguinte à estreia, à base de muito gim-tônica. Foi um sofrimento.

Nos dias seguintes, os jornais não trouxeram boas notícias. O crítico de teatro do *Jornal do Brasil*, Yan Michalski, achou a peça "quase indescascável": "É difícil entender os motivos (além de uma afinidade pessoal com o autor) que possam levar um grupo de pessoas sérias e esclarecidas a investir dinheiro, tempo e trabalho numa peça como *Descasque o abacaxi antes da sobremesa* [...]. Um texto que quase nada terá a dizer mesmo ao mais aberto e bem-intencionado dos espectadores. [...] Quando a peça termina, não aconteceu rigorosamente nada, não só em termos de ação física, mas também em termos de vivência emocional. [...] Quase tudo no texto é arbitrário. [...] As elucubrações do personagem são, visivelmente, ideias soltas surgidas da mente de Marco Nanini numa tentativa de abertura das comportas do subconsciente e transcritas com toda sinceridade, provavelmente até através de um processo doloroso. Mas o espectador não dispõe de um código que lhe permita decifrar essa linguagem subjetiva. [...] Uma charada sem solução".[4]

No jornal *O Globo*, o crítico Gilberto Tumscitz (como assinava à época o futuro novelista Gilberto Braga) achou o texto pouco claro: "Espécie de confissão de impostação cênica 'absurda', que poderá estimular os que procuram no teatro motivo de reflexão e não desanimam diante de um texto pouco claro, cuja parte poética é menos feliz do que os momentos de comicidade. Interpretação brilhante de André Valli".[5] Na *Tribuna da Imprensa*, o crítico Eleazar de Carvalho também achou incompreensível: "Nanini quis abordar muitos assuntos [...] e acabou não se aprofundando em nenhum. Fica tudo superficial, indefinido e confuso, além de incompreensível".[6]

O crítico Flavio Marinho a chamou de "tragédia" e "equívoco" na *Tribuna*; o *Jornal do Commercio*, mais delicado, identificou "lugares-comuns" e "técnica instintiva" no "sofrido depoimento".[7] O único crítico que elogiou a peça abertamente foi Aldomar Conrado, do *Diário de Notícias*. No texto, ele se gabou de ter visto o espetáculo numa sessão popular, não na sessão de convidados, o que o fez notar que o público gostava espontaneamente. "A solidão desesperada do personagem [vira] um grande esgar patético [...]. O espetáculo aconteceu".[8]

Acostumado a só receber críticas elogiosas, era a primeira vez que estava sendo massacrado daquele jeito — ao menos não como ator, pensou ele. A peça ainda viajou para algumas capitais, mas teve vida curta. Em Salvador, a montagem foi proibida: os atores não seguiram o texto original aprovado pelos censores e tiveram a temporada suspensa. Foram censuradas as expressões "bosta", "colégio de freiras" e "golpe", sendo que o golpe ao qual o texto se referia era no sentido de "armadilha", e nada tinha a ver com o golpe militar vigente.

Traumatizado, Nanini nunca mais escreveria nem cartão de aniversário. Desistiu até de montar o *Hotel do amor*, o que cogitava fazer depois de *Abacaxi...* As críticas tinham acertado seu ponto mais sensível: no fundo, ele tinha um desejo real de ser escritor. Nanini começava a sentir que apenas representar não dava conta da sua necessidade de expressão. "Tenho escrito bastante. Mas sem nunca me preocupar com problemas de montagem. Tenho necessidade de uma comunicação mais diretamente minha. De me falar. Representando, claro, eu estou me comunicando. Mas a partir de um autor, de um diretor. Agora, eu quero ser o ponto de partida. Eu preciso, não por vaidade, que a minha comunicação sirva de matéria-prima para os outros", desabafou ele ao *Diário de Notícias*.[9]

Aos 25 anos, acreditava que bastavam boas ideias e o desejo de se expressar para escrever uma peça teatral. Não fazia questão de seguir um esquema formal. Na semana de estreia de *Abacaxi...*, o *Jornal do Brasil* fez uma reportagem com quatro dramaturgos de menos de trinta anos que coincidentemente estavam com peças em cartaz: Marco Nanini, Roberto Athayde, Fernando Melo e Cairo de Assis Trindade. Ao explicar como escrevia, Nanini defendeu o ponto de vista livresco: "Como eu acho que o teatro é uma magia, quase uma feitiçaria, tomo para mim toda liberdade ao escrever. Qualquer ideia que aparece eu acho boa. Não sigo nenhum padrão, e penso que quem tem vontade de escrever deve fazê-lo sem se preocupar com fórmulas. Minha única limitação é escrever algo plausível de ser colocado no teatro, [...] ou teatralizável. Não me preocupo formalmente com a carpintaria [...]. O teatro, ao lidar com pessoas e sentimentos que nas suas origens são simples e fortes, não precisa complicar nada, basta ser simples e forte".[10]

E assim eram seus textos da época, simples e fortes. Desde a adolescência, Nanini era um romântico. Tal qual o jovem Werther, de Goethe, personagem clássico do romantismo alemão que morria de amores em cartas confessionais, ele também escrevia poemas e missivas apaixonadas para destinatários imaginários. Nanini guarda até hoje no armário, numa pasta-catálogo de couro vinho, os textos líricos que escrevia por volta dos quinze anos, alguns assinados pelo pseudônimo "Mr. X". A solidão é um tema recorrente: os poemas intitulados "Monólogos com a saudade", "Poema triste" e "Lembrança" tinham versos dramáticos como "minha mente se envolve em uma treva de agonia/ saudade, por que vieste?", "chorando rasguei os primeiros versos que compus, já que jamais poderia rasgar a minha dor"; "todas as noites escuras e chuvosas/ estarei pensando em ti". No meio dos textos autorais, a pasta guarda também cópias de seus poemas preferidos, como "Eu só comigo", de Adalgisa Nery, escritora que aprendeu a amar com a mãe: "Rasgarei minhas carnes com minhas próprias mãos,/ Terei o abandono até na eliminação/ Passarei as insônias ao relento/ E não haverá paisagens para que meu olhar tenha maior desolação".[11]

Para um sujeito que nunca havia mostrado os poemas juvenis para ninguém, ser criticado publicamente daquela forma foi traumático. Meses depois, quando recebeu a indicação ao Prêmio Molière pelo texto, não entendeu, mas teve um lapso de esperança de que a notícia o tirasse daquele pesadelo. Quem sabe? Não deu certo. Foi Roberto Athayde, um dos dramaturgos que estavam com ele na reportagem do *Jornal do Brasil*, quem ganhou a distinção de melhor texto daquele ano por *Apareceu a Margarida*. Nanini fechou seu eu lírico numa concha para sempre. Mal falaria da peça no futuro. Mas ali começou a entender que alguns abacaxis são mesmo "indescascáveis": não há o que se possa fazer quando a crítica é ruim. E ele jamais procuraria o crítico ou rebateria suas observações, como alguns atores faziam. Era elegante demais para esse tipo de exposição. Tampouco daria conta de internalizar a decepção, já que não parecia ser de todo ruim, afinal, até indicação ao Molière havia recebido. Era importante confiar nos amigos que gostaram do texto, como André Valli, Antonio Pedro, ou os que foram ver a peça no teatro diversas vezes, como Louise Cardoso: "Eu adorei mesmo, a peça era louca, como muitas coisas eram naquela época. Eu gostei tanto que uma vez pensei em remontá-la, mas ele ficou apavorado".

Aos poucos, Nanini se convenceu de que o crítico estava trabalhando ao criticar, assim como o ator estava trabalhando ao criar. E que podiam estar em um mau dia. Enquanto os críticos descobriam seu trabalho, ele também descortinava o ofício de quem avaliava peças, novelas e filmes. "Existe uma espécie de tempo destinado à crítica que tem de ser encarado com responsabilidade. Você nota a fragilidade do argumento do crítico e a vaidade dele também. Eu tomei uma decisão: nunca reclamo e nunca agradeço. Fico com pudor de estar tirando a liberdade do crítico", declarou em 2013.[12]

Vale lembrar que a crítica teatral brasileira é uma escola tardia e rara. Até as primeiras décadas do século XX, quase nenhum jornal tinha seção teatral fixa. Apesar de nomes como Machado de Assis, João do Rio e Martins Pena terem feito críticas teatrais esparsas, quem escrevia sobre o assunto no dia a dia eram redatores não especializados, que também se ocupavam de outras seções dos periódicos, com textos que queriam impressionar o leitor, estimular polêmicas e focar nos atores.

Em 1865, Machado de Assis já tinha publicado um ensaio, "O ideal do crítico", acusando a demanda de um corpo de críticos mais compromissados no país. Para ele, um bom crítico deveria "saber a matéria em que fala, procurar o espírito de um livro, descarná-lo, aprofundá-lo, até encontrar-lhe a alma, indagar constantemente as leis do belo, tudo isso com a mão na consciência e a convicção nos lábios, adotar uma regra definida, a fim de não cair na contradição, ser franco sem aspereza, independente sem injustiça. [...] Crítica é análise, a crítica que não analisa é a mais cômoda, mas não pode pretender a ser fecunda".[13]

A prática de uma crítica teatral mais profunda no Brasil só se consolidou quando os jornais começaram a ter seções específicas para espetáculos e alguns cronistas experimentaram lançar olhares mais ensaísticos sobre as peças, misturando pontos de vista filosóficos, históricos e estéticos. A fundação da revista *Clima*, em 1941, especializada em crítica de artes em geral, composta de nomes oriundos da Faculdade de Filosofia da USP, como Antonio Candido, Paulo Emílio Salles Gomes, Décio de Almeida Prado, Gilda de Mello e Souza, foi fundamental para a formação de uma espécie de consciência cultural — um compromisso entre o espírito crítico e as artes no país. Foi só a partir de então, e seguindo o amadurecimento do teatro moderno, que a crítica teatral se tornou um espaço visado e em disputa, com destaque para nomes como Sábato Magaldi, Anatol Rosenfeld, Barbara Heliodora, Yan Michalski, Paulo Francis, Gustavo Doria, entre outros. Com sólida formação clássica, muitas vezes lapidada no exterior, além de um vasto repertório cultural, eram sumidades no assunto, num tempo em que os jornais prezavam pelo espaço do texto crítico e que o público dava crédito às avaliações. Uma resenha positiva ou negativa poderia alçar um espetáculo ao sucesso ou tirar uma peça de cartaz. Não raro, os críticos analisavam as obras mais de uma vez, no início e no final das temporadas, de modo a acompanhar sua evolução; e quando um espetáculo chamava muito a atenção, ou gerava polêmica, um time de críticos era convocado para a apreciação coletiva. A presença de um crítico na plateia causava alvoroço nas coxias, fosse uma Barbara, considerada a mais exigente e implacável de todos, ou um Sábato, o mais admirado pela didática.

Em seus textos, Sábato também refletia sobre a função do crítico teatral na dinâmica social: "Uma obra não existe isolada. Uma peça de Shakespeare é ela mesma e mais tudo o que se escreveu sobre ela [...]. Uma obra de arte acaba incorporando todos os reflexos que ela produziu através do tempo, e é esta uma das razões que justificam a crítica. Quando a crítica é aguda, atilada, honesta e sincera, ela está refletindo não apenas os valores do crítico, mas, na medida do possível, todos os componentes de uma sociedade pensante que, naquele momento, reflete sobre a arte e sobre o teatro em particular".[14]

Na década de 1970, os principais críticos de teatro, TV e cinema escreviam para os jornais *O Globo, Jornal do Brasil, Diário de Notícias, Tribuna da Imprensa, Jornal do Commercio, Correio da Manhã, Folha de S.Paulo, O Estado de S. Paulo, Jornal da Tarde, Diario de Pernambuco, Correio Braziliense, Zero Hora*, as revistas *Veja, Manchete, Intervalo*, além dos profissionais que faziam comentários nas rádios e nos canais de televisão. A crítica teatral era um texto corriqueiro — e esperado — na imprensa.

Aprender a lidar com as críticas, portanto, era parte da rotina do ator, já que vez ou outra elas viriam, especialmente as negativas. E elas vieram.

Na novela *Carinhoso*, que foi ao ar entre 1973 e 1974 na TV Globo, Nanini vivia um jardineiro, Faísca, que teve de parar os estudos para trabalhar. Um tipo simples, ingênuo, romântico, como eram os personagens que ele interpretou nos primeiros anos de TV. Nanini quis que o personagem parecesse limpo e educado, não queria cair no clichê do jardineiro sujo de terra ou do personagem pobre e grosseiro. Mas fez questão de que Faísca tivesse muita vontade de voltar a estudar. Nada disso estava no script: o texto de Lauro César Muniz indicava apenas que a dona da casa onde o personagem trabalhava tinha ajudado o rapaz a cursar o primário. Todo o resto — a limpeza, o ímpeto pelos estudos, a correição dos modos — foi construção de Nanini. O resultado com o público foi positivo: o lirismo e a pureza de Faísca acabaram fazendo muito sucesso com as crianças. Era comum que elas parassem o ator nas ruas e perguntassem como Faísca ia fazer para continuar os estudos. Algumas chegavam a indicar suas próprias escolas para o personagem.

Mas a crítica não gostou do Faísca de Nanini. O colunista Artur da Távola escreveu: "É típico problema de direção pois o ator Marcos Nanini não está bem caracterizado nem na roupa, nem na maneira de falar, nem no penteado. É um personagem importante e até agora não composto. Seria muito difícil um jardineiro tão arrumadinho e falando um português de Zona Sul. Se eu fosse rico e tivesse um rapaz assim distinto na minha criadagem, ele já estaria estudando agronomia, tal o nível e o status do jardineiro-filósofo em questão".[15] No final da novela, repassando um a um os desempenhos dos atores ao longo do folhetim, voltou a criticar Nanini: "Engraçado: em teatro é ótimo... (verdade que seu personagem em *Carinhoso* não dava para nada)".[16]

O próprio diretor da novela, Walter Campos, comentou que ainda não fora daquela vez que Nanini tivera sua grande oportunidade na televisão: "É um ator em busca de um personagem na televisão, pois no teatro já nos mostrou o quanto é bom. Quem não se lembra do monólogo de *A vida escrachada*, em que durante cerca de dez minutos, enquanto se mudava o cenário, ele improvisava em cima dos espectadores e de maneira sempre brilhante? Nanini tem muito talento [...] não vai demorar muito, o espectador conhecerá".[17]

No musical *Pippin*, de 1974, em que fez o seu primeiro protagonista, também recebeu críticas junto com o espetáculo. *Pippin* em italiano é um trocadilho que faz alusão à palavra *pepin*, que quer dizer pepino. É uma síntese irônica do que foi o musical para Nanini: ele tinha acabado de se acidentar quando recebeu o convite. Aceitou, afinal era a chance de fazer um musical da Broadway que chegava ao Brasil com alto investimento de produção. Além disso, a proposta era para interpretar o personagem principal, que cantava em cena, o que ele nunca tinha feito direito (cantou em *A vida escrachada*..., mas muito pouco) —, mas que quase não precisava dançar. As músicas, aliás, tinham tradução de Paulo César Pinheiro. Irrecusável. Começou as leituras do texto ainda de colar cervical, fazendo fisioterapia diariamente e com muita cautela.

O musical narra a história do rei Pepino da Itália, filho de Carlos Magno, que ao longo da peça busca algum sentido para a sua existência, já que as guerras da Idade Média não lhe parecem suficientes. Sucesso retumbante nos Estados Unidos, tinha coreografias de Bob Fosse, responsável pelas apresentações de Liza Minelli. Todos os brasileiros do elenco sabiam cantar e dançar perfeitamente: Marília Pêra (cujo desempenho arrancou elogios encantados dos profissionais americanos que vieram acompanhar a montagem da versão brasileira), Ariclê Perez, Carlos Kroeber, Tetê Medina, Ronaldo Resedá e Maria Sampaio. A produção e o teatro que abrigou o espetáculo eram de Adolpho Bloch, no terceiro andar do prédio da TV Manchete — o que rendeu ao musical uma cobertura extenuante da revista semanal homônima. O Teatro Adolpho Bloch era cobiçado por todos os atores da época, com sua estrutura impecável, seus 350 refletores no palco, revestimento em mármore e mimos como um bar exclusivo no camarim, com garçons de *summer* à disposição do elenco. Quando os espectadores entravam no foyer do teatro, assistiam a um pequeno recital de piano e ganhavam uma taça de suco como cortesia. Gentilezas que enchiam os olhos de um filho de Dante Nanini.

Nada disso foi suficiente para descascar o pepino que se tornou *Pippin*: os músicos precisavam ser substituídos com muita frequência, e a orquestra custava a se adaptar aos novatos. Grávida, certa noite Marília teve de sair no meio do espetáculo de ambulância por conta de uma hemorragia (foi Nanini quem se dirigiu à plateia perguntando se havia um médico entre os espectadores; por sorte, havia quatro). Assistente de Bob Fosse, o coreógrafo Gene Foote, que também tinha a peculiaridade de ser um dos principais colecionadores de bonecas Barbie raras do mundo, se apaixonou por um dos bailarinos e fazia de tudo para conquistá-lo, causando embaraços ao elenco. Houve um surto de gripe na equipe, no meio da temporada, e o espetáculo precisou ser suspenso. A atriz Suely Franco, que entrou para substituir Marília, era então casada com um delegado que ameaçava dar tiros a qualquer briga do casal, deixando todos apreensivos quando ele estava na plateia. Toda sorte de imprevistos parecia acontecer para que o espetáculo desandasse.

A confusão transbordava: durante a temporada de *Pippin*, numa folga da exibição, Nanini foi prestigiar a amiga Camila Amado no espetáculo *A dama das camélias*. Em uma das cenas, a protagonista, Margarida, interpretada por Camila, chama sua criada, Nanine, interpretada por Henriqueta Brieba. Quando chamou "Nanine!" no palco, o ator se confundiu e foi até a coxia. Tentou vestir um figurino de Brieba, mas só coube no da atriz Wilza Carla. Entrou em cena vestido estranhamente com uma roupa roxa, na hora em que os atores agradeciam, para delírio da plateia: "Me chamaram?".[18] O teatro se confundia totalmente consigo.

Nanini já não estava muito satisfeito com seu desempenho em *Pippin*. Ainda se recuperando do acidente, tinha de fazer exercícios excessivos para estar em forma em cena — ele lembra especialmente do mais irritante, que o obrigava a cantar com uma rolha na boca. Além disso, queria muito que seu personagem tivesse mais humor. O diretor estava mais interessado em dar um acabamento político ao Pippin. Nanini não soube defender bem seu ponto de vista e foi voto vencido. Até o final da temporada seguiu a linha do diretor, sem muito esforço para reluzir no personagem. Tanto que a primeira crítica nos jornais dizia que Nanini estava sem brilho. Naquele clima confuso e difícil, ele recebeu mal o comentário: "Ah, então ninguém tem um pingo de consideração pelo que está acontecendo comigo? Então vai é ficar assim mesmo".[19]

Até que houve uma tentativa derradeira: existe um costume no meio teatral que é de fazer pegadinhas no final da temporada, um rito de encerramento. Um ator coloca sal no café que o outro vai tomar em cena; há quem troque o texto de ordem, deixando o colega atrapalhado com as deixas; e muitas peças de figurino "somem" e são encontradas em lugares inesperados. Nanini era um adepto dessas brincadeiras. No último dia de exibição de *Pippin*, o personagem de Nanini, Pippin, deveria matar o pai, interpretado por Carlos Kroeber, com uma facada no peito. Uma única facada. Para isso, usava uma daquelas facas de plástico cênicas que simulam o golpe com a lâmina entrando dentro do cabo. Em vez de uma facada só, Nanini decidiu surpreendê-lo com várias, para ver como reagiria o colega. No meio do surto esfaqueador, no entanto, a faca escapuliu da sua mão, saiu voando pelo palco, e o ator que já deveria estar morto ficou atônito. Carlos começou a rir. Mexendo-se com as risadas, não conseguia se fingir de morto. Nanini também começou a rir em cena, isso depois de matar o próprio pai, o que não ornava com script. Na sequência, ainda teria de cantar uma música tristíssima. Nanini cantou rindo e Carlos morreu se mexendo. A plateia veio abaixo. Sua intuição estava certa: faltava um pouco mais de humor à peça.

Apesar de manter a casa cheia todos os dias, a crítica foi implacável com a "mediocridade do texto". "O espetáculo [é] morno, de muito pouco brilho", disse Yan Michalski no *Jornal do Brasil*.[20] "Quem for ao Rio de Janeiro deve evitar a peça *Pippin*, muito badalada, mas que entra, tranquilamente, na lista dos piores espetáculos em exibição na Guanabara", escreveu um jornalista do *Diario de Pernambuco*, João Alberto.[21] Ronaldo Brandão, da *Veja*, falou mal até do suco que era servido antes de o espetáculo começar. Eram tantas críticas fulminantes que o diretor de *Pippin*, o jornalista e dramaturgo Flávio Rangel, escreveu um artigo enfurecido em *O Pasquim* rebatendo uma a uma. Sobre uma delas, que acusava o espetáculo de ser muito resumido, chegou a dizer: "Mas se ele disse que o nosso pepino é muito breve, ele pode passar lá no teatro que a gente arranja prele um pepino pouca coisa maior que se ajuste às necessidades dele".[22]

Com *Pippin*, Nanini aprenderia que espetáculos assumidamente comerciais provocam críticas mais passionais e impressionistas, e que pouco analisam a dramaturgia. Era como se os críticos tivessem uma falta de disposição de saída, um preconceito quanto às montagens industriais. Nanini foi cobrado por colegas por fazer um musical americano em meio a uma ditadura, o que o deixava confuso, afinal, era um trabalho como qualquer outro, e ele não via razões práticas para não fazer. Não deu ouvidos no início, embora fossem críticas que o incomodassem. No fundo, ele sabia por quê: não se sentia bem no papel do militante político que os outros cobravam que ele interpretasse.

A relação com as críticas ia se diversificando. Em *Pano de boca*, primeiro texto escrito pelo diretor Fauzi Arap para o teatro, em 1975, Nanini experimentou outro tipo de crítica: do próprio autor e diretor do espetáculo, ainda durante os ensaios. Eram tantas que sua situação no elenco ficou insustentável.

Pano de boca abordava os bastidores do fazer teatral que se dava em dois planos: no plano da fantasia, os personagens conversavam com o autor, em crise de criatividade. No plano da realidade, uma trupe tinha dificuldades para ensaiar uma peça. Uma clara alusão ao Teatro Oficina, à ditadura e à instabilidade econômica que a classe artística enfrentava — um grande desabafo do autor sobre como era difícil fazer teatro no Brasil. Nanini foi escalado para interpretar Pagão e Segundo, dois personagens inacabados de um autor em processo de criação. Os ensaios aconteciam no apartamento do ator e produtor da peça, Buza Ferraz. Como Nanini estava gravando novela na TV Globo — era o professor Josué em *Gabriela* — e não conseguia estar presente em todos os ensaios, Buza deu um jeito: montou uma escala de ensaios separados para Nanini, o que deixou Fauzi irritado.

Quando começaram os ensaios gerais, com todos os atores juntos, Fauzi passou a criticar Nanini repetidamente, insinuando que seu trabalho na TV estava atrapalhando o desempenho nos ensaios da peça. Nanini, por sua vez, preferia não fazer seus monólogos da forma como o diretor impunha. "O personagem já começava no ápice, e, para ensaiar frio, era muito difícil devido à minha insegurança e inibição, e o Fauzi, que não era muito tolerante, ficava o tempo todo me cutucando a ferida e insistindo para que eu desse tudo desde o início. Eu me sentia falso. Aí ele me agredia, ficava de mau humor, nervosíssimo. A gente tinha muito o que conversar; ele é muito inteligente, versátil... Eu adorava bater papo com ele. [...] falava muito de signos e me ensinou o pouco que eu sei sobre futebol. Um dia, ele cismou que eu tinha de ir com ele assistir à palestra de um psiquiatra importante, achou que seria produtivo pro espetáculo, e, de repente, virou obrigação ir ouvir o doutor sei lá das quantas. Aquela ideia não me cativou, e resolvi não ir. Ele ficou pra morrer. Ele impingia seus métodos de trabalho, não me dava liberdade de criar. [...] Era a primeira peça que ele havia escrito e também sua primeira direção [...]. Eu tinha que levar isso em consideração e não soube compreender".[23]

O clima entre os dois foi ficando pesado. Certo dia, Nanini chegou atrasado à casa de Buza e, como estavam todos em roda na sala, ouvindo orientações de Fauzi, ele se sentou num cantinho, quieto. Viu que havia uma jarra d'água no centro da mesa e não titubeou: pegou um copo que estava à mão e serviu-se da água fresca. Fauzi só faltou fuzilá-lo com o olhar. Nanini achou que era pelo atraso, mas só mais tarde veio a saber pelos colegas do elenco: aquela era uma água que o diretor dispunha no ambiente para coletar maus fluidos. Nanini desconhecia seus modos místicos. Fauzi interpretou o gesto como um deboche.

Foi quando se deu o clímax: numa das cenas que ensaiavam, todo o elenco se espalhou pela sala da casa. Nanini deu dois passos para trás de um dos atores e postou-se na varanda. O apartamento não era grande, e de onde estava via perfeitamente os outros. Fauzi disse a ele: "Nanini, veja só como você está fora do trabalho. Estamos todos na sala e você está fora. Está na varanda". Nanini respondeu: "Ô Fauzi, meu querido, a sala está cheia e estou vendo tudo daqui. É só isso, eu não estou fora". Uma discussão entre os dois começou, até que Nanini deu um ultimato: "Fauzi, isso está se repetindo. Parece uma pressão para eu sair do espetáculo. Eu vou te dizer que eu não vou pedir para sair.

Não vou mesmo. Você pode fazer o que quiser, mas eu não vou pedir para sair. Se você quer que eu saia, mande você. Você quer?". Fauzi respondeu de pronto: "Quero. Quero que você saia". Nanini anuiu: "Então está certo". Ele se levantou, tomou o rumo da porta, e todos os atores também se levantaram: "Nós também vamos". As rusgas não aconteciam só com Nanini. Todo o elenco tinha queixas.

À custa de muita conversa, deram uma nova chance à peça. Fauzi saiu do espetáculo e a solução, mais uma vez, foi convidar Antonio Pedro para apagar o incêndio. Com ele, em duas semanas, a peça estava pronta para estrear. Antonio Pedro lembrou de como o desentendimento entre os dois acabou: "No dia que o Fauzi Arap foi ver a peça, Nanini se vingou da briga e interpretou magistralmente. Mas Fauzi irritou-se com a minha direção e subiu no palco protestando, no meio da peça, dizendo que eu tinha destruído o texto dele. Com razão, eu tinha mesmo. A plateia achou que era parte do espetáculo. Como era um elenco de verdade, eles incorporaram o inesperado, e o público nem percebeu".

Curiosamente, o crítico Gilberto Braga considerou o texto de Fauzi extremamente honesto sobre o fazer teatral: "Fauzi de cara lavada, coração aberto, joga toda a sua carga de perplexidade diante de tantos anos de profissão". Sobre Nanini, elogiou: "Num show estilístico, com domínio de plateia que poucos atores nossos têm, de longe o maior momento de sua carreira".[24]

Lidar com a crítica era um novo tema em sua vida. Junto aos cadernos de autógrafo da infância e aos poemas enamorados da adolescência, Nanini passou a guardar tudo o que era publicado sobre ele. Sublinhava o seu nome com caneta vermelha, recortava o artigo, colava numa folha de papel almaço e a guardava numa pasta-catálogo. Assim nascia seu acervo pessoal, o famigerado clipping: aprendendo a esperar o pior. Em cada peça ou novela que estreava, já se preparava para as cobranças, fossem dos jornais, dos amigos ou dos diretores, o que o deixava tenso e na defensiva nas primeiras semanas. Era preciso encontrar um meio-termo entre ignorar totalmente o que se dizia ou levar tudo tão a sério a ponto de se deixar paralisar. Não era fácil. Vez ou outra, sucumbia. O que ele realmente queria parecia tão impossível quanto o ideal de crítico de Machado de Assis: receber críticas construtivas, que o ajudassem a afinar o desempenho, a enxergar o espetáculo sob outro prisma. Melhorar com o olhar de quem olhava para ele.

Quando interpretou Felipe, um poeta apaixonado, na novela *A Moreninha*, que emendou logo depois de *Gabriela*, recebeu mais uma reprimenda. Artur da Távola, que já tinha desgostado da sua interpretação em *Carinhoso*, escreveu que ele repetia "o repertório de empostações corporais e faciais" no folhetim. "São bons. Mas se repetem em excesso. Inconscientemente, Nanini puxa o personagem para umas três ou quatro atitudes cênicas que ele domina e sabe muito consumíveis (porque simpáticas) pelo público. Mas que são sempre as mesmas".[25]

Nanini discordava completamente, mas não tinha o que fazer. Em determinado momento da carreira, até achou que pudesse trabalhar em conjunto com alguns críticos, se aproximando deles, convidando-os a assistir às leituras dramatizadas, a frequentar os ensaios. Acreditava que isso pudesse fazê-los compreender melhor todo o processo e dar elementos para um julgamento menos impressionista. "O relacionamento entre a crítica e os atores sempre foi muito tenso, e acho que seria melhor haver uma maior intimidade entre nós. Alguns atores acham isso impossível, outros gostariam, mas acham antiético, e outros fingem indiferença [...]. Às vezes, o crítico não compreende a maneira como o ator enfoca seu personagem [...]. Os atores têm poucas oportunidades de se expressar, e os críticos têm os meios de comunicação. Eles deveriam também penetrar no universo do ator, saber onde ele quer chegar [...]. É muito cômodo o crítico sentar em sua poltrona, num teatro com ar-condicionado, não pagar o ingresso e decretar: gosto ou não gosto".[26]

Em 1978, ele teve a chance de experimentar algo inédito: sentar-se com um crítico para conversar sobre uma má nota. Esse dia raro aconteceu depois da estreia da peça *Zoo Story*, texto de Edward Albee, que encenou em dupla com o ator Lourival Pariz. A trama põe em cena dois sujeitos: um jovem indignado com a pasmaceira do mundo que resolve puxar papo com um senhor distinto e conformado que lê jornal num zoológico. Ao provocá-lo acerca das suas convicções, o mais jovem acaba expondo as contradições do suposto "sonho americano". Nanini fazia o personagem que aguçava a trama.

Recebeu bons comentários, foi indicado ao Prêmio Mambembe pela atuação, mas duas resenhas não lhe caíram bem: a primeira, da crítica Carmelinda Guimarães, do jornal paulista *A Tribuna*, para quem a peça foi "uma decepção": "Mesmo tentando evitar comparações, a crítica relembra a interpretação do texto feita na montagem realizada há treze anos por Raul Cortez e pensa: 'Retrocedeu o texto ou retrocedeu o teatro?'. [...] Marco Nanini e Lourival Pariz são dois bons atores. Mas a interpretação dada ao texto tirou dele toda força".[27] A outra foi a do crítico da *Veja*, Jairo Arco e Flexa, que escreveu que Nanini falava tão rápido que parecia um locutor esportivo: "Como Jerry, Nanini lembra um locutor esportivo a transmitir acontecimento de pouca vibração, tentando empolgar o público falando depressa e variando a todo instante as inflexões. Lépido em cena, exibe ainda uma insinuante gesticulação. Mas seu desempenho não vai além deste teste de cooper dramático, pois falta o essencial: a angústia da personagem".[28]

Convidado a participar de um debate na TV Cultura sobre teatro, Nanini encontrou na mesa-redonda, sem esperar, o próprio Jairo Arco e Flexa. Depois de quebrarem o gelo na gravação, saíram para jantar com outros convidados do programa. Nanini não aguentou a saia justa de compartilhar a mesa com alguém que tinha feito, na sua opinião, um comentário tão superficial sobre seu desempenho. Decidiu puxar a conversa: "Olha, Jairo, com relação ao que você comentou em sua crítica ao *Zoo Story*, que eu falava igual a um locutor esportivo, quero dizer que aquilo era proposital, foi pensado. [...] No monólogo, quis fazer um ritmo mais corrido, porque a peça era reflexiva e falava de vinte anos atrás. Ninguém ia aguentar se eu dissesse aquele catatau de texto a dez quilômetros por hora".[29] Foi a melhor coisa que fez: o clima ficou menos pesado, e Nanini encaminhou o papo para a impossibilidade de os atores responderem às críticas: "Essa opinião poderá ser lida por milhares de pessoas [...] e como é que os atores poderão responder?". Jairo concordou, deixando claro que não era algo pessoal. Pediram a conta e se despediram. Para Nanini, foi um diálogo marcante, que o fez desmistificar a figura do crítico incontestável.

Se não dava para exercer qualquer tipo de controle sobre os críticos, nem sobre o que sentia ao ler avaliações ruins sobre seu trabalho, o único jeito para aquele impasse era controlar a vaidade. Desde então, a vaidade é um assunto recorrente nas entrevistas e depoimentos de Nanini sobre a profissão. Num programa *Roda Viva* de 1992, da TV Cultura, Nanini formulou o raciocínio que passou a incorporar: "A gente sempre diz assim: 'Eu acho que não fico [afetado]'. Fica, claro. Por mais que você tenha consciência de que é a vaidade, que você não deve prestar atenção porque é a vaidade. Na verdade é vaidade. A gente fica num estado muito frágil quando faz um trabalho, você mexe com todas as suas emoções. Eu procuro é não superdimensionar nem uma coisa nem outra. Quando eu leio, eu penso: eu estou no palco pra me expor. O crítico está para criticar. [...] O que eu decidi é: quando tem um elogio, que eu também gosto de ler, eu não telefono pro crítico [...]. E quando há uma crítica ruim, eu também procuro ver que aquela pessoa não está ali pra ser meu inimigo". É preciso encarar a vaidade "sabendo que é vaidade. Procurando detectar. [...] Na profissão da gente, é muito perigoso não ficar de olho na vaidade. [...] Isso pode embriagar".[30]

A ideia de manter a distância tanto dos bons quanto dos maus juízos o conduziria a outra defesa: manter-se igualmente distante do desespero de um fracasso e da euforia de um sucesso. "São coisas passageiras, elas não dependem da gente. Não tem por que ficar enfeitiçado".[31] Foi uma ideia que se firmou ao longo dos anos: "O deslumbramento com o sucesso derruba. Ele invade a sua vida pessoal, inebria e você curte mesmo. O sucesso pode ser mais problemático do que o fracasso, porque no segundo a gente tem o trauma, mas logo se livra dele. [...] Procuro manter distância dessa ideia. O sucesso é oco. Hoje você é uma personalidade, amanhã não é. Prefiro ser eu mesmo. É mais simples do que ficar fazendo personagens fora do palco".[32]

Ao aprender a lidar com as críticas que faziam dele, Nanini tornou-se o mais afiado crítico de si mesmo.

8. O avesso do bordado

> Here comes the story of the Hurricane
> The man the authorities came to blame
> For somethin' that he never done
> Put in a prison cell
> But one time he could'a been
> The champion of the world*
>
> Bob Dylan, "Hurricane", 1976

Era a primeira vez que acontecia. Ao final da estreia do musical *Deus lhe pague*, em 1976, Nanini estava no palco recebendo os aplausos de acordo com uma sequência tradicional em teatro: para agradecer à plateia, primeiro sobe o coro ou o corpo de baile, depois os personagens secundários e, por fim, os protagonistas. Como interpretava o Barata, um coadjuvante, Nanini logo sairia do palco para dar vez a Walmor Chagas e Marília Pêra, as estrelas do espetáculo. Mas os aplausos não cessavam. Nanini já tinha se curvado à plateia uma vez,

---

* Aí está a história de Hurricane/ O homem que as autoridades culparam/ Por algo que ele nunca fez/ Posto numa cela de prisão/ Mas ele poderia ter sido/ O campeão do mundo.

estava sem graça de repetir o gesto. Era aquilo mesmo: estava sendo ovacionado. Custou a entender que todo aquele estardalhaço era para ele. Sentiu-se primeiro aquiescido, depois tímido, incrédulo, quase assustado. Os aplausos são gestos quase naturais na dinâmica de qualquer espetáculo, tão antigos quanto o teatro, uma herança pagã para fazer barulho e chamar a atenção dos deuses em rituais religiosos, isso ele sabia desde o Conservatório. Mas o público só fica de pé por tanto tempo quando faz muita questão de demonstrar apreço. Havia algo de especial naquela sessão.

Quando Marília fez menção de entrar no palco, ainda na coxia, Walmor segurou a sua mão e disse: "Espere mais um pouquinho, Marília, que hoje a noite é dele". Ela esperou. Nanini saiu do palco com os olhos úmidos.

O personagem Barata lhe custou horas de ensaio com a coreógrafa do musical, uma americana enérgica ("de bolinha", segundo o elenco) que o colocava às sete da manhã no aquecimento. Como só ele conseguia chegar no horário, aproveitava para conquistar sua amizade e paciência para as muitas repetições — Nanini é um pouco lento para aprender coreografias. Para não fazer feio, ainda tomava aulas de jazz e sapateado com o amigo Ronaldo Resedá. Os treinos de canto e voz também estavam na sua rotina. Depois do musical *Pippin*, em que pouco cantou ou dançou, ainda se recuperando das dores do acidente, sentiu que era chegada a hora de exibir suas possibilidades corporais.

Era o mínimo que podia fazer para alcançar a excelência que se armava para *Deus lhe pague*. O texto clássico de Joracy Camargo, que conta a história de um sujeito que fica rico se fazendo de mendigo, havia sido atualizado por Millôr Fernandes. A direção era de Bibi Ferreira, as músicas de Edu Lobo e Vinicius de Morais, com produção de Aloysio de Oliveira e arranjo de Bill Hitchcock, que havia feito a regência do disco *Elis & Tom*, sucesso em 1974. A orquestra tinha vinte músicos, e o corpo de baile, vinte dançarinos. A estreia seria no Canecão, palco tradicional da Zona Sul carioca, espaçoso e popular. No elenco, além de Walmor Chagas e Marília Pêra como protagonistas, estavam Marco Nanini, Marcos Paulo, Margot Brito, Ronaldo Resedá, Clarice Niskier e o sambista e intérprete Nadinho da Ilha. Nanini encarnava um pedinte simpático, que entrava poucas vezes, mas em cenas determinantes. A música que cantava junto com Margot Brito, "Decididamente", era muito bonita, bem como os seus números de dança.

Estava satisfeito com a composição do personagem. Não era o papel da sua vida, nem o mais trabalhoso, mas tampouco o mais banal. Era um bom tipo, com carisma e contradições, feito com disciplina e sob medida. Receber aquela salva de palmas significava que um papel limpo, sem berloques ou monólogos virtuosos também tocava o coração das pessoas. Era mais uma lição que aprendia em cena: cortar excessos trazia boas surpresas.

Não só os excessos do personagem, como os seus também. Desde os ensaios, a minúcia de Bibi Ferreira exigia que ele fosse muito paciente, paciente de um modo que não sabia ser, mas teve de aprender. Bibi fazia os atores repetirem o mesmo gesto dezenas de vezes até ficar do jeito que ela queria. Numa das cenas de Barata, ele entrava escondido na casa verdadeira do João Não-Tem-De-Quê, o protagonista que se fingia de pobre. A casa era de um sujeito abastado e havia um bar embaixo da escada. Barata precisava abrir e fechar a porta do bar enquanto fumava um charuto, deslumbrado. Não havia forma de Nanini acertar o modo exato como Bibi imaginava o movimento. "De novo", "Vamos repetir", "Está melhor, mas não é o que eu quero", "Vamos ficar todo o tempo necessário abrindo e fechando este bar até você acertar", ela dizia. Nanini foi ficando exasperado. Como era Bibi Ferreira, uma autoridade; e como eram muitos atores em cena, que também estavam sujeitos ao preciosismo da diretora, não podia se sentir especial. Respirava fundo, abria a porta do bar, contava até dez, fechava. "Quando abri e fechei o bar quatrocentas vezes, achei que era mais do que suficiente, mas ela exigiu que eu repetisse essa operação mais quatrocentas vezes. Que é que eu podia fazer? Estrangulá-la?", divertiu-se o ator ao relembrar a história.[1] Num dos ensaios, a mãe de Bibi, a bailarina espanhola Aída Izquierdo, assistia a tudo em uma cadeira de rodas. Quando Nanini não aguentava tantas repetições e soltava um "Bibi!", a diretora reagia: "Dessa vez mamãe adorou!".

Bibi era puro excesso, conta Nanini. Ela chegava aos ensaios com os clássicos óculos escuros enormes, falando espanhol com um, francês com outro, português com o elenco. "Para mostrar o que queria [...] ela ficava entusiasmada, se jogava de corpo e alma no palco, e aquilo era bonito e me deixava iluminado, exaltado e estimulado. Ela passava pra mim aquele amor incrível pelo teatro. Que coisa louca era a Bibi como diretora! Como cada palavra é importante para ela!" Mas era Bibi quem também lhe ensinava, entre tantas lições, a enxugar o personagem. Ela dizia: "Quando você não souber o que fazer, não exagere pra compensar. Olhe fixamente para alguma coisa que aí você não perde o seu ponto de partida. Dali você vai se encontrar. E outra coisa é o gesto. O gesto, quando você quiser fazer, tem que valorizá-lo, não pode fazer qualquer um por fazer. É preciso limpar o gesto, para que ele seja marcante".

Os excessos lhe testaram até o final da temporada. No último dia de apresentação, em mais uma daquelas sessões de pegadinhas entre artistas, um dos atores deu um tapa na cara de Nanini de forma completamente inesperada, dizendo "Oi, Barata!". Nanini não estava num bom dia, não achou a menor graça e partiu pra cima do ator. A briga cresceu e os dois precisaram ser separados — o público acreditou que a cena fazia parte do espetáculo e não reagiu. Na cena seguinte, os dois tinham um número juntos. Preocupado em sofrer um revide, Nanini dançou com muita raiva, mas absolutamente concentrado. Uma sensação inédita, que injetou adrenalina no seu sangue. Nanini dançou maravilhosamente.

A crítica não gostou muito do espetáculo, mas destacou a interpretação de Nanini. "Na verdade, [...] o grande valor dessa montagem [é o] presente duplo: Margot e Nanini. Fora isso, fica a tristeza de mais um equívoco", escreveu Tania Pacheco no jornal *O Globo*.[2] Em *Manchete*, Flavio Marinho chamou Nanini de "rei da noite";[3] Wilson Cunha achou que a coreografia prejudicava o andamento do espetáculo, "enquanto Nanini, com elaborado processo de composição, tem belíssimo desempenho".[4] No *Jornal do Brasil*, Yan Michalski cravou: "Marco Nanini está em via de se tornar o equivalente masculino de Marília, no terreno específico da comédia musical: não conheço hoje no Brasil nenhum ator que tenha a mesma soltura corporal, e a alegre confiança com que ele ataca cada uma das suas intervenções projeta o seu personagem, a rigor secundário, para o grupo dos protagonistas".[5]

O belo desempenho o levou a receber uma indicação para o Prêmio Molière em 1976 — a primeira — e quatro propostas de trabalho, sendo uma no Rio de Janeiro e três em São Paulo. Uma especialmente chamou sua atenção: interpretar um personagem de alta voltagem dramática, dirigido por Sérgio Britto — uma referência com quem nunca havia trabalhado — num texto americano que fazia boa jornada no exterior.

Ao longo dos anos 1970, conforme Nanini ia emendando trabalhos na TV e nos palcos, foi acontecendo algo curioso. Se nas novelas acabava sempre fazendo tipos tímidos, românticos e boas-praças — como foi em *O Cafona*, *O Pri-*

meiro Amor, Carinhoso, Gabriela e *A Moreninha* —, no teatro seus papéis eram cada vez mais desbundados, provocantes e versáteis. Em *A vida escrachada de Joana Martini e Baby Stompanato*, era um mestre de cerimônias bailarino; em *Encontro no bar*, um velho de 94 anos; em *As desgraças de uma criança*, um soldado do século XIX; em *Pippin*, um príncipe da Idade Média; em *Deus lhe pague*, um mendigo dançarino; em *Um padre à italiana*, um seminarista rebelde.

No início de 1977, já tinha uma bela coleção de tipos para chamar de sua. Mas ainda faltava um grande personagem dramático, denso, profundo, que explorasse todo o seu potencial trágico. Nanini estava louco para fazer um desses, desde que tinha aprendido que era arriscado enfileirar comédia atrás de comédia, musical atrás de musical, se quisesse ser um ator completo. Precisava ter a experiência de construir um personagem complexo. Foi o que pesou na escolha que fez entre todos os convites que recebeu: assumir o papel de Clark em *Os filhos de Kennedy*, que saía de uma exitosa temporada no Rio de Janeiro.

A peça chegou ao Brasil por um arrebatamento do diretor. Numa noite de 1974, Sérgio Britto estava em Londres com amigos americanos quando leu nos jornais que havia uma peça em cartaz em um teatro pequeno que tinha "o melhor texto do ano": *Kennedy's Children*, do dramaturgo Robert Patrick. Comprou ingresso, já curioso pelo título. Eram cinco monólogos em sequência, de personagens que se encontravam por acaso num bar. Cada um a seu modo representava as falsas esperanças americanas dos anos 1960, como o liberalismo econômico, o idealismo político ou a contracultura — tudo o que começou a ruir com o assassinato do presidente americano John Kennedy, em 1963. A peça era um longo e corajoso mea-culpa alternado em vozes distintas.

Britto comprou os direitos do texto e o adaptou para palcos brasileiros, dando mais universalidade à trama e colocando o foco em um dos personagens, Clark, um ator amargurado e frustrado com os papéis marginais que interpreta nas peças de teatro off-Broadway. Tudo o que ele quer é ser astro do showbiz. Como não consegue, se afunda em drogas no submundo nova-iorquino para esquecer o que vê como uma decadência. Na temporada carioca, quem brilhou no papel de Clark foi José Wilker, ovacionado e indicado a prêmios. Mas ele não pôde seguir na turnê paulistana, e Nanini parecia o tipo ideal, principalmente depois do sucesso de *Deus lhe pague*.

A ideia de se mudar para São Paulo agradava ao ator. Só tinha ido à cidade quando menino, para tirar as amígdalas, viagem que o fez conhecer a televisão na casa de parentes. Depois, passou pela capital paulista circulando com as peças de Dercy Gonçalves, mas não teve tempo de conhecê-la a fundo. Em 1977, já tinha comprado o apartamento de dona Didi na rua Resedá, e como gozava de alguma autonomia, podia arriscar um tempo em outra cidade. Desde que Dante morrera, sua mãe, Cecy, morava sozinha, mas estava saudável e vivia bem, apesar de abatida. Nada o prendia ao Rio, a não ser a possibilidade de ser chamado para mais uma novela na TV Globo. Como não tinha contrato fixo, não podia ficar esperando.

Uma coincidência o ajudou: a paulistana TV Tupi, a que tanto assistia na infância, começou a convidar atores cariocas para a novela *Um Sol Maior*. Nanini foi um deles, junto com Tônia Carrero, Renata Sorrah e Zanoni Ferrite. Apesar de estar em crise financeira, a emissora pagava um salário razoável, o que o ajudaria a cobrir as contas, juntando com o que ganharia no teatro. Sem pensar muito, Nanini mudou-se para São Paulo, aceitando dois dos convites que recebera. Alugou um dos apartamentos baratos do icônico edifício Copan, uma joia da arquitetura popular de Oscar Niemeyer, no centro de São Paulo, com o formato de uma bandeira desfraldada. E fincou lá a sua.

O desafio seguinte era compor dois personagens completamente diferentes: Lauro, o personagem da novela, um sujeito muito sentimental que vivia o drama de cuidar da mãe e de uma irmã com deficiência; e Clark, o ator americano ressentido do Greenwich Village, bairro da contracultura em Nova York.

A composição de Lauro não exigiu muito do ator — era mais um dos personagens secundários que entregavam a ele nas telenovelas. O sujeito idôneo, sensível, esforçado, mas sem muita participação. Não teve grandes dificuldades para dar vida a mais um mocinho que banca as crises da família. A construção de Clark era muito mais profunda. Protagonista da montagem, era um sujeito conservador, diletante, viciado em drogas, que pertencia a um nicho muito específico, o teatro marginal da Nova York dos anos 1970. Um universo nunca pesquisado pelo ator, com um personagem trágico que ansiava havia tempo. Nanini ainda tinha o desafio extra de não repetir os mesmos recursos da interpretação de José Wilker. Prato cheio para um ator faminto.

Começou mergulhando no ambiente do personagem. Precisava pisar no chão de Clark, o submundo de uma capital de cultura efervescente. Nesse sentido, morar em São Paulo tinha mais uma vantagem. A cidade sempre foi a capital brasileira com o perfume mais próximo ao da cidade americana — misturava gente vinda de todo canto, tinha uma queda pelas vanguardas e sediava importantes companhias de teatro. Nanini começou a frequentar à noite a praça Roosevelt, reduto histórico da boemia local. Depois de servir de palco para a vertente paulista da Bossa Nova nos anos 1960 — o clássico grupo Zimbo Trio surgiu ali —, a praça foi incorporando o espírito da contracultura nos anos 1970. Virou ponto de encontro de grupos de teatro marginal, cinema experimental e poesia maldita. Um lugar cheio de bares, inferninhos e esquinas que fervilhavam de encontros e possibilidades.

Nanini também começou a circular pela praça da República, histórico reduto gay da capital paulista. E assim foi se embriagando do linguajar, dos modos e cacoetes do seu personagem. Ouvia a banda New York Dolls, os músicos Jimi Hendrix, Janis Joplin, Bob Dylan. Viu *Corações e mentes*, um documentário clássico sobre a Guerra do Vietnã. Estudou as comunidades dos bairros de Nova York, o preconceito contra imigrantes, negros, latinos, gays. "Entendi a fundo a marginalidade, o exibicionismo, a arrogância e dor dos que aqui no Brasil são rotulados de bichas-loucas, e saquei o lado humano dessas pessoas, que a maioria prefere encarar como uma caricatura", diria Nanini sobre essa fase da pesquisa para construir Clark.[6] "Eu não queria que ele fosse um coitado. [...] Eu queria defender a solidão desse homem, um homem acuado", acrescentaria em outra entrevista.[7]

Da lista de referências do espetáculo, que vinha junto com o programa da peça, estudou desde o discurso de posse de John F. Kennedy ao histórico discurso de Martin Luther King, do Movimento dos Direitos Civis; da autobiografia da ativista Angela Davis à biografia de Cassius Clay, o Muhammad Ali. Montou cadernos de colagens com fotos, notícias, páginas de revistas, letras de música, paleta de cores. O trabalho manual o ajudava a visualizar, aproximar e materializar as referências. Encontrar seus pontos de contato e inflexão. O ator se cercava do espírito de um tempo que, apesar de muito próximo, não era íntimo.

A busca de Nanini, na verdade, era pelas emoções de Clark. Ele queria encontrar a fonte do ressentimento daquele sujeito, o rancor por não ter sido um ator de musicais, seu desprezo pelas trupes de teatro off-Broadway, seu amargor e preconceito contra homossexuais como ele. Nanini precisava mapear de onde emergia seu horror a si mesmo, a frustração de superar um passado inglório, a inadequação que o empurrava para o alcoolismo e quase para a morte todas as noites. Nessa saga pelo âmago do personagem, teve a ideia de fazer um ator que parecesse deslocado também na própria forma. E bolou uma maquiagem pesada, artificial. Com pó compacto excessivamente branco, como um palhaço que se prepara para entrar em cena, Nanini foi encontrando os excessos que compunham o seu Clark. Arranjou um anel de falso brilhante, o que lhe emprestou um gestual excêntrico. Mandou fazer umas botas com salto, o que lhe deixava com quase dois metros de altura e uma altivez forçosa. Lembrou-se do que havia aprendido sobre dosar a tragédia com um pouco de comédia e deu ao personagem um ar ridículo e impostado. À beira do suicídio, tudo nele parecia postiço, o que aumentava a sua miséria. Aquela era a verdade de Clark: um sujeito desgraçado, derrotado, crispado, mas de um jeito tão afetado que impingia pena às pessoas.

No decorrer dos ensaios, Nanini sentiu que aquela couraça estava muito artificial. Um dia, chegou preocupado e nervoso, pois sabia que a composição de Clark não estava pronta. Precisava de ajuda — afinal, o teatro é uma arte coletiva. Pediu a Glorinha Beuttenmüller, professora de voz do elenco, um conselho: "Glorinha, eu estou com um problema sério. Acho que estou virando um manequim com este bêbado. Você tem alguma sugestão?". Ela olhou para ele e disse: "Nanini, faz o seguinte: pensa que você tem ombros largos. Só isso". Não era fingir, era saber que tinha ombros largos, uma nuance que faz toda diferença. O encanto aconteceu: Clark estufou o peito de um jeito inédito, e a emoção do personagem encheu-lhe a caixa torácica naturalmente.

Sua cena principal era a seguinte: Clark estava num bar bebendo e, à medida que ia se embriagando, ficava mais largado, ia se abandonando, os berloques iam caindo, o personagem postiço se desarmava. Em dado momento, ele ia ao banheiro para vomitar e voltava com a maquiagem toda borrada. Molhado, desfigurado, exposto, chegava ao ápice para a sua confissão (quando a emoção não brotava de pronto, cantarolava "As rosas não falam", de Cartola). Era um truque secreto que tinha para Clark.

É um dos momentos mais comoventes da peça. Desesperado de amargura e sofrimento, Clark roga à plateia: "Ajudem-me!". O grito é entrecortado por um soluço, o que revela a fragilidade de quem implora. O personagem, como se estivesse realmente à espera, porque está, faz um longo silêncio. Nesse momento, quando a plateia está completamente envolvida no drama, aconteceu algumas vezes de espectadores subirem ao palco para abraçá-lo: "Eu te ajudo, eu te ajudo". Uma situação completamente inesperada, a qual Nanini nunca havia enfrentado no palco. Vez ou outra, fazia a cena com algum espectador agarrado à sua cintura.

Para segurar o tempo exato que deveria ficar em silêncio até o limite do desconforto total da plateia e da explosão de suas emoções, Nanini usou de técnica teatral simples: contava de um a cinquenta. Para não deixar escapar a emoção que precisava para a cena, lembrou do conselho de Bibi Ferreira em *Deus lhe pague*: gesticular menos. Limpar o gesto. Como normalmente em cenas de muita emoção ele perdia um pouco esse controle, decidiu sentar-se sobre as próprias mãos. O monólogo de Clark durava cerca de quinze minutos, e com dois minutos sentado sobre as mãos, sendo um deles em profundo silêncio, a angústia já estava no limite. Era um momento profundamente doloroso, entre a arrogância e a agressividade, mas o personagem surpreendia e deixava escapar sua fragilidade. Sem qualquer defesa, dizia para si mesmo: "Convide alguém da plateia pra dormir com você".

Certa vez, um espectador gritou nesse momento: "Gostosona! Viadão!". Tomado de ódio pelo desrespeito ao personagem, que se expunha em um instante delicado, quase patético, Nanini continuou a cena, indo ao encontro do espectador na plateia. Quando chegou na frente dele, num ímpeto de quem pode quebrar o teatro inteiro, gritou: "O que foi, seu escroto, seu filho da puta, seu merda?". O espetáculo parou. O teatro ficou em silêncio. O sujeito não disse uma palavra. "Quando a gente está muito envolvido com o personagem, defende-o até as últimas consequências", diria Nanini sobre o incidente, anos depois, já arrependido.[8]

Com o desenrolar do espetáculo, Clark ia se montando novamente. Terminava a peça ainda mais postiço do que no início, porque agora, além de bêbado e desesperado, também estava humilhado. Acrescida pela angústia, no entanto, a artificialidade lhe caía melhor, e aos poucos Clark ia voltando. A cena completa deixava o ator plenamente satisfeito.

Na mesma época, também em São Paulo, Bibi Ferreira fazia um dos grandes papéis de sua carreira num teatro muito próximo ao de Nanini: Joana, de *Gota d'água*, peça de Paulo Pontes e Chico Buarque inspirada em *Medeia*, de Eurípedes. Quando acabava sua sessão, ainda extasiado com o personagem, saía do teatro a pé para buscá-la e os dois iam jantar no Bixiga. Foi quase como um curso de teatro à parte: Clark e Joana desencarnavam, e na mesa do restaurante só sobravam seus intérpretes a conversar sobre teatro. Repassavam os incidentes do dia, contavam os bastidores, Bibi lhe ensinava truques de canto, de interpretação e de dança. Bibi desabafava também: foi nessa época que o marido, o dramaturgo Paulo Pontes, ficou gravemente doente. Tinha apenas 36 anos, o que deixava Bibi inconformada e ainda mais dependente do teatro como sentido para a vida.

Nesses encontros, os dois fortaleciam a amizade à base de vinho — Nanini mais, ela menos — madrugada adentro, até serem expulsos pelos garçons, o que só acontecia depois que Bibi se agasalhasse bem. O maître fechando as portas e Bibi dando mais uma volta no cachecol. Ela era absolutamente obsessiva nos tratos com a voz. Não tomava nenhum vento e muito menos sol, pois acreditava que o calor a deixava afônica. Foi numa dessas conversas que Nanini descobriu que a atriz odiava ganhar flores em estreias de espetáculos. Um hábito singelo, mas que põe as cordas vocais mais sensíveis em risco logo no início da temporada. O problema era o perfume das flores, ensinava Bibi. "Nunca dê flores perfumadas a uma atriz, especialmente na estreia", dizia ela, enfática. Nanini aprendeu. Anos depois, em 1983, quando Bibi estreou o espetáculo *Piaf, a vida de uma estrela da canção*, outro grande sucesso de sua carreira, Nanini foi ao seu camarim e entregou a ela um mimo de boa sorte: um pequeno vasinho de violetas, que não têm qualquer perfume. Envaidecida pela lembrança, Bibi subiu ao palco com um pequeno ramalhete das violetas preso ao vestido da personagem. Uma sutileza que só Nanini entenderia na plateia. Um gesto "limpo e marcante", tal qual ela pregava.

Ao final da temporada de *Os filhos de Kennedy*, Nanini ganhou sua primeira distinção por uma atuação: o Prêmio Governador do Estado de São Paulo. Um dos primeiros a lhe dar parabéns foi o ator Emiliano Queiroz, que havia trabalhado com ele na novela *Pecado Capital*, em 1975: "Desde quando o conheci, o que mais me chama atenção é o acabamento que dá aos personagens. Nem todos veem, mas ele se preocupa com o avesso do bordado. São os detalhes, uma postura que seja... A construção de personagem que ele faz é muito interessante. É como se fosse uma receita de bolo em que ele vai colocando os ingredientes aos poucos em uma tigela, com tudo o que acontece ao seu redor. Até que vai ganhando forma. Muitas de suas expressões não saem da minha cabeça".[9]

Partindo de uma sólida e generosa pesquisa do imaginário do espetáculo, que lhe rende cadernos gordos de colagens artesanais, a exemplo do que fez em *Os filhos de Kennedy*, o ator vai em busca das emoções "verdadeiras" dos personagens na sequência. Vasculha cada uma, até encontrá-las. Quais são seus medos, do que sentem vergonha, quais temas os bloqueiam, quais estímulos os fazem gargalhar, o que lhes dá tesão, culpa, preguiça. Do que se afastam, o que os atrai. Quais são seus pontos fracos ou os pontos cegos, aqueles de força inesperada. Tudo o que puder ajudar a desembaraçar as linhas desse imenso bordado que é a subjetividade humana o interessa. "Na prática, funciona assim: quando eu tenho que pegar o copo que está na minha frente em cena, o que me faz pegar o copo não por ser a marcação do diretor, mas pela sede. Eu vou pegar o copo pra disfarçar um nervosismo, ou eu vou pegar o copo para servir bebida a um convidado, mas nunca porque o personagem tem que pegar o copo. É a emoção do personagem que me leva ao copo, percebe?", ensina Nanini.

Na véspera do "corrido" — como é chamado o primeiro ensaio geral — da peça *Zoo Story*, em 1978, Nanini ainda sentia que não havia encontrado as emoções de Jerry, o tipo meio beatnik que vai encher o saco do velhote que está lendo jornal no zoológico com questões político-existenciais. Estava com um mal-estar em cena que não o deixava seguro sobre aquela composição, pois sabia que sem a emoção correta a interpretação corria o risco de virar um pastelão. Foi quando chamou o diretor, João Albano, e pediu que cancelasse os ensaios. Era uma questão urgente, e precisava conversar fora do teatro. Os dois se reuniram na casa de Nanini e repassaram todo o texto. Depois de horas de conversa com o diretor, percebeu que estava apenas interpretando o papel. Interpretar o impedia de sentir as emoções do personagem, pensou. Estava tão preocupado com a imagem do personagem que se esqueceu de sentir primeiro as suas emoções. No dia seguinte, remarcaram novo "corrido", que seria sua prova de fogo.

Não foi fácil. Nanini parou diversas vezes o ensaio quando sentia que voltava a interpretar de novo. Não queria se armar de gestos e entonações, precisava apenas sentir o que sentia o Jerry. Foi cada vez parando menos, repetindo, repetindo, até engrenar. "Isso foi fantástico para mim. Se estou no palco e preciso me sentir triste, às vezes pinta o choro [...]. Se eu forçar, não vai adiantar nada, e o trabalho vai ficar uma canastrice. É preferível amenizar, ser menos brilhante naquele dia, e esperar pelo espetáculo do dia seguinte, pra oferecer ao público um espetáculo mais verdadeiro".[10] Era uma lição que tinha aprendido com Afonso Stuart: o que importa em cena é a verdade, estritamente a verdade. Mesmo quando tudo parece uma grande mentira.

Essa sutil diferença — entre interpretar e vivenciar o personagem — é a característica do modo de atuar de Nanini que mais chamava a atenção do escritor e dramaturgo pernambucano Ariano Suassuna, que veria muitos dos seus personagens na pele do ator. Diria Suassuna: "Alguns teóricos europeus do teatro distinguem o ator do comediante — não propriamente no sentido de comediante como ator de peças cômicas. O ator seria aquele que, a cada papel que desempenha, comunica sua personalidade ao personagem, por mais diferente que seja. O comediante faz o contrário. Ele anula a sua personalidade para ressaltar a personalidade do personagem que ele representa. Então, acho que Marco Nanini é mais comediante do que ator. É um dos grandes atores brasileiros. Inclusive com uma atuação que varia a cada espetáculo, de acordo com a natureza do personagem que ele está encenando".[11]

No livro *Iniciação ao teatro*, Sábato Magaldi detalha esse comentário estrutural de Suassuna: "Dois [...] vocábulos são utilizados como sinônimos de ator: comediante e intérprete. Intérprete sugere que ele vê, à sua maneira, uma matéria dada e a corporifica de acordo com a exegese. O mundo de palavras e de marcações de uma personagem escrita supõe uma plurivalência de sentidos, captada e expressa pelo intérprete. Sua arte seria a de um executante, equivalendo, na música, à de qualquer instrumentista. Jouvet estabeleceu, na Enciclopédia francesa, uma distinção profissional entre ator e comediante, que ajuda a compreender sua arte. Para ele, 'o ator só pode representar certos papéis, os outros ele deforma, na medida de sua personalidade. O comediante pode representar todos os papéis. O ator habita uma personagem, o comediante é habitado por ela'".[12]

Em cada papel, depois de buscar as emoções verdadeiras, Nanini faz outra investigação pessoal: estuda a luz das cenas. Para isso, conversa com todos os técnicos de luz, fotógrafos e diretores de fotografia dos trabalhos que faz. Quer entender como e por que o profissional tomou as decisões que tomou: por que quis colocar esta luz mais quente aqui, aquela outra luz fria acolá. É fundamental entender o desenho de luz do palco e dos sets de filmagens, para fazer coincidir as emoções do personagem com as emoções projetadas pela direção fotográfica.

Com esse estudo feito, Nanini parte para o texto. E para suas famosas canetinhas coloridas. Assim como as flores sem perfume eram um bom presente para Bibi Ferreira, uma caixa de lápis de cor ou de giz de cera arrancam um sorriso largo de Marco Nanini. Desde que se entende como ator, ele colore o texto a ser decorado de acordo com as emoções do personagem. As palavras e frases ditas com fúria vão em vermelho, os delírios oníricos recebem o azul, os monólogos de medo são grifados em amarelo. Para cada emoção, uma cor. Como uma partitura sensorial. Quem vê um roteiro de novela nas mãos de Nanini pensa que ele esqueceu o texto num jardim de infância. É todo colorido. Ou, como ele diz... "bordado": "A primeira coisa quando eu pego um texto em que vou trabalhar é fazer uma leitura atenta para saber qual é a mensagem daquele texto, qual o percurso da emoção, quais são as emoções dele, qual emoção ele me passa. Depois eu divido as emoções, as ideias, e começo a bordar em cima das letras, dividindo as palavras em cores. Depois passei a dividir as letras, os silêncios em cores".

Não é só para construir as emoções do personagem, mas também para encurtá-las, caso consiga dizer o que precisa ser dito de forma mais dinâmica. A estratégia também serve para decorar as falas e concentrar-se na prosódia e na clareza. "Para decorar o texto, a estratégia é cobrir as letras todas. É uma forma de conter a ansiedade de chegar no final, e também para não esquecer nenhuma letra, que vai dar a sonoridade e a beleza da palavra", explicou, em depoimento ao Museu da Imagem e do Som.[13]

A disciplina aparece em diversos depoimentos sobre esse método: "Eu só me divirto quando está tudo organizado. Eu não gosto de bagunça, gosto de estar com tudo muito certo, para que possa fluir, para que eu seja levado a um estado de espírito fora do normal, porque não é normal o que a gente faz. É muito ridículo o que a gente faz. Ficar na frente das pessoas por opção... É de um ridículo atroz. Então é bom que você esteja num estado fora do normal, para que consiga se comunicar com os espectadores através de sensações que os peguem desprevenidos. [...] Todo personagem é bom quando desafia o ator e torna-se um risco. Mas para isso é preciso muita disciplina. As coisas não caem do céu", comentou, em depoimento aos *Cadernos do Festival*.[14]

Nanini se arrepia com atores que chegam aos ensaios e dizem: "Vamos ver o que acontece", "Na hora a gente dá um jeito". Fica absolutamente tenso. É como se ele tivesse uma planilha de metas que precisa cumprir ao subir num palco, uma lista de objetivos a alcançar. "Uma cena tem que ser muito bem explicada quando a trama da peça está nela. Então é importante que o público ouça as palavras, a ideia do autor, o sentimento do personagem, porque nessa cena eu estou plantando para na outra explodir alguma coisa. Se eu não plantar aqui, vai explodir murcho lá na frente. Eu gosto de seguir tarefas e ir conquistando objetivos dentro do espetáculo, senão vira uma coisa muito aleatória", detalhou no programa *Estúdio Brasil*.[15]

É preciso disciplina também para conseguir sustentar os silêncios dos personagens: "Você tem que preencher o personagem com os momentos em que ele não fala. Os que ele fala, claro. Mas principalmente nos momentos em que ele não fala. Os momentos em que ele ouve. Enquanto eu não falo, eu penso em quê?".[16]

Em 1979, teve a chance de contracenar com uma das paixões da adolescência: Eliana Macedo, a grande estrela brasileira da chanchada. Nanini recebeu um convite para encarnar Jorginho, um sujeito que vive na cidade grande acampado como músico mambembe, mas que engana a família da cidade de origem dizendo que é um renomado instrumentista de orquestra. A novela chamava-se *Feijão Maravilha*, e seria a primeira incursão do autor Bráulio Pedroso pelas comédias das sete horas — até então, ele escrevia as novelas das dez da noite, que continham mais crítica social e experimentações de linguagem, a exemplo da clássica *O Rebu*, em que toda a trama se passava ao longo de 24 horas. Mas conforme a censura foi cerceando a liberdade dos autores, Bráulio achou por bem experimentar outro tipo de texto e público. Seria um grande reencontro de Nanini com um de seus autores preferidos — eles já tinham trabalhado juntos na peça *A vida escrachada de Joana Martini e Baby Stompanato*, em 1970; na novela *O Cafona*, em 1971; e na peça *Encontro no bar*, em 1973.

Bráulio escreveu a sinopse da novela inspirada nos temas e no ritmo das chanchadas. Ele queria resgatar um certo estilo de representação "mais brasileiro" dos atores, que ele acreditava estar se perdendo com o tempo. "Era uma interpretação mais livre, com mais graça e brasileirismo, enquanto a atual está caminhando para moldes norte-americanos: uma coisa bem-comportada e muito contida", disse ele.[17] Para isso, criou personagens para os atores que faziam sucesso nas chanchadas, como Eliana Macedo, Adelaide Chiozzo, Grande Otelo, Cazarré, José Lewgoy e Ivon Curi.

A construção do personagem Jorginho foi toda inspirada nos mocinhos das chanchadas. Com o corpo talhado pelas aulas de balé, jazz e sapateado para os musicais que fazia, Nanini encontrou espaço para mostrar-se na novela: há diversas cenas em que exibe sua desenvoltura como o flautista picareta. Estava seguro da voz, do corpo e até das notas que tirava da flauta nas cenas que exigiam esse esforço.

Nanini quase desmaiou no dia em que teve de contracenar com Eliana Macedo. Era uma referência muito forte da infância. Observá-la atuar de forma charmosa e pueril o impregnou de saudade. Numa das gravações, levou dentro da mochila o caderninho de autógrafos em que guardava uma assinatura dela feita em 1955. Eliana gentilmente assinou por cima: "Depois de tantos anos, eu volto a assinar no teu caderno. Só que desta vez é com muito mais amor e carinho. Um beijão da Eliana, 5/02/79". No mesmo dia, Grande Otelo também assinou novamente o caderno, quase vinte anos depois do primeiro autógrafo dado ao menino Nanini: "Diabo! Agora você é Nanini, meu colega... Tudo bem. Vamos à luta! Grande Otelo, 1979".

Era um período de grandes desafios. Nanini encerrou a década de 1970 compondo um personagem que ao longo do trabalho foi se transformando em outro completamente diferente. Convidado para fazer a novela *O Todo Poderoso* na TV Bandeirantes, ele interpretaria um médico novato chamado Caio. Era um folhetim que se passava em um hospital, com os dramas vividos por profissionais que atuam na emergência, o que lhe pareceu um ótimo laboratório. Paralelamente, o enredo também tratava da paranormalidade de um dos médicos — vale lembrar que a medicina espiritual estava muito em voga em programas de TV. Nanini passou temporadas num hospital em São Paulo, junto com atores como Eduardo Tornaghi, Jorge Dória, Lilian Lemmertz, Jofre Soares e Renato Borghi, em um estágio que foi bem marcante. Acompanhou de perto a preparação de cirurgias, ambulâncias chegando com feridos, partos naturais, pacientes deixando o hospital depois de muito tempo de internação. Tudo muito útil para compor seu médico. Apesar do elenco de primeira, no entanto, e de abordar um tema da moda, a novela não deu muita audiência. No capítulo 51, os autores da trama, Clóvis Levi e José Saffioti Filho, foram substituídos por Carlos Lombardi, autor novato que entrou com a missão de dar mais agilidade ao texto.

A saída para buscar mais audiência foi investir na trama paranormal da novela, o que deixou Nanini aliviado, pois não afetaria seu personagem. Caio era apenas um médico, não era do grupo paranormal do folhetim. Mas o tempo foi passando, a audiência continuou claudicante, e o que era apenas um núcleo de ocultismo foi virando uma seita cada vez com mais adeptos. Os espíritos começaram a adorar um suposto chefe da seita, que era um sujeito misterioso. Até que um dia Nanini abriu o texto da novela para decorar suas cenas e descobriu que não só seu personagem tinha entrado para a tal seita como tinha virado o próprio chefe dela. "Chegou um dia, e eu abri o capítulo: eu era o Diabo. 'Eu não acredito!' [...] Do pronto-socorro eu fui direto fazer o Diabo, mas não fiz nenhum estágio no inferno", divertiu-se ele ao contar a história no programa *Roda Viva* de 1992, lembrando que essa é uma diferença crucial da composição entre um personagem do teatro e da TV: no teatro, o ator tem sempre a chance de enriquecer seu personagem, o que é uma decisão dele ou do diretor, pois o texto está fechado. Dá para melhorá-lo, mas nunca mudar completamente. Na TV, o texto está vivo e sofre interferências do autor o tempo todo. Tudo pode acontecer com o personagem até o último capítulo, sem que isso dependa do ator. É uma tarefa do demônio: deixar sempre algumas possibilidades abertas para que o bordado se arremate ao vivo.

Em ambos, no entanto, o frenesi é o mesmo, analisou em entrevista a Leda Nagle, no *Jornal Hoje*: "O que dá essa sensação é a própria função da gente, que é espelhar outro ser humano, viver a vida de outras pessoas. Acho que esse frisson não vai acabar nunca porque o ser humano é inesgotável. Por mais que você trabalhe, você tem sempre descobertas incríveis a fazer. Essa é a coisa mais bonita da arte de representar. É você apagar sua personalidade, na medida do possível, sem abrir mão dela, e deixar que outro ser humano te invada, te emprestando novas sensações, outras características e detalhes [com] que você comumente não se depara na vida. [...] Às vezes brinco, falo muito que a gente é um jornalista da alma. A gente investiga a alma do ser humano".[18]

PARTE 3

1980-2021

9. Lenta, gradual e segura

> LÚCIO: *Sabe o que eu sou? Um homem sem talento pra ser sozinho, pronto.* [...] *Mas não vou ser um rancoroso não, resmungando só o socialismo, só o socialismo, só o socialismo, eu enfrento o meu fracasso!*
>
> Oduvaldo Vianna Filho, *Mão na luva*, 1984

Na noite do dia 31 de dezembro de 1979, o presidente da República, general João Batista Figueiredo, fez um pronunciamento à nação transmitido em cadeia de rádio e TV. Era uma espécie de balanço da década que havia passado, e no qual dizia que os brasileiros ajudaram a "construir uma sociedade mais próspera, mais livre, mais justa e, portanto, mais feliz". Último presidente da ditadura militar, Figueiredo conclamava os ouvintes e telespectadores a serem mais patriotas nos anos 1980, a viverem com austeridade "em respeito, mesmo, à pobreza de tantos", para consolidar "a liberdade e a democracia": "Tenho fé em que, trabalhando juntos, haveremos de alcançar esses dois bens preciosos".[1]

No início da década de 1980, o Brasil vivia sob profunda contradição. A ditadura militar instaurada em 1964 havia perseguido, torturado e matado seus opositores,[2] apoiada em atos institucionais que fecharam o Congresso Nacional, cercearam a liberdade política, partidária, sindical e da imprensa. Mesmo sem reconhecer qualquer dos crimes que cometeu ou punir seus responsáveis — o que jamais aconteceu, mesmo depois da instalação da Comissão Nacional da Verdade, em 2012 —, o governo se esforçava para emplacar a ideia de uma distensão política. O principal trunfo era a extinção do AI-5 no dia 1º de janeiro de 1979. Capitaneada pelo presidente Ernesto Geisel, a campanha da Abertura "lenta, gradual e segura" calculava o momento mais conveniente para revogar os poderes de exceção ainda vigentes. Por fatores diversos, a ditadura já não era mais tão interessante para as Forças Armadas.[3] Naquele discurso feito na TV enquanto todo o país se preparava para a festa de Ano-Novo, Figueiredo tentava convencer a população da benevolência do governo militar. Não se sabe se por acaso ou ironia do destino, caiu um chuvaréu daqueles no Rio de Janeiro, de onde Figueiredo fazia a transmissão.

Aquele caldo que juntava contradição política, fragilidade do governo militar e uma certa fantasia de liberdade inspirou o diretor Jô Soares a montar uma peça de teatro humorística. "Sempre incluí a política no humor. Este é vanguarda da sensibilidade de uma época, e, num país com tradição autoritária, violento e cheio de desigualdades como é o caso do Brasil, o humor é não só necessário como fundamental", analisou Jô anos depois.[4]

Depois de ler o livro *Folclore político: 350 histórias da política brasileira*, uma coletânea de anedotas dos anos 1930 aos anos 1970 colhidas pelo jornalista Sebastião Nery, Jô teve a ideia de transformar o texto numa comédia escrachada, com esquetes ilustrando causos sobre presidentes, governadores e parlamentares diversos. Batizou-a de *Brasil: Da censura à Abertura*. Sem o AI-5 amordaçando o país, Jô Soares não teve medo de ser embargado. Era uma época tão contraditória, de uma Abertura ainda tão frágil, que os censores não tinham nenhum padrão nos seus pareceres — podiam liberar uma sátira política afiada, mas travar textos clássicos centenários. O jeito era arriscar.

Daquela vez, deu certo: apesar de ser uma coleção de esquetes que riam da falta de caráter, de modos e preparo dos políticos brasileiros, no parecer da Divisão de Censura de Diversões Públicas da Polícia Federal a peça foi liberada para um público acima de catorze anos, com a observação de ser um espetáculo de enfoque "inteligente, criativo e altamente humorístico".[5] Era quase inacreditável que tivesse sido autorizada: o cartaz era um desenho de Ziraldo em que um militar abria o dólmã da farda e exibia dois seios femininos nus. O cartaz só foi proibido pela seção de publicidade de alguns jornais, que se recusaram a estampar aquela ilustração entre outros anúncios. Os censores não prestaram atenção ou não viram qualquer problema. "Ainda que insatisfeitos com o grau apenas relativo da normalização democrática, todos nós que funcionamos dentro e em torno do teatro passamos esses meses num estado de euforia, vendo e ouvindo a realidade brasileira ser criticamente analisada nos palcos, e até mesmo os cruéis descaminhos dos anos 1964-1978 serem reavaliados, com uma franqueza que pareceria impensável num passado bem recente", escreveu o crítico Yan Michalski.[6]

Na peça de Jô Soares, as cenas mais aplaudidas eram as que exageravam as características de comportamento dos políticos. Um dos esquetes tirava sarro do lacônico general Eurico Gaspar Dutra, ex-presidente que tinha uma frase famosa: "As palavras não foram feitas para serem gastas":[7]

> ATRIZ II Casado e calado. O presidente Dutra foi, talvez, o nosso político mais calado. Desde o tempo em que ele era ministro da Guerra. Levantava-se todo dia às quatro da manhã, fazia uma inspeção na Vila Militar e às seis e meia estava no Ministério. Ia sempre acompanhado de um ajudante de ordens que nunca lhe ouvia a voz. Uma manhã, assim que ele chegou, o então major Humberto de Alencar Castelo Branco [futuro primeiro presidente da ditadura militar], oficial de gabinete, perguntou ao ajudante de ordens, capitão Fragomeni:
> (*Ator I e Ator II andando lado a lado pelo palco.*)
> ATOR I Então? Como é que está o homem hoje?
> ATOR II Ótimo. Até conversou muito comigo.
> ATOR I Não me diga!
> ATOR II Conversou, sim. Quando a gente chegou na altura do Maracanã, ele respirou fundo e disse: "Tá quente hoje!".
> ATOR I Puxa! E olhe que ele não é de fazer discurso de manhã cedo!

O "Ator I" era Marco Nanini. Ele fazia parte do elenco, com Marília Pêra, Geraldo Alves (o Ator II) e Sylvia Bandeira. Sem saber, entre um esquete em que interpretava Fernando Gabeira de sunga de crochê em Ipanema e Getúlio Vargas de pijama no Palácio do Catete, Nanini zombava do presidente que decretou o fim dos jogos de azar no Brasil, em abril de 1946, medida que fez com que os cassinos brasileiros se tornassem clandestinos, o que automaticamente afundou numa crise sem fim os grandes hotéis em que o pai, Dante Nanini, havia trabalhado. Essa conexão, no entanto, não faria a menor diferença no palco.

A política não era uma paixão ou um ímpeto natural de Nanini, muito menos seus bastidores. Como a maioria dos brasileiros, ele não tinha nenhuma intimidade com a análise de conjuntura. A política nunca foi um tema na sua família, a única vez que conversou com um deputado foi um desastre — o pedido da carta para entrar no Conservatório Nacional —, e votar era uma experiência imaginária para qualquer brasileiro desde 1964. No auge da ditadura, tinha cumprido a agenda de manifestações e protestos, encorajado por amigos, especialmente contra a censura, mas não podia dizer que fosse um militante.

Em 1979, até tentou pôr de pé um texto político de um amigo, o jovem dramaturgo Flávio Márcio. Foi a primeira vez que assumiu uma produção teatral. Durante os ensaios, no entanto, os atores acharam que o texto tinha muito pouco de política para o que se propunha, confundindo Nanini, que não entendia como mesmo entre pessoas politizadas podia haver tanto conflito de opinião: "Era uma peça política, mas não suficientemente política? Como assim?", se perguntava ele. O texto criticava o comportamento alienado da classe média durante a ditadura, por meio da história de um rapaz, campeão de tiro, que usa a patética família como alvo. Chamava-se *Tiro ao alvo*. Flávio morreu depois de uma operação para retirada de amígdalas que fez durante o projeto. Um dos pontos cirúrgicos estourou e ele engasgou com a hemorragia em um táxi, indo para o hospital. Tinha 34 anos.

Os atores não acreditavam no texto, o autor morrera e a bilheteria fracassava. Nanini cancelou a temporada. "O público não aceitou bem esse nosso espetáculo, e o que eu dizia nele era o que eu tinha a dizer, na época. Este seria meu desempenho político. Até hoje, a política brasileira é tão confusa e caótica que me deixa baratinado. Por mais que a gente não deixe a opinião dos outros nos invadir, não podemos deixar de ouvi-la e pensar sobre ela, porque o teatro é uma arte para ser vista e ouvida. Quando a gente não quer ouvir a opinião de ninguém, tudo perde o sentido", comentaria em 1994.[8]

A política sempre foi um debate distante do qual Nanini só se aproximaria através das pesquisas para seus personagens e da vivência com os mecanismos de financiamento cultural. Quem lhe ensinava as coisas do mundo era o teatro. Mesmo assim, nenhum texto político ainda o havia arrebatado. Nem como espectador, nem como ator. Para não dizer nenhum, Nanini diz que o espetáculo mais político a que assistiu foi em 1980, na Penitenciária Feminina de São Paulo, uma criação coletiva de detentas chamada *Cela forte mulher*.[9] "Elas reivindicavam algo muito verdadeiro e honesto. Quando diziam: 'A liberdade aqui é cerceada!', não precisavam dizer mais nada, porque as cargas que emitiam do palco já eram de uma violência tão grande... Aquilo era teatro. Elas nem percebiam isso, acho, mas traziam os problemas daqueles cubículos em que viviam — toda aquela promiscuidade, falta de higiene e medo de morrer [...]. Me levou às lágrimas", lembra Nanini.

Afora essa experiência, nem as peças de Gianfrancesco Guarnieri, uma referência em teatro político no Brasil, o comoveram. "Respeito muito todas as peças do Guarnieri, mas... *Botequim*, por exemplo, não me interessou, e *Murro em ponta de faca* nem fui ver. Não tenho nada pra sugerir ou ensinar aos nossos dramaturgos politizados, e, embora eu tenha uma carência muito grande de informações e estudos teóricos, não me sinto tocado por nenhum deles. [...] Não posso cair na esparrela de usar o teatro pra defender os ideais de outra pessoa. Isso não me interessa. A dramaturgia do Guarnieri era muito violenta, mostrava contundentemente os fatos que estavam ocorrendo. Já no texto do Flávio Márcio era tudo dito de modo mais sutil, e isso batia mais com meu temperamento, já que nunca fui um militante. [...] Talvez os textos políticos necessitem ser mais humanos do que intelectuais."[10]

Nem o *Brasil: Da censura à Abertura*, que fez um sucesso estrondoso no Teatro da Lagoa, o arrebataria. Os esquetes ágeis não lhe davam tempo de se aprofundar em cada personagem. Eram apenas um desfile de caricaturas. Obcecado pela busca das emoções dos seus papéis, técnica que acabava de experimentar com êxito em *Os filhos de Kennedy* e *Zoo Story*, Nanini não se interessava mais pelas interpretações superficiais. "Eu tinha vontade de sentir a política dentro de mim, algo que se coadunasse com meu momento, pois, como todos os brasileiros, estava me sentindo amordaçado [...]. Na época mais terrível da ditadura, cheguei a frequentar reuniões engajadas, cheguei a participar de várias passeatas [...], embora não tivesse muita noção do que estava acontecendo. Ia junto com os meus colegas, com os artistas da minha geração, que tinham mais experiência e comprometimento político do que eu. Com o *Brasil: Da censura à Abertura*, tive uma noção política global, mas tinha necessidade de sentir um personagem que também vivesse esse conflito dentro de si", avaliou Nanini.[11]

Quem acabou passando por dois conflitos marcantes foi o próprio espetáculo: Marília Pêra, que começou a temporada grávida de Nina, filha do seu casamento com Nelson Motta, logo no início das apresentações deu à luz e precisou ser substituída. O que era um desafio tremendo: Marília interpretava 52 tipos diferentes, alguns com números musicais complexos. A atriz que topasse assumir o seu lugar teria de ensaiar da noite para o dia e ficar apenas quatro meses em cartaz. É que Marília fazia questão de voltar para o espetáculo tão logo a bebê tivesse crescido um pouco e pudesse passar algumas horas sem a mãe por perto. Marieta Severo e Lucélia Santos recusaram o convite. Quem aceitou foi a terceira opção de Jô Soares, a atriz Camila Amado. Ninguém acreditava que Marília fosse voltar, mas sua convicção e primazia acabaram obrigando os produtores a pagar a licença-maternidade da atriz. A medida era completamente inusual no meio teatral da época, e abriu um importante precedente na luta por melhores condições de trabalho da classe. Na data prometida, Marília Pêra retomou o espetáculo absolutamente em forma, o que deixou todo o elenco boquiaberto.

O outro conflito foi menos feliz: na sessão do dia 10 de julho de 1980, uma quinta-feira, Camila estava muito abalada. Tinha ido àquela manhã ao enterro de um amigo próximo, o poeta e compositor Vinicius de Moraes. Eram tão amigos que, antes de fecharem o caixão, Camila colocou um copo com uísque dentro dele. Com gelo. Passou a apresentação da peça toda com um nó na garganta. Ao final, depois de se curvar à plateia, achou por bem dizer algumas palavras em louvor ao poetinha, dedicou a sessão a ele e pediu uma salva de palmas em sua homenagem. O público obedeceu. Até que alguém começou a cantar a música "Se todos fossem iguais a você", de Vinicius e Tom Jobim. Ao ouvir a multidão à capela, Nanini, Sylvia e Geraldo saíram das coxias e voltaram ao palco, acompanhando a cantoria. Por longos e comoventes minutos, todo mundo cantou junto, resultando num momento especial de confraternização entre atores e espectadores. Uma bela homenagem.

No dia seguinte, quando chegou ao teatro, a atriz tomou um susto: havia um bilhete no quadro de avisos informando que Jô Soares queria falar com ela em seu escritório. Quando ela entrou na pequena sala, todo o elenco já estava lá. O diretor falou: "Isso aqui é uma comédia, e o teatro não é lugar para se lembrar a morte de ninguém". Camila respondeu: "Mas é uma tradição dentro do teatro, quando morre um artista, um colega, a gente lembra a morte dele". O constrangimento foi geral, mas Camila sabia que o recado era para ela, a responsável pela cena do dia anterior. Anos depois, relembrando o episódio, ela comentou: "Eu devia ter pedido licença para ele, que era o diretor e dono da companhia, e agi como se fosse a minha casa... Aliás, o teatro é o meu verdadeiro lar".[12]

Nanini só encontraria arrebatamento com um texto político quando participou de uma peça inédita de Vianinha, *Mão na luva*, de 1984. Foi como Lúcio Paulo que ele sentiu ter encontrado o cidadão em conflito dialético que ansiava viver.

O presidente ainda era o Figueiredo, e o país estava no auge das campanhas pelas eleições diretas, as Diretas Já — da qual Nanini participou ativamente, indo aos comícios e comparecendo às reuniões de apoio ao candidato Tancredo Neves. Vindo de três anos de comédias, Nanini queria montar a peça *Senhorita Júlia*, um clássico teatral escrito pelo sueco August Strindberg no fim do século XIX. Uma peça intimista, sóbria, existencial. Convidou Aderbal Freire-Filho para dirigir a história de amor e conflitos de classe entre uma jovem aristocrata e um empregado. Tinham trabalhado juntos em *Cordão umbilical*, peça de 1972, e Nanini queria repetir a experiência. Na conversa, Aderbal propôs a ele montar outra história de amor: a de um jornalista que estava se separando da mulher enquanto a crise política brasileira pós-golpe militar invadia a história dos dois numa noite decisiva. Nanini arregalou os olhos e quis saber mais do texto. Era um inédito de Oduvaldo Vianna Filho, o Vianinha. O renomado dramaturgo e militante comunista havia morrido aos 38 anos em 1974, deixando alguns escritos completamente desconhecidos, entre os quais uma peça de teatro. A viúva de Vianinha, Maria Lúcia Marins, havia lhe mostrado o texto dias antes.

Era uma peça diferente na sua trajetória. Conhecido pelas obras de crítica social, focadas na condição de vida dos trabalhadores e na desigualdade estrutural brasileira, como *A mais-valia vai acabar, seu Edgar* (1961) ou *Rasga coração* (1974), Vianinha tinha escrito o texto explorando o lirismo do relacionamento amoroso dos protagonistas, Lúcio e Sílvia. Uma das falas mais marcantes da peça diz: "Proletários do mundo inteiro, preservai o amor!". "É a mesma guerra, só que o campo de batalha é dentro de casa", comparou Aderbal.[13]

Na biografia *Vianinha: Cúmplice da paixão*, Dênis de Moraes lembra que a data em que o autor terminou de escrever a peça — 27 de julho de 1966 — coincidia com o final do relacionamento conturbado que Vianinha teve com a atriz Odete Lara. É um texto impregnado de amor. O crítico Yan Michalski cravou: "Algumas das mais passionais, belas e comoventes declarações de amor até hoje escritas para o teatro no Brasil".[14] O título tardio, *Mão na luva*, foi retirado do seguinte trecho:

> ELE Sabe por que é que eu te amo? O teu tempo é assim parecido com o tempo das coisas. Você nunca sente aquela necessidade de ser imprevista. Feito trigo nascendo. Mulher longa. Você é feito tomar banho de cascata. Sabe o que quer, sabe o que te querem, junta os dois juntos. Você é mão na luva. (*Chama-a*) Mão na luva.[15]

Das 24 peças que escreveu, foi a única que Vianinha não mostrou a ninguém. Aderbal não acredita que fosse por estar inacabada ou por desgostar da obra: "Ele não só a considerava acabada como gostava muito dela. Escrita após *Se correr o bicho pega, se ficar o bicho come*, a mais coletiva das criações do [grupo] Opinião,[16] ela era ousada. [...] Não combinava com a proposta do grupo. [...] Por isso, acredito, a guardou, esperando o momento certo de mostrá-la. Era a época das posições políticas marcadas pelo imediatismo, e Vianna, como homem de partido, estava comprometido com objetivos precisos".[17]

Ainda que fosse uma peça de amor, a política era o pano de fundo de *Mão na luva* — afinal, era de Vianinha. Estavam no texto a Guerra do Vietnã, a situação dos presos políticos brasileiros, o racha entre comunistas, a crise dos jornais de esquerda. O personagem Lúcio Paulo vive um duplo conflito: jornalista de uma revista conivente com o governo ditatorial, assume um cargo de direção no periódico, antes ocupado por um colega militante que fora demitido. A mulher o acusa de traição ideológica, enquanto ele a acusa de ter se resignado e aproveitado das benesses que o emprego lhe dava. Paralelamente, ele a traía com outras mulheres, e ela havia tido uma única experiência extraconjugal. A peça acontece em dois atos: o presente e o passado. No presente, a discussão em que ela decide se separar, em franca decepção com o casamento. No passado, o início do relacionamento dos dois, cheio de paixão. "Vianinha não abandona o discurso que sempre o guiou, mas faz uma revisão crítica do homem de esquerda dentro da própria casa", concluiria Nanini.[18] "É uma dramaturgia sensacional, porque o Vianinha praticamente vomitou esse texto",[19] diria anos depois.

> ELE Sabe o que eu sou? Um homem sem talento pra ser sozinho, pronto. Um fracassado para ser sozinho. Vou fazer o quê? Ficar desempregado? [...] Viva a Light? Viva! Viva o governo daquele energúmeno? Me dá minha porcentagem, viva! Mas não vou ser um rancoroso não, resmungando só o socialismo, só o socialismo, só o socialismo, eu enfrento o meu fracasso![20]

A montagem teve Nanini como Lúcio Paulo e Juliana Carneiro da Cunha como Sílvia. A primeira opção para o papel feminino era a atriz Renata Sorrah, que não pôde aceitar o convite, mas indicou a colega de palco, que vinha do balé e tinha feito apenas um papel dramático, mas mudo, na peça *As lágrimas amargas de Petra von Kant*. Nanini e Juliana tiveram perfeita conexão no palco e fora dele, logo se tornando amigos. O jogo de cena se alternava entre uma espécie de "luta" no ato do presente — discussões e agressões — e uma espécie de "dança" no ato do passado, como se fosse uma valsa em que os dois embarcavam com gestos e carinhos apaixonados.

Para afinar esse contraste, Nanini chamou o preparador corporal Klauss Vianna, que, além de bailarino e coreógrafo, tinha uma vasta pesquisa anatômica que usava para encontrar os movimentos físicos de cada personagem, o que ele chamava de "músculos da emoção". Klauss dedicou um mês inteiro só para o aquecimento dos atores: primeiro, para que se tocassem e se conhecessem; depois, para desenhar na musculatura de ambos a história das tensões do relacionamento amoroso entre os personagens. "Nossa conexão foi imediata, de cara descobrimos muitos pontos em comum. Eu estava morando na casa da minha mãe, no Sumaré, e Nanini também estava morando com a mãe no mesmo bairro. Nossas famílias eram pernambucanas. Não só nós nos conectamos profundamente como a minha mãe ficou amiga da mãe dele. Nanini era muito engraçado, todos queriam ele por perto. Ele se tornou um irmão", conta Juliana.

O segundo mês foi só para ensaiar uma cena forte de briga entre o casal, coreografada milimetricamente: o enlace que começava sobre uma mesa ia virando um jogo de pesos e contrapesos dos corpos, para que ninguém se machucasse, até terminar embaixo da mesa, depois de golpes violentos, em um número belíssimo plasticamente. Klauss chegou a prender as mãos de Nanini, que estavam expressivamente viciadas, com o objetivo de buscar emoções com outras partes do corpo.

As aulas de Klauss eram tão instigantes que o próprio Aderbal passou a fazê-las, indo aos ensaios de roupa de ginástica. Nessa época, Cecy estava morando com Nanini em São Paulo, a poucos minutos da casa de Juliana. Para se bancar até receber os vencimentos do espetáculo, ele vendeu o carro que tinha no Rio de Janeiro. Juliana também estava morando com a mãe durante os ensaios, se sustentando com um dinheiro que pegara emprestado. Os dois passavam todo o tempo juntos, o que afinou a convivência do casal em cena e lhes dava tempo livre para se dedicar aos exercícios propostos por Klauss Vianna. Num deles, os dois ficavam deitados, imóveis, até notar qual era o primeiro músculo que se mexia involuntariamente. Uma forma de observação do corpo que os punha atentos à própria musculatura, um trabalho minucioso e inédito, mesmo para Juliana, bailarina clássica. A ideia era achar a emoção no movimento: para encontrar a alegria, por exemplo, davam um pulo. Um pulo sempre deixa as pessoas com expressão de alegria, ensinava Klauss.

Foi durante essas aulas que Klauss ensinaria a Nanini dois exercícios de aquecimento rápido, para fazer quando estivesse sem muito tempo de se concentrar antes de entrar em cena — e que ele praticaria por toda a vida. O primeiro é contrair o plexo, segurando a emoção. Contrair e sentir, contrair e sentir, contrair e sentir. Isso, segundo Nanini, mexe com o corpo de uma tal forma que o sujeito fica num estágio emocional bruto e autêntico para usar em cena, especialmente no início das sequências.[21] O outro exercício é deitar-se no chão e enrijecer todos os músculos e soltá-los depois. Enrijecer, enrijecer, enrijecer e soltar.

"A peça tem um pique que não para, um exército desgastante de emoção. É um desafio, um texto de domínio difícil, cujo ritmo tem que ser conquistado dia a dia, eu controlando minha ansiedade natural, fabricando o exercício da disciplina. […] Havia passados e presentes muito bruscos, e muito desgastantes, porque você vinha numa briga […] e isso era interrompido para, em segundos, voltar ao passado feliz […]. Essa quebra tumultuava muito o corpo, até ele receber essa informação precisava de um treino", declararia Nanini, que chegou a ser internado num hospital durante a temporada, exausto de tanto explodir de ciúme e paixão.[22]

Juliana lembra da tensão que havia em cena: "Ele ficava absolutamente concentrado, parado, antes de entrar no palco. Ele chegava cedo ao teatro e dava uma geral em cada detalhe, era muito exigente. Ficava histérico se algo não estivesse pronto a tempo. Não admitia atrasos, a peça com ele sempre começava na hora, isso sempre foi muito dele. Educar a plateia a ser pontual, não premiar os atrasados. Marília também era assim: pouco antes da peça começar, ela fazia um gesto para que as pessoas que estavam nas fileiras de trás chegassem para as da frente. Essa preocupação em educar a plateia era muito própria dos dois".

A composição de Lúcio Paulo cobraria um preço alto. Num dos ensaios, Aderbal sugeriu que Nanini fumasse em cena, em um momento de silêncio do personagem. A ideia era que um pouco de fumaça poderia deixar tudo mais onírico e bonito, além de reforçar a postura reflexiva do personagem. Nanini, que nunca havia fumado, resistiu, com medo de se viciar. Mas a sugestão não saiu da sua cabeça, e achou que dava para arriscar. Era uma única cena, rápida, não precisava nem tragar. Começou com as cigarrilhas Palomitas. Não as tragava nem fumava mais de uma. Até que passou a tragá-las. Depois, a substituí-las por cigarros normais. E a fumar mais de um em cena. Ao final da temporada, já era um fumante, vício que só foi abandonar nos anos 2000.

Toda essa entrega corporal fazia sentido em um texto carregado das tensões políticas de 1966 e encenado em 1984. Era uma síntese exasperada dos efeitos que uma ditadura impõe mesmo indiretamente ao corpo social. A montagem servia também para relembrar que a ditadura militar ainda não tinha acabado, apesar da Abertura "lenta, gradual e segura" vivida naquele período. "Fernando Gabeira voltou dizendo que na década de 1960 se sufocavam os sentimentos e escandalizou as esquerdas. A peça de Vianinha tem muito desse escândalo. Fala de marido que aceita o amante da mulher, um tipo de compreensão impossível de se pensar naqueles tempos. Como ativista e crítico, ele sufocou o individual. Como criador, não conseguiu", avaliou Aderbal.[23]

Mão na luva fez com que Nanini mergulhasse fundo na experiência dúbia que muitos jornalistas enfrentaram durante o acirramento da ditadura: a ânsia em denunciar os excessos, localizar desaparecidos políticos ou simplesmente relatar a realidade confrontada com a limitação da censura, do risco real de retaliação ou de patrões coniventes. Por meio da pesquisa para compor o primeiro protagonista não proletário de Vianinha, Nanini mergulhava em temas que eram caros ao dramaturgo.

Mão na luva foi um marco. A peça fez Nanini se aproximar da política, consolidou seu preparo corporal, o condenou ao vício em cigarros e ainda proporcionou ao ator uma experiência que até então nunca tinha vivido: absorver os conselhos de uma crítica construtiva de maneira a melhorar o espetáculo.

Em texto publicado no *Jornal da Tarde*, Sábato Magaldi constatou que naquela peça, escrita quando o autor tinha apenas trinta anos, Vianinha começava a se libertar da narrativa cronológica, entrecortando o diálogo no presente com muitos flashbacks.[24] A ideia revela maestria, comenta Sábato, argumentando que os diálogos entre presente e passado estão muito bem encadeados. Mas que tantas idas e vindas acabava por não dar tempo suficiente de as cenas ganharem corpo, deixando a narrativa um pouco claudicante. Sua sugestão para agilizar o ritmo seria cortar alguns flashbacks que não acrescentavam nada à história. E assim foi feito. Quando a peça saiu de São Paulo, onde estreou, e foi para o Rio de Janeiro, teve trechos revistos e eliminados.

As mudanças que davam mais cadência ao "duelo de cérebros", como definiu Sábato, não foram suficientes para encher o teatro carioca. Apesar de ter tido boa passagem por São Paulo, a peça não ia bem no Rio. Como o teatro era grande, os espaços vazios deixavam tudo muito desconfortável, segundo Nanini. Depois de uma sessão que tinha vendido apenas treze ingressos, ele mesmo decidiu cancelar a temporada.

Quando soube, Aderbal Freire-Filho ficou furioso. Ainda que a peça fosse um projeto dos dois, não admitia que o ator passasse por cima do diretor em decisão tão abrupta. A atitude intempestiva de Nanini lhe causou uma sensação de falta de confiança que era fatal no teatro. Respirou fundo, não gritou ou fez escândalo, mas aquilo que Vianinha lhe ensinava com sua obra: política. Aderbal agiu estrategicamente. Avisou aos outros atores que a peça seguiria a temporada e assumiu ele mesmo o lugar de Nanini no palco. Ao ator, enviou uma carta de 22 páginas, um solilóquio que destruía Nanini na mais absoluta elegância. O ator recebeu a missiva a poucos minutos de tomar um voo para São Paulo. Abriu o envelope enquanto tentava encaixar seu corpanzil na apertada poltrona do avião. Ao ler tamanha descompostura, teve vontade de pular de paraquedas para ir brigar com Aderbal pessoalmente. Ficou com ódio — nunca tinha sido tão espinafrado, nem em tão bom português.

De volta ao Rio, marcou um encontro com Aderbal para lavar a roupa suja. Chegando lá, não teve coragem de dizer nada. Sentou-se e chorou. Aderbal tampouco teria coragem de repetir ao vivo o que tinha escrito. Chorou também. Àquela altura, a temporada já estava perto de se encerrar, e decidiram, juntos, que Aderbal seguiria no palco. Depois da briga, *Mão na luva* lhe daria um amigo para toda a vida. E ainda lhe daria mais: na noite do dia 12 de agosto de 1985, Nanini receberia a maior láurea do teatro brasileiro, o Prêmio Molière de melhor ator por sua atuação.

Depois de Vianinha, os temas políticos começaram a cercá-lo. Ainda digerindo o impacto do autor na sua vida, Nanini recebeu um convite irresistível: protagonizar o primeiro musical da redemocratização, um espetáculo totalmente nacional, sem traço de adaptações estrangeiras. Mais: um musical que marcaria a volta ao Brasil de Augusto Boal. Fundador do Teatro do Oprimido,[25] Boal estava exilado na França desde 1971, por causa da ditadura militar. Em 1983, assim que o antropólogo Darcy Ribeiro assumiu como vice-governador de Leonel Brizola no governo do estado do Rio de Janeiro, convenceu Boal a implantar o Teatro do Oprimido, que tanto sucesso fazia em Paris, nas escolas públicas fluminenses. Para marcar seu retorno definitivo ao país, Darcy ofereceu o apoio da Funarj, a Fundação de Artes do Estado do Rio, para que estreasse um espetáculo marcante. O órgão público cederia o Teatro João Caetano para as apresentações e um galpão para a confecção dos cenários e figurinos.

Boal se animou. Ele já tinha na manga o texto de *O corsário do rei*, uma ideia que teve junto com Edu Lobo e o "caro amigo" Chico Buarque — foi para o Boal exilado que Chico escreveu a letra da canção "Meu caro amigo". A convite do ministro de Cultura da França, Jack Lang, Boal tinha bolado uma peça que reunia a história dos dois países, para ser apresentada na França. O convite de Darcy Ribeiro vinha a calhar.

O corsário do rei tratava da histórica invasão comandada pelo corsário René Duguay-Trouin ao Rio de Janeiro, em 1711, para saquear a cidade, uma incumbência do rei Luís XIV. O Rio era visado por ser um dos entrepostos do ouro que vinha de Minas Gerais. Trouin chegou ao Rio no dia 14 de setembro, com uma esquadra composta de dezessete embarcações armadas com canhões. Tomaram a ilha das Cobras e outros morros próximos, espantando os moradores. O que aconteceu na sequência foi surpreendente: ao capitular, os governantes portugueses receberam muito bem os piratas, dando-lhes boas refeições e pagando o resgate da cidade com ouro, pedras preciosas e açúcar. Impressionado com a cordialidade, Duguay-Trouin teria ouvido do governador-geral português, dom Castro de Morais: "Senhor Duguay-Trouin... sr. marinheiro... Já que estamos entre amigos [...]. Vamos falar francamente: nesta terra, mesmo em não se plantando também dá. Peçam tudo o que quiserem, vamos sempre lhes oferecer mais... Afinal, quem é que trabalha, quem é que paga? São os negros! [...] Aqui neste Brasil há muito negro. Eles podem trabalhar".[26]

Na volta, muitos navios abarrotados de riqueza afundaram em tempestades. Na parábola de Boal, várias características do episódio seguiam iguais até aqueles dias, como o fato de os governantes entregarem de mão beijada a estrangeiros as riquezas produzidas por trabalhadores; e, principalmente, de serem sempre os negros a pagarem a conta do enriquecimento dos brancos. "Estamos destinando ¾ do Produto Interno Bruto para o pagamento da dívida externa, isto é, ¾ do meu, do seu salário para o FMI. A solução da Nova República é libertar-se do jugo, libertar a América Latina do sistema escravista", bradava Boal às revistas naquele mês de setembro de 1985, às vésperas da estreia.[27]

Em sua biografia, Boal conta que a ideia original seria montar de forma comedida, imaginativa, com algumas mesas de botequim fazendo as vezes de navios e as toalhas sendo transformadas em velas diante do espectador. Um teatro simples, com poucos atores e músicos, como ele fazia nos anos 1960 no Teatro de Arena, em São Paulo.

Seduzidos pelo chamariz do espetáculo — a grande volta de Boal ao Brasil —, os produtores do musical não mediram esforços para colocar de pé uma montagem de grandes proporções. Havia patrocínio de duas empresas, o que permitiu a Boal trocar as mesas por um navio de verdade, em cenário assinado por Hélio Eichbauer; ter Edu Lobo e Chico Buarque compondo canções inéditas para a trilha sonora original, com lançamento de disco em vinil; além de contratar um elenco numeroso, com Marco Nanini, Lucinha Lins, Denise Bandeira, Nelson Xavier e Zózimo Bulbul.

Como era o protagonista, Nanini ensaiava em praticamente todas as cenas, e cantava doze das treze músicas. Sua vida se resumia a médicos para cuidar da voz, a professora de canto e aos ensaios. Nos intervalos, se divertia com o filho de seis anos da atriz Denise Bandeira, que, sem ter com quem ficar, acompanhava a mãe. Mimava o garoto de todo jeito, mostrava a ele o fosso, deixava-o brincar com os microfones. Fanfarrão, inventou uma espécie de cumprimento coletivo que todos os atores faziam quando Hélio Eichbauer — um dos mais importantes cenógrafos na história do Brasil — chegava ao teatro, lembra Denise: "Todos tínhamos que nos curvar para Hélio como muçulmanos nas mesquitas, num mantra: 'Hélio Eichbauer... Hélio Eichbauer...', uma saudação a uma espécie de Deus... E Hélio, muito branquinho, ficava vermelho de vergonha, tímido, sem saber o que fazer com aquela admiração toda".

Ela lembra com alegria dos ensaios: "Boal estava felicíssimo. Não só tinha Nanini como seu corsário como Chico Buarque e Edu Lobo como parceiros musicais, e a admiração total do elenco e da equipe técnica. Edu ensaiava com a gente cada canção e estava pasmo com a musicalidade do Nanini. Nós, atores, gostávamos de ver, das coxias, as cenas solo do Nanini em que ele cantava as canções do Chico e do Edu. Era comovente, uma choradeira danada".

Foram dois meses de ensaio que envolveram mais de cem profissionais, com testes de elenco que reuniam cerca de setecentos candidatos amontoados à porta do teatro — houve candidatos que largaram empregos fixos quando souberam que tinham passado no teste. Tudo era espetaculoso em O corsário do rei. E todo mundo queria fazer parte do que se anunciava como "o musical do ano".[28]

A poucos minutos da estreia, todos já maquiados e vestidos, a casa cheia, caiu a mesa de luz. Os técnicos correram, tentaram consertar o estrago, mas o breu completo os impedia. Não houve jeito, o teatro inteiro estava às escuras, palco e plateia. Não havia como estrear. Sem saber o que fazer, os atores se reuniram no palco, atrás das cortinas. Nanini propôs que a cortina reabrisse e que todo o elenco, à luz de lampiões, mostrasse para a plateia que eles estavam vestidos e prontos para entregar um belo espetáculo, mas que houve o imprevisto. E assim foi feito. De mãos dadas, entraram no palco, ele explicou o que havia acontecido, e espontaneamente cantaram a canção de abertura do musical, "Verdadeira embolada", de Chico e Edu com Fagner. Foram ovacionados. A estreia foi adiada em uma semana, lembra Denise: "Mas ficou aquele clima, de qualquer maneira, de que não era um bom augúrio...".

Depois da estreia, alguns críticos simplesmente não gostaram, como Flavio Marinho, que disse que a peça não empolgava.[29] Outros pegaram pesado: em um debate promovido pelo *Jornal do Brasil*, organizado pelo crítico Macksen Luiz, reunindo atores, diretores e outras personalidades do teatro para comentar a peça, insinuaram que Boal havia sido favorecido por verbas, compras de votos, chegaram a dizer que "o Teatro João Caetano ficava melhor com Boal exilado". "Muito ruim, ingênua, uma porcaria. [...] Boal é um exilado cultural, e trouxe para o Brasil uma proposta de espetáculo muito defasada em relação ao momento em que vive o país". O título da reportagem resumia a opinião do grupo: "Ninguém gostou. Parece teatro do deprimido".[30]

A equipe publicou um abaixo-assinado no jornal no dia seguinte, do qual Marco Nanini era o primeiro signatário: "Repudiamos a forma antiética como o debate foi realizado, reunindo seis opiniões: todas iguais. E mais: repletas de ataques pessoais, passando ao largo da própria discussão artística".[31] Vieram cartas de apoio ao grupo, como a do crítico Yan Michalski e de Tarso de Castro, que chamou os críticos de fascistas. Denise Bandeira lembra que a crise serviu para unir ainda mais o grupo, mas a polêmica foi fatal para a plateia, que se tornou cada vez mais rala. Começaram a fazer a peça para eles mesmos, tentando se divertir com o desastre que tinha se tornado a montagem.

Foi numa dessas noites que Denise viu, pela única vez, Nanini enfurecido. Ele havia pedido algum favor a alguém da equipe poucos minutos antes de o espetáculo começar. Recebeu uma resposta atravessada: "Não sou babá de estrela". Irascível, Nanini correu para o camarim e bateu a porta, deixando todo elenco apreensivo, sem saber se ele subiria ao palco. "Os olhares se voltaram para mim e fui tacitamente escolhida para entrar e tentar acalmá-lo. Entrei na pontinha do pé, com medo do corsário enfurecido... E lá fiquei muda, esperando ele se acalmar. Até que Nanini, bufando, pegou um lápis de maquiagem para arquear ainda mais a sobrancelha do pirata. A explosão não afetou em nada a peça naquela noite, e na saída tomamos uns dez conhaques pra esquecer o mau pedaço que passávamos", detalhou Denise Bandeira, que desde *O corsário do rei* tornou-se uma das amigas mais próximas do ator.

Boal admite que "O elefante que [lhe] foi dado era branco",[32] pois parecia que ele havia voltado da Europa com um espetáculo fora dos padrões da realidade brasileira. Se sentia um exilado na própria terra. De acordo com a pesquisadora Clara de Andrade, que analisou o episódio, a peça acabou revelando as divergências da classe em relação à política cultural que deveria ser adotada pós-ditadura: "Nos diversos pronunciamentos da classe artística sobre o espetáculo, alguns segmentos [...] repudiavam o governo estadual de Brizola e Darcy, nomes da esquerda histórica, aproximados e identificados com Augusto Boal [...]. A principal crítica à política desse governo concentrava-se justamente na política de intervenção do Estado na cultura, ou seja, a política 'estatista' contra a qual muitos da sociedade civil passaram a se colocar, logo após a queda do regime autoritário [...]. [O que] seria para Boal a possibilidade de reintegração ao meio cultural brasileiro, ao contar com o apoio governamental, acabou servindo muito mais como estopim para o debate em relação à política cultural do início dos anos 1980".[33]

O debate de fato cresceu. No jornal *O Globo*, virou "Caso Corsário", com diretores opinando se a intervenção estatal era correta ou não. O presidente da Funarj, Leonel Kaz, foi a público dizer que o apoio estatal a *O corsário...* não envolvia dinheiro, tinha sido apenas o empréstimo do teatro e da Central Técnica de Inhaúma, um galpão onde podiam ser feitos grandes cenários. Nanini não se conteve e saiu em defesa pública do espetáculo: "Foi uma censura braba. Não sei por que quiseram destruir *O corsário*. [...] Acho a peça maravilhosa e defendo a liberdade dela existir com suas qualidades e defeitos. Achei infeliz o debate. Na minha casa, o telefone não parou de tocar todos esses dias. Se isso que eu falei agora sair truncado, prefiro a época da dona Solange. Pelo menos eu estava acostumado com ela", rebateu Nanini, citando Solange Hernandes, notória censora linha-dura do governo militar.[34]

Não tinha mais jeito de evitar os debates políticos, pois a cultura, como *O corsário...* lhe provou, era impregnada de política. Em finais de 1985, no início da redemocratização, Nanini já não evitava nem os debates partidários. Não era mais possível. Começou a demonstrar apoio público a candidatos e a participar de eventos de campanha. Quando se deu conta, estava em cima de um carro aberto de campanha para Dante de Oliveira, deputado federal do PMDB que foi o autor da emenda constitucional que tentou garantir as eleições diretas em 1984.

O evento foi em Cuiabá. Dante de Oliveira estava se candidatando a prefeito da cidade e pediu encarecidamente o apoio de Nanini, que era famoso e daria enorme popularidade à campanha. Simpático ao político, aceitou. Para não encarar sozinho aquela situação inédita, carregou a amiga Denise Bandeira consigo. Tudo o que tinham a fazer era acenar para o povo e pedir votos durante o percurso, indicou Dante. Acharam estranho, mas toparam. Assim que chegaram ao local onde teriam acesso ao jipe aberto... A porta estava cheia de furos. Denise perguntou o que eram todos aqueles buracos, já temendo a resposta. As pessoas da equipe do político disseram, tranquilamente: "Tiros". Os adversários políticos de Dante haviam metralhado a sede de sua campanha na semana anterior. Apavorados, e sem ter muito o que fazer, Nanini e Denise subiram ao jipe com as mãos geladas. Denise lembra de cada detalhe: "Subimos tremendo no jipe... Ficamos ao lado do candidato, rezando pra não levar um tiro, sorriso costurado na cara e ouvindo o público gritar pra mim e pro Nanini: 'Olha lá a Sylvia Bandeira!', 'Olha o Ney Latorraca!'. Voltamos pro hotel como quem chega de uma guerra, mas às gargalhadas... Sobrevivemos".

Dante e Cecy
dançando no
Hotel Amazonas.

Aos dois anos, no pequeno quintal do
obrado do bairro do Pina, no Recife,
com os primeiros animais de estimação.

Fantasiado de Marco Antônio, general
do Império Romano, com sua Cleópatra.

Em uma recepção do Hotel Amazonas, em 1954, onde Dante (de gravata) trabalhava como gerente. Muito alinhado, Nanini está entre a mãe (à dir.) e uma hóspede (à esq.).

Passeando com a mãe e os amigos no rio Negro, em Manaus (Nanini é o que está com o remo, na frente do barco).

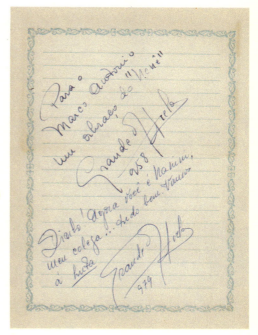

Aos seis anos, Marco Antônio ficou embevecido pela Miss Brasil 1954, Martha Rocha, que estava de passagem por Manaus. A foto está em seu caderno de autógrafos.

A primeira assinatura de Grande Otelo no seu caderno de autógrafos Nanini conseguiu em 1958, quando era apenas um fã de dez anos; a segunda, já como colega de elenco, em 1979.

Em 1958, quando chegou ao Rio de Janeiro e foi morar com a família no Hotel Regina.

Em 1968, aos vinte anos, na carteirinha do Conservatório Nacional de Teatro, assinada por Maria Clara Machado.

Em turnê mambembe pelo Nordeste com Milton Carneiro, em 1969.

Com a atriz Zezé Motta no espetáculo *A vida escrachada de Joana Martini e Baby Stompanato*, em 1970.

Em 1969, com Dercy Gonçalves na peça *A viúva recauchutada*.

Na novela *A Patota* (TV Globo), em 1972.

Com Camila Amado na peça *As desgraças de uma criança*, em 1973.

E mais uma vez em *As cadeiras*, espetáculo feito durante a pandemia de covid-19, em 2021. Esse foi o último trabalho da atriz.

Com Walmor Chagas na peça *Deus lhe pague*, em 1976.

Em *Um padre à italiana*, de 1975, com o ator e ídolo Afonso Stuart, avô de Oscarito e uma de suas principais referências em teatro.

Nanini no final dos anos 1970.

Com Marília Pêra em *Pippin*, musical de 1974.

Marília Pêra, Sylvia Bandeira e Marco Nanini na peça *Brasil: Da censura à Abertura*, em 1980.

Em 1985, o espetáculo *O corsário do rei* marcava a volta do diretor Augusto Boal ao Brasil e o início do período democrático.

Em *Um Sonho a Mais*, de 1985, quando as personagens travestidas da novela incomodaram os órgãos da censura. Em sentido horário: os atores Ney Latorraca, Carlos Kroeber, Nanini e Antonio Pedro.

Com Juliana Carneiro da Cunha na peça *Mão na luva*, em 1985, o primeiro mergulho efetivo em um teatro político; e em 2003, em *A morte de um caixeiro-viajante*.

Com Ney Latorraca, no auge da turnê de *O mistério de Irma Vap*, nos anos 1990; espetáculo em que os dois interpretavam diversos papéis, como Lady Enid e Jane (abaixo).

Com Nando no Metropolitan Museum of Art (Met), em Nova York, em 1987.

E na inauguração do Galpão Gamboa, em 2013 — a partir de 2023 o espaço se tornará também um estúdio de TV

Nanini gosta de fazer colagens com recortes de revistas, bilhetes e grafismos diversos — neste exemplo, uma capa de disco antiga de Billie Holiday e o cartão de Nando, ainda dentista, lhe serviram à imaginação.

Com Regina Casé, Diogo Vilela e Debora Bloch durante as gravações de *TV Pirata*, em 1988.

Como dom João VI em *Carlota Joaquina, princesa do Brazil*, filme que marcou a retomada do cinema brasileiro em 1995, protagonizado por Marieta Severo.

À dir., na peça *O burguês ridículo*, em 1996, que teve todo o rebuscado cenário e figurino perdidos num incêndio. Abaixo, Nanini encenando o texto de Molière nos escombros do que restou.

Com Guel Arraes, diretor responsável por trabalhos marcantes em sua carreira.

Como o inesquecível Capitão Severino de Aracaju, de O *auto da compadecida*, em 2000.

E o terrível matador Frederico Evandro, em *Lisbela e o prisioneiro*, de 2003.

Com o músico Gilberto Gil, então ministro da Cultura no governo Lula (2003-6), e Ney Latorraca, em conversas sobre política cultural.

Nanini "borda" os textos para decorá-los, como diz, dividindo as emoções por cores.

Com Guta Stresser, Pedro Cardoso, Andréa Beltrão, Lúcio Mauro Filho e Marieta Severo, elenco do seriado de maior sucesso na história da TV brasileira, *A Grande Família* (2001-14).

Em *Os solitários*, de 2002, Nanini e Marieta surpreendem o público, acostumado ao casal pacífico de *A Grande Família* na TV, com uma história violenta e incestuosa entre mãe e filho no teatro.

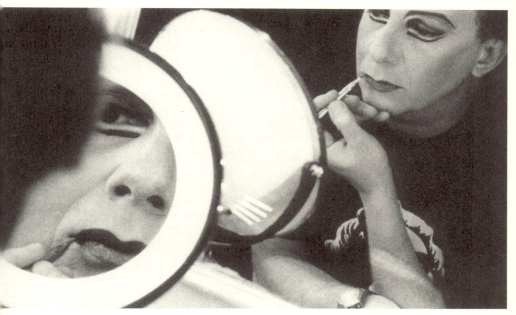

É Nanini quem muitas vezes cria e executa suas maquiagens, como na peça *Ubu rei*, em 2017.

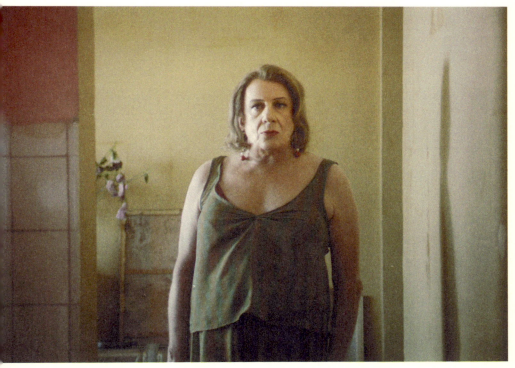

No premiadíssimo filme *Greta*, de 2019, Nanini, aos setenta anos, encara de maneira delicada e corajosa o nu em uma cena de sexo.

Em casa, com seus cachorros — à dir., o boxer Babão.

10. *Doce deleite*

> *Até parece que o céu encaminhou os dois para a minha arapuca.**
> Molière, *Artimanhas de Scapino*

A ideia ganhou forma no apartamento de Marília Pêra, onde ela e Marco Nanini passavam horas conversando, bebericando e tendo ideias de novos projetos desde que se conheceram, em 1970. "Desses encontros, geralmente noturnos e madrugáticos, regados a refrigerantes, cigarros (tempo em que a chupeta ainda mandava em mim), vinhos, uísques, gargalhadas e discussões intermináveis sobre a arte e a vida, […] nasceu o *Doce deleite*, título genial que Alcione Araújo inventou", contou Marília em sua biografia.[1]

Apesar de terem trabalhado juntos nos musicais *A vida escrachada de Joana Martini e Baby Stompanato*, *Pippin* e *Deus lhe pague*, seus personagens mal haviam contracenado. Amigos muito próximos, com muitas afinidades artísticas, Marília e Nanini ainda não haviam explorado todo o potencial como dupla cômica. Sonhavam longe — queriam alcançar o entrosamento de pares como o Gordo e o Magro ou Oscarito e Grande Otelo.

* Tradução de Carlos Drummond de Andrade.

Enquanto fazia *Os filhos de Kennedy*, em 1977, Nanini já tinha começado a imaginar um espetáculo com dois atores, um homem e uma mulher, e que os mostrasse no camarim, se preparando para entrar em cena, e depois no palco. Chegou a conversar sobre a ideia com Irene Ravache, e até se reuniram duas ou três vezes para conceber o espetáculo, mas a coisa não caminhou. Foi só anos à frente, numa das muitas vezes que estava com os pensamentos soltos, esparramado no sofá de Marília Pêra, que lembrou de dividir com ela aquela fagulha de projeto. Marília foi juntando ideias de temas para os textos, piadas, referências de cenas clássicas, até não conseguir mais parar de pensar no novo espetáculo. A fagulha virou um incêndio.

É verdade que também estavam cansados de ver no teatro textos existenciais, políticos, que achavam duros, estanques para a atuação. Estavam na ressaca do período mais excessivo da censura, com mais vontade de fabular do que esbravejar ou ironizar.

Nesses encontros, falavam do desejo de fazer uma revista moderna, com esquetes que explorassem as diferentes habilidades dos dois no palco. Queriam exibir a dança, o canto, a versatilidade. Investir em situações de humor sofisticado, que evitassem o pastelão. Marília estava fatigada, como contou ao jornal *O Globo*: "O teatro de hoje, na maioria das vezes, é muito chato. Você vai assistir a um espetáculo, se arruma toda, tem dificuldade de estacionar o carro, o ingresso custa caro etc. E quando está sentada na poltrona, depois de um dia duro de trabalho, vem o 'Doutor Teatro' com dedo em riste te mostrar 'o' mundo, como se tudo o que estivesse acontecendo fosse por causa de sua inconsciência. Que você é o culpado de tudo. Não dá, não é? Fica uma relação meio sadomasoquista que não tem nada a ver. Teatro é muito mais do que isto. E não estou falando em teatro alienado não. Estou falando [...] da arte de interpretar. Queremos fazer um teatro que seja mais delicado em relação ao espectador, que lhe dê outros parâmetros da realidade".[2] Em outra entrevista, declarou: "As pessoas acham que eu tenho 'jeito' para cantar, quando eu estudo canto há dez anos, e o Nanini, há seis".[3]

Era justamente o conceito de *Doce deleite*. Convidaram diversos autores para escrever esquetes variados, para ver quais se animavam. De mais de vinte cartas enviadas, só receberam quatro respostas. Talvez não fosse mesmo o momento de investir em humor... Entre elas, no entanto, uma era especialmente entusiasmada: a do dramaturgo Alcione Araújo, que aceitava não só escrever alguns quadros como dirigir a empreitada. As outras eram de Mauro Rasi, Vicente Pereira e José Márcio Penido, que contribuiriam com mais esquetes. Era uma turma jovem, que despontava no texto de humor para o teatro. Cada um se debruçou sobre um tipo bem brasileiro em alguma situação curiosa. Havia um quadro que satirizava uma estudante da PUC[4] que militava em causas hiperbólicas; outro que naturalizava um casal de idosos com fantasias sexuais picantes; outro no qual uma dona de casa dava dicas domésticas surpreendentes à plateia; outro no qual uma vedete ia se despindo enquanto se transformava num austero professor de latim; outro em que uma jovem tímida se arrumava para uma festa de aniversário na qual não aparecia ninguém. Tudo entremeado de músicas compostas especialmente para o espetáculo, sob direção musical do maestro John Neschling. Estavam animadíssimos.

Na véspera da estreia, Marília Pêra sofreu um acidente de carro que a fez levar doze pontos na cabeça. Apesar do susto, ela ficou bem, mas a recuperação exigia repouso absoluto. A peça foi adiada às pressas. Mas por apenas dez dias — mais uma vez a atriz se recuperou em tempo recorde para voltar aos palcos. Uma fênix.

Era a terceira vez que Marília vivia situações de risco: em 1968, quando integrava o elenco da peça *Roda viva*, foi escorraçada a pauladas pelo Comando de Caça aos Comunistas em São Paulo, sendo presa em seguida. Em 1980 sofreu um assalto armado em casa que a deixou com pânico generalizado de sair à rua, o que acabaria implicando na direção tensa no carro, que culminaria num acidente. O medo também era um dos motivos, segundo ela, que a levou a querer fazer "um teatro vivo, que desse força e energia às pessoas" num momento de distensão política.[5]

No dia 19 janeiro de 1981, estreou no Teatro Vannucci, no Rio de Janeiro, o espetáculo que fez um sucesso estrondoso nos quatro anos seguintes. A peça impulsionou o gênero que faria a saúde de muitas bilheterias brasileiras por um bom tempo, o besteirol. Na estreia lotada, foi preciso colocar cadeiras extras às pressas no teatro, alguns convidados tiveram de se sentar no chão, outros nem conseguiram entrar, como Susana Vieira, André Valli e Paulo Afonso Grisolli. No empurra-empurra que foi a entrada da multidão no teatro, o cantor Ney Matogrosso chegou a perder três botões de camisa, e acabou assistindo ao espetáculo de camisa aberta — uma nota de revista comentou: "Como fazia calor, ninguém estranhou". E todo esse burburinho em plena segunda-

-feira. A primeira temporada de *Doce deleite* acertou no risco de fazer as exibições em dias e horários estranhos à programação teatral. A peça acontecia às segundas e terças-feiras, às nove da noite.

Era uma manobra arriscada, mas a única possível naquele início de 1981. Nanini e Marília gravavam o humorístico *Planeta dos Homens* na TV Globo no início da semana, durante o dia. De lá, iam direto para o Teatro Vannucci apresentar *Doce deleite*. No meio da semana, embarcavam para São Paulo, onde corria o final da temporada de *Brasil: Da censura à Abertura*, de quarta a domingo. Não tinham nenhuma noite livre na semana. Marília com três filhos — Ricardo, Esperança e a recém-nascida Nina — e Nanini ainda finalizando a gravação da novela *As Três Marias*. Foram sete semanas nessa toada, até que a peça de Jô Soares encerrasse a temporada paulistana. A vida puxada dos dois era comentada nas colunas de fofoca dos jornais e revistas — que ressaltavam o fato de a dupla interpretar doze personagens diferentes em *Doce deleite* e, em *Brasil: Da censura à Abertura*, Marília ainda acumular outros 52 tipos. Uma rotina artística absolutamente insana, que não deixava tempo para mais nada.

Numa das vezes em que deu entrevistas sobre seu cansaço, Nanini contou que estava usando uma novidade para relaxar: um walkman. Entre os dois espetáculos e a gravação da novela, um saltimbanco entre Rio, São Paulo e dezenas de personagens, estava sempre ouvindo música relaxante com fones de ouvido. Geralmente jazz. Ele passava o tempo gravando fitas cassete que carregava para todo lado. Era algo que chamava muito a atenção das pessoas, pois o walkman havia sido lançado no mercado cerca de um ano antes, num tempo em que as novidades eletroeletrônicas levavam um bom tempo — e um bom dinheiro — para chegar ao Brasil. O hobby pegou Nanini de jeito. Começou a dar walkmans de presente e a fazer mixtapes para os amigos.

Tanto empenho trouxe resultados. Em menos de um mês de apresentação, o Teatro Vannucci tinha ingressos sempre esgotados, e o público começou a comprar as entradas com duas semanas de antecedência, comportamento inédito na cena teatral carioca. Com apenas duas sessões semanais, em 38 apresentações já tinha feito mais de 14 mil pagantes, como contou o crítico Flavio Marinho,[6] o que dava uma média de quase 370 ingressos vendidos por dia — um "doce" que tinha o preço "salgado" de seiscentos cruzeiros (o equivalente a setenta reais em 2022), comentou ele, reforçando o sucesso do espetáculo.

Em 1980, o crítico teatral Macksen Luiz, da revista *IstoÉ*, cunhou o termo "besteirol" para caracterizar uma tendência vigente no Rio de Janeiro: as peças cômicas puxadas por uma dupla de atores com esquetes variados que observavam o comportamento humano.[7] Para Flavio Marinho, que estudou o filão no livro *Quem tem medo de besteirol?*, era "uma chanchada que levou um banho de loja".[8] O termo não fez bom eco na classe teatral, que o considerou pejorativo e preconceituoso. Mas o fato era que as peças do tipo começavam a pulular, e por mais que *Doce deleite* tivesse uma proposta mais centrada na versatilidade dos atores do que na gargalhada fácil, não deixava de ser um típico besteirol. Tanto é que, ao tentar explicar o que era o espetáculo, Nanini acabava por definir o gênero: "Bom, tem música, tem dança, assim como os outros espetáculos que a gente fez junto. Mas, por outro lado, tem um espírito que eu nunca provei — nem mesmo em cena com a Marília [...]. Não se trata de algo caricatural; pelo contrário [...]. A gente tem que se colocar o mais dentro possível do personagem e, ao mesmo tempo, cantar, dançar, estar alegre etc. O ângulo novo estaria no tipo de humor do texto e do espetáculo. Uma espécie de humor em que se mistura uma pitada de tudo: deboche, escracho, ironia, delicadeza, crítica, crueldade".[9]

A afinidade entre a dupla era impressionante. Na revista *Manchete*, o crítico Wilson Cunha os comparou a Cyll Farney e Fada Santoro, Anselmo Duarte e Eliana, duplas de estrelas das chanchadas do cinema, e até a Paulo Autran e Tônia Carrero, imbatíveis no teatro carioca. "Eles são, ao mesmo tempo, únicos. Aproveitaram-se de todos os macetes dos atores populares brasileiros e, intuitiva ou elaboradamente, criam um estilo mais do que próprio."[10]

Tanta comunhão às vezes resultava em catástrofe. Certa noite, Nanini estava tão desconcentrado que acabou contaminando Marília imediatamente. Naquele dia, ele tinha ido almoçar com um amigo muito rico, que tinha acabado de chegar de Nova York e estava bastante deslumbrado com tudo o que fez e viveu na cidade americana. O amigo o convidou para ir ao Antiquarius, que na época era um dos restaurantes mais finos do Rio, para contar as novidades. Nanini prontamente aceitou, afinal, não era todo dia que tinha a chance de almoçar num restaurante cheio de salamaleques. O amigo pediu lagostas, maçãs flambadas, tomaram uísque escocês, licor francês, café vienense. Os garçons cercavam a mesa com louças, talheres e gentilezas. Em meio ao banquete, o amigo foi narrando todos os seus sucessos: que foi assistir a uma peça com a Elizabeth Taylor e os espectadores estavam todos com casaco de vison; que a linda "Liz" estava coberta de diamantes à saída do teatro, onde ele foi encontrá-la; que ele havia assistido a um concerto com o mais importante regente do mundo, jantado em restaurantes húngaros caresímos, e que circulava para cima e para baixo em limusines de último modelo.

Do almoço, Nanini ia direto para o teatro. Saiu do Antiquarius, entrou na sua Brasília velha e no trajeto começou a rir da sua pobreza. Pegou um tremendo engarrafamento, ficou suado, chegou atrasado e, naquele dia, o banheiro do Teatro Vannucci estava sem água. Lavou o rosto com meia garrafa de água mineral, se maquiou do jeito que dava e, quando abriu o pano, naquela sessão, só havia metade do teatro ocupado. Estava vestido de duende para o primeiro esquete e começou a rir. Como chegou em cima da hora, não teve tempo de contar sua tarde de hedonismo e ostentação em detalhes a Marília, e a colega de palco ficou sem entender por que ele não parava de rir. Ela começou a rir também, e a rir tanto, e juntos, que os esquetes não avançavam. De repente, ela olhou séria para Nanini e perguntou: "Vamos parar?". Às gargalhadas, já quase sem ar, ele respondeu: "Não!". Até tentaram fazer a sério, mas não durava muito tempo, e logo tudo destrambelhava. Seguiram assim até o último quadro, sendo interrompidos pelo ataque de riso a todo instante. Àquela altura, o público já não sabia mais se ria do espetáculo, dos atores ou dos ataques de riso. A loucura se instalou. No final da sessão, Marília interrompeu os aplausos do público e disse algo como: "Vocês acabaram de assistir a um fenômeno teatral. Aconteceu algo inusitado, eu e o Marco Nanini rimos o espetáculo inteiro. Se vocês quiserem o dinheiro de volta, se vocês acharem que não viram um bom espetáculo, por favor, podem passar na bilheteria". Ninguém reclamou.

Houve outra situação em que Marília também ofereceu ao público a opção de receber o dinheiro de volta — e ninguém foi. Uma falta de luz repentina, no meio de uma troca de esquetes, deixou o teatro às escuras. Para esse tipo de emergência, antes dos geradores, os teatros costumavam ter lampiões. Marília se dirigiu à plateia e sugeriu, brincando: "A luz não tem previsão de ser restabelecida. Vocês podem retirar o dinheiro do ingresso para voltar outro dia, ou nós podemos terminar à luz de lampião…". Para surpresa dos atores, o público escolheu continuar com os três lampiões disponíveis no teatro.

O fenômeno *Doce deleite* instigou outros produtores a promoverem espetáculos semelhantes. "Nunca se fez tanto teatro no Rio como em 1981", dizia a manchete do jornal *O Globo* do dia 30 de dezembro de 1981. Foram mais de 150 estreias no ano. Se por um lado boa parte da classe comemorava o que parecia indicar um vigor econômico do teatro popular, um respiro depois de anos de repressão, por outro havia quem puxasse o coro do "nem sempre quanto mais, melhor". Ao comentar a farta temporada, o crítico do *Jornal do Brasil*, Yan Michalski, observava que os espetáculos que coletavam esquetes acabavam por "desconversar" dos temas urgentes num momento crítico de distensão política — "Dramaturgia fragmentada contém também ideias fragmentadas".[11]

Pela primeira vez no teatro brasileiro, um dos temas mais abordados nos palcos era a homossexualidade, muitas vezes de forma estereotipada e jocosa, como um "trunfo comercial". "Passada a euforia da abertura censória e esgotado o estoque de peças ainda aproveitáveis que mofavam nas gavetas [...]. Diante do desafio de uma realidade bem mais matizada e contraditória, e aparentemente esmagados pelo peso da liberdade de expressão recém-adquirida, à qual não estão acostumados e com a qual ainda não sabem muito bem o que fazer, os nossos autores, uma vez esgotado o filão dos acertos de contas com o passado que predominou em 1980, pedem uma pausa para meditação", escreveu Michalski em texto intitulado "1981: Um teatro dissociado da realidade". Mesmo assim, reconheceu que, entre tantas revistas, reprises e coletâneas, *Doce deleite* era um "ritual de exaltação ao ofício".[12]

Doce deleite emplacou quatro anos de sucesso absoluto, viajando por todo o Brasil. Depois do primeiro ano, Marília Pêra foi receber um prêmio nos Estados Unidos por sua atuação no filme *Pixote*, de Héctor Babenco, e acabou sendo substituída por Regina Casé, que ficou mais uma temporada. "Foi com ele que eu aprendi o que era teatro na acepção completa da palavra. Até então, eu só tinha feito teatro com o grupo Asdrúbal Trouxe o Trombone, que era mais uma banda de rock, um bando de garotos, do que um grupo de teatro. E aí vem o baque: ser chamada para substituir a Marília Pêra em *Doce deleite*. Eu nunca tinha vivido aquele ambiente de camarim, coxia, proscênio, ribalta... Eles tinham hábitos que eu nunca tinha visto: em cada lugar que a gente chegava, em cada cidade, cada teatro novo, o camareiro jogava álcool no banheiro todo e tacava um fósforo! Eu não sei como ele nunca incendiou nada. Era uma técnica deles para fazer uma assepsia completa. Trocas de roupa em segundos, a relação com a plateia, o respeito ao teatro, a pontualidade, deixar para comer no teatro para ir se ambientando, tudo eu aprendi com o Nanini, ao mesmo tempo morrendo de rir. Especialmente quando ele estava de mau humor. O mau humor dele é mais engraçado que o bom humor", declarou a atriz, que ficou em cartaz com ele um ano e na sequência passou o bastão à atriz Bia Nunnes.

Bia lembra que no dia seguinte ao convite para substituir Regina já estavam ensaiando. Ela recorda com carinho que, no final da temporada em São Paulo, para se despedirem da cidade, Nanini inventou de fazer sessões extras durante o Carnaval, mas no Theatro Municipal. "Foi um sucesso, uma ideia genial, tivemos de fazer sessões extras e tudo mais. Também houve dois momentos que demonstram bem o apreço que ele tem pela memória da linhagem teatral: uma vez, na comemoração das cem apresentações da peça, ele fez questão de homenagear meu pai, Max Nunes.[13] O segundo, em Brasília, quando homenageou a grande Dulcina de Morais, que subiu em cena conosco, e entraram flores e mais flores para ela no palco. Tudo ideia dele. Foi emocionante", relembra Bia Nunnes, que tem Nanini como padrinho de casamento. "Durante a temporada do espetáculo em São Paulo, lembro muito de passar noites adoráveis na casa dele, no Bixiga; tinha uma sala grande, eu num canto escutando um disco novo do Djavan, no outro canto o ator Zé Fernandes recitando poemas, e Nanini com um bloco grande de papel, fazendo lindos desenhos com giz de cera. Tocava a campainha e mais artistas chegavam. Ele atendia à porta dizendo: 'Bem-vindos ao Centro Cultural Nanini.'"

Na sequência, Bia precisou ser substituída pela atriz Débora Duarte, em nova temporada de sucesso. A química entre eles foi tão boa que a TV Globo e a TV Bandeirantes convidaram os dois para estrelarem um programa humorístico — mas nenhum dos dois convites foi à frente. Débora foi a última companheira de cena. Apesar da troca constante de atrizes, Nanini nunca precisou ou pensou em ser substituído. De ator passou a ator e diretor, e no final já era ator, diretor e produtor. Em 1982, ganhou o Prêmio Mambembe 81 por sua atuação na obra.

Um diferencial do espetáculo era que os camarins se diluíam no cenário — todas as trocas de roupas eram feitas como parte da dramaturgia, reforçando o trabalho braçal do ator, mas principalmente sua versatilidade. Naquele "ritual de exaltação ao ofício", como tanto queria Marília Pêra, era mister mostrar que o ator masculino podia interpretar um papel feminino e vice-versa.

Travestir-se sempre foi uma forma de reforçar os múltiplos talentos de um intérprete, como Nanini sabia desde o capítulo "O travesti" (*sic*) do livro *Teatrologia*, que estudou no Conservatório de Teatro, e que trazia uma pequena historiografia do travestismo no teatro brasileiro: "João Caetano, o maior trágico brasileiro, quando resolveu entrar para o teatro, depois de ter baixa do serviço do Exército, onde foi cadete na Guerra da Cisplatina, teve de interpretar tipos femininos [...]. Em 1794 esteve no Rio a primeira companhia dramática portuguesa que obteve muito sucesso, apesar de não ter atrizes, e de ter papéis femininos interpretados por dois atores [...]. Em 1815, na companhia de Mariana Torres, no Teatro Salitre, o ator Vítor Porfírio de Borja era quem fazia os papéis femininos [...]. No século XIX grandes atrizes interpretaram papéis masculinos, como Sarah Bernhardt, insuperável nessa especialidade".[14]

Travestir-se também viria a ser um dos diferenciais da trajetória artística de Nanini, talento estreado em *Show do crioulo doido*, com a Companhia Milton Carneiro, em que interpretava vários tipos femininos; afinado em *A vida escrachada de Joana Martini e Baby Stompanato*, de 1970, quando entrava no palco sustentando um biquíni diminuto, como uma vedete; forjado em *O Regime das Bananas Chegou*, um dos episódios do programa *Comédia Especial*, de 1972, em que viveu uma dupla de travestis com o ator Paulo José; treinado exaustivamente nos quatro anos de *Doce deleite* e exaltado em títulos como *O mistério de Irma Vap*, *TV Pirata* ou a novela *Êta Mundo Bom!*, trabalhos futuros que teriam por chamariz a disposição corporal que Nanini apresentava para qualquer gênero.

Todas as críticas de *Doce deleite* chamavam a atenção para o aspecto "camaleônico" de Nanini, seu talento "versátil" e sua facilidade em se "metamorfosear".[15] Além do exímio talento e trabalho de construção de personagem, havia uma vantagem de saída: amigo muito próximo de Marília, por quem já tinha sido até apaixonado, ele conhecia profundamente cada um dos seus trejeitos. E tomava todo aquele arsenal de delicadezas para si. Cada arqueada de sobrancelha, cada modo de pousar as mãos, cada olhar fulminante ou gracioso. Marília era muitas. A diva obsessiva pela higiene do figurino, que dava gorjeta extra às camareiras para que lavassem suas meias de cena diariamente; a mãe peralta que propunha exercícios clássicos de teatro como brincadeira às filhas; a perfeita cabeleireira de si mesma, que tinha um truque infantil para quando não tinha tempo para o salão — fazia trancinhas em pequenas mechas do cabelo molhado para terem mais volume quando soltos. Ator naturalmente observador, Nanini tinha em Marília seu arquivo pessoal de gestos femininos. "Não é assim que uma mulher carrega essa bolsa", corrigia ela, ao ver que o amigo se embananava com as alças mais curtas de uma, mais longas de outra — no dia a dia, Nanini usava apenas uma bolsa, uma capanga que ele chamava de "conjugado". Ela o ensinava a colher os brincos de pressão da orelha com uma das mãos, a prender xixi com as pernas, a empunhar uma xícara com a unha feita. "O homem tende a caricaturar a personalidade feminina, e a Marília sempre chamou minha atenção pra que a gente não caricaturasse a mulher, e tentasse senti-la, mesmo em se tratando de uma comédia [...]. Quando o ator veste uma peruca, põe um vestido e calça salto alto, imediatamente quer aveadar a personagem feminina", diria ele em depoimento ao jornalista Simon Khoury.[16]

No último ano da temporada de *Doce deleite*, 1984, Nanini recebeu um convite para abusar de toda essa versatilidade: participar da novela das sete, *Um Sonho a Mais*, na pele do deslumbrado Mosca, que se travestia de Florisbela. Estreia do jornalista espanhol Daniel Más na teledramaturgia — logo substituído por Lauro César Muniz, Mario Prata e Dagomir Marquezi —, a novela era inspirada na peça *Volpone*, do renascentista inglês Ben Johnson. A trama centrava-se em um milionário brasileiro que vivia no Egito e voltava ao país natal para um acerto de contas com a família. Excêntrico e riquíssimo, Volpone, o protagonista interpretado por Ney Latorraca, chega ao Brasil fingindo ser vítima de uma doença contagiosa para chamar a atenção da família. Dizia que voltara para morrer no país e que o grave distúrbio o obrigava a ficar em uma redoma de plástico. A imagem de Ney Latorraca esquálido e moribundo, dentro de uma bolha cenográfica, é um retrato saboroso do alcance da imaginação nas telenovelas brasileiras. Volpone trazia consigo o Mosca, melhor amigo e cupincha das suas aventuras. Nanini nem precisou inventar muito: "Essa comédia tem um desenvolvimento delicado, não é farsa. Como é muito bem escrita, com situações interessantes, optei por uma linha branda para poder circular com tranquilidade pela emoção. Como ele é extravagante, gosta de gastar dinheiro, não quis frisar isso ou aquilo. Tem que ter verossimilhança", disse à revista *Amiga* sobre a composição do personagem.[17]

A parceria entre Ney e Nanini começou no Egito, nas cenas iniciais de Mosca e Volpone. Já a amizade teve início com um erro da produção do figurino: assim que desembarcaram no Cairo para as primeiras gravações, Ney notou que Nanini acompanhava todo o trâmite para o transporte do figurino do seu personagem, acomodado em malas e mais malas. "Comigo só tinha uma caixinha com um terno", diverte-se Ney, lembrando a história. "O meu personagem era o homem mais rico do mundo e só tinha um terno, enquanto o personagem do Nanini tinha até roupão de banho. Dei um piti e disse que não ia mais gravar a novela. Tinha sido um erro de produção, mas como eu não estava acompanhando o meu figurino, só notei depois. 'Não vou gravar mais nada, ele tem muito mais roupa do que eu!', falei. O Nanini me perguntou o que é que eu queria. Eu queria tudo. O que ele fez? Passou todo o figurino dele pra mim, eu peguei tudo, porque eu era o rico, né? Ele ficou um trapinho. 'Agora sim, estou bem!', eu falei, parecia que tinha cinco anos. Ele foi tão gentil. Foi daí que bolamos a primeira cena, eu saindo da banheira de espuma de um hotel maravilhoso no meio das pirâmides do Egito e vestindo o roupão preto que era do Mosca, enquanto ele estava com uma roupa normal".[18]

Quando chegou ao Brasil, para circular livremente e despistar inimigos, Volpone tinha outros disfarces: um médico, um industrial, um motorista e uma procuradora, Anabela. Com uma caracterização que fazia alusão à personagem Tootsie, interpretada por Dustin Hoffman no filme homônimo de Sidney Pollack, um sucesso nos cinemas em 1982, Ney Latorraca estava impagável no papel da mulher solteirona que queria se aproximar de outro solteirão para descobrir seus segredos. Volpone obrigava Mosca a acompanhar Anabela encarnando Florisbela, sua "irmã". Para contrastar com o superficial Mosca, Nanini criou uma Florisbela segura, impudica, quase ousada. Na mosca. Em uma eleição interna entre atores da TV Globo, uma brincadeira de elenco, Florisbela foi eleita a mulher "mais sensual" de todas as novelas que estavam no ar.[19]

Para completar o enredo de mentiras, outro personagem, Lula (Antonio Pedro), também surgia como a terceira irmã das duas, Clarabela. Era um grande encontro de talentos as cenas que reuniam Ney, Nanini e Antonio Pedro travestidos. As irmãs faziam tanto sucesso que a trama paralela ganhou cada vez mais espaço na novela. Àquela altura, *Um Sonho a Mais* dava em média 54 pontos no Ibope, o que era excelente, ficando atrás apenas da novela *Corpo a Corpo*, que ocupava o horário principal, das nove da noite, e do *Jornal Nacional*. Conforme a trama se adensava, para perseguir a audiência, os autores fizeram Anabela se casar com um homem que se apaixonou por ela, Pedro Ernesto (Carlos Kroeber). No episódio do matrimônio, que chegou a 55 pontos de audiência, *Um Sonho a Mais* entrou para a história como a novela que promoveu o primeiro beijo entre dois homens na televisão brasileira — ainda que fosse um rápido e cômico estalinho.

A Censura Federal não gostou nada de ver homens vestidos de mulher em horário nobre e pressionou a TV Globo para tirar os personagens do ar. À época, Mario Prata deu uma entrevista indignada à revista *Amiga*, defendendo os tipos criados por ele. "Acho que houve um grande equívoco das pessoas em relação às irmãs. Tudo é apenas uma brincadeira dos personagens. Esta não é uma história gay, são homens vestidos de mulher para fugir de determinadas situações", disse ele, em reportagem intitulada "Latorraca, Nanini e Antonio Pedro vão tirar os vestidos".[20]

Lauro César Muniz, que já tinha tido uma atriz transexual cortada pela censura de uma trama sua em 1977 — Cláudia Celeste, na novela *Espelho Mágico* —, fez coro em outra entrevista, ameaçando ir a Brasília para impedir o corte dos personagens: "No dia que tivermos que atender a todos os padrões impostos pelos organismos censores, a criação estará morta".[21]

Teve mesmo de ir a Brasília, mas não por vontade própria. O diretor da Censura Federal, Coriolano Fagundes, chamou os autores para uma conversa. Na reunião, argumentou que o horário da novela tinha um amplo público infantil, impróprio para personagens e tramas como os que estavam sendo exibidos diariamente. Sugeriu uma espécie de "acordo": as travestis perderiam espaço na trama. Os autores voltaram ao Rio espumando de raiva.

Mas eles não só ignoraram o pedido como reforçaram o time de travestis, levando para a trama uma personagem famosa da noite paulistana nos anos 1980: o ator e performer argentino Patricio Bisso, que se apresentava em boates e programas de TV como a drag queen Olga del Volga, uma sexóloga russa. Pois Mario Prata e Lauro César Muniz convidaram Olga para fazer uma participação na novela, dando conselhos sexuais a Anabela, que não conseguia consumar o casamento com Pedro Ernesto. Em dois capítulos inteiros, para desespero da direção da Globo, a novela abriu espaço para uma aula de educação sexual nunca vista na TV brasileira — Olga falava de frigidez, satisfação sexual e corpo feminino com desembaraço e humor. Foi a gota d'água. Para engrossar o caldo da censura, começaram a chegar cartas e telefonemas de espectadores criticando Olga. Ainda mais contrariado com o aparecimento de mais uma personagem, Coreolano Fagundes decidiu agir: enviou um ofício à Globo solicitando formalmente o desaparecimento das travestis. A emissora acatou e montou um cronograma para o sumiço imediato das personagens.[22]

Florisbela sumiu da novela depois que Mosca esqueceu uma mala com adereços femininos na casa da noiva, Valéria (Maitê Proença), deflagrando a mentira. Clarabela foi desmascarada por fazer xixi no tampo do vaso e tomar vinho no gargalo, o que não combinava com seus modos de donzela. Olga del Volga nem se despediu, escafedeu-se da trama da mesma forma que entrou. Anabela se arrastou até o final do folhetim, mas sem cenas de destaque. E assim a ditadura militar conseguiu eliminar quatro promissoras travestis da teledramaturgia brasileira.

11. O mistério de Irma Vap

> LADY ENID (*com escrúpulos*) Edgar.
> LORD EDGAR (*ligeiramente repreensivo*) Enid.
> LADY ENID (*confiante*) Edgar.
> LORD EDGAR (*condescendente*) Enid.
> LADY ENID (*se aconchegando no peito dele, com um suspiro*) Edgar, Edgar, Edgar...
> LORD EDGAR (*confortador e confortável*) Enid, Enid, Enid...
> LADY ENID (*apaixonadamente*) Edgar!
> LORD EDGAR (*excitado*) Enid!
> LADY ENID (*culminante*) Edgar!
> LORD EDGAR (*orgasticamente*) Enid!
> LADY ENID (*cortejadora*) Edgar.
> LORD EDGAR (*sonolento*) Enid.*
>
> Charles Ludlam, *O mistério de Irma Vap*, 1985

Um inverno duro castiga os moradores de um castelo do interior da Inglaterra no final do século XIX. Tudo é cinza, não há flores nem sol, só um tempo

---
* Tradução de Roberto Athayde.

nublado e chuvoso, perfeito para as histórias terríveis do Romantismo. O dono do castelo, Lord Edgar, acaba de passar por um golpe de tristeza profunda: a morte da sua primeira mulher, Irma Vap. A presença forte e enigmática de Lady Irma, como era chamada, ainda está impregnada no castelo. Especialmente num quadro que fica bem no meio da sala — é impossível cruzar os cômodos sem enfrentar seu olhar terno e resoluto naquela pintura. Inconsolável com a perda, Lord Edgar desabafa suas angústias com dois empregados da mansão: o cocheiro Nicodemo, sujeito um tanto quanto esquivo; e Jane, a criada introspectiva que passou a vida dedicada a agradar Irma Vap. O tempo passa, o inverno também, e numa viagem a Londres Lord Edgar conhece uma jovem de dezoito anos que o deixa apaixonado: Lady Enid, uma atriz em ascensão. O Lord propõe casamento à Lady, e ela prontamente abandona os palcos para viver no castelo. Ao chegar à mansão e assumir o posto que fora da inesquecível Irma Vap, Lady Enid enfrentaria o ciúme enfurecido de Jane, que não suporta a nova patroa. A trama sinistra vai ganhando personagens inusitados, como o filho de Lord Edgar e Irma Vap que fora morto por um lobisomem, uma múmia egípcia e uma suposta vampira. O final da história, claro, é surpreendente.

Foi com esse enredo simples, mas que mistura suspense, romance, aventura e humor, que o espetáculo *O mistério de Irma Vap* tornou-se o maior fenômeno teatral brasileiro até hoje. No livro dos recordes, o *Guinness Book*, a peça ostenta o título de "espetáculo que ficou mais tempo em cartaz com o mesmo elenco em todos os tempos" — *A ratoeira*, de Agatha Christie, é apresentada há setenta anos em Londres, mas com diferentes elencos.

O mistério de Irma Vap ficou onze anos em cartaz com Nanini e Ney Latorraca interpretando oito personagens diferentes, com 56 trocas de roupas, sendo que cada uma delas não levava mais de trinta segundos. Essa era a sagacidade do espetáculo: que o público ficasse hipnotizado pela versatilidade dos atores, mergulhando na magia da história. Foi vista por quase 3 milhões de espectadores, feito que nunca mais se repetiria na história teatral brasileira. Como uma peça de terror inglês ambientada no final do século XIX pôde se tornar tamanho fenômeno pop num país tropical, e só aqui? É um mistério até hoje não desvendado.

A peça havia sido escrita pelo nova-iorquino Charles Ludlam, fundador da Companhia Teatral do Ridículo, uma figura cool do Village, amigo de Woody Allen, Elton John, Madonna e dos Rolling Stones. Era um texto do gênero conhecido como *penny dreadful*, uma espécie de "terror barato" — ou, em bom português, um besteirol com tintas soturnas.

Na primavera de 1986, Marília Pêra estava em Nova York se apresentando com a peça *Brincando em cima daquilo* e, numa de suas noites livres, foi ao teatro com o amigo e dramaturgo Gerald Thomas. *The Mistery of Irma Vep* estava em cartaz com bons elogios da crítica, e os amigos decidiram-se pelo título. Foram duas horas decisivas. Marília saiu do teatro atordoada com a ideia de dirigir uma versão nacional do espetáculo. Estava encantada com o que viu. Quem sabe com uma dupla de atores como Jô Soares e Chico Anysio a peça embarcaria... Ou, melhor ainda, teve um estalo: Marco Nanini e Ney Latorraca.

No Brasil, não tirou a ideia da cabeça até convencer os dois atores a se juntarem a ela para comprar os direitos da peça. Convenceu também o marido e uma amiga. Cada um desembolsou quinhentos dólares, e tornaram-se sócios na produção, sem imaginar que aquele seria o melhor investimento da vida de cada um. A empresa foi batizada de Pequeno Teatro da Aldeia Abandonada, e deram o texto para Roberto Athayde traduzir e adaptar. A primeira missão dele foi árdua: reduzir o espetáculo de três para duas horas, a pedido de Marília.

O cenário e o figurino ficaram a cargo de Colmar Diniz, que tinha uma bela coleção de histórias em quadrinhos de vampiros em casa, o que o ajudou a conceber a direção de arte. A dificuldade estava em bolar peças de roupa suntuosas, ricas em detalhes, como pedia o enredo — mas que pudessem ser totalmente trocadas em pouquíssimo tempo. Colmar desenvolveu, então, um sistema de velcros que desembrulhava as peças de cima a baixo com um giro à direita ou à esquerda. Tudo para ganhar tempo.

Com disciplina marcial, Marília ensaiou os dois durante 48 dias. Proibiu que fumassem e deu a eles apenas uma folga por semana. Nos intervalos, os levava para caminhar pela lagoa Rodrigo de Freitas, para que ganhassem fôlego. Carregava as filhas a tiracolo, e, de tanto assistir aos ensaios, as duas meninas decoraram toda a peça antes mesmo dos atores. Primeiro eles ensaiaram as trocas de roupa, depois as marcações com os objetos de cena, e por fim a marcação entre os atores. Nessa fase, Marília teve um surto de pessimismo, achando que a peça nunca ia se pagar. Nanini tentava animar a amiga, apostando que a peça se pagaria. O único a imaginar um sucesso estrondoso foi Ney, que sonhava com prêmios, fama e dinheiro enquanto fumava escondido no banheiro do Teatro Casa Grande, na Lagoa.

Ney criou para Lord Edgar um sotaque enrolado, uma postura de galã forçado, à Jardel Filho, mas só conseguiu encontrar o personagem definitivamente quando viu a pequena Nina, filha mais nova de Marília, imitando os seus próprios trejeitos. "A maneira como Nina sentava, a entonação, o jeito de andar, ali estava a chave", contou Ney em sua biografia.[1] Para a governanta Jane, também interpretada por ele, foi Marília quem encontrou uma solução: fazê-la como se ela estivesse segurando uma vassoura no traseiro, sem deixá-la cair. Entalado, andaria de forma diferente, falaria de forma diferente, e a sua tensão enfeitiçaria o público. Nanini concebeu Lady Enid pensando em Dercy Gonçalves, como uma homenagem a ela, seus trejeitos, seus personagens, um misto de donzela panicada com uma palhaça espevitada. Uma Giulietta Masina saltitante.

Na véspera da estreia, Marília Pêra deu um golpe de mestre para que os dois entrassem tinindo no palco. Chamou Ney num canto e disse a ele que ainda estava muito apático, que Nanini brilhava como um sol em cena, e ele não tinha alcançado o calor do companheiro de palco. O ator não esperava aquela bronca e voltou para casa refletindo sobre a própria inibição. Nanini, sem saber de nada, espantou-se com a mudança de atitude do colega em cena, respondendo à altura. Deu certo. Os dois voaram baixo no palco. A partir da noite do dia 26 de novembro de 1986, a vida de nenhum dos dois — ou três — seria a mesma.

Marília tinha preparado cada detalhe para a badalada estreia: checou pessoalmente a limpeza dos banheiros, as poltronas, mandou pôr um pianista no hall para recepcionar o público, tal qual tinha visto Adolpho Bloch fazer em *Pippin*. Ela se desdobrava em duas, afinal, acontecia um espetáculo diante da plateia e outro nos bastidores. Na coxia, tudo também estava meticulosamente ensaiado. Muito porque Marília tinha lançado mão de um supertrunfo: levou para o espetáculo o seu camareiro pessoal, Ney Mandarino, que havia trabalhado com toda a sua família de artistas.

Ex-bailarino, Mandarino se apresentara ao lado de atrizes como Luz del Fuego e Elvira Pagã na juventude. Ele era um especialista em espetáculos, onde fazia de tudo: contrarregra, direção de cena, administração, além de cobrir eventuais atores faltosos. Cultíssimo, do tipo que gostava de fazer quiz sobre espetáculos antigos enquanto preparava um ator ou atriz para entrar em cena, Ney Mandarino havia sido até babá de Marília Pêra quando bebê, nas ocasiões em que trabalhava de faz-tudo nos espetáculos da família Pêra.

Ney Mandarino e Marília voltaram a se encontrar quando ela fez *A vida escrachada...* no Teatro Ipanema, em 1970. Ney era funcionário fixo do teatro e nas horas vagas complementava a renda decorando a casa de artistas, como fez com a cantora Clara Nunes e a atriz Yoná Magalhães. Marília ofereceu quatro vezes mais do que ele ganhava como contrarregra no teatro para se tornar seu camareiro pessoal. "É o Ney quem me põe em cena. Ele já organizou tudo, aprontou tudo, verificou tudo. Ele me veste, me ajuda [...] a arrumar o cabelo, [...] me dá chá, me dá água, ele me dá remédio, me dá maçã, ele me dá confiança, tranquilidade, ele me dá tudo", detalhou Marília, no capítulo que dedicou a Ney (o único sobre outra pessoa) em sua biografia.[2] Era preciso obsessão para que tudo desse certo na orquestração das trocas de roupa de *Irma Vap*, e Ney era perfeito para a função.

A primeira noite foi um sucesso. Ao final da estreia, receberam no camarim uma visita especial: Fernanda Montenegro foi pessoalmente dizer aos dois o quanto havia adorado o espetáculo. Ela profetizou: "Isso é uma peça para dez anos". Lembrando do episódio anos depois, ela comentou: "Eu achei extraordinário o trabalho dos dois. A peça é uma comédia rasgada, foi muito bem dirigida pela Marília, e a reação da plateia era avassaladora. E quando acontece essa descarga de energia num encontro teatral, se prepare. Você vai lutar para mudar de repertório, o que também é um perigo, porque vai fazendo sucesso e você vai ficando, os anos vão passando e de repente você pensa: 'Eu não fiz tal papel, eu não produzi tal coisa'... Às vezes um sucesso segura um pouco a diversificação de uma carreira. Mas eles eram extraordinários. E a hora que eles quiserem retomar eles ficam mais dez anos. São espetáculos que encontram os atores e a direção certa, o encanto de fazer, a festa de fazer teatro. Me lembro que eu ainda disse pra eles: vocês não briguem, pelo amor de Deus, vocês tenham paciência um com o outro porque a vida às vezes vai relutando. Não briguem, se brigarem, façam as pazes, porque vocês têm um sucesso aqui para o resto da vida".[3]

A segunda noite também foi um sucesso. E a terceira. E a quarta. Com dez dias, a peça já tinha lotação esgotada para um mês. Nem o calor infernal que fazia no Teatro Casa Grande espantou a plateia. Pelo contrário. A crítica recebeu a obra com muitos elogios, e foi Barbara Heliodora quem matou algumas charadas que passaram batidas até por Ney Mandarino: o texto de Ludlam era uma colagem de cenas de clássicos da dramaturgia, como William Shakespeare, Anton Tchékhov, Tennessee Williams, Alfred Hitchcock e L. Frank Baum (autor de *O mágico de Oz*).

O ano de 1986 estava sendo especial para Nanini. Mesmo quando tudo parecia dar errado, dava certo. No início do ano, ele havia participado de uma peça de cujo resultado não gostou nem um pouco: *A bandeira dos 5 mil-réis*, com direção de Aderbal Freire-Filho. Exausto da sequência ininterrupta de trabalhos, não conseguiu compor o seu personagem de uma forma que o deixasse feliz. "Eu estava tão cansado que nem percebi que a peça falava exatamente do mesmo tema de *O corsário do rei*, eu comecei a confundir as cenas", lembrou ele. Ainda por cima, tinha acabado um relacionamento recentemente e estava todo tristonho pelos cantos. Para tentar animá-lo, um dos amigos do elenco, o ator Claudio Gaya, cismou de apresentá-lo a um sujeito que dizia ser "a sua cara". Integrante da trupe Dzi Croquettes, Gaya frequentava muito a praia de Ipanema, onde tinha conhecido um "rapaz lindo, estudante de odontologia, que tinha um Fiat Uno vermelho". Fernando Libonati era o nome dele. Nanini não deu muita bola. Sem saber da propaganda em seu favor, um dia Fernando foi assistir à peça e na saída e Nanini o viu de longe. Dois dias depois, Fernando estava com amigos num bar que frequentava em Botafogo, chamado Gosto Bom, e por acaso Nanini apareceu. Estava com outro amigo, e os dois sentaram-se à mesa ao lado de Fernando. Começaram a conversar, e rapidamente Nanini o reconheceu do camarim. Papo vai, cerveja vem, o grupo decidiu crescer a noite na boate Papagaio, uma febre da época. Dispersos entre os amigos em comum, os dois passariam aquela noite do dia 3 de maio de 1986 — data que nunca mais esqueceriam — conversando animadamente. No dia seguinte, Claudio Gaya telefonou para Fernando, perguntando: "O que você vai fazer amanhã?". Fernando respondeu: "Vou à aula". Claudio o convidou para ir à festa de lançamento de um perfume — o elenco todo do espetáculo havia sido convidado. Achando aquele evento um tanto quanto inusitado, afinal, nunca tinha ido a uma festa para um perfume, Nando aceitou.

Era um rega-bofe chiquérrimo, no Hotel Ceasar Park, em Ipanema, para celebrar o lançamento no Brasil do perfume Drakkar Noir, do estilista francês Guy Laroche. A campanha publicitária da novidade foi pesada, e os anúncios ocupavam páginas inteiras das revistas, com uma mão feminina, de unhas vermelhas, agarrando o punho erguido de uma mão masculina. Uma imagem fálica e ardente. O slogan do lançamento era "*La douce violence d'un parfum d'homme*" — "A doce violência de um perfume de homem" —, enaltecendo a dualidade da sutileza e a virilidade da essência. *Drakkar Noir* era o nome de um barco viking.

Quando chegou ao coquetel, animado por todo esse imaginário sensual e provocante bem típico dos anos 1980, Nanini logo viu Nando entre seus amigos. O assunto na roda era um só: o novo show da cantora Elba Ramalho, que havia estreado no Scala 2, no Leblon. Nando era um fã alucinado da intérprete, que estava no auge do sucesso. De uma família assídua de bailes de Carnaval e de shows de música — a mãe era louca por Emilinha Borba e Roberto Carlos —, ele falava muito sobre os shows a que tinha ido e os que queria assistir. A conversa entre Nanini e Nando engatou. O ator ficou muito atento àquele futuro dentista apaixonado por música, e o estudante morreu de rir com as tiradas sarcásticas do humorista. Falando e rindo, cantando e dançando, se beijaram e viram o dia amanhecer.

Começaram a sair com frequência. Duas semanas depois, Nanini estamparia uma reportagem de comportamento no *Jornal do Brasil* sobre seus hábitos de consumo. Era uma sessão corriqueira, dessas em que artistas eram chamados para contar quais marcas usavam. Entre a pasta de dente Kolynos, o sabonete Gessy, o tênis Reebok e a vodca Smirnoff, quando perguntado sobre qual perfume usava, Nanini aproveitou a deixa: "Drakkar Noir, é claro. Cheiro que me traz à memória uma história inesquecível".[4] Era uma piscadela para Nando, que ficou surpreso quando leu o jornal pela manhã. Surpreso e feliz.

Aos poucos, ele foi percebendo que Nanini era muito atrapalhado com a agenda de trabalho, a administração doméstica, e começou a organizar a vida do namorado. Nanini, por sua vez, era mestre em gravar fitas cassete com músicas selecionadas especialmente para Nando. Uma mistura de Cazuza, Cauby Peixoto, Nat King Cole, Elton John e, claro, não era bobo, Elba Ramalho. Havia uma que ouvia sem parar: "Merda", instrumental de Cesar Camargo Mariano, gravada no disco *Ponte das estrelas*. Nanini adorava colocar essa música nas suas mixtapes.

Talvez um dos mistérios de *Irma Vap* fosse este: Nanini estava completamente apaixonado — e correspondido — quando estreou o espetáculo. O que não lhe acontecia com facilidade, muito menos daquela forma. Com Nando, quis se casar, ter um sítio com cachorros, encher a casa de flores. Vale lembrar que 1986 também foi o ano do cometa Halley, um fenômeno sideral impressionante e visível a olho nu que só acontece de 75 em 75 anos.

Passaram-se os primeiros meses, o primeiro ano, o segundo ano, e *O mistério de Irma Vap* não dava nenhum sinal de cansaço de público. Os primeiros dividendos que foram enviados do Brasil a Charles Ludlam, autor da peça, deixaram-no embevecido — em Nova York, sua cidade, a montagem só durara pouco mais de um ano. Estava encantado com o sucesso que o texto fazia no Brasil e declarou publicamente que tanto esmero da produção destruíra o preconceito que ele tinha sobre o amadorismo do teatro sul-americano. Foi uma pena não ter tido tempo de ver a versão brasileira. Tal qual um de seus personagens, Charles morreu abruptamente em maio de 1987, aos 44 anos.

Ney e Nanini começaram a viajar por todo o país, e tiveram de criar um cenário fixo, para ser usado nas capitais, e um cenário móvel, com rodinhas — idealizado por Nanini — para circular de caminhão por cidades menores. Em Recife, Campinas e Belo Horizonte, *Irma Vap* foi vista por uma média de 2700 pessoas por noite. Numa temporada popular no Teatro João Caetano, no Rio de Janeiro, chegaram a fazer três apresentações por dia. Um descalabro. Todo mundo ia ver *Irma Vap*. Uma, duas, três vezes. Milton Nascimento, Caetano Veloso, Xuxa, Marieta Severo podiam ser encontrados com frequência nas sessões. Louise Cardoso conta que seguramente assistiu-a mais de dez vezes. Denise Bandeira outras dez. Quando foi ver o espetáculo, Hebe Camargo puxou uma "ola" na plateia ao final, transformando os aplausos numa performance coletiva. Tônia Carrero certa vez levou ao teatro uma cesta com pétalas de rosas que jogou ao chão, conforme os atores saíam do palco em direção ao camarim.

Ney e Nanini foram a todos os programas de entrevistas, saíram em todas as capas de revistas. No *Jornal Hoje*, da TV Globo, Ney contou que os trinta segundos por troca de roupa já tinham caído para 25, para dezesseis e, à época, já tinham conseguido o recorde pessoal de seis segundos. No programa do *Jô Onze e Meia*, do SBT, Nanini contou que o texto já tinha mudado bastante depois de tantos cacos, sendo preciso gravar em áudio o texto que resultava da versão original, para que tivessem algum controle das mudanças. *Irma Vap* crescia veloz e robusta.

É curioso observar como muitas das perguntas feitas aos dois eram focadas no fato de interpretarem personagens femininos na peça. Havia um clima de espanto e curiosidade em jornais, revistas e programas de TV para aquilo que parecia ser o aspecto mais fulgurante do espetáculo, e não a trama em si ou as decisões estéticas dos atores e da direção. De forma sutil, mas sempre urgente, as perguntas insistiam: "Por que são dois homens representando várias mulheres?", "Como vocês se sentem representando várias mulheres?", ou "É fácil libertar o lado feminino?". A resposta de Nanini falava sempre sobre sua composição das personagens, não sobre o medo ou receio de fazê-las. "Já fiz vários personagens femininos, já fui rumbeira, já fiz vedete, já fiz um detetive que se disfarçava de mulher… Isso nunca foi problema pra mim. O que ocorre em *Irma Vap* é que sou grande demais […] e resolvi me conter um pouco. E Marília conseguiu isso com muito tato e sabedoria. 'Nanini, […] vamos contar a história muito bem contada, não vamos fazer brincadeirinhas'. […] Tenho que ser mesmo uma lady que está apaixonada por um lorde".[5]

A ditadura já tinha acabado, mas seu rastilho moralizante seguia aceso. Não à toa, travestis famosas dos anos 1980, como Rogéria e Roberta Close, que conseguiram furar o bloqueio e estrelar produtos artísticos, eram ainda tratadas como exóticas e objetificadas sexualmente. Ney reagia com fúria a esse clima: "Eu dava bandeira mesmo, só para chocar as pessoas. Acho um absurdo os atores que não querem […] fazer papéis femininos. A sexualidade de um ator não muda por causa disso. Desde o teatro grego os homens fazem papéis femininos, no teatro japonês isso é uma tônica. Ator não tem sexo, idade, nem tipo. Se eu quiser fazer Romeu aos 55 anos, eu faço".[6] Outra hipótese para o mistério de *Irma Vap* talvez fosse desafiar a moral vigente fazendo o que o teatro sempre fez: travestir os atores.

Ney e Nanini mal davam conta do que estava acontecendo. No sétimo Prêmio da Música Brasileira, interpretaram personagens inspiradas em Jane e Lady Enid como mestres de cerimônia da festa. "Irma Vap" virou até gíria nas colunas sociais para se referir a pessoas muito vaidosas, que trocavam muito de roupa. A peça foi formando um séquito de fãs um tanto inexplicável — de repente, a produção se viu obrigada a vender camisetas, bottons, flâmulas e cartazes, tamanha era a demanda por memorabilia do espetáculo ao final das apresentações. Em alguns lugares, os atores precisaram andar com seguranças — a comoção pública exagerada sempre fazia Nanini lembrar com pavor do enterro de Sérgio Cardoso.

Eles se divertiam com o frenesi. A cada vez que Nanini saía do palco de um lado como um cocheiro amargo e manco, o Nicodemo, e voltava em impressionantes três segundos como a ruiva deslumbrada e saltitante, Lady Enid, a plateia ecoava um admirado e suspirado "Ohhhh!". A comunicação com as pessoas era tão franca que os atores experimentaram bastante aquilo que só costuma acontecer pouquíssimas vezes em teatro: o encontro perfeito entre palco e plateia. A catarse grega em estado bruto. Costumam ser noites mágicas quando o público está na mesma afinação que o espetáculo — o que os atores jogam para a plateia, ela devolve na mesma hora, como uma dobradinha perfeita para o gol.

O ator Pedro Paulo Rangel esteve na plateia em uma das vezes em que isso aconteceu e soube reconhecer na hora. "Eu vejo direitinho a bola de fogo voando no palco: a gente percebe acontecer. Não é um tijolo quadrado. Você olha no olho do outro e sente a vida borbulhando, acesa, sorridente. Só não digo que é Deus porque tenho vergonha", declarou ele, um espectador assíduo de *Irma Vap*. "Vi milhões de vezes *Irma Vap*. Era um prazer para quem via muito perceber o que tinha mudado de uma sessão para outra. A graça era ir de novo para descobrir as novidades. O Nanini tinha o hábito de criar uns personagens na vida real, entre amigos, e era muito interessante ver que ele levava esses personagens de vez em quando para passear em *Irma Vap*, ou alguns trejeitos deles, citações. Só quem sacava eram os amigos que conheciam esses tipos. Tinha uma peça dentro da peça."

Quando os espectadores, extasiados, se levantavam para aplaudir os atores no final — a peça sempre terminou com aplausos de pé, um júbilo raríssimo —, ainda tinham nova surpresa, um mimo magistral criado por Marília Pêra: eles agradeciam na pele de cada personagem. Ney e Nanini repetiam as trocas de roupas durante os agradecimentos, cada um, oito vezes. O público ia ao delírio.

A atriz e cineasta Carla Camurati viu tantas vezes a peça que em 1990 decidiu fazer um curta-metragem sobre os bastidores do espetáculo. Intitulado, claro, *Bastidores*, o filmete documentava a linha tênue de tensão que existia entre o palco e a coxia daquele espetáculo peculiar — a divisão exata da ficção e da realidade. "A peça em si era ótima, mas o que fascinava de verdade era o jogo teatral, a rapidez e precisão com que os atores se vestiam e se travestiam num piscar de olhos, por trás das tapaderas. Na frente do público, aquela explosão do besteirol; atrás, a concentração e o silêncio mais absolutos. Em segundos, viajava-se de um universo a outro. O Nanini vestido de mulher saía com uma gargalhada e, ao cruzar a porta, por onde a luz penetrava naquele cubículo escuro, caía por um brevíssimo tempo no silêncio em que só se ouvia o *fraaa... fraaa* do velcro nas roupas. Sempre me intriguei, ao sair de cena no teatro, com o vácuo sonoro e emocional da passagem para as coxias. Era dessa fronteira entre dois mundos contíguos, mas tão diferentes, que eu queria tratar no curta."[7] Em 2006, Carla Camurati dirigiria o filme *Irma Vap: O retorno*, uma sátira sobre o retorno dos personagens à vida dos atores.

De vez em quando, já vestido de Jane, Ney saía do teatro e fazia um escândalo na frente das pessoas que estavam na fila comprando ingresso: "Nanini está querendo me matar, está me enlouquecendo, segurem esse homem que ele é perigoso!".[8] Certa vez, Nanini escondeu-se na bilheteria para ouvir o que as pessoas falavam na fila antes de entrar no teatro. "Eu queria saber qual era o burburinho real. Aí ouvi uma mulher perguntando para a bilheteira assim: 'A Christiane Torloni ainda está no elenco?'. As pessoas não sabiam nem o que estavam entrando para ver, era uma loucura completa".[9]

O espetáculo cruzou gerações. Os atores envelheceram, engordaram, perderam cabelos diante da plateia. Os cacos foram se atualizando com as notícias. Em 1987, ano do curioso episódio do Verão da Lata[10] no Rio de Janeiro — quando um navio estrangeiro, *Solana Star*, despejou centenas de latas de maconha prensada no mar, fazendo a alegria dos usuários cariocas —, Lady Enid gostava de dizer a Jane, num dos surtos de ciúme da governanta: "Parece que ela fumou a maconha da latinha". Houve cacos com a Constituinte de 1988, com o impeachment de Collor em 1992, com a mudança de moeda em 1994. A peça atravessou quatro pacotes econômicos, duas campanhas presidenciais, duas novelas-coqueluche, *Roque Santeiro* e *Vale Tudo*. Tudo virava caco. Um espetáculo que "contou a história do seu tempo", como disse Camila Amado sobre uma das características que mais apreciava no teatro.

O mistério de Irma Vap deu a eles dinheiro, fama e reconhecimento. O primeiro prêmio recebido por um contrarregra no Brasil foi em *Irma Vap*. Tudo corria exatamente como imaginou Ney Latorraca, que assim que pôde botou a mãe, dona Nena, para fazer plástica e reformou seu apartamento no Jardim Botânico. "Pude dar conforto para mamãe, ajudar a família e comprar coisas que eu gosto: [...] um telão, uma ducha forte e toalhas brancas, grandes e felpudas, daquelas que enxugam mesmo", contou ele. Nanini pagou as dívidas pessoais que tinha feito para levantar as peças *Tiro ao alvo* e *Doce deleite*, comprou uma casa com jardim, como sempre quis, no bairro em que já morava no Rio, a lagoa Rodrigo de Freitas. Uma casa com um "condomínio", como chama a imensa mangueira que tem no quintal, árvore monumental que abriga diversos tipos de passarinhos. Nando foi junto. "Dificilmente entro numa sala em que ele está ensaiando e consigo sair. Não consigo, fico assistindo a tudo. Nanini é hipnótico, tem um magnetismo muito forte. É impossível sair da sua vida", declara-se Nando.

Estavam ébrios de sucesso. Ébrios mesmo. Na noite em que foi inaugurado o Sambódromo de São Paulo, no dia 1º de fevereiro de 1991, Ney e Nanini foram convidados a participar da festa de lançamento pela então prefeita Luiza Erundina, do Partido dos Trabalhadores. Os dois se esbaldaram. Chegaram no hotel de manhã, sabendo que tinham apresentação mais tarde. Nando abriu as cortinas da janela, esbravejando: "Você está completamente atrasado para o teatro!". Nanini deu um pulo da cama, interfonou para o quarto de Ney, que dormia placidamente. Acordou o parceiro de cena desesperado e juntos voaram para a casa de espetáculos. Confiando na experiência em cena, maquiaram-se e em poucos minutos estavam prontos. Começaram a peça automaticamente, mas em certo ponto Nanini teve um branco. Ficou gelado. Começou a olhar para si, sem entender onde estava, por que estava de vestido bufante, peruca, num castelo de papelão e compensado. Olhava para a plateia, atônito. Percebendo que Nanini tinha tido um branco, Ney disfarçava com a personagem: "A senhora não vai mesmo dizer nada? Vai ficar muda? É isso mesmo?". Diante do colega mudo, fez o sinal para fechar o pano. Atrás das cortinas, Nanini estava ainda mais confuso: "Eu não lembro de nada, preciso ler o texto". Só que não havia mais qualquer cópia impressa do texto àquela altura. Como já levavam a peça havia anos sem problemas, a cópia do texto foi desprezada. Procuraram, procuraram, e por sorte alguém achou uma xerox. Nanini leu, se acalmou, entendeu onde estava e mandou abrir o pano. Ao retomar a peça de onde haviam parado, e com a confusão da parada, quem esqueceu a deixa foi Ney. Sem perceber que dizia o texto errado, insistiu na nova mudez do colega: "A senhora vai realmente ficar quieta? É isso mesmo?". Agora quem pediu para fechar o pano foi Nanini. Ney também tinha tido um branco. Nervosos, foram até o camarim beber água e decidir o que fazer. Ney, tão logo chegou, deu meia-volta. Teve um surto de sincericídio e foi até a boca de cena conversar com a plateia: "Preciso dizer a vocês que tem algo acontecendo aqui. Ontem eu e o Nanini fomos à inauguração do Sambódromo, bebemos um pouco…". Quando ouviu a palavra "sambódromo" pelo sistema de som do camarim, Nanini deu um piti: "O que é que este louco está fazendo? Tirem o Ney do palco imediatamente, tem 1200 pessoas na plateia!". Tiraram Ney do palco, o pano fechou de novo, a plateia, sem entender nada, começou a bater palmas, achando que toda aquela loucura era uma cena histriônica do espetáculo. De repente, Ney volta à boca de cena, sozinho, e repete: "Preciso dizer a vocês que tem algo acontecendo aqui. Ontem eu fui à inauguração do Sambódromo, bebi um pouco, o Nanini não foi, só eu que fui…". O espetáculo acabou cancelado, Nanini foi pessoalmente à bilheteria devolver o dinheiro das pessoas, pedindo desculpas. A sessão do dia seguinte teve de ser dobrada. O burburinho da confusão só fez vender mais bilhetes.

Certa vez, os dois estavam numa sala de embarque de aeroporto onde também estava o Tom Jobim, que puxou papo com os atores. Eles comentaram com Tom o que tinha acontecido naquela noite, o pior branco que já tiveram, ainda traumatizados. E ouviram do maestro: "Eu já esqueci 'Águas de março' uma vez, de tanto que eu falava 'É pau, é pedra…', a cabeça vai dando uma travada. Tem horas que tem que parar. O corpo continua, mas a cabeça não quer, então tem que parar".

Nem tudo era só farra: algumas confusões ficaram sérias. Certa vez, no Sesc Santos, houve tumulto ainda durante a venda antecipada dos ingressos, que se esgotaram rapidamente. Irritadas, algumas pessoas, que não conseguiram comprar as entradas a tempo, quebraram as portas de vidro do teatro em protesto. Depois, durante a temporada, dois policiais militares que não tinham ingressos tentaram entrar no teatro dando uma "carteirada". Nando, de longe, viu que estavam causando tumulto na entrada e avisou ao diretor do teatro que eles não poderiam entrar porque a lotação estava esgotada e havia um limite de público permitido justamente para garantir a segurança de todos. "Seria um risco enorme deixar dois sujeitos armados diante dos dois atores. Eles ficariam como patinhos numa barraca de festa junina, desses que esperam para levarem um tiro", comenta Nando, lembrando do episódio tenso. Mas os policiais não acataram a proibição do diretor e entraram mesmo assim. A peça estava a minutos de começar. Nando combinou com o diretor de retirá-los no primeiro intervalo, alegando que a peça não voltaria até que as pessoas que não tinham ingresso saíssem da sala. Abordados no intervalo, os policiais foram em direção a Nando. Um deles deu-lhe um tapa no pescoço e a confusão começou a embolar seguranças, plateia e equipe técnica. Em meio à multidão, ambos fugiram. No camarim, Nanini soube o que aconteceu e saiu em direção à plateia esbaforido, vestido de Lady Enid. A sessão não chegou a ser suspensa, mas ao final do espetáculo tanto os atores como parte da equipe de produção foram parar na delegacia da cidade como testemunhas.

Houve ainda uma fã que alegou que estava grávida de Nanini, e o procurou ameaçando mandar a notícia a jornalistas. "Ela dizia que ia me processar, mas na verdade queria pedir dinheiro para não contar para revistas de fofoca. Grávida de mim? Logo eu! Sabe o que eu dizia? Tava na moda pedir o DNA, aí eu dizia: faz o DNA! Faz, boba. Se der negativo, quem te processa sou eu. Aí ela sumiu...", diverte-se Nanini.

Na milésima apresentação da peça, em março de 1992, fizeram uma grande sessão com ingressos gratuitos e brindes distribuídos aos fãs em São Paulo. O resultado foram filas que começaram a se formar oito horas antes do espetáculo, 2 mil pessoas barradas e trânsito congestionado na altura da rua da Consolação. Houve tanta confusão que foi preciso chamar a Polícia Militar e o Corpo de Bombeiros para garantir a segurança da exibição. Diante de tamanho alvoroço, uma jornalista da Band quis entrar para entrevistar os atores a poucos minutos do terceiro sinal. Mais uma vez, como produtor do espetáculo, Nando entrou em ação, impedindo a repórter de atrasar o início da peça. Como ela insistia, deu-se uma discussão toda filmada pelo operador de câmera da emissora. A jornalista alegou que foi agredida e o caso foi parar na Justiça. No julgamento, Nando foi inocentado da acusação.

De outra vez, Ney passou por um dos maiores embaraços da sua vida: como um casal conversava sem parar na primeira fileira, ele interrompeu a apresentação e se dirigiu aos dois, convidando-os para subir ao palco e apresentar a peça no lugar dos atores. Estava irritadíssimo. A mulher então contou que o marido era cego, e que precisava descrever para ele tudo o que se passava em cena. Ney quase morreu de vergonha, pediu desculpas e uma salva de palmas para os dedicados espectadores.

As tantas trocas de roupa de vez em quando não davam certo. Houve vezes de Jane entrar com o vestido de Enid, confundindo o preto com o verde em um teatro escuro; certa ocasião, Nanini entrou com um cabide pendurado nas costas. Só reparou no meio da cena, sob o olhar reprovador de Ney e as gargalhadas do público. Imediatamente, disse: "Que coisa estranha esse castelo. Eu sinto que tem algo atrás de mim, fantasmas, seres estranhos, almas, cabides...". A plateia foi abaixo. A quantidade de roupas, adereços, equipamentos que penduravam em si foi dando nos atores ojeriza a zíperes e botões. "Em casa, tento ficar vestido do mesmo jeito o maior tempo possível", declarou Nanini a um jornal.[11]

Em uma das sessões, o microfone de Nanini se embolou no meio das muitas saias de Lady Enid, produzindo um som esquisito. "Eu não estava entendendo aquele barulho estranho vindo de 'minhas partes de baixo'. Era o som das anáguas de nylon ampliado pelo microfone. Comecei a procurá-lo."[12] Ney levou um susto, achando que Nanini estava coçando o saco em cena. As piadas renderam. O mesmo microfone causou outro embaraço: numa sessão no Sul do país, houve uma interferência no sistema de som de Nanini e entrou a frequência dos seguranças do estacionamento do teatro, projetando para o público o que eles falavam: "Carro número tal, dirija-se a tal lugar...". Nanini saiu rapidamente de cena e Ney ficou chamando o táxi, sozinho. Um delírio coletivo. As apresentações no interior do país, em teatros pequenos, rendiam muitas histórias. Certa noite, um espectador na primeira fila colocou a própria bolsa, do tipo capanga, apoiada no palco, e ficou assistindo ao espetáculo normalmente. Nanini disfarçou e chutou a bolsa para fora do palco, para não atrapalhar o cenário. Só que, com um pé tamanho 48, e sem controlar muito a força, a bolsa foi parar na fila M.

Aprontavam pegadinhas entre si também: quando estava sozinho em cena, Ney pedia aplausos estrondosos da plateia, para que Nanini ficasse apreensivo na coxia, sem saber o que tinha acontecido no palco. Para irritar o amigo, Nanini levava um video game para jogar no camarim, com aquele som repetitivo bem irritante. No revide, Ney levou um aparelho de som no qual ouvia sem parar Emílio Santiago cantando "Saigon". Um ano e meio ouvindo "Saigon". Depois, mais um ano ouvindo o mesmo disco de Marisa Monte, *Mais*, o do hit "Beija eu", que rendia boas piadas. Quando mudou, escolheu "Todo dia era dia de índio", do Jorge Ben Jor. "Solta esse índio, pelo amor de Deus, solta esse índio, não estou aguentando mais!", implorava Nanini.

Brigaram muitas e muitas vezes. Em todas elas, Ney ameaçava sair do espetáculo. Era enlouquecedor. "Só que depois ele entendeu que era uma loucura minha, porque me despedindo era uma maneira de eu ganhar presentes. E eu exploro o Nanini um pouco. Numa dessas vezes, na temporada em São Paulo, eu fazia *Irma Vap* e fazia ao mesmo tempo a novela *Vamp*, com o personagem Vlad. Eu estava em um hotel, acordei cansado, puto da vida, me joguei na piscina, comi uma comida japonesa e fui a pé para o teatro na rua Augusta. Estava decidido a sair. Hoje eu vou sair mesmo, hoje eu estou fora, hoje eu vou sair mesmo, não vai dar, pensando comigo. Entrei no camarim e quando eu olho tem uma miniatura do Vlad no meu lugar. Nanini tinha mandado fazer um bonequinho do Vlad. Eu vi aquele boneco e pensei comigo: não posso sair hoje, é uma loucura, tem que ser amanhã", lembra Ney.[13]

Numa das brigas, decidiram interromper o espetáculo por um tempo e tirar férias um do outro. Um não contou ao outro para onde ia. Nanini tomou um avião para Nova York e, lá chegando, depois de se acomodar no hotel, saiu para um passeio. Quando tomava um táxi na frente do edifício Dakota, onde John Lennon foi assassinado... outro táxi se emparelha com o dele e do carro sai Ney Latorraca, vestido como se fosse a um baile de gala. Os dois caíram na risada e fizeram praticamente os mesmos programas nos dias em que estavam na cidade. "Éramos duas crianças soltas que estavam loucas no recreio", contou Ney.[14] Naturalmente, tinham se hospedado no mesmo hotel. Era sempre assim: chegavam às raias da irritação mútua, mas logo depois Ney entregava lindos bilhetes de amor ao amigo, e Nanini preparava as surpresas que afagavam o ego do menino Ney. "Fomos do céu ao inferno [com *Irma Vap*]. [...] Não tivemos jamais problemas com relação a dinheiro. [...] Eu e Ney somos dois países diferentes", conta Nanini.[15]

Sobre a intimidade que os dois cultivaram em onze anos rodando o Brasil com *Irma Vap*, Ney se emociona: "A maior intimidade que a pessoa tem, na verdade, quando está sem nenhuma defesa, sem anestesia nenhuma, e está de peito aberto, é o palco. Você está totalmente preso àquele ritual. É um ritual mesmo, estar no palco, com mil pessoas que estão sentadas, que saíram de casa para te ver. Você muitas vezes está ali, mas está com dor de dente, com a macaca, com a mãe doente, você está sabendo tudo do outro que está ali, o parceiro de cena vai te passando tudo, não há saída, um vai segurando o outro".[16]

Até que chegou um dia em que os dois tiveram de segurar tudo sozinhos, só os dois. Compraram todas as outras três cotas da sociedade e tocaram toda a produção de *Irma Vap* por si. Não sem briga, claro.

Foi no final de 1989, quando, depois de alguns exames, Nanini descobriu um nódulo nas cordas vocais que precisava ser retirado. A notícia caiu como uma bomba, porque a composição de Lady Enid pedia a voz esganiçada. Não dava para continuar forçando, mas tampouco fazia sentido ser substituído. A peça funcionava porque era feita pela dupla de atores, e isso estava claro para ele. Enquanto decidia o que fazer, interrompeu as apresentações do espetáculo.

Preocupada com a continuidade da temporada, Marília Pêra ligou para Ney Latorraca e fez uma proposta: ela faria a peça no lugar de Nanini. Sem que ele soubesse, ela ensaiaria seus papéis e fariam a substituição como uma espécie de homenagem ao ator. Seria uma surpresa: ele só saberia na primeira apresentação, quando tudo já estivesse pronto. Ney desligou o telefone e ligou para Nanini imediatamente. Contou tudo a ele. Não precisou nem terminar a história: quando falou a palavra "homenagem", Nanini já estava possesso.

Nando foi a única pessoa que presenciou o fatídico telefonema de Nanini para Marília Pêra. Ficaram horas discutindo no telefone, ela tentando convencê-lo de que seria uma bela homenagem, que o espetáculo não podia parar no auge; ele argumentando que os papéis eram criações dele, e que, portanto, o que ela queria era tomar o seu lugar na obra, e que aquilo era um golpe. Cioso dos seus personagens, Nanini decidiu retomar o espetáculo, adiando a cirurgia. Depois de muita discussão — entre Ney e Marília, que ficou brava com o ator por ter contado a surpresa; entre Marília e Nanini, que seguiram a troca de farpas por dias a fio; e entre Nanini e Ney, que no meio da confusão pegou um avião e saiu de férias, atônito — decidiram encerrar a sociedade. Ney passou uma procuração para a mãe, que o representou na compra das cotas. Nanini e Marília romperam a amizade definitivamente. Nunca mais se falaram. "Foi como um casamento, como um grande amor, teve uma longa duração e foi muito intenso, mas acabou", declarou ele numa das raríssimas vezes em que comentou a briga publicamente.[17]

Em sua biografia, em que Nanini aparece de forma econômica, Marília prefere não tocar no assunto: "Nanini e eu nos separamos por circunstâncias que não interessam estarem consideradas aqui. De qualquer forma, houve um grande intercâmbio de valores entre nós: ele me trouxe uma carga de humor que era sua marca registrada; e eu lhe transmiti um pouco do que eu sabia na arte de representar [...]. Não tenho dúvida de que nosso convívio produziu a simbiose que fazia as pessoas enxergarem no trabalho dele a minha cara e vice-versa".[18]

Irma Vap ainda duraria mais sete anos sem a diretora original na equipe. Atravessaria mais dois baques fortes: em 1994, morreu a mãe de Ney, dona Nena. Em 1995 foi a vez da mãe de Nanini, Cecy. Muito apegados às progenitoras, Ney e Nanini, no entanto, tiveram um tempo diferente para superar a dor. Ney ficou tão abalado que não comia, não dormia, não conseguia fazer nada. Nanini passou a trabalhar loucamente, como para sublimar a ausência de Cecy, que nos últimos anos andava muito agarrada ao filho. Ney enterrou a mãe. Nanini cremou a sua, mantendo os restos mortais anos a fio numa urna na sala de casa.

A peça chegou ao fim em 1996. A decisão de interromper o espetáculo no auge foi uma sabedoria, concordam ambos. "Quando a gente estava fazendo o espetáculo no Metropolitan (uma casa de espetáculos para mais de 4 mil pessoas), eu percebi que a gente tinha virado dois chopes no palco, de tão pequenos naquele teatrão enorme. A gente entendeu que o pior que poderia acontecer seria insistir naquilo até que a gente estivesse se apresentando para dez pessoas. Era melhor parar quando todo mundo pudesse guardar uma imagem feliz, não decadente", analisa Nanini. Ou eles acabavam com *Irma Vap*, ou *Irma Vap* acabava com eles.

Numa reunião, de comum acordo, decidiram descansar o mistério.

12. Um caso de amor com a máquina

> *Coragem eu não tenho não. Eu tenho é costume. Comigo, é na inhanha.*
> Osman Lins, Frederico Evandro em *Lisbela e o prisioneiro*, 2003

Ao longo dos onze anos de *O mistério de Irma Vap,* Nanini fez muitos outros trabalhos paralelos. Com a vida dividida entre Rio e São Paulo — no Rio, morava com Nando na sua bela casa com jardim; em São Paulo, sua mãe, Cecy, morava na casa que ele mantinha no bairro do Sumaré —, Nanini se desdobrava em mais personas do que personagens. Tinha sempre uma mala pronta, cópias dos documentos e dos óculos de grau espalhadas pelas bolsas. Aparelhos de ginástica nos dois endereços para manter ao menos o fôlego em dia. Nas duas salas de TV, a do Rio e a de São Paulo, havia um video game para se distrair. Era viciado no cartucho Revenge of the Gator — uma espécie de pinball com jacarezinhos — e tinha um Game Boy, um modelo portátil, que andava sempre com ele. Um olho no Molière, outro no Mario Bros.

A vida atribulada contava com uma ajuda preciosa: dona Oswaldina. Zezé Motta conta a história: "Houve uma vez que Nanini ia fazer um jantar, receber uns amigos em casa, mas naquela loucura que era a rotina dele, com tantos trabalhos simultâneos, ele precisava de ajuda. E me ligou perguntando se eu não conhecia alguém que pudesse preparar esse jantar. Na hora eu lembrei de uma tia, irmã da minha mãe, a Oswaldina, que tinha me ligado dias antes desesperada por algum trabalho. Ela havia sido governanta de um consulado e cozinhava muito bem. Era uma mulher admirável, o marido não queria que trabalhasse, mas ela trabalhava mesmo assim. Passei o telefone da Oswaldina para fazer aquele jantar. Ela ficou com ele por trinta anos. Quando ela se aposentou, ele deu a ela uma viagem para a Europa e um apartamento. Ela não aceitou o apartamento, porque achava que ia se sentir só. Preferiu ir para uma casa de repouso. Ele a colocou na melhor casa de repouso do Rio, e ainda paga uma acompanhante exclusiva para ela. Hoje ela tem 89 anos".[1]

Oswaldina Motta era quem arrumava suas malas, quem encontrava seus óculos, quem preparava as comidas que Nanini gostava de comer: feijoada, aipim, rabada, carne moída, purê de batatas, peixe frito, pasteizinhos, pudim de pão, bolinho de chuva. Apesar de ostentar uma etiqueta sofisticada, herança dos tempos de hotéis, Nanini tem hábitos alimentares simples. Adora comida caseira, tipicamente brasileira. Certa vez, quando uma companhia aérea completou 25 anos e pediu a artistas consagrados que enviassem suas receitas preferidas para serem incluídas no menu a bordo, Nanini escolheu chuchu com camarão como prato principal e quindão de sobremesa.

Durante toda a temporada de *Irma Vap*, com a ajuda imprescindível de dona Oswaldina, Nanini fez de tudo. Em 1987, estrelou a novela *Brega & Chique*, no papel de Montenegro, um secretário muito solícito que fazia uma dobradinha hilariante com Rafaela, a milionária interpretada por Marília Pêra. Nessa novela, Nanini reforçou a lição aprendida anos antes: "limpar" a composição. Nem sempre o personagem precisa ser cômico para fazer rir. Às vezes, basta ser introvertido na medida certa ou explorar bem os silêncios para dar espaço às tiradas inesperadas. Era a primeira vez que voltava a trabalhar com Marília, desde *Doce deleite*, e o último grande trabalho da dupla em cena antes da briga fatal. A química entre os dois deu tão certo — seus ataques de riso eram uma constante nos bastidores — que, de coadjuvante, Montenegro passou a ser um dos protagonistas da trama.

Em 1987 fez ainda o filme *Anjos da noite*, de Wilson Barros, uma composição difícil, porque o seu personagem, Guto, era inspirado no próprio diretor, que fazia no longa um exercício autobiográfico. Guto era um homossexual rico que andava pelo submundo paulistano, mas cada vez que Nanini queria incluir no personagem algum trejeito que o diretor não reconhecia, se sentia desconfortável — não foi um personagem que o ator se sentiu à vontade para criar. No mesmo ano ainda fez *Feliz ano velho*, de Roberto Gervitz, filme que o deixou mudo. Literalmente. Como os filmes na época eram dublados e Nanini sempre teve dificuldades de se ver em cena — há novelas e filmes em que atuou e a que jamais assistiu —, na hora de dublar, no estúdio, emudeceu de nervoso. Nunca tinha se visto em close, e sentiu a pressão. A voz não saía. Sentiu-se culpado porque o estúdio era uma parte cara do orçamento de um filme, mas não tinha o que fazer. Precisou ficar em casa dois dias até que a voz voltasse. Pelo menos já tinha se divertido fazendo o personagem, Beto, que usava cadeira de rodas e era um conselheiro charmoso do protagonista, Mário, vivido por Marcos Breda.

Em 1988, participou da primeira temporada do programa *TV Pirata*, que revolucionou a forma de se fazer humor na TV, ao satirizar a própria linguagem televisiva. Em 1989, colaborou com a direção dos primeiros shows da cantora Adriana Calcanhotto. Ficou tão encantado quando a conheceu, ainda estreante, no Mistura Fina, que prometeu lhe dar umas dicas de direção quando ela lançasse o primeiro disco — e cumpriu. Em 1990, voltou a participar da terceira temporada de *TV Pirata*. No mesmo ano, conforme *Irma Vap* viajava pelo Brasil e ele não podia assumir atuações que exigissem muito do seu tempo, começou a dirigir: a primeira experiência foi com *Fulaninha e Dona Coisa*, peça que fez muito sucesso, com Louise Cardoso e Aracy Balabanian. "Era um teatro pequenininho, e quando ele entrava, derrubava tudo. O que eu achava bonito no Nanini como diretor é que ele se compadecia de nós, atores. Ele ficava emocionado em ver a nossa procura. Ele dizia que era muito solitária a busca do ator, ele chegava até a chorar. Ele dizia: 'Louise, a comédia tem o ritmo de uma onda, tem que deixar ela vir, estourar e depois passar. Não estrangule o personagem depois que a onda passar'", lembra Louise.

Na sequência, Nanini aceitou o convite para dirigir o musical *Hello, Gershwin*, um dos primeiros trabalhos da dupla que ficaria famosa no futuro pela parceria: Charles Möeller e Claudio Botelho. Neste espetáculo, Charles fez o cenário e os figurinos, e Claudio atuou ao lado da atriz Claudia Neto.

Em 1992, fez um apático deputado na novela *Pedra sobre Pedra*, trabalho que não gostou de fazer, a ponto de pedir para sair da novela — a única coisa que o alegrava no folhetim era contracenar com a amiga Renata Sorrah mais demoradamente, o que não fazia havia um bom tempo. "Adoro observar o Nanini nos bastidores, a maneira minuciosa como ele divide o texto, colore as frases conforme a emoção. Parece sempre que foi ele que escreveu. Como ele presta atenção no outro, no colega... Sam Shepard dizia isso: como é o meu personagem? Quem vai te dar isso é o outro. O outro personagem é que vai dizer quem é o seu. Responde de verdade, concretamente, na hora, o que o outro está te perguntando. E aí você vai descobrir seu personagem. Se você comunga dessas ideias, se a tua busca é essa, as respostas e perguntas estão no outro, não em você, essa troca vai acontecer com o Nanini", comenta a atriz.

No mesmo ano, encarnou um adúltero lascivo no filme *A serpente*, seu primeiro Nelson Rodrigues. Esse foi um dos filmes a que Nanini nunca assistiu depois de pronto. Um exercício experimental do diretor Alberto Magno, feito sem qualquer dinheiro público, já no desmonte da Embrafilme empreendido pelo então presidente da República, Fernando Collor de Mello. Nanini atua com a amiga Zezé Motta em pelo menos dois momentos antológicos. Um deles é uma cena de dança. Por mais de dez minutos, o casal de amantes baila de uma forma hipnótica, revelando o grande talento e química dos intérpretes. O outro é uma cena de sexo entre os dois, feita em frente à estátua do Cristo Redentor. Zezé entrou em pânico: "Quando eu li o roteiro, pensei: 'Não posso fazer esse filme'. Ou tiram essa cena, ou eu não faço. Mas [...] não tinha como cortar, porque, afinal, era Nelson Rodrigues, e não se mutila uma obra dele. Ou seja, ele [o diretor] me convenceu a fazer. Mas eu rezei muito antes, pedi perdão, autorização, tudo. O Nanini não teve maiores problemas em fazer a cena. A culpa era minha. Mas, vendo o resultado, você não acredita que eu tenha hesitado. Porque eu fiz com tanta intensidade, tanta verdade! Acho que foi para compensar o meu medo em fazê-la", contou a atriz.[2] A cena é outro baile à parte.

Em 1993, Nanini deu início a outro projeto marcante em sua trajetória: os episódios da *Terça Nobre*, uma faixa de programação especial da TV Globo. Dirigido por Guel Arraes, a cada terça-feira uma turma de excelentes atores dava carne a contos clássicos da literatura brasileira. Episódios como *O Alienista*, de Machado de Assis; *O Besouro e a Rosa*, de Mário de Andrade, e *Lisbela e o Prisioneiro*, de Osman Lins, foram os que fizeram mais sucesso naquele ano. A afinidade entre Guel Arraes e Marco Nanini — que havia começado com uma pequena participação especial que fez no seriado *Armação Ilimitada*, em 1986, do núcleo de Guel na TV Globo — foi tão grande que o diretor começou a procurar textos que pudessem ser interpretados pelo ator. Desde então, ele participa de praticamente todas as criações de Guel Arraes na TV.

Era realmente impressionante a quantidade de coisas que Nanini fazia ao mesmo tempo, como se não pudesse deixar nenhuma oportunidade passar. Em conversa com o ator Selton Mello, Nanini disse, certa vez: "Eu sou geminiano e acredito de fato que sou duas pessoas".[3]

O ano de 1993 também marcou um fato importante na sua vida pessoal. Foi o ano da Convenção de Barcelona, como o próprio Nanini se refere. É um traço característico da sua personalidade: fabular os eventos da própria vida, dando a eles títulos pomposos e caráter dramático. Numa das viagens internacionais que fazia com Nando, tiveram uma discussão importante. Mais jovem e mais notívago do que Nanini, Nando queria sair à noite para dançar, viajar mais a passeio, sair dos círculos repetitivos de convívio artístico. A rotina de trabalho exaustiva do companheiro não era a sua. O seu expediente de produtor teatral tinha hora para terminar — àquela altura, 1993, Nando já tocava o que seria o embrião da produtora Pequena Central, que empresariava as produções de Nanini. O ator cada vez mais queria ficar em casa com seus cachorros, vestindo roupas sem zíper e botões. Não precisava conhecer mais ninguém, já tinha um círculo amável de amigos. Nem ao teatro ou ao cinema queria ir mais. A ideia de pegar um carro, enfrentar o trânsito, conseguir vaga para estacionar, conversar com os fãs que apareciam no caminho, segurar os bebês para fotos — não era todo dia que se sentia muito afável para lidar com estranhos, e bizarramente os fãs tinham o hábito de pedir para artistas segurarem seus bebês para tirar fotos —, enfim, toda gincana para assistir a um filme que podia não valer a pena não o fazia palpitar. Estava exausto e cada vez mais caseiro, sonhando com os pasteizinhos fritos que Oswaldina prepararia numa sexta-feira à noite. Mesmo em Barcelona, preferia visitar museus de dia a pipocar na Barceloneta à noite. Depois de horas de conversa, decidiram abrir o casamento, com regras pactuadas que passaram a chamar de Convenção de Barcelona.

Em 1994, outro episódio pessoal marcante: a morte da mãe de Ney Latorraca deixou o ator completamente arrasado, o que os obrigou a suspender a temporada de *Irma Vap*. Para lhe dar ânimo, Nanini comprou os direitos autorais da versão do texto *O médico e o monstro*, de Robert Louis Stevenson, feita pelo Teatro do Ridículo. Ofereceu a direção do espetáculo como um presente ao amigo — uma montagem para Ney brilhar sozinho. Ney jamais se esqueceria da benevolência, embora o espetáculo não resultasse em tudo o que esperavam. Ficaram seis meses em cartaz, o suficiente para que o ator se recompusesse. "Eu morri um pouco junto com ela. Emagreci muito, não conseguia me alimentar — só comia figo, caqui, coisas que escorregavam para dentro. [...] Foi um jeito de ele me segurar aqui, pois sabia que eu ia embora mesmo. A obrigação de estudar, decorar, ensaiar me manteve vivo, embora a minha tristeza fosse evidente até mesmo nas fotos do espetáculo. Sou muito grato a ele por isso, e serei por toda a minha vida", disse Ney em depoimento a Tania Carvalho.[4]

A experiência serviu para Nanini começar a entender que não é feliz dirigindo. Ainda tentou a direção de outras peças naquele ano, mas não se sentiu feliz. "Você fica focado nos atores, na equipe, em tudo. Você é solicitado de todas as maneiras e você ainda tem que arranjar soluções para aquilo tudo. Depois da estreia, ninguém quer mais te ver. Aquela pessoa que foi tão solicitada passa a ser descartada instantaneamente. Eu digo isso porque eu acho que dirigir é uma coisa muito bonita, mas você precisa gostar do ofício, que é muito pesado."[5]

Ainda em 1994, Nanini emendou o êxito da *Terça Nobre* com outro projeto de Guel Arraes e Jorge Furtado na TV Globo: *A Comédia da Vida Privada* Dessa vez, atores tarimbados interpretariam textos do escritor Luis Fernando Verissimo que ironizavam o comportamento típico da classe média.

Em 1995, ainda insistiu em mais duas direções de peças — *As regras do jogo* e *E continua... tudo bem* — e aceitou uma proposta da atriz Debora Bloch de comer um Shakespeare pelas beiradas. Encarar *Kean*, um texto de Alexandre Dumas, adaptado por Jean-Paul Sartre, que fala sobre a vida do ator Edmund Kean, do século XIX, um grande intérprete de *Hamlet*, principal peça do bardo inglês. Esse era um grande desejo do ator: todas as vezes que um *Hamlet* chegava perto dele, alguma coisa barrava o projeto. Acreditou que fazê-lo indiretamente podia ser uma saída, já que o texto de Dumas previa uma ou outra cena de *Otelo*, outro clássico de Shakespeare. Aceitou o convite da atriz.

Apesar de estar cercado de amigos — o diretor da montagem era Aderbal Freire-Filho —, foi seu trabalho mais sofrido em toda carreira. Aquele que sempre cita quando algum jornalista pergunta qual personagem menos gostou de fazer. "Eu nunca consegui encontrá-lo, sofri muito com isso. Foi uma sucessão de equívocos: o cenário não deu todo no teatro, as roupas não ficaram boas. Quando chegou o dia do ensaio geral, sem querer a Debora bateu com o pé na minha cabeça. Não foi grave, mas aquilo me deu a dimensão do caos que estava o espetáculo. Eu esqueci toda a parte do *Otelo*, uma das peças que o Kean fazia. Fiquei traumatizado na história, não me lembrava de uma palavra, nem uma marca. Pedi a um amigo para pontar o texto. Por quê? — eu não sei. Talvez porque seja uma grande responsabilidade fazer *Otelo*, mesmo que seja interpretando um ator fazendo Shakespeare. Foi a primeira vez que eu apelei para o ponto, desde os tempos que trabalhei com a Dercy", detalha Nanini.

Talvez Lady Enid e o cocheiro Nicodemo estivessem com ciúmes do seu intérprete, roubando a força da sua carcaça — mesmo que àquela altura *Irma Vap* já estivesse sendo apresentada de forma esporádica. Fato é que no meio do seu maior sucesso Nanini encarou aquele que foi o seu maior fracasso como intérprete. Não é uma experiência que ele mencione com conforto ou disfarce: Kean nunca baixou.

De tudo o que fez nos onze anos de *Irma Vap* — todos os filmes, peças, direções —, houve um trabalho histórico. Literalmente. Um trabalho recolhido do nosso mito de origem e reinterpretado criativamente. Em 1995, estrearia o filme *Carlota Joaquina, princesa do Brazil*, de Carla Camurati. Coube a Marco Nanini o papel de dom João VI, príncipe regente que trouxe a Coroa portuguesa para o vilarejo colonial do Rio de Janeiro em 1808, inaugurando um Brasil institucionalizado, processo que culminaria na independência do país, em 1822.

Com a pena da crônica e a devida distância histórica, era uma trama muito saborosa de se contar: uma corte inteira sai corrida da Europa para se esconder em uma colônia tropical a dois meses de navio de distância. Fugindo de Napoleão Bonaparte, enfrentam tempestades, se escondem em túneis, tropeçam em ratos. Cruzam o oceano vomitando, com diarreia e piolhos, e chegam sem nenhum glamour ao vilarejo que não tinha uma manteiga inglesa para passar no pão francês, somente frutas, rapaduras e mandiocas. Lá instalam toda a realeza, suas burocracias e demandas por luxo, tendo à frente um rei inseguro, sujismundo e glutão, casado com uma princesa mal-ajambrada, grossa e ninfomaníaca.

O filme destacava a biografia de Carlota, interpretada por Marieta Severo, mas Nanini quase calçou as tamancas da protagonista, tão marcante foi seu desempenho. Quase. Quando dom João roubava a cena, logo a princesa mal-amada reagia exuberante, num duelo delicioso para o espectador. Era a primeira vez que os dois trabalhavam juntos desde a peça *As desgraças de uma criança*, em 1973, mas, assim que se reencontraram, a afinidade refloresceu. Fizeram um casal inesquecível. Aquela seria a primeira vez, entre muitas outras, que os dois se casariam.

Nanini estava pesando 106 quilos quando recebeu o convite de Carla Camurati para integrar o elenco. Era um sobrepeso para o seu padrão, a papada estava farta, as bochechas e olheiras, enormes. Perfeito para o personagem. "Nunca tive dúvidas quanto à escalação do Nanini. Um dos melhores atores do mundo, ele é do tipo que percorre integralmente todos os caminhos da fantasia que faz de cada personagem, o que lhe dá segurança para os papéis mais arriscados. É um ator concentrado, muito denso, mas também extremamente maleável, como se fosse de massa. No set, é uma das pessoas mais agradáveis que conheço, apesar de às vezes irritar-se com a algazarra e impor a ordem sem papas na língua", conta Carla Camurati.[6]

Era difícil ficar calmo. As sessões de maquiagem levavam horas, as roupas eram quentes e as perucas, pesadas. As filmagens foram feitas em São Luís do Maranhão, capital que mantém um belo casario colonial conservado, mas que também ostenta temperaturas que chegam a 38 graus à sombra. Um filme feito com pouquíssimo dinheiro, que não podia se dar ao luxo de desperdiçar película ao regravar cenas — era preciso ficar horas com aquela indumentária até rodar todas as sequências de uma vez. Para administrar a paciência do ator, Carla não mostrava a ele nenhuma cena pronta, com medo de que perdesse a voz — ela conhecia bem a história de *Feliz ano velho*. Começou a pingar embaixo da língua dele florais de Bach, especialmente o Impatiens, para ter paciência. Fiel adepta da terapia holística, Carla também distribuía florais pelo elenco, especialmente o Hornbeam, para rebater o cansaço.

Havia uma grande expectativa no projeto. Era o primeiro filme lançado sob o governo recém-eleito de Fernando Henrique Cardoso, logo após a extinção da Embrafilme, o que interrompeu o financiamento público da produção cinematográfica no país. Quando Itamar Franco assumiu, em 1992, logo após o impeachment de Collor, uma das medidas do seu governo foi instituir o Prêmio Resgate do Cinema Brasileiro, com a distribuição de quantias que pudessem reaquecer o setor. Carla conseguiu com esse incentivo cerca de um quinto do que precisava — o orçamento total do filme era de 630 mil dólares, o que era considerado muito pouco para um filme de época. Foi preciso economizar bastante: todo o dourado dos cenários da realeza era tinta spray Colorgin, e o trono de dom João VI foi feito de papel machê. Não havia sobras, luxos, desperdícios. "Arranjei uma maneira de produzir que só foi possível graças à inexperiência das pessoas, uma maneira que não me derrubou. A experiência ia me condenar. Eu ia ganhando tempo enquanto tentava arrumar dinheiro para continuar, a Bianca procurando apoios, Marieta ensaiando em espanhol...", contou Carla em depoimento ao Museu da Imagem e do Som.[7]

Para completar a verba que faltava, Carla bateu à porta do departamento de marketing de empresas estatais, como Banco do Brasil, Eletrobras, Petrobras, Telerj, além de empresas privadas. Conseguiu mais 100 mil dólares com o governo do Estado do Maranhão, mais uma parte veio de seu patrimônio pessoal, além de muitas permutas. O cartaz de Carlota Joaquina estampava 98 apoios de empresas. Um esquema totalmente de guerrilha, que contaminava a equipe. "Estou animadíssimo com este trabalho. Primeiro porque admiro muito a Carla, uma pessoa batalhadora que levantou sozinha esta produção. Depois porque é o renascimento do cinema nacional, e a gente tem que estar presente, seja qual for o resultado. E, de quebra, porque ganhei a Marieta Severo para contracenar", declarou Nanini durante as filmagens.[8]

Mas não foi fácil conceber o dom João VI que o filme pedia. Na verdade, quando recebeu o roteiro, Nanini não sabia por onde começar. Perguntou a Marieta Severo como ela ia fazer. "Não sei", respondeu ela. Tentou começar pela indumentária, e foi conversar com Emilia Duncan, a figurinista do longa — que se tornaria uma amiga próxima e figurinista recorrente em seus trabalhos. Quis saber quais tecidos ela usaria e por quê, quais cores tinha escolhido, quais adereços comporiam o personagem. "Eu tive uma ideia do que podia fazer pelo conjunto do figurino e da cenografia. Eu vi onde ele podia estar enquadrado, que tipo de humor eu podia carregar ou não. Era tudo com muito cuidado, e embora muita gente ache que houve muita galhofa, tudo aquilo aconteceu mesmo. Eu fui ler e pesquisar e queria também dar o lado inteligente e perspicaz, porque a fuga foi terrível. Foi tão louca que foi cômica, mas houve uma estratégia incrível por parte de dom João VI", descreveu Nanini.[9]

Também foi atrás do diretor de fotografia para entender como ele estava pensando a iluminação do filme, para ver se algum detalhe o ajudava na composição. O fotógrafo, Breno Silveira, se baseou nas pinturas dos espanhóis Goya e Velázquez para compor a paleta de luz e cores das tomadas. "Como nos quadros do Velázquez, a fonte de luz iluminava apenas o que era bom. O resto ficava sombrio. Quase todos os filmes de época que a gente tinha visto até então eram horríveis, por serem limpinhos demais. A pessoa veste uma roupa de época nova, sem sangue, sem sujeira, sem vida. Naquela época, as condições sanitárias eram muito piores do que hoje. Dom João passou quase seis meses com a mesma roupa. Ele não tirava as roupas porque tinha medo dos insetos brasileiros, então ficava transpirando ali dentro. As coisas iam apodrecendo, sujando de gordura [...]. A gente preferiu a sujeira e o peso. Apesar da comédia, havia uma realidade ali. Mesmo com o cenário em papel, o que imprimia era uma estética forte. A maquiagem da Marieta tem peso, tem gordura, tem bigode. As roupas são amassadas. [...] A história também entrava com uma luz mais quente através de frestas. Foi um trabalho bem complicado para um fotógrafo iniciante — teria sido bem mais fácil usar uma luz forte e iluminar tudo. Mas a brincadeira era criar uma linguagem surreal, parte vinda de quadros espanhóis da época, com um pé no teatral. [...] Eu me sentia pintando aquele cenário", lembra Breno.[10]

Conversar com o profissional do figurino, da direção de arte ou da fotografia enquanto constrói seus personagens — a minúcia do "avesso do bordado", como definiu Emiliano Queiroz — é uma prática que Nanini arremata melhor a cada trabalho. Não tem dúvida de que isso facilita o caminho até o personagem. "Quando estou em cena eu sou o representante de todos, do autor, do iluminador, do cenógrafo, do figurinista, então eu preciso saber o que os outros estão pensando. Pode vir uma informação muito importante nessas respostas, porque é algo que eles já estudaram e passam pra mim. O grande lance desse nosso trabalho, seja no teatro, que tem há mais tempo, na televisão ou no cinema, sempre é poder trocar com os outros artistas. É uma arte coletiva", ensina Nanini. Não à toa, quando encontra profissionais com os quais estabelece uma boa troca, trabalha com eles repetidamente. Foi o que aconteceu com os figurinistas Emilia Duncan, Cao Albuquerque e Antonio Guedes, com o iluminador Beto Bruel e com os diretores visuais Daniela Thomas e Gringo Cardia.

A partir do figurino e da luz, começou a pesquisa. Foi em busca de um professor para carregar no sotaque lusitano, viu todas as pinturas que figuravam dom João VI, leu os tratados e documentos assinados por ele, devorou romances históricos, viu filmes que retratam a época, até pesquisou os menus de almoços e jantares reais — muitos contavam pelo menos seis frangos por convidado, confirmando que a comilança das cenas não era fantasiosa. Começou a sonhar com dom João, a pisar com os sapatos de dom João, a falar como dom João.

Produtora do filme, Bianca De Felippes lembra que numa das cenas em que usavam a carruagem real original de dom João VI, na ilha de Paquetá, outra das locações, a temperatura batia os 42 graus, e não havia uma nesga de vento. Nanini desfalecia aguardando a cena, entre barbas postiças, apliques e babados. Nanini não, dom João. Concentrado, não saía do personagem. Era uma tomada simples, em que ele seria filmado dentro da carruagem, durante uma viagem. De repente ela viu que dom João tomava Impatiens como água, porque as muitas golas já começavam a lhe dar alergia.

Vendo as pitombeiras carregadas em Paquetá, Bianca teve uma ideia: chamou as crianças que corriam de um lado para outro no bairro carioca, assistindo às gravações, e prometeu cinco reais a cada cacho de pitombas que conseguissem levar até ela. Em menos de meia hora, tinha uma sacola cheia de pitombas. Ela havia se lembrado de que Nanini uma vez lhe contara que adorava chupar a fruta, mas que nunca a encontrava. A memória da infância no Recife, de quando ele era um dos moleques a subir nas pitombeiras, enchiam seu coração de saudades. Sem dizer nada, Bianca entregou-lhe um cacho bem farto da fruta dentro da carruagem real. E de repente viu um dom João menino na sua frente, sugando a fruta como chupeta. Teve até uma cena que ficou no corte final, em que o dom João aparece cuspindo cascas de pitomba.

Nanini ficou tão tranquilo que criou um caco genial durante a cena que precisava gravar: no trajeto que fazia de carruagem, pediu ao cocheiro que parasse no meio do caminho. "Devo parar para obrar", disse o personagem, com o sotaque português carregado. A parada não estava no roteiro, foi criada pelo ator na hora. "O rei vai obrar", anunciou o cocheiro aos criados, que prontamente armaram a cena. O que acontece nesta sequência é um recurso infalível do humor: dar solenidade a algo banal. Toda a reverência que os criados e o cocheiro dão ao fato de o rei ficar em ceroulas para fazer cocô no mato é hilariante. "O Nanini era um problema pra montagem, porque ele criava cenas que não estavam no roteiro e que depois não dava para cortar, porque eram maravilhosas. O papel do dom João VI no filme não era do tamanho que ficou, era pequeno. Mas ele fez o personagem crescer", comenta Bianca.

Na hora de distribuir e exibir o filme, a equipe de produção enfrentou nova gincana. Não havia dinheiro para contratar uma distribuidora. Carla e Bianca foram pessoalmente aos estados do país para distribuir o filme, convencendo o circuito exibidor a apostar no caráter histórico da fita, que convenceria escolas a levarem seus alunos para assistir. Os argumentos eram muitos: o fato de ser uma comédia, de contar um capítulo esquecido da história do Brasil, de não ser datado e de ser o primeiro filme da sonhada retomada do cinema brasileiro. Além disso, era o único lançamento nacional daquele verão. Usaram todos os argumentos que tinham. Não foi fácil, mas conseguiram algumas salas pelo menos para o início.

Carlota Joaquina, princesa do Brazil teve estreia anunciada nos jornais e fez um bom número de espectadores na primeira semana, o que o ajudou a ir para a segunda semana e a ampliar o circuito de exibição. Vale lembrar que, no Brasil, se um filme não faz boa bilheteria na primeira semana, é retirado do circuito sem dó. Em algumas salas, Carla tentava fazer parcerias para segurar três semanas de uma vez, independentemente do público, e não correr o risco de sair de cartaz. Uma das primeiras críticas foi do cineasta Arnaldo Jabor, que chamou atenção para o fato de ser uma diretora mulher a quebrar o ciclo do "cinema-macho" que reinava no Brasil, no qual ele se incluía. As críticas positivas destacaram o esforço de Carla — "O filme é uma vitória da criatividade"[11] — e sempre faziam referências à atuação de Nanini — "Nanini põe o filme no bolso com seu indolente e porcalhão dom João".[12]

Também houve críticas negativas à versão farsesca da história e à caricatura dos personagens. "Opção duvidosa num filme irônico";[13] "Garra e deboche sem foco";[14] "Carlota Joaquina debocha da história".[15] Os descendentes da família real portuguesa se dividiram. Uns acharam graça; outros não gostaram sem nem ter visto, como Pedro de Orleans e Bragança, que mandou secretários para assistir ao filme antes de emitir uma posição pública. Os jornais chamaram historiadores para avaliar o filme, e eles repudiaram o fato de dom João VI parecer muito abobalhado, quando na verdade era um letrado estrategista. A diretora rebateu: "Um homem feio e gordinho que adorava comer coxas de galinha também podia fazer grandes coisas".[16]

O debate público ajudou a manter as salas lotadas por meses. Ao final de junho de 1995, o filme já tinha alcançado a surpreendente marca de 800 mil espectadores. Na melhor expectativa de Carla Camurati, ele chegaria a 300 mil. O filme teve 28 cópias no total, e saiu dos cinemas com um saldo de 1 286 000 espectadores. Enquanto a maioria dos filmes enviava 5 mil cópias de fitas VHS para as locadoras do país, *Carlota Joaquina...* mandou 20 mil. Circulou por quarenta festivais. E ganhou diversos prêmios. Os números diziam muito: o cinema nacional não estava morto, reagia à crise e era bastante competitivo.

Carlota Joaquina, princesa do Brazil sagrou-se como o símbolo da Retomada, como ficou conhecido o movimento de recuperação da produção nacional a partir de 1995. E Nanini, que já tinha participado da onda de musicais nos anos 1970, da expansão do besteirol nos anos 1980, da revolução do humor na televisão com *TV Pirata*, do maior fenômeno teatral brasileiro, com *Irma Vap*, agora experimentava mais um momento crucial da história da nossa cultura popular.

O cinema nunca foi sua linguagem preferida, apesar de ser muito desejada. Nanini prefere a efemeridade do teatro à perenidade das fitas. Prefere a expansão do palco ao comedimento das câmeras. O contato corporal com o público à distância fria das telas. E, claro, a grande vantagem que só o teatro tem: ele nunca se vê atuando. Ainda assim, era uma experiência que parecia incompleta na sua carreira, e que ele gostaria de aprofundar. Encavalando novelas e peças, nunca sobrava tempo para os sets de filmagem. "No teatro, o ator faz todo o trabalho que os técnicos fazem na televisão, [...] é você quem dá o close, chama o público. [...] Na novela, você tem que se colocar para a câmera [...]. No cinema, a tela é muito grande. Então, se você não tiver cuidado com o seu gestual, pode ficar agressivo, vai explodir. [...] O desafio é passar a emoção para a máquina. [...] Você começa a ter um caso de amor com a máquina."[17]

O primeiro contato com a artesania de um filme foi no longa-metragem *Orgia ou O homem que deu cria*, em 1970, do escritor e cineasta João Silvério Trevisan. Escrito em 1969, quando o autor estava em exílio no Marrocos — ativista de direitos humanos, João Silvério temia voltar ao Brasil e ser preso pela ditadura —, o filme era uma espécie de chanchada anarcotropicalista. Produzido na Boca do Lixo, fazia uma encenação imaginária da morte do pai de Trevisan, um grande velório com prostitutas, dançarinas, ladrões e assassinos, de onde surgia uma travesti negra e um cangaceiro grávido. Um exemplar clássico do cinema marginal. Tinha no elenco Pedro Paulo Rangel, Ozualdo Candeias, Jean-Claude Bernardet; a fotografia era de Carlos Reichenbach; o figurino de Walcyr Carrasco, e as vozes foram feitas por Zezé Motta, Walter Cruz, Silvio de Abreu e Marco Nanini. Censurado pela ditadura logo depois do seu lançamento, em 1970, acusado de ser "inconveniente em quase toda sua totalidade", só teve exibição liberada em 1981.[18] Como dublaria cenas livres, Nanini não precisava ficar preso à sincronicidade dos lábios dos atores. "Eles vinham andando, andando e passavam pela câmera. Eu adorei dublar, porque nessa andada mais longa eu ia inventando o que eu quisesse, porque eu não tinha texto. Então, eu aproveitava enquanto eles gesticulavam e andavam para falar o que eu quisesse..."[19]

Depois, durante a década de 1970, Nanini participou de pornochanchadas das quais não sente muito orgulho. Para um ator iniciante, no entanto, eram trabalhos que caíam do céu — e, invariavelmente, terminavam em um bordel. A primeira foi *As moças daquela hora*, de Paulo Porto, em 1973, com trilha sonora de Jorge Ben Jor e Paulinho da Viola. A trama é sobre três mulheres: Mariana, Isaura e Léa. Nanini faz o namorado de uma delas, Luizinho, personagem sem muita expressão, que quer se casar, mas que a jovem evita por estar envolvida com um trapezista de circo. Impedida de ficar com um e fugindo do outro, Mariana vai viver em um bordel.

Dois anos depois, faz *O roubo das calcinhas*, de Braz Chediak e Sindoval Aguiar, filme no qual interpreta Alfredo, um dos quatro amigos que, sem dinheiro para o Natal, resolvem assaltar um... bordel. Para entrar no local, Alfredo se veste de mulher e consegue roubar algum dinheiro, além de calcinhas. O fruto do roubo é escondido num sofá velho que, sem saber, a mãe de um deles dá para um pedinte, e os três passam boa parte do filme tentando recuperar o sofá. Esse já é um papel um pouco mais interessante dentro dos arquétipos da pornochanchada, que tem sempre um herói ingênuo, um amigo espertalhão, uma donzela erotizada, um religioso tarado e tipos do gênero. Àquela altura, Nanini já havia brilhado como o bailarino de *A vida escrachada de Joana Martini e Baby Stompanato* e fazia *As desgraças de uma criança* no teatro. O diretor soube usar sua versatilidade e seu talento humorístico. Em 1978, mais uma chanchada, *A noite dos duros*, de Adriano Stuart. Os dois protagonistas, Fernão e Bartô, dois trambiqueiros vividos por Antonio Fagundes e Marco Nanini, tentam de tudo para conseguir algum dinheiro. Certa noite, conhecem uma mulher, Cassandra, que os leva a um restaurante, a uma gafieira, uma escola de samba, e, claro, a um bordel.

Foi difícil romper o ciclo das chanchadas, mas em 1980 Domingos Oliveira o convidou para contracenar com Jorge Dória no filme *Teu tua*. Apesar de estar completamente assoberbado com as novelas — havia emendado *Feijão Maravilha*, *O Todo Poderoso* e estava no ar com *As Três Marias* — e o teatro, pois estava em cartaz com a peça *Brasil: Da censura à Abertura*, não conseguiu dizer não ao diretor. Fez o filme, mas chegava ao set praticamente sem dormir. Estava exausto, o que acredita ter comprometido seu desempenho. "De qualquer maneira, eu me recordo do prazer estar em cena com Dória e o Domingos dirigindo, e também porque era em preto e branco", declarou.[20]

Na sequência, veio *Carlota Joaquina...*, este sim, um filme em que estava inteiro no papel. Depois, voltaria às telas grandes em 1998, com um filme de época de Helvécio Ratton, *Amor & Cia*. Inspirada na obra *Alves & Cia.*, de Eça de Queirós, a história se passa no final do século XIX e tem no elenco principal Patricia Pillar e Alexandre Borges. Com o orçamento um pouco mais folgado do que *Carlota...*, teve um pouco mais de conforto nas filmagens. A primeira memória que vem à sua cabeça quando lembra do filme é a amizade com a atriz Patricia Pillar, com quem passava horas e horas estudando o texto. O personagem Alves foi seu primeiro papel profundamente dramático no cinema: um rico comerciante descobre a traição da mulher com o próprio sócio e se desespera de tal forma que tem uma ideia estapafúrdia para a solução do conflito.

Um papel cheio de filigranas, do tipo que deixa o ator extasiado: Alves é um sujeito doce, mas que precisa se mostrar endurecido por ser um homem de negócios. Quando o seu casamento descarrila, perde totalmente o controle, em cenas memoráveis, como a que caminha pela cidade lendo em voz alta as cartas de amor trocadas entre Ludovina, sua mulher, e Machado, o amante. "O repertório do Nanini é grande, transita muito bem pelo tragicômico. Com sutileza, não precisa de exageros para expressar a emoção do personagem, ele conseguiu captar bem a ironia de Eça de Queirós. A história se passa em São João del-Rei, em Minas Gerais, e como não havia deslocamentos durante a gravação, sobrava tempo para trabalhar. Usamos uma semana apenas para que ele sentisse o chão irregular, porque não poderia vacilar enquanto caminhava. Alves conhecia muito bem aquilo ali", elogia o diretor, Helvécio Ratton.[21] A interpretação de Nanini rendeu a ele o prêmio de melhor ator no Festival de Brasília e no Festival de Cinema Brasileiro de Miami.

Foi a partir de então que a carreira cinematográfica de Nanini engrenou. O encontro com Guel Arraes na *Terça Nobre* e na *Comédia da Vida Privada* programas em que explorou tipos diversos na TV, o colocou direto no panteão de atores que fez a minissérie cômica *O Auto da Compadecida* — Fernanda Montenegro, Selton Mello, Matheus Nachtergaele, Rogério Cardoso, Enrique Díaz, Denise Fraga, Maurício Gonçalves, Diogo Vilela, Virginia Cavendish, Paulo Goulart, Lima Duarte e Luis Melo. Exibida na TV Globo como minissérie de quatro capítulos em 1999, foi adaptada para o cinema em 2000 pelas mãos hábeis do diretor.

O auto da compadecida foi o filme mais visto no Brasil naquele ano: foram mais de 2 milhões de espectadores nos cinemas. Com o aparato midiático da Globo Filmes, apoiado por um elenco de peso, contando bem uma excelente história, com uma direção sensível e segura, o filme tornou-se um fenômeno popular. As frases e expressões da dupla de protagonistas João Grilo e Chicó ganharam as ruas — quem não repetiu o "Não sei, só sei que foi assim"? O ator Selton Mello, que interpreta o Chicó, contou em entrevistas que chegou a ser liberado de blitz quando os policiais o reconheciam: "É o Chicó, pô! Pode passar!".[22] Na mesma conversa, Matheus Nachtergaele brincou que nunca mais passará fome, pois sempre vai ter alguém que vai dar de comer ao João Grilo.[23] "Convivo com João Grilo diariamente. Todo sorriso que eu recebo nas ruas [...] são um pouco para o João Grilo."[24] O roteiro, de Adriana e João Falcão, foi inspirado na peça teatral *Auto da compadecida*, de Ariano Suassuna, escrita em 1955, com elementos de *O santo e a porca* e *Torturas de um coração*, do mesmo autor.

O papel de Nanini era uma participação especial: o capitão Severino de Aracaju, o cangaceiro mais temido do Nordeste, surgia para desafiar Chicó e João Grilo, os protagonistas. Sabendo que não faria muitas cenas, Nanini quis carregar a composição do personagem para que ele fosse marcante. Criou uma figura assustadoramente hipnótica: um sujeito de cabelo desgrenhado, dentes podres, forte sotaque pernambucano, vestindo toda indumentária sertaneja, em clara alusão à figura histórica de Lampião. Chapéu meia-lua de couro adornado com moedas e estrelas de metal; lenço de seda no pescoço amarrado com anéis; bornais, onde cangaceiros carregavam carne-seca, farinha e rapadura; cantis com água; cartucheiras atravessadas no peito com balas de rifle; perneiras de couro adereçadas com ponteiras de metal; além do rifle e das alpercatas de couro. O conjunto não devia nada a uma armadura medieval e pesava quase dez quilos sobre a corpulência de Nanini.

Ariano Suassuna ficou satisfeitíssimo: "Logo que escrevi *O auto da compadecida* eu discordava das primeiras encenações, porque vestiam os meus personagens à moda brasileira. E eu não estou de acordo com isso. Eu gostaria que os meus personagens, como no texto, se aproximassem dos espetáculos populares do Nordeste. As roupas desses espetáculos são cheias de vidrilhos e espelhos, e Nanini colocou exatamente isso. Acho que enriqueceu muito o personagem, aproximando o cangaceiro — como sempre achei que deveria ser, em relação ao Brasil — do que representa o samurai para a cultura japonesa", comparou o autor.[25]

O ator não estava satisfeito: queria criar uma estranheza única no personagem. Mandou fazer um olho de vidro, com o qual levou dias até se adaptar. A caracterização é inesquecível. "Chegou um momento em que eu não enxergava nada, por causa do olho de vidro, e nem escutava mais nada, por causa das duas perucas e dos adereços de cabeça. Perdi a visão periférica, e se eu caísse no chão ninguém me levantava. Fiquei intratável nos bastidores, eu percebia que o elenco nem chegava perto de mim de tanto mau humor com todo aquele sacrifício",[26] diverte-se Nanini ao relembrar Severino. "Guel é um maestro extraordinário, ele olha todos os detalhes de uma partitura e passa a segurança de que sabe o que está fazendo. [...] Eu sugeri e ele aprovou. [...] Eu me jogava no abismo [com aquela composição] porque eu sabia que Guel estava com a rede ali."[27]

O ator entrou nos anos 2000 bem mais confortável com a linguagem cinematográfica. Dali até o final da década, faria praticamente um filme por ano. *Copacabana*, de Carla Camurati, em 2001; no mesmo ano, fez ainda *O Xangô de Baker Street*, de Miguel Faria Jr.; *Lisbela e o prisioneiro*, de Guel Arraes, em 2003. Para o personagem, o matador Frederico Evandro, autor de tiradas impagáveis ("A bondade é que nem chuva no sertão: demora para vir, mas quando chega, não molha muito."), Nanini também mexeu no olho: mandou fazer uma lente castanho-escura com meio milímetro a mais na circunferência da pupila, o que lhe conferia uma estranheza repugnante. Também em 2003, *Apolônio Brasil*, de Hugo Carvana, filme para o qual aprendeu a tocar piano. Em 2006, *Quem tem medo de Irma Vap*, de Carla Camurati. Em 2007, *A grande família, o filme*, de Maurício Farias. Em 2008, *Romance*, de Guel Arraes. Em

2010, *O bem-amado*, também de Guel Arraes sobre o texto de Dias Gomes, e *A suprema felicidade*, a fita autobiográfica de Arnaldo Jabor.

Depois de uma longa pausa, em 2019 fez um dos seus trabalhos favoritos: *Greta*, de Armando Praça, um filme que escolheu apenas pelo roteiro, sem nunca ter visto o diretor. Interpretando um enfermeiro homossexual idoso, fã de Greta Garbo, que abriga um fugitivo da polícia por quem se apaixona, Nanini enfrentou um tema inédito na cinematografia nacional, a sexualidade homoafetiva do sujeito de terceira idade. E uma cena também inédita em sua carreira: um nu em sequências tórridas de sexo. *Greta* o curou do trauma. Não perdeu a voz nem se incomodou ao se ver nu, em close, numa sala de cinema.

O roteiro de *Greta* é a adaptação de uma comédia famosa de 1973, escrita por Fernando Melo: *Greta Garbo, quem diria, acabou no Irajá*. O roteirista e diretor cearense Armando Praça tirou a carga cômica do texto — que recaía na estereotipia do personagem gay — e o transformou em uma história sobre a velhice, o amor e a solidão. Nanini estava justamente procurando um texto que expusesse a decadência física do homem velho, e ficou curioso quando recebeu o e-mail de um diretor iniciante o convidando para um projeto com aquele tema. Na mesma hora respondeu ao e-mail. Armando quase não acreditou: "Ele sempre foi meu plano A, mas eu sou um diretor iniciante que queria fazer um filme com pouquíssima grana. Qualquer produtor ia me dizer que eu estava louco de querer o Nanini no elenco. Mandei no e-mail uma sinopse muito curta, meia lauda. Uma semana depois ele me respondeu, com cópia para o Nando, querendo conversar. Os dois me convidaram para um papo na casa do Nanini. Achei uma abertura inédita, nenhum ator faz isso. Fiquei feliz, mas não criei muita expectativa. Tomei um Frontal, botei uma roupinha melhor. Chegando lá, abri o jogo, contei do filme, perguntei o que ele achava. Era um jogo de sedução. Falei que eu estava começando, não quis criar nele uma falsa impressão. Teve uma coisa engraçada: ele serviu um sorvete. Quando acabou, ele ficou lambendo aquela colher, o aço na boca. Eu pensei: mordeu a isca. Ele já estava saboreando o personagem. Perto do fim da conversa, me senti mais confortável para dizer: 'Não sei nem se a gente tem dinheiro pra te pagar', e ele disse que isso não seria um problema. 'Não precisamos falar sobre isso agora'. Na saída, o Nando me levou até o portão, me deu um abraço e disse: 'Vamos fazer acontecer'. Eu não acreditei que pudesse ser simples assim… Nada na minha vida cai do céu!", narra Armando, como se estivesse escrevendo outro filme.

Dali em diante, começaram uma troca intensa de mensagens, até que Nanini quis ler o roteiro. "Eu não tinha falado do nu nem da cena de sexo ainda. A cada papo, eu ia soltando um pouco. Era um ajuste muito fino não o assustar. Só que nos primeiros ensaios quem ficou assustado fui eu. Nas leituras de mesa, ele deu uma exagerada no personagem, eu indiquei que estava um tom acima. Ele me disse: 'Eu começo fazendo teatro infantil, tenha calma. A gente chega lá'. Ele estava muito a fim. Nós dois estávamos muito a fim. Como não confiar nele?", questiona Armando.

As filmagens aconteceram em Fortaleza. Nanini foi para o Ceará um pouco avariado, tinha feito uma pequena cirurgia depois da fissura que sofrera à época de *Ubu rei* e ainda estava se recuperando. Levou consigo Gutenberg Rocha, o Guto, para fazer o ponto no filme, e Suely, a funcionária que costuma acompanhá-lo em sets fora do Rio. Começaram com todas as cenas que se passam dentro de um apartamento — onde vive Pedro, o enfermeiro interpretado por Nanini, num edifício caindo aos pedaços, o que construía o ambiente decadente do personagem.

A ansiada cena de sexo era a última da leva de sequências no apartamento. O diretor descreve sua tensão: "Eu precisava que ele visse o material filmado para ganhar confiança. Mas ele não queria ver. Aí aconteceu algo que também me abalou muito: a locação era num prédio muito antigo, no sétimo andar. O elevador quebrou no terceiro dia de filmagem. Era um feriado, não havia como chamar ninguém para consertar. Tomei outro Frontal. Quando ele chegou, respirei e fui conversar com ele, com medo de que desistisse de tudo por não ter condições de ficar subindo e descendo sete andares de muletas. Já cheguei pedindo desculpas e oferecendo até os bombeiros da equipe de segurança para carregá-lo. Ele me olhou nos olhos calmamente e disse: 'Eu vou subir, não se preocupe. Só te peço duas coisas: eu subo uma vez por dia apenas, vou ficar o tempo todo lá em cima, horário de almoço, tudo; e eu quero poder reclamar'. O Guto foi muito parceiro, subia bem lentamente com ele, conversando e, de repente, ele já estava lá em cima. Tudo isso me deixou à flor da pele para dirigir a cena de sexo. Quando chegou a hora, eu não quis antecipar muito, pra não perder a espontaneidade, nem facilitar. No dia, chamei ele e Démick no quarto [o ator Démick Lopes, que contracenaria com ele] e fiz uma traquinagem: pedi para o Démick já vir de toalha. Nanini estava preocupado. E Démick apavorado. Mas Nanini deixou ele muito à vontade nos ensaios, ele sabe que sua presença em cena assusta as pessoas. Sabiamente, foi construindo a relação entre eles nos bastidores. Eu desenhei a cena como eu imaginava, eles estavam ouvindo. Perguntei: 'Como vocês se sentem?'. Nervosos. Nanini nunca tinha feito uma cena de sexo antes, mesmo assim, nunca houve uma recusa por parte dele. Havia uma excitação das primeiras vezes: primeiro nu, primeira cena de sexo. Démick foi muito sábio também: tirou a toalha e disse: 'Já estou pronto'. E a cena começou. Gravamos de primeira. Depois dessa sequência, Nanini foi rejuvenescendo. Isso deu a ele uma empolgação no set que contaminou todo o elenco. A Denise [atriz Denise Weinberg] foi a primeira a notar que ele havia abandonado as muletas, estava mais presente, mais animado. Começou a sair com a gente no fim das filmagens para beber, acordava de ressaca. Suely veio me agradecer no final, dizendo que há muito tempo não o via feliz daquele jeito", lembra Armando.

No último dia de filmagem, o técnico de áudio alegou que o som do ponto de Nanini — a voz do Guto — estava vazando na captação do filme, e que precisariam suspender o recurso. O ator ficou bastante irritado, reclamou alto e fechou a cara. Não foi nem almoçar com o grupo. Na volta do intervalo, fizeram a última cena e todos aplaudiram. Ainda emburrado, não quis sair com a equipe para comemorar o fim das filmagens, uma tradição no meio cinematográfico. Mais uma vez, a atriz Denise Weinberg notou o que estava acontecendo e disse entre dentes para o diretor: "É que ele não está conseguindo se despedir do filme e fez essa ceninha pra não ter que dizer adeus a todo mundo".

No dia seguinte, Nanini ligou para Armando: "Aqui quem está falando é o irmão gêmeo do Nanini. Ontem eu soube que ele saiu daí muito aborrecido, se precisar eu posso voltar para substitui-lo". O diretor ficou aliviado: "Denise estava certa. Ele estava louco pra voltar. Acabou levando o piti na brincadeira, e finalmente celebramos o fim das filmagens, agora todos juntos".

Greta foi selecionado para o Festival de Berlim, ganhou sete prêmios, sendo três de melhor ator para Nanini. No lançamento, ele desabafou: "Eu queria encontrar um texto que expusesse um senhor de setenta anos. [...] Eu queria também que fosse mostrado o corpo envelhecido dessa pessoa. Para mim, que trabalho há mais de cinquenta anos nessa profissão, e tenho gente que segue as peças e tudo o mais, achei que era oportuno comungar com eles essa decadência física que é natural. [...] Foi uma sorte ter encontrado esse roteiro porque era exatamente o que eu queria mostrar. Não encontrei no teatro, mas encontrei no cinema".[28]

13. Somos tão jovens

> *Meu amor, disciplina é liberdade.*
> Renato Russo, "Há tempos"

Nenhum dos amigos marcou nada para a noite de 31 de maio de 1997. Quem tinha set de novela cancelou, quem tinha peça saiu correndo do teatro, quem estava em viagem voltou mais cedo. Naquele sábado, dificilmente haveria um evento mais divertido no Rio de Janeiro: era dia do aniversário de 49 anos de Marco Nanini, comemorado na sua casa com uma festança inesquecível. É uma excentricidade sua comemorar com pompa os aniversários terminados em "9" em vez das datas redondas. A tradição começou aos 29 anos e seguiu pelos 39, 49, 59 e só foi interrompida aos 69, por ter feito uma cirurgia à época.

E ser um dos convidados da badalada recepção nada tinha a ver com fama, sobrenome ou riqueza. Nanini só gosta de ter nas suas festas a sua gente. Amigos, companheiros de trabalho, equipe técnica, funcionários domésticos. Para se divertir de verdade, precisa ter intimidade. Assim, também corre menos risco de esquecer o nome das pessoas, pânico que sempre o acomete em multidões. Em festas alheias, Nanini costuma carregar um amigo próximo para soprar no seu ouvido quem é quem. Geralmente a cupincha é a atriz Louise

Cardoso. "Não tem festa chata com ele. Mesmo tímido, e em lugares em que não conhece ninguém, ele é engraçadíssimo. Inventa personagens, cria histórias para as pessoas de longe, fala barbaridades entre dentes... Ele não decora o nome de ninguém, vive dando furos, já vi ele chamar o Flávio Bauraqui de Lázaro Ramos, me faz passar cada vergonha... Quando comete uma gafe, ele se explica dizendo que 'parou na Elizabeth Taylor', 'Desculpe, eu não vejo TV, eu parei no Jerry Lewis'", conta a atriz, às gargalhadas. Louise é muito próxima de Nanini desde que os dois trabalharam juntos no seriado *TV Pirata*, em 1988. A amizade entre dois humoristas tem dessas: "Aí eu apronto com ele também. Uma vez ele me ligou no meio da madrugada para perguntar quem era Glenn Close. No meio da madrugada, acredita? Eu respondi dando todo o currículo da Meryl Streep...".

A expectativa para o aniversário era tanta que Nanini fez até um regime especial. Depois de interpretar dom João VI em *Carlota Joaquina...*, tinha perdido 23 quilos e fez uma plástica na papada, a única de toda a vida, orgulha-se. Mesmo assim, manter o novo corpo era um desafio. Cortou os pasteizinhos de dona Oswaldina e abraçou a salada, de que jamais gostou muito. Queria se sentir mais leve para celebrar o quase meio século de uma vida que lhe dava tanto. Além disso, o perfil mais esbelto o ajudou a compor o farmacêutico Teodoro, o marido metódico de Dona Flor, da minissérie *Dona Flor e seus dois maridos*, que gravava à época.

Ele só se esqueceu de organizar a festa. Atribulado com as gravações, mal notou que o mês de maio já chegava ao fim e provavelmente só conseguiria agitar tudo para alguma data em junho. O que ele não imaginava era que Nando já preparava tudo em segredo. Cada detalhe da decoração, cardápio, lista de convidados, sequência de músicas, iluminação. Para isso, contou com uma grande amiga de Nanini, a arquiteta Janete Costa, que trouxe até toalhas de mesa do acervo de um prestigiado cliente, o paisagista Roberto Burle Marx. No dia do aniversário, Nanini estava gravando externas na cidadezinha de Bananal, no Sul Fluminense, lugar mais próximo do Rio de Janeiro onde havia uma farmácia do século XIX ainda toda preservada, cenário perfeito para as sequências em que Teodoro aparece trabalhando. Voltou do set exausto, ainda com o terno creme do personagem e o cabelo puxado para trás. Abriu a porta de casa e não acreditou no que viu.

Ou no que não viu, pois estava tudo escuro. Quando as luzes se acenderam, levou um susto maravilhoso: havia mesas espalhadas no jardim em volta da piscina, ao lado de um banquete de aperitivos e drinques festivos. Era uma noite fresca de outono, e pouco a pouco os cerca de trezentos convidados foram saindo de dentro de casa para surpreendê-lo. "Ele demorou a entender o que estava acontecendo, ainda era muito o Teodoro quando entrou na festa, eu fiquei até preocupado. Mas rapidinho o Nanini voltou", lembra Nando.

Foi a festa mais divertida de todas que já teve. Uma pista de dança foi montada no salão do andar de baixo. Nando teve uma ideia original que renderia reações esfuziantes dos amigos: colocou um projetor voltado para uma ampla parede branca onde passavam trechos de filmes eróticos antigos. A pista alternava Frank Sinatra com Abba, Gilberto Gil com Beth Carvalho, Elba Ramalho com Michael Jackson. Ao longo da noite, foi servido um jantar assinado por Cleofas César da Silva, o renomado chef dos famosos banquetes oferecidos por Burle Marx em seu sítio em Vargem Grande, dos cozinheiros preferidos de Nanini — outro mimo produzido por Janete Costa. Incrustada na Mata Atlântica, entre a lagoa Rodrigo de Freitas e o morro dos Cabritos, a casa de Nanini tem um vasto jardim que naquela noite tinha o verde realçado por uma iluminação especial. Era uma festa farta, mas também aconchegante, em meio à natureza e aos amigos, com muitas gargalhadas e rodopios na pista.

As conversas eram leves e os pés pouco a pouco iam se libertando dos sapatos — quem estava de salto alto logo os deixava num cantinho para pisar na grama molhada de sereno ou para dançar no salão. Uns convidados ainda com maquiagem de cena, outros com novos namorados, crianças correndo de um lado para outro. O casal Drauzio Varella e Regina Braga abriu a pista de dança, e logo se juntaram a eles Camila Amado, Renata Sorrah e Denise Bandeira. A atriz Aracy Balabanian chegou direto do teatro, assim como Marieta Severo e Andréa Beltrão, que estavam ensaiando o espetáculo *A dona da história*.

Os amigos Analu Prestes, Tônia Carrero, Euclydes Marinho, Guel Arraes e Ney Latorraca conversavam animadamente à beira da piscina. Convidada de honra, Oswaldina estava muito bem-arrumada, como sempre, e conversou a noite toda com a sobrinha, Zezé Motta. Nanini estava de um lado para outro entre abraços e beijos. Suou frio para lembrar o nome da novelista Gloria Perez quando a viu adentrar a festa, mas nem precisou da ajuda de Louise Cardoso — rememorou a tempo de evitar uma gafe. Naquela noite, Nanini estava especialmente apavorado de cometer uma das suas. Dias antes, tinha entrado numa floricultura tão distraído que confundiu uma cliente com a vendedora da loja. Cismado com o rosto conhecido da mulher, só se deu conta quando já estava voltando para o carro: era a modelo e atriz Luiza Brunet, uma diva brasileira dos anos 1980. Tinha perguntado o preço do ramo de rosas à Luiza Brunet sem reconhecê-la...

A festa era a celebração de um momento especial na vida e na carreira de Nanini, que encerrava ciclos importantes para começar outros. Ele tinha acabado de finalizar a temporada de *Irma Vap*, o maior sucesso da sua trajetória, depois de onze anos em cartaz. Na TV, terminava de fazer *A Comédia da Vida Privada*, seriado especial da Globo que, seguindo a mesma linha da *Terça Nobre*, representou uma mudança radical na sua jornada televisiva: depois de passar anos fazendo papéis de bom-moço, heróis tímidos, românticos e boas-praças nas novelas, sem muitas viradas dramáticas que lhe desafiassem, o seriado era uma ruptura total com aquele padrão. "Eu vi que ia acabar virando a maçaneta das novelas", declarou.

Para conseguir isso, o ator bancou um rompimento de contrato com a TV até que lhe oferecessem a variedade de papéis que ele almejava. Um tiro arriscado, que podia lhe fechar as portas da emissora para sempre. Foi quando surgiu o conterrâneo Guel Arraes no seu enredo. Já tinham trabalhado juntos em *Armação Ilimitada*, seriado dirigido por Guel Arraes nos anos 1980 que inaugurou as comédias pop na TV Globo, com sua linguagem inspirada em histórias em quadrinhos. Mas o que Guel propunha a Nanini em 1993, e que culminava ali, em 1997, era completamente novo: interpretar contos da literatura brasileira em episódios de cerca de 45 minutos, que passariam na TV nas noites de terça-feira, faixa chamada de *Brasil Especial* da *Terça Nobre*. O convite, em si, já era espirituoso: Guel mandou um fax para Nanini com um texto em três versões: uma burocrática, em que fazia o convite formalmente ("Sr. Marco Nanini, venho por meio desta convidá-lo a participar da série..."); uma "carta ao rei" ("Majestade, ouso implorar que nos conceda a honra de sua presença..."); e uma "versão natural" (Marco: esse texto que eu vou dirigir parte de uma ideia antiga de versões inspirada nos textos que você já sabe, numa versão despretensiosa").[1]

Era um luxo: Guel Arraes garimparia personagens especialmente para Nanini. O ator não teria contrato fixo, ganharia por programa, e gravaria em apenas três dias da semana, o que o deixaria mais livre para o teatro. Programas feitos de modo artesanal, com excelente equipe técnica e uma boa "frente", como é chamado o intervalo entre a produção e a exibição. Havia ainda todo um apuro cinematográfico na linguagem dos episódios, que eram escritos por Guel, Jorge Furtado e Pedro Cardoso. Uma das novidades é que em vez de usar duas ou até quatro câmeras fixas em cada cena, como era comum nas novelas, Guel começou a usar uma, no máximo duas câmeras soltas — o que daria mais naturalidade aos atores, que não precisariam ficar tão preocupados com as marcas ou buscando a lente cada vez que fizessem uma expressão facial. "Até o trabalho com o Guel, eu ficava ainda inibido com a câmera. Eu achava que ela era uma observadora que ficava me vigiando. Na novela, o processo é quase industrial, são quatro ou cinco câmeras que ficam sempre em meia-lua, e o corte é dado na suíte. Na *Comédia da Vida Privada* era uma câmera só. [...] Isso me deu uma intimidade muito grande com a câmera. [...] Ela passou a não me preocupar mais", comparou Nanini.[2]

A naturalidade era uma obsessão do diretor: ele cunhou nos sets de gravação a expressão "lamber cenário", que significava "dar vida" aos objetos de cena. Os cinzeiros tinham de ter guimbas de verdade, os armários da cozinha guardavam potes de plástico, as roupas eram amassadas. Outra novidade da direção de Guel Arraes era compartilhar com a equipe cada opção estética, debater com todos, e só depois decidir. Algo impensável na rotina industrial das novelas.

Nanini aceitou de pronto, animado com a possibilidade de compor tipos tão diversos. Assim, fez Pantaleão, personagem da peça *O mambembe*, de Artur Azevedo; Simão Bacamarte, o protagonista do conto "O alienista", de Machado de Assis; Frederico Evandro, da peça *Lisbela e o prisioneiro*, de Osman Lins; o Professor, em "O besouro e a rosa", de Mário de Andrade (que nada mais era do que o próprio Mário de Andrade); Juca Biruta, do conto "O engraçado arrependido", de Monteiro Lobato, um dos episódios preferidos de Nanini, por permitir a ele homenagear a chanchada; Afonso, personagem de *O homem que sabia javanês*, de Lima Barreto; e Rômulo, Ronaldo e Rita Renata, personagens inspirados no universo do detetive Ed Mort, de Luis Fernando Verissimo.

O episódio inspirado na literatura de Verissimo fez tanto sucesso que virou outra série, *A Comédia da Vida Privada*, que reunia adaptações feitas a partir de textos do escritor e eram exibidas em terças-feiras alternadas com *Brasil Especial*. Os produtos receberam muitos elogios: "[...] quebra a interminável sucessão de ficção padronizada na qual se transformou a programação da emissora";[3] prova que "qualidade e audiência podem andar juntas na televisão". Ainda assim, a empreitada foi extinta pela TV Globo "por não estar atingindo a classe mais popular".[4]

A fase de programas especiais feitos com Guel Arraes, que durou de 1993 a 1997, colocou Nanini em outro patamar na TV, negociando contratos e papéis com vantagens. Chegou a dispensar um personagem na novela *Torre de Babel* por não conseguir chegar a um acordo financeiro com a emissora. Estava no panteão dos grandes atores brasileiros, com a vantagem de poder escolher os seus trabalhos.

O aniversário de 49 anos coincidia ainda com o último dia de gravações da minissérie *Dona Flor e seus Dois Maridos*, adaptação do clássico de Jorge Amado para a TV. Era um desses papéis que tinha escolhido fazer: Teodoro, o marido de dona Flor, o farmacêutico recatado e benevolente que etiquetava todas as gavetas e só fazia sexo em dias combinados. Nanini compôs um Teodoro enxuto, metódico, mas com uma sensibilidade à flor da pele, que explodia todas as vezes que via a mulher. "Teodoro tem um mundo particular, mesmo no livro. Um universo de signos muito sensíveis",[5] declarou à época. Foi um set de filmagens extremamente divertido, lembra Nanini. Várias vezes ele contracenava com Edson Celulari completamente nu, mas fingindo que não o via, porque o ator fazia o fantasma de Vadinho. "Era hilário, ele pelado na minha frente e o Teodoro completamente alheio."[6] Quando a minissérie foi ao ar, Nanini recebeu flores e um bilhete escrito à mão pelo dramaturgo e romancista Dias Gomes, elogiando a sua interpretação. Especialmente a economia na construção do personagem.

Havia muito o que comemorar, e comemorar também é um dos seus gestos de amizade. Quando não sabe o que fazer para alegrar um amigo, Nanini faz festas. É o primeiro a puxar as surpresas, como tantas que organizou ao longo da vida. Certa vez, ao saber que a amiga Analu Prestes ia pela primeira vez a Nova York, armou todo um esquema para acompanhá-la sem que ela soubesse: ligou perguntando em que hotel ela ficaria, inventando que sua dentista queria indicação. Tudo mentira. Apareceu de repente no mesmo balcão para o check-in, com Nando e Aracy Balabanian. Havia convencido os dois a passar uns dias de férias com a amiga. "Eu acho que nunca ri tanto na minha vida. Lembro que a gente sempre ia à noite ver espetáculos, umas coisas off--Broadway, em teatros pequenos, e a Aracy sempre dormia. A gente cutucava ela, que roncava alto, e morria de rir tentando ver a peça. A gente ria tanto que tinha que ir embora antes do espetáculo acabar... Era uma época em que estavam na moda as sex shops, e a gente sempre entrava pra comprar alguma coisa. Nunca vou me esquecer do Nanini flagrando a Aracy distraída, com uma touca vermelha que ela tinha adquirido, elegantérrima, comprando objetos de sacanagem", diverte-se Analu.

Numa das muitas brigas que teve com Ney Latorraca durante *Irma Vap*, Nanini armou uma surpresa que também serviu de bandeira branca: sabendo que Ney adorava ser bajulado, organizou uma festa na sua própria casa, com o tema "Ney Latorraca", o que incluía balões e guardanapos estampados com o rosto do ator.

"Era meu aniversário, dia 25 de julho de 1991, sou leonino, né... Eu estava fazendo a novela *Vamp*, ia ficar em casa mesmo. Ele me ligou e disse: 'Aparece lá em casa, vamos comer uma coisa juntos'. Quando cheguei lá, estava tudo escuro. Ele convidou a classe teatral toda, tinha Vera Fischer, Renata Sorrah, Glória Menezes, Regina Casé, Miguel Falabella, Julia Lemmertz, minha mãe, que mentiu pra mim... Todo mundo. E me encheram de presentes. Eu fiquei tão enlouquecido que fiquei mudo. Tinha até uma orquestra, era uma festa de arromba mesmo. Eu lembro que fiquei sentado uma hora anotando o nome de cada um que me deu os presentes, parecia criança na Disney. Fiquei três dias sem falar com ele. Ele perguntava: 'Que tal a festa?'. Eu não falava nada. Era uma maneira de chamar atenção, de deixá-lo pensando em mim, de entrar inteiro na vida dele. Depois ele fez outra, foram duas, acredita? Uma em São Paulo e outra no Rio", conta Ney Latorraca, ironizando seus próprios excessos.[7]

Ney também era bom de presentes: no aniversário de 42 anos de Nanini, em 1990, Ney deu a ele uma balança de farmácia, daquelas antigas, de ferro, depois que o amigo comentou que não se pesava por não ter uma boa balança em casa. Dois anos depois, cansado de tanto ligar para a casa de Nanini e ele não atender — ainda nem sonhávamos com internet ou telefone celular, é bom lembrar —, deu ao amigo um fax de presente de aniversário. Afinal, se Nanini usava video game, podia muito bem se adaptar àquela novidade tecnológica que cuspia recados impressos.

Nanini fez muitas festas-surpresa para os amigos. No aniversário de oitenta anos de Camila Amado, em 2018, preparou uma recepção que tinha até o rosto dela desenhado no menu do jantar. Foi Camila, aliás, quem deu a Nanini um dos presentes que mais o comoveram em seus aniversários: em 1988, ela estava em cena interpretando textos de Clarice Lispector, Rubem Braga e Rachel de Queiroz, entre outros autores, no elogiadíssimo monólogo *Camila, em momentos*. Como Nanini estava enlouquecido com *Irma Vap*, nunca podia ver a amiga em cena. Pois ela lhe fez uma apresentação exclusiva, em uma sessão à meia-noite, no dia do aniversário dele. A sala de teatro da Casa de Cultura Laura Alvim, em Ipanema, foi reservada especialmente para a ocasião. Ao final, um bolo com velas acesas substituiu a meia-luz dos refletores. A plateia intimista tinha Ítalo Rossi, Marieta Severo, Walmor Chagas e Marília Pêra, que ao final do espetáculo enxuto comparou todo aquele minimalismo ao estilo de um dos fundadores da Bossa Nova: "Camila, você é o João Gilberto do teatro!".

Outro presente inesquecível que Nanini ganhou de aniversário foi um LSD, dado por um amigo, que ele guardou para tomar quando estivesse em meio à natureza. Numa viagem de fim de semana que fez com Nando e Ney Latorraca a Visconde de Mauá, no Sul Fluminense, mordeu o pequeno pedaço de papel que continha a gota do ácido para dividir com Nando — Ney recusou-se a tomar a droga, mas acompanhou os dois no meio do mato, um belíssimo despenhadeiro próximo ao sítio em que estavam hospedados. "Passado um tempo, muito tempo ou pouco tempo, não faço ideia, eu estava olhando uma árvore e de repente vi uma joia. Era uma joia brilhante, como se fosse um colar cheio de diamantes pendurado na árvore. Fui chegando perto e vi que era uma teia de aranha imensa. A teia estava cheia de gotas de sereno, e o brilho daquelas gotas na teia reluzia de uma tal forma, com aquela aranha no meio… Era uma joia da natureza. Eu fiquei horas admirando aquela joia. Depois ficamos vagando no mato até um curral. O Ney querendo ir embora, foi ficando paranoico, e eu querendo entrar no curral, porque eu adoro cavalos. Gosto tanto de cavalos que nunca aprendi a montar: se eu subo de um lado, caio do outro. Eu acho que eles não vão me aguentar, eles percebem minha insegurança, e eu prefiro só fazer amizade, sem subir nos amigos. Foi a coisa mais emocionante: tinha uma eguinha bem filhotinha, e eu fiquei ali olhando pra ela, querendo me comunicar com ela. Aí eu peguei um monte de feno, deixei ela cheirar bem, e eu tenho certeza de que a gente começou a se comunicar. Eu entrei num transe com a eguinha e fiquei horas me comunicando com ela, uma eternidade. O Ney nervosíssimo porque eu entrei no curral e nunca mais saí de lá. Como aquela criatura me fez bem. Acho que eu fiquei lá dentro o dia inteiro", conta Nanini, divertindo-se com a lembrança da viagem lisérgica.

Desde o pequeno passarinho que encontrou morto na banheira do sobrado no Recife, ainda menino, Nanini tem um amor desmedido por animais. São seus melhores amigos, e disso ele não tem a menor dúvida. Muitas das suas fotos de infância são com os cachorros que a família tinha em casa — numa delas, Nanini aparece aos dois anos com um vira-lata dentro de um penico.

Se na República Resedá dividia a guarda dos gatos com Zezé Motta, na casa da Lagoa divide a guarda dos cachorros com Nando, outro apaixonado por bichos. Nanini vai andando pela casa com o seu bando, os cachorros o acompanham pelos corredores, pelo jardim, pela sala. Em seu escritório, boa parte do espaço é ocupado por Babão, um boxer que coleciona bolas de futebol furadas. Babão ouviu muitas das entrevistas que Nanini deu para esta biografia, como o verdadeiro cão de guarda da história de seu dono.

Nanini chegou a ter dezessete gatos simultaneamente, além dos nove cachorros que vivem entre sua casa e o sítio que tem em Lumiar. Todos eles vira-latas. São cães que encontra pelo caminho ou são deixados em sua porta. Para cada um, cria uma narrativa, identificando traços de suas personalidades que compõem personagens. Respeita as idiossincrasias de todos eles, e naturalmente tem seus preferidos. Foram inesquecíveis os amigos Roni, Hannah, Muanza, Lôra, Tora. Certa vez, durante gravações externas de um especial de TV, ele e a atriz Renata Sorrah, outra apaixonada por animais, resgataram um filhote de vira-lata que agonizava na estrada. Nanini levou a fêmea para casa e a batizou com o nome da personagem de Renata, Astrid. "Ele deu à cachorrinha uma coleira com um brilhante, a coisa mais linda. Ela era apaixonada pelo Nanini, estava sempre atrás dele. Mas a Astrid cresceu horrorosa, coitadinha, e teve um final trágico, não gosto nem de lembrar, foi assassinada por outro cachorro dele. Éramos loucos por ela, porque ela parecia retribuir sempre a gratidão de ter sido salva", conta a atriz.

Muitos dos gestos dos seus personagens surgem da observação dos bichos ao redor, assim como tem a mania de comparar qualquer coisa com bichos.

Certa vez, em viagem a Paris com a amiga Analu Prestes, foram ver o musical *Cendrillon*, Cinderela em francês. No final do espetáculo, perguntou muito sério a Analu: "Mas afinal, *cendrillon* é um crustáceo?". A dúvida era tão nonsense e descabida que Analu desatou a rir. Toda vez que ele ouvia a expressão em francês, associava ao nome científico de um caranguejo gigante, e não conseguiu embarcar no conto de fadas. A sua versão era muito mais interessante.

Em todas as viagens, faz questão de visitar zoológicos. Apesar de achar as instituições muito tristes, e de defender outro destino para os animais, gosta de conhecer as espécies ao vivo. Perde horas observando ursos, macacos, camelos. Não raro, toma emprestado dos bichos um meneio de cabeça, a inclinação dos membros superiores, um jeito de rastejar. A imponência e elegância dos falcões, os olhos vivos da jaguatirica, o sorriso largo dos chimpanzés. Todos os animais lhe ensinam algo. Foi um falcão-rei que lhe emprestou a postura do rei Augusto, da novela *Deus Salve o Rei*, de 2019. Nunca é o mesmo depois de oferecer mamão aos tiês e tucanos que irrompem na sua janela para comer as pequenas porções de frutas que ele deixa diariamente no parapeito da sala.

A casa de Nanini está sempre aberta aos amigos, bichos ou humanos. Na época de *Irma Vap*, Ney Latorraca dormia tanto em sua casa na volta do espetáculo que tinha até ciúme do quarto de hóspedes. Vizinha de Nanini, Denise Bandeira era uma das amigas que também vivia em sua casa entre o final dos anos 1980 e o início dos anos 1990. "A generosidade e a vocação para a amizade são traços característicos do Nanini. Nessa época ele já ganhava muito bem, tanto no teatro quanto na televisão, mas gastava uma barbaridade. Não deixava ninguém pagar um jantar. Pagava tudo pra todos. Dava presentes para Deus e o mundo. Para mim dava até roupas suas que já não cabiam mais. Dizia: 'Tenho três figurinos, o magro, o gordo e o palhaço'. Como raramente estava magro, me dava roupas. Lembro de uma jaqueta de couro vermelha que era um sucesso, chamava a atenção. Eu adorava usar e dizer que era dele", detalha Denise.

Para a amiga e artista visual Analu Prestes, emprestou o salão de casa para abrigar sua primeira exposição. "Ele sempre compartilha as conquistas dele com os amigos. É muito raro ver um artista que tem o retorno do tamanho do seu talento dividir essa conquista com quem está em volta. Ele coloca todos que estão em volta para crescer com ele", derrete-se Analu, que conheceu Nanini em 1975 e de uma forma inusitada: eles dividiram por acaso a mesma mesa do Canecão no show *Chico Buarque & Maria Bethânia ao vivo*, que virou um disco clássico da dupla. Nanini foi ao show com Buza Ferraz, seu colega na peça *Pano de boca*, que estava em cartaz à época. Analu havia comprado um ingresso na mesma mesa de ambos, sem imaginar que o bilhete era premiado: saiu daquela noite com um amigo para toda a vida e com um futuro marido. Analu e Buza foram casados por dois anos, de 1977 a 1979.

É comum fazer as festas e aniversário de amigos na sua casa, as de encerramento de temporada de teatro, as de pré-estreia de filme. Em uma dessas festas, em 1992, Denise levou como acompanhante um antigo namorado que tinha se tornado seu amigo. O rapaz, tímido, não ficou conversando com as pessoas no jardim, mas entreteve-se com a estante de livros e discos de Nanini, na sala de estar. Olhou atenciosamente os títulos, vez ou outra tirava um da estante para examinar mais de perto, logo os devolvia ao lugar. Entre mais um drinque e uma ida ao banheiro, Nanini passou pela sala e, cortês, puxou assunto com o rapaz. Ficou admirado com a delicadeza dos gestos e a simplicidade com a qual discorria sobre poesia e jazz, um gosto em comum com o anfitrião. Nanini passou um bom tempo conversando com aquele barbudo de bata, extremamente sensível e inteligente.

De volta ao jardim, viu que os amigos Claudio Botelho e Charles Möeller, que também estavam na festa, conheciam o rapaz. E Nando também. A amiga Bianca De Felippes também. A amiga Analu Prestes também. Havia um certo alvoroço com a presença dele, e todos pareciam se referir ao sujeito com alguma reverência. De repente ocorreu a Nanini perguntar:

"Mas vocês já conheciam ele? Quem é?"

"É o Renato Russo, Nanini. Da Legião Urbana", disse Denise, rindo do desconhecimento do amigo.

"Legião Urbana?", indagou Nanini. "Não sei o que é, eu parei na Elizabeth Taylor."

Renato Russo já conhecia Nanini, já tinha visto algumas de suas peças, mas Nanini nunca tinha cantarolado "Faroeste caboclo". Não fazia ideia do que fosse a Legião Urbana ou de quem era Renato Russo. Despidos dos excessos da fama, Nanini e Renato deram início ali a uma profunda amizade. Ambos compartilhavam o amor por Oscar Wilde e por Billie Holiday. Passavam horas conversando sobre *De profundis*, o livro que Wilde escreveu confinado, ou sobre as vozes negras do jazz. Nanini o ensinava a usar melhor as luzes no palco; Renato o encorajava a cantar mais e levava um mimo todas as vezes que ia visitá-

-lo, fosse uma vela perfumada, um disco, uma flor. "Ele era extremamente delicado, um doce de sujeito. Muito, muito inteligente, era uma conversa tão boa... A gente passava horas conversando, eu, ele e Nando", relembra Nanini. A proximidade construída naquelas noites ampliou o grupo de amigos do compositor para o que ele chamava de "fabuloso grupo dos sete", e do qual faziam parte Denise Bandeira, Rita Murtinho, Luis Felipe Tenreiro, Ana Beatriz Nogueira e Luiz Fernando Borges. Uma vez por mês, o grupo se reunia na casa de Renato Russo, em Ipanema, para assistir a um filme clássico juntos. Renato tinha improvisado um pequeno cinema em um dos quartos, e as sessões rendiam largas bebedeiras e conversas. Nando e Nanini não chegaram a frequentar o cineclube caseiro, mas foram incorporados afetivamente à trupe pelo músico.

Quando conheceu Nanini, Renato Russo estava em uma boa fase. Depois de enfrentar a dependência química e a depressão, internou-se em uma clínica de reabilitação em Santa Teresa e começou a frequentar o grupo Alcóolicos Anônimos. Renato descobriu que era portador de HIV em 1990, mas foi só em 1992 que começou a tomar AZT, um coquetel antiviral inibidor dos sintomas da aids, a síndrome da imunodeficiência humana causada pelo vírus. Foi a fase prévia ao disco *O descobrimento do Brasil*, mais leve do que os anteriores, em que o líder da Legião Urbana estava mais bem-disposto e otimista.

Era uma época em que ele vivia cercado de flores — como na capa do disco — e andava sempre com incensos, aromatizadores e velas perfumadas. Adorava o aroma de um xampu de jojoba que Nanini usava. Era uma forma de não sentir o cheiro do álcool, que despertava o desejo de beber. "Ele não [podia] sentir o cheiro de nada, nem das pessoas nem das coisas, porque isso podia chamar ele para as drogas. E colocava incenso em tudo. Não sei se ele estava mais feliz ou tranquilo, mas vimos que estava se empenhando pela vida, drogando-se menos e tentando se limpar do que era possível, porque ele sabia que, da aids, não tinha jeito. Ele fez o que era possível", disse Mayrton Bahia, produtor do Legião Urbana.[8]

Uma das canções do disco se chama "Só por hoje", um dos primeiros mandamentos dos Alcóolicos Anônimos, que orienta os dependentes a evitar a bebida um dia de cada vez: "Só por hoje eu não vou me machucar/ Só por hoje eu não quero me esquecer/ Que há algumas pouco vinte quatro horas/ Quase joguei a minha vida inteira fora". Renato Russo estava interessado nesse tipo de trabalho voluntário. Desde que começou a pesquisar mais sobre a rede de apoio a vítimas de aids, passou a imprimir no encarte dos discos uma lista de instituições de defesa dos direitos humanos para que os fãs fizessem doações — ele ficava inconformado com o fato de que não houvesse uma lista do mesmo tipo nos catálogos telefônicos. Frequentava as reuniões da Ação da Cidadania Contra a Miséria e a Fome que aconteciam na casa de Nanini, empreitada liderada pelo sociólogo Herbert de Souza, o Betinho, soropositivo como ele. O projeto arrecadava alimentos e distribuía cestas básicas a famílias pobres, além de chamar a atenção para o problema da fome no Brasil.

Nessa época, os integrantes da banda já falavam abertamente em tocar projetos paralelos. Renato Russo tinha um desejo cada vez mais latente de cantar standards americanos. Não eram quaisquer canções: eram músicas que falassem de amor, de um amor que não deu certo. Renato tinha vivido uma grande paixão por um americano "lindo, louro"[9] de San Francisco, relação que findou de maneira conturbada, pois ambos eram dependentes químicos. Queria exorcizar aquela dor de se anular por outra pessoa, o que era também uma forma de falar sobre sua homossexualidade com seu público. Em entrevista à *Folha de S.Paulo*, Renato falou de modo consternado sobre essa história: "[A canção] 'Vento no litoral' fala justamente disso: 'Lembra que o plano era ficar bem', era o nosso plano. Só que não deu certo. Eu não acredito mais em amor romântico. Dada minha orientação sexual, não existem modelos. Não existe *E o vento levou* para mim. [...] Eu sempre tive um espírito sensível e sempre tive que me comportar de uma maneira. De repente, aquilo estava me fazendo mal. Minha dependência de drogas tinha a ver com isso. Eu pensava: será que vou ter que ficar uma tia velha, será que eu vou ter que ficar sozinho? Será que tenho que desmunhecar, será que sou uma bicha-louca?".[10] À revista *Manchete*, explicou por que quis assumir a orientação afetiva para seu público: "Para ser um exemplo e, se possível, evitar que as pessoas passem pelo que eu passei: achar que era doente, que era estranho, que ia morrer e seguir direto para o inferno. [E] para poder ter a liberdade de ser como sou".[11] Renato ansiava por expressar tudo o que sentia, e o que era, cantando.

Numa das reuniões que fez na casa de Nanini, Betinho pediu ajuda a Renato Russo para atrair mais doadores para sua campanha. Foi quando ele começou a amadurecer a ideia de um concerto intimista, piano e voz, em que montasse um repertório especial com as canções de amor americanas que queria cantar para uma plateia disposta a pagar um bom dinheiro pela experiência. O valor seria revertido para a campanha de arrecadação de alimentos do sociólogo. Nanini fez questão de que o concerto fosse feito lá mesmo, no jardim. Renato ficou feliz.

Quando convidou o pianista Carlos Trilha para fazer os arranjos das canções escolhidas, o repertório estava tão bem amarrado que o músico finalizou quatro delas em uma semana. Quando foi mostrar ao cantor o que já tinha feito, montou um teclado no meio do apartamento de Renato em Ipanema e começou a tocar para ele. Da sala, Trilha ouviu Renato Russo falar do banheiro, onde estava lavando as mãos, logo nas primeiras notas: "Vamos fazer um disco em vez de um show? Você topa?". Carlos Trilha topou.

Estava tudo tão azeitado que em cinco meses o disco ficou pronto: *The Stonewall Celebration Concert*. O conceito do disco era homenagear os 25 anos da Rebelião de Stonewall, considerado o evento mais importante da luta pelos direitos LGBT nos anos 1960, nos Estados Unidos. No dia 28 de junho de 1969, a polícia fez uma batida violenta no bar Stonewall Inn, reduto gay no Greenwich Village, em Nova York, prática comum em bares que acolhiam gays. Dessa vez, no entanto, a comunidade — uma verdadeira legião urbana — se organizou em revolta, dando início à série de manifestações.

A capa era uma homenagem ao disco *Rock'n'Roll*, de John Lennon, de 1975: uma foto de Renato Russo na porta do seu prédio, encostado no batente. O repertório incluía Nick Drake ("Clothes of Sand"), Madonna ("Cherish"), Bob Dylan ("If You See Him, Say Hello"), Lionel Richie ("Miss Celie's Blues"), Garth Brooks ("If Tomorrow Never Comes") e Irving Berlin ("Let's Face the Music and Dance"), entre outros nomes. Uma curiosidade do repertório foi que Renato escolheu a música "Cathedral Song", da alemã radicada na Inglaterra Tanita Tikaram, que ele achou que só ele conhecia. Orgulhoso do garimpo, não imaginava que a cantora estreante Zélia Duncan gravava ao mesmo tempo uma versão em português da música, que chamou apenas de "Catedral". A coincidência acabou virando um dueto póstumo montado no álbum *Presente*, de 2003.

Quando o disco *Stonewall* ficou pronto, a primeira audição foi na casa de Nanini. Uma noite emocionante, lembra o ator. Não houve quem não chorasse com a interpretação de "Somewhere in my Broken Heart", de Billy Dean e Richard Leigh. A música fez Nanini lembrar um amor de juventude: na primeira vez que foi a Paris, conheceu um estudante enquanto caminhava pelos Champs-Élysées. Foram bebendo uma taça de vinho em cada bar desde o Arco do Triunfo até o final da avenida. Chegando ao fim do percurso, Nanini, bêbado, e pretensamente fluente, decidiu cortar o cabelo num salão de beleza que estava aberto. Puxou o dicionário para se expressar melhor, mas, no torpor do vinho, disse à cabeleireira que ela podia fazer o que quisesse: *"N'importe pas. Vous êtes une artiste"*. Nunca mais soube do rapaz que o acompanhou naquela pequena aventura. Ele desapareceu como surgiu. Aquelas canções o faziam passear por uma vida errante e fugidia.

O disco trazia um agradecimento nominal a Nanini no encarte, junto ao "fabuloso grupo dos sete". Também trazia uma lista das entidades de defesa dos direitos humanos. Para surpresa da gravadora, que não apostava tanto em um projeto tido como exótico, o disco foi um sucesso. Rapidamente vendeu 250 mil cópias. Betinho levou uma excelente quantia para sua campanha, pois Renato destinou a ela 50% das vendas. Naquele ano de 1994, Renato Russo estava muito feliz. E Nanini, muito orgulhoso.

No ano seguinte, Renato Russo embarcou numa depressão profunda, voltou a beber e seu estado de saúde piorou drasticamente, para desespero dos integrantes da banda, dos amigos e da família. Era como se Renato soubesse que ia morrer e ninguém pudesse fazer nada mais. Um segredo terrível que ao mesmo tempo o deixava resignado e sereno. Estava magro, era internado com frequência, seus pais saíram de Brasília para cuidar do filho no Rio. Em setembro de 1996, quase sem forças, ainda lançou com o Legião Urbana o melancólico disco *A tempestade*, um canto do cisne. O álbum foi gravado de maneira heroica pela banda, que não podia sequer se dar ao luxo de refazer as vozes de Renato — tinham de trabalhar apenas com a primeira versão, pois já não era possível repetir as sessões em estúdio. Era preciso fazer o máximo com muito pouco. O encarte tinha uma epígrafe de Oswald de Andrade: "O Brasil é uma república federativa cheia de árvores e gente dizendo adeus". As músicas falavam claramente na morte próxima, embora ninguém soubesse exatamente o que ele tinha. Dizia que era uma "depressão química",[12] a mãe, uma "anorexia nervosa".[13]

Certa noite, já bastante debilitado, foi jantar com Nanini e Nando no restaurante Plataforma. Ao comentar sobre o seu estado de saúde, lamentando não estar conseguindo levar à frente o tratamento dos Alcoólicos Anônimos, despertou a curiosidade de Nanini. O que, afinal, se fazia em tais reuniões? Renato explicou sobre o círculo de acolhimento, o fato de todos compartilharem suas vivências e pequenas vitórias. Nanini abriu o jogo com o amigo: talvez estivesse precisando de ajuda também. Há algum tempo vinha bebendo em excesso e se sentia perigosamente franco nas bebedeiras. Estava começando a perder o controle. Mas tinha muito receio de se expor em reuniões públicas. "Você quer começar pelos livros? Eu te dou os meus. Já li todos", ofereceu Renato. No dia seguinte, Nanini foi de carro à casa de Renato buscar os livros. Ele tinha piorado. Renato entregou os livros a Nanini, com a recomendação de que começasse pelo primeiro da pilha. O encontro se converteu em uma despedida seca que nenhum dos dois queria enfrentar, mas que se impunha, silenciosa. Sem muito assunto, além de um comovente abraço, Nanini partiu.

Na madrugada do dia 11 de outubro de 1996, Renato Russo morreu em casa, aos 36 anos, cercado dos pais e de amigos. O "fabuloso grupo dos sete" perdia seu poeta. Denise Bandeira chegou a tempo de se despedir, mas Marco Nanini e Fernando Libonati só conseguiram chegar ao final da cerimônia de cremação, quando uma multidão de fãs cantava as músicas de Russo em frente ao cemitério São Francisco Xavier, no Caju. Entre meninos e meninas com violões em punho, Nanini chorava copiosamente. Eles cantavam a música "Tempo perdido". Aos ouvidos cúmplices de Nanini, no entanto, nenhum verso fazia sentido. "Temos todo o tempo do mundo/ [...] E o que foi prometido/ Ninguém prometeu/ Nem foi tempo perdido/ Somos tão jovens, tão jovens". Renato era tão jovem. Era uma tragédia absurda que desaparecesse.

Nanini tinha muitos amigos, mas andava perdendo outros tantos. Não era uma fase fácil para as saudades. Renato Russo era mais um levado pela aids, de uma lista que crescia em velocidade desde a descoberta do HIV no Brasil, o vírus da imunodeficiência humana, em 1980. O aparecimento da síndrome foi cercado de desinformação e medo, um terreno fértil para os estigmas morais e preconceitos que recaíam sobre os primeiros grupos identificados com o vírus — homossexuais e haitianos. Mesmo com a descoberta subsequente de que o HIV pode infectar toda e qualquer pessoa, independentemente de gênero, raça, classe, origem ou orientação afetiva, no início dos anos 1980 ser gay passou a ser visto como pertencer a um suposto "grupo de risco". O termo, cujo uso provou-se totalmente incorreto — autoridades médicas vinham a público dizer que não existia grupo de risco, mas comportamento de risco —, somou-se a outros terríveis de referência à aids, como "peste gay" ou "câncer gay".[14] Ainda assim, a ideia de que há um grupo mais propenso a ser infectado permanece no imaginário popular até hoje, o que mostra a força do estigma moral. Com isso, gays passaram a ser ainda mais perseguidos, seus espaços de encontro eram vandalizados e as pessoas que se descobriam com a síndrome a escondiam de todos, emburacando em depressões violentas e retardando a possibilidade de tratamento. Um slogan famoso à época dizia: "Silêncio é morte".

Entre os seus amigos, Nanini havia perdido Felipe Pinheiro, redator do *TV Pirata*, em 1993; Wilson Barros, o diretor do filme *Anjos da noite*, em 1992; Carlos Jaolino, ator, em 1990; e Edgard Gurgel Aranha, produtor teatral, no mesmo ano. Este foi um caso emblemático: quando Edgard foi diagnosticado com HIV e precisou de tratamento médico, o seu plano de saúde, SulAmérica, recusou-se a cobrir as despesas. Edgard entrou com uma ação judicial contra a seguradora, e Nanini e Ney Latorraca puxaram um abaixo-assinado entre artistas para dar visibilidade à causa. A pressão pública funcionou, e Edgard ganhou uma liminar que obrigava a empresa a custear seu tratamento. O caso abriu um precedente jurídico extremamente importante à época — embora o produtor tenha morrido em meio ao imbróglio. "Tem um lado bonito nessa história. Fizemos todo um aprendizado de solidariedade", disse Nanini ao *Jornal do Brasil*.[15]

Pouca gente sabe, mas é nos amigos queridos que morreram abruptamente que Nanini pensa minutos antes de entrar em cena para se concentrar. É um pequeno ritual que inventou para si, para se abster do mundo exterior e se focar internamente. Na coxia, à beira do terceiro sinal, ele reza uma oração curtinha que inventou quando criança, para substituir as extensas ave-marias e pai-nossos das missas: "Meu Jesus, vos quero muito bem, pois sois tão bom. Como vós, ninguém".

A lista, naturalmente, também inclui Cazuza. Até perder Renato Russo, nenhuma morte próxima o havia abalado tanto quanto a do cantor e compositor, em 1990. Eram praticamente da mesma geração, frequentavam os mesmos lugares, tinham amigos em comum. A morte de Cazuza era uma conversa recorrente que tinha com Renato Russo: o quanto aquela partida havia destroçado os dois. Renato contou a Nanini que, no dia seguinte à morte de Cazuza, em 7 de julho de 1990, havia um show do Legião Urbana marcado no Jockey Clube, no Rio. Ele ficou tão comovido que escreveu um pequeno texto para ler na abertura do show, um desabafo pessoal buscando as semelhanças com Cazuza:

a idade era a mesma, o signo, o fato de terem nascido no Rio, de gostarem de meninos e meninas, e de serem meio loucos, e de escreverem letras de rock 'n' roll. Secretamente, sabia que ainda tinham o HIV em comum. No meio do show, cantou trechos de músicas de Cazuza entre as suas, dedicou o show todinho ao cantor, que era também um amigo. Em 1989, Renato Russo havia escrito para Cazuza a música "Feedback Song for a Dying Friend". Nanini contou a Renato que, quando a revista *Veja* publicou uma capa aviltante em abril de 1989, com a manchete "Cazuza: Uma vítima da aids agoniza em praça pública", ele escreveu, com um grupo de artistas, um manifesto[16] de repúdio à revista publicado em jornais e lido por Marília Pêra durante o II Prêmio Sharp de Música. Nanini não sabia, mas Renato Russo era um dos quinhentos artistas que também assinava o manifesto.

Ainda levaria alguns dias para examinar a pilha de livros que ganhou de Renato. No dia em que fez isso, começou pelo primeiro, como ele havia recomendado. Era um exemplar de *Os doze passos e as doze tradições*, o livro que contém os mandamentos básicos dos Alcoólicos Anônimos. Nanini começou a folhear, leu o primeiro passo, o segundo, o terceiro, e como as recomendações faziam bastante sentido, resolveu segui-las. Achou por bem confiar no que lia — o que não deixava de ser um acalanto ao amigo. Deixou de beber naquele dia, e também no outro, entendendo que era um esforço "só por hoje", como dizia a regra mais sóbria. E assim ficou sete anos sem beber.

Uma das raras exceções foi na festa de aniversário de 49 anos, naquela noite fresca de outono carioca. Cercado de amigos e bichos, ao lado de Nando, desfrutando uma festa na sonhada casa com jardim, em um momento artístico absolutamente pleno, sentiu-se vivo. Calibrado de caipirinhas e alegrias, a certa altura Nanini era uma reunião de Capitão Trouin com Lady Enid, dom João VI com Florisbela, Montenegro com Simão Bacamarte. Todos os seus grandes personagens foram cumprimentá-lo na noite dos seus quase cinquenta anos. Tinha todo o tempo do mundo.

14. *A Grande Família*

Vai que é tua, Lineuzinho!
Mendonça, em *A Grande Família*, 2007

A versão original do seriado de TV *A Grande Família* foi escrita com gana. O ano era 1973, o dramaturgo Oduvaldo Vianna Filho tinha acabado de ser contratado pela TV Globo como funcionário fixo, depois de escrever alguns episódios de "Casos Especiais"[1] como freelancer. Sua mão era boa para a dramaturgia, recebia elogios de autores como Janete Clair e Dias Gomes, e a emissora o convidou para assumir outros programas da grade. Havia um movimento interessante de valorização dos produtos nacionais na emissora no início daqueles anos 1970: as séries enlatadas americanas iam sendo substituídas por telenovelas brasileiras, que tinham muito mais apelo à audiência. Houve uma corrida por tramas que gerassem maior identificação com o público que assistia cada vez mais televisão nas horas de lazer.

Uma das tarefas dadas a Vianinha foi reformular *A Grande Família*, uma série cômica inspirada na americana *All in the Family*,[2] da CBS, cuja primeira tentativa de adaptação na emissora, estreada em outubro de 1972 e escrita por Max Nunes e Roberto Freire, ainda estava americanizada demais. Vianinha deveria abrasileirá-la, reconstruir os personagens de modo a aproximá-los mais da classe média, criar conflitos que de fato instigassem a audiência. Não era de todo mau: aos 37 anos, era um dramaturgo comunista sob uma ditadura militar, com uma mulher grávida do segundo filho. Por mais que estivesse muito mais conectado ao teatro político do que aos produtos de entretenimento da TV, a estabilidade financeira lhe cairia bem. E o trabalho era sedutor.

Os colegas do Partido Comunista Brasileiro, ao qual ele era filiado desde a juventude, chiaram: como se aliar a uma TV claramente ligada à ditadura? Os críticos de arte também: como abandonar o teatro para fazer comédia na TV? Era um grande dilema da época. Vianinha era acusado de capitular ante as tentações do sistema, e a TV representava o ato final de uma geração de produtores de cultura que cederia ao populismo. As críticas alcançavam também os dramaturgos Dias Gomes, Jorge Andrade, Bráulio Pedroso e Paulo Pontes. Dias Gomes rebatia: "Se você luta por um teatro de massa, como recusar um público de 20 milhões?".[3] Paulo Pontes fez coro: "A TV é realmente democrática, pode ser ligada por qualquer um".[4] Em entrevistas, Vianinha ponderava: para ele, a televisão era um espaço a ser conquistado pelo artista e pelo intelectual engajado. "A mim, parece que a comunicação da televisão é mais urgente e mais aguda [...]. Uma peça de teatro, não escrevo para dizer o que eu sei, mas para descobrir coisas. É um processo de pesquisa, de investigação. Na televisão, transmito coisas, valores conquistados, eu reafirmo. Com os dois, eu me gratifico."[5] "O problema não é o que ela exibe, é o que deixa de exibir." Em defesa da comédia, Vianinha citava Brecht: "A principal função do teatro é divertir";[6] e dizia que o gênero não causava apenas conformação, invalidando a crítica, mas o contrário: ele acreditava que a comicidade tornava a crítica muito mais perspicaz.[7]

Além disso, pouca gente sabia, mas nas horas vagas ele escrevia devagarinho uma peça política que vinha desenvolvendo há tempos: *Rasga coração*. Um épico que fazia um grande balanço da trajetória do herói anônimo brasileiro, questionando qual seria a postura verdadeiramente revolucionária de um sujeito na sociedade: a militância partidária ou a luta individual? Para isso, explorava o conflito de gerações entre um pai e um filho — Manguary, um funcionário público que dedicou a vida ao Partido Comunista, e Luca, que tendia mais ao misticismo oriental e à cultura hippie. Vianinha nunca escondeu que *Rasga coração* era um dilema bastante confessional.

Em meio aos ataques, ele seguia com o processo de contratação na TV Globo. Quando foi fazer os exames admissionais para formalizar sua entrada na empresa, tomou um susto. Havia uma mancha em um dos pulmões. A pedido do médico, repetiu a abreugrafia para observar com mais detalhes. O exame confirmou o inesperado: tinha tuberculose.

O diagnóstico não o impediu de começar a trabalhar de casa. Estava animado com a ideia de pôr sangue nacional em uma série de comédia americana. *A Grande Família* era um experimento novo na TV, toda gravada como um teleteatro, com elenco fixo e cenários móveis. Nenhuma cena era externa: todo conflito precisaria acontecer em um dos cômodos da casa. Paralelamente, Vianinha ia fazendo o tratamento médico recomendado, que incluía muita vitamina A, mas não acusava melhora. Até que considerou se mudar para Campos do Jordão, em São Paulo, destino dos tuberculosos à época. O excelente clima de altitude fez com que a cidade fosse fundada no final do século XIX justamente para acolher os infectados. A ideia surgiu num rompante, como se ele pudesse dar um ultimato à doença.

Alguns médicos próximos desconfiavam que o seu mal pudesse ser mais grave do que uma tuberculose e o aconselharam a não se mudar. Vianinha ficou apavorado. Tinha esperança de uma solução efetiva, mas também tinha medo de morrer numa mesa de cirurgia. Justamente agora, que se sentia mais sossegado na vida. Estava empregado, escrevia uma boa peça e estava feliz com Maria Lúcia Marins, esperando o nascimento de Mariana. Havia tanto por escrever, por viver, tanta revolução a ser feita num país carcomido por militares. Sentia-se tão cheio de vida, apesar do corpo indisposto.

E foi com essa fúria existencial que o autor escreveu cada capítulo da história da família Silva, heróis anônimos suburbanos que se viravam para pagar as contas com dignidade. Em meio à sua tragédia pessoal, soltava a mão para a comédia explícita. Mas não muito: tinha recebido como instrução do novo diretor da série, Paulo Afonso Grisolli, "fazer a aproximação da TV com o humor realista, não a chanchada, nem as piadas, nem as caricaturas, mas o humor de pessoas comuns, em situações típicas da vida doméstica".[8]

Montou o seguinte escrete: o pai, Lineu Silva, correto e centrado, veterinário que trabalha como fiscal sanitário no funcionalismo público; a mãe, Irene, chamada por todos de dona Nenê, casada com Lineu e dona de casa muito preocupada com as questões familiares; Bebel, a filha mais velha, sonhadora e mimada, casada com Agostinho, um garçom de motel trambiqueiro; Tuco, o filho hippie e preguiçoso que faz música e não consegue terminar os estudos nem arrumar emprego; o filho Júnior, um intelectual de esquerda envolvido em protestos, que zomba dos gostos popularescos da família, como assistir a novelas; e seu Flor, pai de Nenê, um aposentado que vive dormindo no sofá da sala ou reclamando da vida. Junto com o roteirista Armando Costa, seu parceiro na empreitada, Vianinha erguia a coluna de cada personagem até que parassem de pé, dando a eles trejeitos, bordões, caráter. Eram arquétipos brasileiros — o caxias, a dona de casa, o malandro, o preguiçoso, a mimada, o aposentado — talhados com nuances próprias.

Com a percepção aguçada pela urgência e afiada pelo talento,[9] Vianinha e Armando bolaram tramas deliciosas, como o episódio em que Lineu resolve cortar a carne das compras de mês para que a família consiga comprar um aparelho de ar-condicionado e suportar o calor do Rio de Janeiro; ou quando Agostinho recebe o primeiro ordenado e perde quase tudo nas corridas de cavalos. Ao longo dos episódios, o conflito de gerações entre Lineu e o filho Júnior foi se fazendo estrutural no seriado — um experimento-teste, consciente ou não, de *Rasga coração*.

Enquanto Vianinha escrevia para esquecer que podia morrer a qualquer momento, *A Grande Família* tornou-se o maior sucesso da televisão brasileira. Era uma corrida contra o tempo: quanto mais escrevia, mais a série agradava, e mais ele sentia conseguir adiar o próprio fim. A doença não regredia, mas se espalhava. O que ele tinha era um tipo de câncer agressivo no pulmão. Vianinha queria entregar quantos capítulos pudesse antes da cirurgia, que àquela altura já não era mais optativa. Na verdade, eram duas cirurgias importantes na família: uma extirparia o seu tumor no peito, a outra daria à luz a caçula do casal. E o que aconteceu parecia um episódio de sitcom: Vianinha e Maria Lúcia foram internados no hospital juntos, no mesmo dia. A bebê nasceu no dia 11 de abril de 1973. O pai foi operado no dia 12. Ambos saíram bem do hospital. Mariana estava forte e saudável, Vianinha, bem-disposto e esperançoso.

Ao longo de 1973, todo mundo corria para a frente da TV às quintas-feiras à noite, quando passava o seriado. *A Grande Família* disparou no Ibope e aos poucos mordiscava a audiência da novela das oito, o produto mais nobre da emissora. Em meio aos conflitos familiares, Vianinha inseria aspectos críticos à realidade brasileira, como o desejo de ascensão da classe média, o alto custo de vida dos assalariados, a falta de perspectivas para a juventude. O sucesso da série chamou a atenção da censura, que começou a cortar os palavrões ditos por Tuco, as reflexões politizadas de Júnior e as queixas de Lineu sobre o preço dos produtos no mercado. Hábeis, Armando Costa e Vianinha escreveram um roteiro satirizando implicitamente a própria censura: no episódio "Recadão", os personagens não conseguiam se comunicar normalmente e deixavam, uns aos outros, bilhetes que acabavam passando por autocensura antes de chegar aos destinatários. Como os censores reais não perceberam a ironia, o programa foi ao ar sem cortes.

A recuperação do autor ia muito bem e ele produzia como nunca. Tomava um litro de leite nas refeições, engordou, começou a estudar inglês e história do Brasil nos momentos em que não estava escrevendo — dividia o horário de trabalho entre os episódios de *A Grande Família* e a finalização de *Rasga coração*, que considerava sua obra-prima. Estava cheio de planos, confiando na recuperação pós-cirurgia. Nos fins de semana, ia com a família para a casa do dramaturgo e cineasta Domingos Oliveira, em Teresópolis. "Ele ficou muito atraído por aquele clima de paz, de interiorização, o oposto do clima de selva partidária em que sempre vivera. Mas, andando comigo pelas ruas da Granja Guarani, o Vianna não conseguia esconder um certo incômodo, porque estar ali, em contato tão direto com o verde, é se dar um presente. Um homem que, como ele, se sentia culpado por tomar um táxi tinha dificuldades em participar daquela natureza em festa",[10] relembrou Domingos. O diretor do seriado, Paulo Afonso Grisolli, reiterou a boa fase do amigo: "O Vianna [...] não havia perdido a visão poética e idealista de sua atuação no teatro. Escrever um programa daqueles por semana, com a perspicácia, o depuramento, a habilidade, a vitalidade e o espírito de penetração na realidade da classe média baixa, era obra de um gênio".[11]

Em 1974, a série ganhava vulto, mas o câncer também. Surgiram novos focos da doença no corpo. Vianinha ainda receberia outra notícia triste de Grisolli: a direção da TV Globo não queria que *A Grande Família* continuasse no ano seguinte.[12] Não pela audiência, que não era nenhum problema. Mas porque julgavam que a série não tinha o "padrão Globo de qualidade". "O Boni o detestava. Era um programa sujo, modesto, com cara de Brasil, sem esse padrão ascético. O Boni estava decidido a tirar *A Grande Família* do ar. Brigávamos por isso, discutíamos. O Boni pediu a mim, ao Vianna e ao Armando Costa que pesquisássemos um novo programa em série, na base da comédia de costumes", contou Grisolli.[13]

O grupo teve então a ideia de fazer algo sobre uma turma de quarentões paulistanos em crise existencial e foi pesquisar situações e tipos em São Paulo. Na viagem de trem do Rio até a capital paulista, Vianinha já estava muito mal, mas escondeu dos amigos. Ao passar pelos subúrbios do Rio, aproximou-se da janela, perdeu o olhar nas casas com paredes sem reboco, nas pipas voando no céu, nas senhorinhas em cadeiras nas calçadas. Em certo momento acenou da janela, como se estivesse se despedindo das paisagens que tanto o inspiraram em *A Grande Família*.

Vianinha morreu no dia 16 de julho de 1974. O dramaturgo e amigo Paulo Pontes o substituiu no roteiro, e *A Grande Família* foi exibida até 27 de março de 1975.

Vinte e cinco anos depois, a emissora decidiu fazer uma homenagem pela data e reviver o sucesso do seriado (em 1987 houve um especial de Natal do programa, um episódio único). Sob direção-geral de Guel Arraes, seriam reencenados doze capítulos da série original em uma temporada especial na TV. "Várias pessoas já pensaram em fazer esse remake. É um programa mítico. Todo mundo procura uma fórmula simples, televisiva, simples de fazer", elogia Guel.[14]

Depois da boa parceria nos episódios de *Brasil Especial* e *A Comédia da Vida Privada* Guel convidou Marco Nanini para representar Lineu, que prontamente aceitou — àquela altura, confiava absolutamente em qualquer convite do conterrâneo. Para reviver dona Nenê, foi escolhida a atriz Marília Pêra. Apesar de não ter descartado imediatamente a proposta, e de ter dado algumas entrevistas a jornais e revistas contando a novidade, a atriz não se sentiu à vontade para contracenar com Nanini, desafeto desde *Irma Vap*, e declinou. Aos jornais, a atriz alegou que a recusa fora porque o nome do ator aparecia antes do nome dela nos créditos, uma condição imposta pelo programa. "Eu me senti desrespeitada porque achei hierarquicamente errado. E, até por uma questão de cavalheirismo, o nome da senhora deve vir primeiro".[15]

Para substituí-la, a primeira ideia foi a atriz Regina Casé, que declinou do convite. Até que surgiu o nome de Marieta Severo no elenco. "Era uma chamada irrecusável. Sei que terminei de gravar *Laços de Família* [novela de Manoel Carlos, um drama sobre famílias ricas do Leblon], como Alma, com aquele chanelzão da Alma [...], e no dia seguinte, às oito da manhã eu estava num subúrbio, 48 graus, toda de cachinho, gravando dona Nenê",[16] conta Marieta. Seu Flor ficou a cargo do ator veterano Rogério Cardoso, Agostinho foi entregue ao ator e humorista Pedro Cardoso, que tinha participado do especial de 1987, e os filhos do casal, Tuco e Bebel, seriam escolhidos em teste. A única mudança de elenco foi a supressão do personagem Júnior, o filho intelectual de esquerda. Na nova versão, escrita por Cláudio Paiva, a carga de contestação política do texto seria incorporada por Lineu. "Os personagens, da forma como eram, faziam mais sentido nos anos 70. Foi preciso redesenhar todos eles para que se adaptassem ao momento. Tuco, por exemplo, era um hippie com poucas falas, ele entrava e dizia 'Podiscrê!', a graça era só ser doidão. Foi preciso reescrever o Tuco, que não acrescentava muito à dramaturgia. O Júnior tinha muito impacto num contexto de ditadura. Os personagens femininos também mereciam ser mais bem trabalhados para os dias de hoje", comenta o roteirista Cláudio Paiva, lembrando que se sentiu "revirando um túmulo sagrado" ao reescrever Vianinha, já que a ideia era aproveitar ao máximo os originais do dramaturgo: "Havia uma certa resistência do elenco às mudanças. Mas a ideia de teledramaturgia mudou muito em trinta anos, os textos precisavam ser mais ágeis, e as piadas, atualizadas. Um roteiro que havia sido escrito em máquina de escrever tinha outro ritmo de concepção, por se lançar menos ao risco da reescrita. Eu escrevi *TV Pirata* ainda com máquina de escrever e conheço essa diferença".

Tuco e Bebel seriam vividos por Lúcio Mauro Filho e Guta Stresser, atores ainda sem muita experiência em TV, convidados para fazer um teste por suas atuações em teatro. "O momento que eu soube que tinha passado no teste foi o mais feliz da minha carreira. Nunca vou esquecer. Eu ia ser filha do Nanini e da Marieta, dois ídolos. Nanini, eu acompanhei desde *Irma Vap*, é meu ator preferido. Liguei pro meu pai na mesma hora e disse que ele não precisava mais pagar meu plano de saúde. Tudo de que eu abri mão quando decidi sair de Curitiba para ser atriz no Rio valeu a pena naquele minuto", confessa Guta Stresser, que interpretou Bebel ao longo dos catorze anos em que *A Grande Família* ficou no ar. "A gente saiu de mãos dadas pra pegar o ônibus na avenida Ayrton Senna depois do teste, se beliscando, sem acreditar: Vai ser a gente! Vamos ser filhos do Nanini! Eu tinha 25 anos e nem imaginava o quanto esse trabalho mudaria a minha vida", complementa Lúcio Mauro Filho, que no primeiro dia de gravação levou um caderninho no qual ele tinha escrito, aos doze anos, que seu ator preferido era Marco Nanini.

Os doze episódios iniciais se transformaram em seis meses, que foram estendidos para um ano, que acabou virando catorze. Foi o segundo trabalho mais longevo de Marco Nanini (*Irma Vap* havia ficado onze anos em cartaz). *A Grande Família* foi um marco na trajetória de todos os atores que conviveram com a família Silva, um produto audiovisual que chegou a dar 41 pontos de Ibope no ano de maior audiência, 2003. Um fenômeno que colecionava prêmios, elogios, fãs, modismos, cachorros batizados de Lineu, Tuco, Agostinho; e que ainda rendeu um longa-metragem que teve mais de 2 milhões de espectadores.

No dia da primeira leitura "de mesa", como é chamada a primeira passada do texto pelo elenco, em setembro de 2000, houve um ligeiro desconforto no grupo. Havia uma certa expectativa do elenco de reencenar um clássico, mas algumas piadas do novo roteiro escrito por Cláudio Paiva soavam muito diferentes do seriado original. O ator Pedro Cardoso foi o primeiro a se manifestar, recusando uma das falas de Agostinho, que não cabiam na boca do personagem. A fala de Pedro ecoou fundo no novato Lúcio Mauro Filho: ali ele descobriu que era possível para um ator rejeitar uma piada. "Eu não fazia ideia. Eu vinha do *Zorra Total*, um programa de humor escrachado, não tinha isso de não gostar de uma piada, a gente recebia o texto e gravava. Essa já era uma novidade do clima que foi sendo criado em *A Grande Família*: tudo era muito bem conversado, cada detalhe, muito bem pensado. Era meu primeiro contato com uma dramaturgia tradicional feita de modo artesanal", recorda-se o ator.

O imbróglio se estendeu, e outros atores também começaram a reclamar do novo texto. Diante do impasse, foi Nanini quem trouxe uma solução: "Vamos ler o texto original, então. As cópias datilografadas da época, que devem estar em algum arquivo", disse ele. Os atores se entreolharam, como se a ideia fosse um tanto quanto insólita. "Alguém da produção ligou para um almoxarifado do acervo que guarda esse tipo de documento. A gente esperou uma meia hora, e de repente chegaram os textos originais, mimeografados, com as marcas da época, indicações a caneta, observações... Foi uma ideia simples e sensacional. A gente se transportou para a alma do Vianinha, e aos poucos foi entendendo a dificuldade de se adaptar àquele texto", detalha Lúcio Mauro Filho.

Dos doze episódios originais, Cláudio extraiu o que pode. O conflito de *Rasga coração* estava muito latente em *A Grande Família*. O eterno embate entre Lineu e Júnior, que para Cláudio era o grande dilema dos anos 1970, e o grande dilema pessoal de Vianinha também, que tinha um pai dramaturgo e comunista, mas bastante conservador. "O que eu fiz foi deslocar o conflito para Lineu e Agostinho. Só Agostinho ameaçava a virtude do herói da série, Lineu. Era do embate entre genro e sogro, o malandro e o certinho, que surgiriam as tensões mais interessantes para uma série cômica dos anos 2000", explica Cláudio Paiva. "O Tuco não oferecia tanto contraste por ser o filho, o herdeiro, nem a filha, que tinha uma personalidade mais de princesinha, e ela precisava ser esvaziada de talento justamente para justificar ser casada com um traste daqueles. Era uma família com que eu tinha intimidade para construir porque era a minha família. Meu pai era o Lineu, minha mãe era a Nenê."

O começo não foi fácil. O elenco ainda não estava plenamente convencido das mudanças propostas por Claudio, os pesquisadores que foram a campo levantar características de famílias suburbanas indicavam muitas referências diferentes, era uma viagem que começava com o freio de mão puxado. O que se refletiria no primeiro ano do seriado, 2001, que teve audiência relativamente baixa ao estrear no horário das 23 horas de quinta-feira, logo após o programa policial *Linha Direta*, que tampouco ia bem das pernas.

No primeiro teste de luz, cenário e figurino, todo mundo deu pitaco: Nanini se divertia com a quantidade de penduricalhos, mas principalmente com as roupas de Bebel. "Você vai sair vestida assim?", ironizava ele, em tom de brincadeira, diante de uma Guta Stresser infantilizada, de maria-chiquinha e saia plissada, tentando encontrar o tom da personagem. Foi o caminho que os dois encontraram para ganhar intimidade como pai e filha: a zombaria. "Ele se zoava o tempo todo, ria das minhas roupas, se escondia atrás dos bibelôs gigantes, isso naquele início em que tudo ainda era meio ridículo, e parecia que estava todo mundo atirando para todos os lados. Ele tem um talento especial para quebrar situações tensas fazendo uma piada. Eu vinha do teatro, não tinha nenhuma intimidade com tv, e fui me soltando muito com ele. Fui vendo que no fundo ele era igual aos meus amigos do teatro, que se diverte fazendo, que sabe inventar a brincadeira no trabalho. Eu observava muito como ele e Marieta faziam, pois eles são geniais em marcação de tv. Eles sabem onde está a câmera sem olhar, que horas o garfo vai à boca entre uma fala e outra, fui aprendendo tudo o que eu podia com ele. Imagine um curso de catorze anos de TV com Nanini", diz Guta.

Um dos arremates frequentes do ator — e que acabava servindo de lição aos mais jovens — era cortar frases muito longas. Ele sempre prefere passar a mensagem do que está sendo dito de uma forma mais rápida, e quando esbarra em um "bife", jargão dramático que quer dizer "texto muito longo", encontra um jeito de enxugá-lo. Mas nunca sem antes avisar ao diretor.

Juntos, equipe e elenco foram cortando os excessos do texto, da indumentária, dos objetos de cena, aparando as arestas que sobravam daquela grande colcha de retalhos colorida que era *A Grande Família*. É uma característica do trabalho de Guel que foi sendo incorporada por todos: tomar decisões em conjunto. Foi também em grupo que decidiram abolir a claque, presente na primeira versão do seriado, concentrando a responsabilidade do riso apenas no texto e na interpretação dos atores, sem direcioná-la para uma plateia presente. Por isso, cada cena era extremamente importante para o equilíbrio do humor, e bastante ensaiada. Não havia espaço para cacos ou improvisos — a não ser que surgisse alguma ideia nos ensaios que funcionasse para todo o elenco. Era o tipo de trabalho perfeito para Nanini, que preferia ficar focado no texto e nas marcas. Só faltava acertar o tom na composição do seu herói.

Lineu não chegou facilmente. A primeira dificuldade foi estrutural: como conceber um patriarca clássico sem ter vivido a experiência da paternidade? Ter filhos nunca esteve entre seus desejos, apesar de adorar crianças e ter convívio frequente com os filhos dos amigos. Mas nunca tinha trocado fraldas, dado bronca por notas ou sentido ciúme de filhos. Alcançar os sentimentos de uma experiência tradicional de paternidade, como pedia Lineu, era um caminho custoso para o ator.

Além disso, para quem começa a compor um personagem "bordando" as emoções a partir do texto, se sentir inseguro com o roteiro não estava ajudando. Nanini era do time dos que ainda não tinham superado totalmente a distância do texto original de Vianinha. A devoção ao dramaturgo, construída na encenação de *Mão na luva*, em 1985, o impedia de se distanciar do protagonista criado pelo autor, que era muito mais árido e impaciente do que o "Lineuzinho" — sóbrio, centrado, mas com espasmos de humor — que conquistou os telespectadores contemporâneos.

Quem assiste ao primeiro episódio da série, que foi ao ar em 29 de março de 2001, nota a diferença. Lineu ainda era muito crispado. As preocupações do funcionário público com as contas a pagar e com o futuro da família o deixavam mais perdido do que centrado na solução dos problemas. No segundo e terceiro episódios, a mesma coisa. Lineu estava sem carisma. Havia ainda outra questão: o seriado, como um todo, ainda não havia se encontrado. Estreou com cerca de vinte pontos de audiência, quando todos esperavam mais.

Numa das vezes em que visitou o set de filmagem para conversar com os atores, ainda na fase de ajuste fino do texto, o roteirista Cláudio Paiva foi até o camarim de Nanini. Puxou a cadeira e disse de pronto: "O Lineu está chato, Nanini". Cláudio conta que mal dormiu na noite anterior: "Imagine você ter de dizer a um ator do porte de um Marco Nanini que o trabalho não estava bom. Mas eu precisava enfrentar essa conversa. Eu precisava que eles confiassem mais em mim, e o Nanini era uma liderança natural do elenco. Para mexer no texto do programa, era preciso mexer no Lineu. Ele é o centro da grande família. Mas seria impossível fazer isso sem a ajuda do ator", conta Cláudio.

Nanini ouviu tudo e autorizou Cláudio a fazer mais experimentações com Lineu. Mas não queria forçar a comicidade do personagem, teria de ser algo pontual. "Ele era o centro daquela família, o alicerce. Ele fazia o meio de campo. A graça dele era justamente ser neutro para amortecer todos os excessos que o cercavam. Eu não podia fazer um Lineu piadista", explica Nanini.

Para não mudar a personalidade do personagem de um dia para o outro, Cláudio escreveu um episódio em que o próprio Lineu reconhece que sua vida está muito chata. Intitulado "Consciência é fogo", foi o décimo da primeira temporada. Ao flagrar Agostinho divertindo a família com causos de pescaria com o amigo Pedrada, parceiro das suas aventuras, Lineu se deu conta de que não tinha nada muito interessante para contar, pois era muito certinho. Enquanto Agostinho pescava bêbado com os amigos e trazia para casa peixes que não eram seus, fazendo todos caírem na risada, Lineu ficava brigando com Tuco porque ele bebia água direto no gargalo da garrafa, reclamava que seu chinelo não estava ao lado da cama — um chato. Agostinho lhe dá um sermão: "Pô, a pessoa não pode ser certinha o tempo inteiro, entendeu? Tem que ter uma loucura. Vai contar o que pro neto? Que pagou a conta em dia? Ninguém é lembrado por isso. [...] Lineu, quem nunca fez uma loucura na vida não viveu".[17] Lineu resolve ir à próxima pescaria com Agostinho e Pedrada, e o que se segue é uma confusão: os três enchem a cara, batem o carro, atropelam Beiçola e acabam detidos. É hilariante a cena em que Lineu e Agostinho chegam em casa bêbados, um de óculos quebrados e o outro jogando um peixe fresco em cima de Nenê. No final do episódio, já liberado da delegacia e cioso da sua culpa, Lineu conta para a família cada detalhe da noite. Está mais vívido, rindo de si mesmo. O espasmo de loucura de fato descarregou a tensão do personagem, e Nanini conduziu o afrouxamento com maestria.

A partir de então, essa seria a tônica do protagonista: sua retidão continuava incontestável, mas vacilava quando bebia demais, tomava remédios ou usava algum entorpecente. Era a fissura que humanizava o personagem e que deixava o ator roubar a cena. Nanini caminhava cada vez melhor nos sapatos de Lineu. E o funcionário da Vigilância Sanitária se tornou seu companheiro por toda a vida, mesmo depois do fim da série. "Eu tinha duas opções: me chatear cada vez que as pessoas me chamam de Lineu ou esperam que eu aja como o personagem, ou colocá-lo como um amigo imaginário que me acompanha por toda a vida. Escolhi deixar Lineu por perto", conta Nanini, lembrando de uma vez em que se irritou: estava exausto numa sala de embarque de aeroporto, esperando um voo atrasado, quando uma mulher quase pulou no colo dele, cantando a música-tema de abertura da série: "Essa família é muito unidaaaaaaa…".

Nanini começou a construir Lineu imaginando o que o chefe de família gostava de fazer quando não estava fazendo nada. Quando não estava preso a nenhum conflito. Lineu é o brasileiro universal, uma figura que todo mundo conhece, o que talvez explique tamanha identificação do público. Mas como coser um Lineu em particular? Como o personagem se comportava quando não estava conversando com Nenê, mimando Bebel, cobrando do Tuco, se esquivando de algum trambique de Agostinho ou animando a ranzinzice do seu Flor? Quando não estava de porre, mas de chinelo, vendo jogo do Fluminense?

Nanini imaginou o seu Lineu como um Fernando Pessoa deslocado no tempo e no espaço. Um sujeito introspectivo, trabalhador modesto, com retidão de caráter, que lia os jornais todas as manhãs e tinha o cabelo sempre bem aparado, que gostava de ler romancistas clássicos. "Você tem que preencher o personagem com os momentos que ele não fala. Quando fala, claro, mas principalmente quando não fala. Os momentos em que ele ouve. Enquanto eu não falo, eu penso em quê?", sugere Nanini.[18] Começou a ler as biografias do poeta português em busca de detalhes que pudesse aproveitar, adaptando-os à realidade do funcionário público que sofria para pagar as contas num subúrbio calorento. Imaginou Lineu tentando ler Tolstói, quieto em seu quarto, enquanto o resto da família ruidosa se digladiava na sala.

O gosto pelos clássicos e a linguagem corporal Nanini tomou emprestados do melhor Lineu Silva que conheceu: o pai, Dante Nanini. Era sua vivência de paternidade mais próxima, afinal. A calça afivelada no meio da barriga, a capanga de couro, as camisas de botão que levam uma camiseta de malha por baixo para evitar as manchas de suor. Tudo vinha de Dante. "Lineu é o meu pai", atesta o ator, ao lembrar do episódio em que o gerente do Hotel Regina foi a Santa Catarina atrás de um hóspede que alegou ter sido furtado sob seus cuidados — e que escreveria aos jornais contando a versão oficial do suposto furto para não manchar a reputação do hotel. Quem mais faria isso senão o Lineu? Dante, claro.

Até que todas as pontas estivessem acertadas na primeira temporada — fosse no roteiro, na composição dos personagens, na direção de cena — o elenco passava muito tempo junto. Eram três dias inteiros de gravação por semana, entre marcação, maquiagem e filmagem. E um dos passatempos preferidos do grupo era ficar na sala de espera do camarim assistindo às notícias.

Em 2001, sob o governo Fernando Henrique Cardoso, o Brasil enfrentava uma grave crise no setor de energia que acabou se transformando em recessão econômica. Com reservatórios no limite, o governo impôs um plano de racionamento de eletricidade a toda população, sob pena de multas para quem não reduzisse o consumo (o "apagão" acabou virando mote de um episódio). Foi o ano em que a doença da vaca louca fez com que países suspendessem a compra de carne bovina do Brasil, o Primeiro Comando da Capital fez a primeira de suas grandes rebeliões em presídios paulistas e que três explosões naufragaram uma plataforma de petróleo na bacia de Campos. Foi o ano em que o apresentador de TV Silvio Santos foi sequestrado, com a negociação transmitida ao vivo na TV; que a cantora e compositora Cassia Eller morreu depois de um infarto, aos 39 anos, no auge da carreira; meses depois da morte do escritor Jorge Amado, aos 89. E que o músico Herbert Vianna, do grupo Paralamas do Sucesso, sofreu um trágico acidente de ultraleve que matou sua mulher e o deixou paraplégico. O primeiro ano do século XXI foi repleto de notícias tristes para o país. Ter um bom programa de humor nas noites de quinta-feira em TV aberta trazia um pouco de alívio. Fazê-lo também.

Nada causaria tanto pavor quanto o que aconteceria naquela manhã do dia 11 de setembro, uma terça-feira. Era o dia da semana em que o elenco chegava muito cedo ao estúdio para gravar. "Assim que eu cheguei na Tycoon, fui me maquiar e ligamos a TV da sala dos atores para esperar a hora de começar a gravar. Estávamos todos juntos, e de repente vimos o segundo avião explodir no World Trade Center. A gente tinha certeza de que o mundo estava acabando, ninguém sabia o que fazer, além de gravar. Ao mesmo tempo, ninguém conseguia prestar atenção em nenhuma cena. A gente viveu aquilo juntos, como uma família, achando que era o fim. Não sei como, mas em algum momento a gente gravou", lembra Guta Stresser, citando um dos momentos inesquecíveis dos bastidores, quando a grande família era, de fato, uma família.

Na segunda temporada, em 2002, Cláudio Paiva esgotou o que foi possível dos textos de Vianinha, e a equipe de redatores começou a criar enredos originais. Essa foi a grande virada do seriado: de acordo com os números da pesquisa Ibope, a audiência aumentou justamente quando as novas histórias começaram a ser produzidas. "Foi bom enquanto durou [a fase de adaptações do Vianinha] e ótimo quando acabou", reconheceu Nanini. A realidade brasileira, afinal, rendia assunto suficiente para os conflitos dos personagens. Os capítulos começaram a espelhar tudo o que acontecia no país, atualizando o espírito do humor crítico de Vianinha. Se a primeira fase, em 2001, dava cerca de vinte pontos, a segunda alcançava a boa marca de 33 pontos de audiência.[19]

Houve um episódio em especial que fez história: intitulado "Um tapinha não dói", contava a vez que Lineu comeu por engano um biscoito de maconha feito por amigos do Tuco. A ideia debatida no episódio era de que toda a grande família tinha ojeriza à maconha de Tuco, mas cada um, a seu modo, também nutria seu vício: Agostinho, na bebida; seu Floriano, no cigarro; Nenê, nos calmantes. Era um roteiro que já havia sido vetado pela direção da emissora na primeira temporada, mas que Cláudio Paiva insistiu em tentar apresentar na segunda. Do ponto de vista narrativo, era também uma forma de desenvolver melhor a suspeita de que Tuco fosse maconheiro, o que costumava causar dúvidas nos primeiros episódios. Dessa vez a direção topou.

Em uma das cenas, Lineu, que havia comido uns três ou quatro biscoitos, começa a sentir os efeitos do psicotrópico. Do nada, vai ficando lento, com a risada frouxa e a sensibilidade auditiva aguçada. Começa a falar bobagens sem sentido, e seu comportamento exuberante impressiona toda a família. O episódio também seguia a premissa de oferecer os tais espasmos de loucura que eram importantes para aliviar a construção pesada de Lineu — uma carta branca ao talento de Nanini. Foi um daqueles dias em que tudo parecia perfeitamente azeitado: o elenco estava em sintonia, as piadas cabiam bem na boca de todos os personagens, as sacadas eram hilárias. Lineu ficou irreconhecível doidão. O corpo se contorcia, a voz ficou alterada, as conexões de ideias eram livrescas — numa passagem, Lineu ficou fascinado quando se deu conta de que a palavra "biscoito" podia ser lida como bis-coito, duas vezes um coito. Impossível não rir junto com ele da descoberta. "É interessante observar a gradação desse episódio, como ele vai enlouquecendo aos poucos, como muda a respiração. Um trabalho de ator fascinante. Tem um momento que o Beiçola chega da rua com um gato e ele aperta as tetas do bicho, parecia um diabo da Tasmânia, ele estava possuído", lembra Lúcio. Seu histrionismo contagiou todos os personagens, que entraram no mesmo tom grandiloquente. Nanini alcançava o ponto ótimo da inflexão do personagem. Naquele episódio, Lineu chegou de vez.

Quanto mais ancorado no corpo do ator, mais o personagem se libertava. Afinal, Lineu enlouquecia, mas sempre voltava. E esse movimento amadurecia a confiança que o espectador tinha no personagem. Na terceira temporada, em 2003, houve um episódio em que essa estratégia ficou clara: agoniada com os uivos da amiga Marilda na madrugada, que experimentava sexo tântrico com o novo namorado, Nenê começou a achar que o sexo com Lineu era careta demais. Temeroso de perder a mulher, Lineu aceitou a proposta de Mendonça, o colega de trabalho espertalhão, de tomar um comprimido estimulante. No mesmo episódio, Lineu foi do funcionário de repartição que faz sexo uma vez por semana ao usuário de Viagra que faz sexo tântrico em pé no banheiro de casa — sem perder a credibilidade com o espectador. O público estava plenamente convencido de que Lineu, o Lineuzinho, ele mesmo, era capaz de jogar dona Nenê na parede azulejada do boxe para fazer amor enquanto as visitas esperavam na sala para jogar buraco.

O Viagra tinha sido lançado havia pouco tempo no Brasil e vivia seus dias de glória como tratamento eficaz para disfunção erétil. Naturalmente, o bafafá não passaria despercebido aos atentos roteiristas do seriado. O episódio fez tanto sucesso que um colunista de jornal acreditou que era propaganda subliminar da farmacêutica para vender mais dos famosos comprimidos azuis. "Isso não tem cheiro de merchandising? Ou vocês acham que a dona Globo iria encher a bola da pílula azul sem nada em troca? Me engana que eu gosto".[20] O seriado rendia assunto, os bordões dos personagens eram repetidos nas ruas, as pessoas se fantasiavam como os personagens no Carnaval, os produtos licenciados, como a jarra de abacaxi da dona Nenê, ganhavam as prateleiras.

O ano de 2003 foi excelente para *A Grande Família*, com audiência batendo semanalmente na casa dos 42 pontos. "Eu nunca pude supor que em televisão eu viveria um fenômeno como foi *Irma Vap*. *A Grande Família* é um fenômeno daqueles que sai do controle. Você não sabe exatamente por quê, cai no gosto das pessoas. Como o elenco é pequeno, ao contrário das novelas, é mais fácil a gente se divertir. E todo o mundo faz teatro. Não tenho preconceito nenhum contra quem nunca fez teatro, mas quem teve experiência com teatro sempre saboreia o texto de uma forma mais suculenta, porque você fica repetindo aquilo",[21] arrisca Nanini sobre uma das hipóteses do sucesso do seriado.

De acordo com os dados, no entanto, a explicação para todo o sucesso estava no fato de *A Grande Família* alcançar, de forma semelhante, todas as faixas etárias, gêneros e classes sociais. Uma pesquisa do Ibope[22] feita em 2003 mostrou que o programa atingia 34% das classes A e B; 40% da classe C e 26% das classes D e E. Em relação à faixa etária, o programa era visto por 14% de pessoas até onze anos; 14% entre doze e dezessete; 14% de dezoito a 24; 18% de 25 a 34; 24% de 35 a 49; e 16% por pessoas acima de cinquenta anos. Entre homens e mulheres, a diferença também não era muita: 60% dos espectadores eram do sexo feminino e 40% do masculino. Um placar raro na TV aberta.

Tudo o que dizia respeito ao brasileiro virava mote, fosse o Viagra ou a eleição presidencial. Outro episódio marcante da terceira temporada foi "Mete os peitos, Nenê!", em que um sósia representou o recém-empossado presidente da República, Luiz Inácio Lula da Silva, em visita a um evento da Vigilância Sanitária do Rio de Janeiro no qual Lineu faria um discurso. O frisson ante a presença do presidente do Brasil numa palestra do marido fez com que Nenê se empolgasse com o figurino e fosse ao evento com um sutiã com enchimento inflável. Ao dirigir-se a Lula para cumprimentá-lo, nervosa, Nenê viu seu artefato furar quando Lula espetou um broche do Partido dos Trabalhadores no seu peito. Em outra cena, Lineu contou à mesa de almoço da família ter votado em Lula para presidente, desmascarando Agostinho, que votara em José Serra, do PSDB. A fala reforçava a caracterização do personagem como sujeito de esquerda, o que já era indicado na abertura da série, com uma foto de Lineu jovem numa manifestação contra a ditadura. Naquele longínquo 2003, não soou descabido ou causou qualquer tipo de comoção pública a referência bem-humorada ao presidente e ao posicionamento político de Lineu.

A Grande Família acompanhou a ascensão da classe C durante a gestão de Lula. Os Silva reformaram a casa, compraram eletrodomésticos, fizeram viagens, viram o comércio do entorno crescer e realizaram alguns dos seus desejos de classe média. Para que as novas temporadas não perdessem o fôlego, os personagens paralelos — que não existiam na versão original — começaram a ganhar tramas próprias. Cresceram no enredo os personagens Beiçola (Marcos Oliveira), o dono da pastelaria e advogado oficial do bairro; Mendonça (Tonico Pereira), o chefe mulherengo de Lineu; Marilda (Andréa Beltrão), dona do salão de beleza do bairro e amiga de Nenê, que tem um caso com Tuco, mas também com Paulão da Regulagem (Evandro Mesquita), um mecânico espertalhão e conquistador; e Gina (Natália Lage), a noiva de Tuco.

A Grande Família acompanhou as mudanças naturais da família brasileira, e também as do elenco: Marieta Severo foi avó durante a temporada, Lúcio Mauro Filho foi pai, Pedro Cardoso também. A situação mais triste que enfrentaram juntos foi quando Rogério Cardoso faleceu, em julho de 2003, no meio da terceira temporada. Ele gravou o episódio 19 numa terça-feira e, dois dias depois, sofreu um infarto dormindo. A notícia do falecimento pegou todos de surpresa. Assim que receberam o telefonema fatídico, na manhã da quinta-feira, o elenco decidiu se encontrar. "A família perdia seu patriarca, isso foi muito forte", lembra Guta Stresser. Na semana seguinte, foi feita uma reunião com toda a equipe — roteiristas, diretores, elenco — para decidir o destino do personagem. Substituir o ator estava fora de cogitação. Matar o personagem, muito menos. A solução dramática foi criar uma viagem que seu Flor precisasse fazer às pressas para a cidade natal. "A gente não queria perder o Rogério e perder o Flor. Mas aconteceu uma coisa bonita depois. Se a gente já era unido antes, a gente ficou muito mais unido depois da morte do Rogério", conta Guta.

Havia um detalhe no set que fazia com que todos se lembrassem dele com frequência: Rogério era o que mais aprontava pegadinhas entre os atores. Uma das suas principais vítimas era a atriz Marieta Severo, conhecida por ser muito atrapalhada em serviços domésticos. Era uma dificuldade para ela fazer cenas em que tinha que picar legumes, passar rodo no chão ou estender roupas, coisas que Nenê faria tranquilamente. Nas cenas finais dos episódios, que geralmente aconteciam à mesa de refeições, com todos sentados esperando Nenê servir o jantar, Rogério sempre arrumava os pratos e copos de um jeito que não houvesse espaço para a atriz colocar as travessas que trazia do fogão. "Era um moleque, o Rogério... Ele criava armadilhas na mesa só para ver a Marieta se embananando no meio da cena, sem saber onde colocar a salada ou o cozido. Ela ia dizendo o texto e ficando aflita com o pirex na mão", diverte-se Guta com a lembrança. Com a morte do ator, Lúcio e Nanini assumiram a tarefa de bagunçar a mesa antes de Marieta se dar conta, como um singelo ritual em homenagem ao ator.

O elenco enfrentou ainda mais uma morte: a do ator Francisco Milani, que fazia um dos personagens paralelos na quinta temporada, em 2005. Ele interpretava Juvenal, um tio insuportavelmente chato de Nenê, que vivia em Governador Valadares, em Minas Gerais, terra da matriarca da família. Como o personagem fazia sucesso com a audiência, volta e meia aparecia no seriado.

No ano seguinte, 2006, mais um baque. As dores lancinantes que Nanini sentia nas articulações — desde o acidente de carro, em 1973, convivia com dores muito fortes, o que piorava, dependendo do esforço que dedicava aos seus personagens — o obrigaram a fazer uma cirurgia. A poucos dias do aniversário de 58 anos, internou-se na Clínica São Vicente, na Gávea, e foi operado pelo neurocirurgião Paulo Niemeyer Filho. A artrose que atacava suas articulações tinha começado a comprimir sua medula cervical, limitando o movimento dos braços. Ficou um mês em recuperação, e teve de deixar uma boa frente de programas gravados para que ninguém ficasse órfão do "popozão", como Tuco lhe chamava.

A mudança mais emblemática na vida pessoal de Marco Nanini durante os catorze anos de *A Grande Família*, no entanto, não foi a cirurgia. Mas a separação física de Nando. Em 2004, eles decidiram continuar o relacionamento, mas vivendo em casas diferentes. No dia a dia, Nando tocava a produtora teatral de ambos, a Pequena Central, criada em 1996, bem como administrava a vida pessoal do ator. Os cachorros passaram a se dividir entre as duas casas, em uma espécie de guarda compartilhada. A parceria continuou, só a paixão que começava a arrefecer. Uma crise que não durou muito tempo: em 2007, decidiram construir uma casa na serra fluminense, em Lumiar. O projeto original tinha duas casas no mesmo terreno, que acabou se transformando em uma só. Em 2008, Nando voltou a morar na casa em frente à de Nanini, e desde então a rotina do casal tem sido assim, separada por uma rua. Juntos, mas separados.

Nanini vivia dois casamentos, na verdade. Um com Nando, outro com o elenco de *A Grande Família*. Se em *Irma Vap* ele ficou por onze anos em cartaz com Ney Latorraca, no seriado da TV Globo conviveu semanalmente com as mesmas cinco pessoas, além dos atores que faziam os personagens paralelos. "Conviver durante catorze anos [...] não é nada fácil. É um casamento desses mais barras-pesadas, de privada, de soltar pum. Estou exagerando, mas é um convívio muito forte. Era uma turma muito agradável, e todos eram muito profissionais. Acho que isso ajudou", comentou Nanini.[23]

O ator Pedro Cardoso lembra que a diferença de temperamento entre os dois — que interpretavam os papéis centrais do grande conflito do seriado, o embate entre a ordem e a desordem — não chegava a atrapalhar o resultado. "Somos dois atores bastante diferentes, mas com absoluta aceitação do material dramatúrgico. Nós dois queremos fazer a cena que está escrita, a gente persegue a cena, a gente não luta contra a cena, a gente pode entender mal a cena, eventualmente, um achar uma coisa e o outro achar outra, mas a gente rapidamente busca o entendimento do que o autor escreveu. Digamos que a gente joga para o time, tanto ele quanto eu. Ele é um ator muito dedicado à leitura da dramaturgia, e eu também, então acho que isso contribui decisivamente para o nosso bom entendimento em cena", pontua Pedro, sem perder a chance de elogiar o colega. "A outra coisa é mais misteriosa: nós nos gostamos, e isso não tem explicação. Eu gosto do que ele faz, eu me divirto com a maneira como ele atua, aquilo me irriga como um rio Nilo, me estimula, é uma coisa que me diverte, que me enche os olhos, e então provavelmente é muito parecido mesmo com uma relação amorosa, eu devolvo pra ele em admiração. Ele é um ator popular brasileiro, ele não é um ator brasileiro que quer ser europeu, ele é um homem que aceita e que gosta do Brasil, que representa para o povo brasileiro, e isso é um ótimo serviço pelo ponto de vista político."[24]

O amor que sentiam uns pelos outros não impediu os conflitos entre o elenco. A certa altura, Nanini se desentendeu com Tonico Pereira; Guta Stresser ficou um bom tempo sem falar com Pedro Cardoso; Andréa Beltrão, que interpretava a personagem secundária Marilda, causou melindres por ganhar cada vez mais espaço entre os protagonistas. As revistas de fofoca tentavam surfar nas histórias, mas os atores sempre cortavam, alegando ser absolutamente normal que um elenco com tal nível de convívio brigasse, como qualquer família.

Eles passavam tanto tempo juntos que a intimidade não conhecia limites. Um dos assuntos recorrentes nos bastidores era o destino das cinzas da mãe de Nanini e de Marieta. No meio da maquiagem, um soltava para o outro: "E aí? Já decidiu o que fazer com sua mãe?". Ambas haviam morrido e sido cremadas na mesma época, e os dois ainda guardavam os restos mortais em casa, sem conseguir decidir o que fazer. Certo dia, Guta estava visitando a família em Curitiba e decidiu tomar um passe num terreiro de umbanda da cidade, o Terreiro Pai Maneco. No meio da consulta, a entidade que a atendeu deu a ela um recado: que havia amigos dela que estavam "prendendo as mães" para o plano espiritual. Guta arregalou os olhos e ficou constrangida. Como avisar a Marieta Severo e Marco Nanini que havia recebido um recado do além para que eles libertassem as próprias mães? Pensou, pensou, até que resolveu contar, tentando não segurar a risada pelo inesperado da situação. Os dois ouviram atentamente o relato de Guta, e em poucos meses fizeram suas cerimônias individuais de despedida.

Em 2007, paralelamente à sétima temporada, houve o lançamento de *A grande família, o filme*. Outro sucesso estrondoso: o longa-metragem teve 2 milhões de espectadores, um feito para o cinema nacional. No roteiro, uma história mais profunda do que os episódios semanais de meia hora, Lineu vai ao enterro de um amigo — cena que arremeteu o ator até as memórias arrepiantes do enterro do ator Sérgio Cardoso, em 1972, por ser gravada com multidão e no mesmo cemitério — e a partir de então acredita que vai morrer em breve, ficando desesperado com o futuro da família. No ensaio para uma das cenas, Lineu abre o coração para Tuco, perguntando ao filho o que seria da vida dele sem emprego: "Quando eu morrer, quem é que vai te sustentar?". Como Tuco responde com deboche "A mamãe!", os atores entenderam que a cena pedia um tapa de Lineu em Tuco. Propuseram ao roteirista, já que um tapa não estava previsto no roteiro. Cláudio Paiva, que assinava o texto do longa-metragem, ficou temeroso — Lineu nunca havia batido num filho. O gesto violento ia contra a personalidade do personagem. Mas, confiando nos dois atores, ficou de pensar. Dois dias depois, acatou o tapa.

Filme pronto, estreia em São Paulo. Era a primeira vez que a equipe toda assistia aos personagens com o público, uma experiência única naqueles sete anos de seriado. Quando o filme começou, e o conflito dramático era apresentado — Lineu apavorado com a possibilidade de morrer —, Cláudio foi ficando preocupado. Não importava o quanto Lineu estivesse angustiado, o público ria de tudo. Eles tinham se acostumado a rir da grande família, e entraram no cinema esperando rir. A história dramática não os convencia. Passados quinze minutos de filme e muitas gargalhadas da plateia, começa a discussão entre Lineu e Tuco. Uma conversa nervosa, tensa e no escuro, pois os dois haviam se encontrado de madrugada na cozinha, assaltando a geladeira. O clima sombrio parecia começar a fisgar a plateia. Quando veio o tapa, um gesto completamente inusitado para quem conhecia Lineu Silva, todos ficaram chapados no encosto da poltrona. E a história que se passava na tela voltou a dominar a plateia. Ninguém mais ria. "Demos um tapa na cara da plateia", conta Cláudio Paiva, que cita a história para ilustrar a importância de um ator que tem completo domínio da personalidade do seu personagem. "Nanini e Lucinho estavam certos na decisão de aumentar a carga dramática da cena, eles sabiam que era possível esticar a corda mais um pouco sem perder o personagem. Foi preciso subir o tom para retomar um público que, de tão íntimo, se recusava ao drama."

Uma das lições que Nanini dava aos jovens atores era que não tivessem medo do ridículo. Que não se defendessem apenas na naturalidade, como faziam muitos intérpretes, mas que criassem um personagem único. "Lembro que uma vez, saindo da gravação, fui com ele e Nando na Melt, uma boate que estava na moda. A gente foi tomar uns drinques e nesse dia ele me deu várias lições de TV. O que me marcou foi essa coisa da espontaneidade, de como ela protegia o ator de ser um ator. O naturalismo bobo. Ele dizia: 'Não tenha medo de dar personalidade a um personagem. Não tenha medo do caricato. Não tenha medo do personagem ter uma marca. Se tiver verdade, se você estiver com a intenção certa, qualquer coisa fica crível'. E isso me ajudou muito com a Bebel, porque chegou a um ponto em que eu achei que ela estava caricata demais, e quase fui para um lugar mais confortável, essa naturalidade pasteurizada de que ele falava", acrescenta Guta.

Lúcio, por sua vez, aprendeu com Nanini a não se obrigar a conciliar conflitos. A se posicionar quando não estava satisfeito com alguma coisa, ou quando alguma mudança pudesse afetar Tuco. Aprendeu a defender seu personagem. "Eu ia muito na onda, o que estivesse melhor para todo mundo, e com ele aprendi que eu podia pedir coisas, não precisava ter vergonha de me impor como artista. Não tinha nada que incomodasse o Nanini que ele não dissesse na hora", conta Lúcio. "Isso eu levei para a vida, não renegar uma liderança quando há um vácuo."

Isso foi determinante no décimo ano do programa, em 2010. Na primeira reunião de abertura da temporada, quando toda a equipe se juntou para conversar sobre o destino do seriado naquele ano, Lúcio se sentiu incomodado com o que lhe parecia repetido demais. Não havia grandes mudanças daquela vez, e ele começava a ficar preocupado com uma possível estagnação da série. Ele sentia que *A Grande Família* já tinha dado tudo o que tinha para dar. Era também uma angústia pessoal: ele começou a ver seus colegas de geração mudando os personagens, interpretando pais de família, fazendo coisas diferentes, e ele ali, mais um ano fazendo o jovem desempregado que mora com os pais. Seguindo os conselhos de Nanini, pediu a palavra na reunião e manifestou seu descontentamento: "Gente, só para saber: existe algum pensamento sobre o final do projeto? Tenho medo de que se estique demais, que comece a cair a audiência, vá sendo desfalcado...". Guel Arraes fechou o semblante. Nanini achou estranhíssima aquela intervenção. Andréa Beltrão com cara de "o-que-que-o-Lucinho-tomou". Desconversaram, acabou a reunião, ele ligou para Marieta Severo perguntando o que ela tinha achado da colocação dele. "Meu filho, que bomba foi essa que você soltou?", perguntou Marieta. "Será que eu estou completamente errado? Fui ingrato? O que você achou, pelo amor de Deus?", retrucou Lúcio. "Você tocou num assunto ótimo, Lucinho. Por isso houve aquele estranhamento... É que você pegou todo mundo de surpresa. Mas a gente precisa fazer essa reflexão que você propôs", disse ela em conversa que os dois guardaram para si.

Quando começaram a gravar, vendo que ninguém parecia querer enfrentar o tema, o ator começou a insistir. Em qualquer conversa aleatória, puxava o assunto do fim. Estava fazendo exatamente o que tinha aprendido com Nanini: aproveitar que havia um vácuo de liderança no debate, não temer manifestar seu desconforto. Um dia, no camarim, Nanini o chamou para conversar. Só os dois. Como Lineu faria com Tuco. "Lucinho, entendo tudo o que você está falando... Mas olha aí fora. Vê se tem algum lugar melhor para você trabalhar do que aqui. Olha essa equipe, essa qualidade técnica, esse texto", ponderou Nanini, que considerava a estrutura de *A Grande Família* um luxo: trabalhavam três vezes por semana, discutiam com a equipe de roteiro os temas a serem abordados, representavam um produto nobre, amado por todos, com regalias (certa vez, o ator Gregorio Duvivier fez uma participação especial em um dos episódios e ficou impressionado porque o camarim da série era o único que tinha à disposição do elenco um bufê de comida japonesa, um luxo contemporâneo). Com a sua experiência de obras longevas, estava convicto de que batalhar pelo fim da série era precipitado. Lúcio respondeu: "Pra mim tem, Nanini. Vocês já fizeram muitas coisas diferentes. Eu ainda tenho muitos personagens a fazer…". O assunto se dissipou, e os dois não falaram mais sobre o tema.

Dois meses depois, ambos estavam tomando um cafezinho no refeitório e Nanini suspirou fundo. Retomou o papo: "Quero te pedir desculpas. Eu te disse uma coisa que foi um erro. Naquele dia eu falei para você olhar para fora, questionar se havia algum papel melhor para fazer…. Mas eu não estava falando para você. Eu estava falando pra mim", disse Nanini. Os olhos de Lúcio ficaram úmidos.

Na reunião inaugural da temporada seguinte, quem puxou a palavra foi Marieta: "Sei que vocês vão rir, mas na nossa última reunião o Lucinho levantou uma lebre, nós refutamos, e eu passei o ano todo pensando no que ele falou. Vou fazer setenta anos daqui a pouco e só vou poder fazer vovó. Quero experimentar novos ares também". Só então foi que o assunto se tornou uma constante nos bastidores do seriado. Ainda levaria três temporadas para que o fim se sentasse no sofá da grande família. Mas as temporadas começariam a encurtar, a ter menos episódios, o que já aliviaria um bocado o possível desgaste.

Em 2014, já com o anúncio público de que aquela seria a última temporada de *A Grande Família*, houve uma corrida para escrever episódios ainda mais caprichados, com notórias participações especiais e despedidas de situações clássicas, como o Dia das Mães ou a ceia de Natal. O ano correu bem porque todos sabiam que estavam fazendo pela última vez.

Naquele ano, era um Brasil completamente diferente que assistia ao seriado, mas no fundo era igual. O país vivia uma crise política ainda mais acentuada com as manifestações populares de 2013, a presidente Dilma Rousseff corria o risco de não se reeleger no pleito de 2014, e uma polarização raivosa começou a se naturalizar entre as famílias brasileiras. A classe C, que havia ascendido pelo consumo nos governos Lula e enfrentava uma crise econômica na era Dilma, começava a rejeitar o governo do Partido dos Trabalhadores. Foi um ano de protestos contra a política reprimidos com violência policial, e também contra a realização da Copa do Mundo no Brasil — apesar do slogan "Não vai ter Copa" que ganhou as ruas, a Copa aconteceu sem maiores problemas. A não ser pela Seleção, que tomou a maior goleada da sua história: o inesquecível 7 a 1 a favor do time alemão, que humilhou o Brasil internacionalmente ante a atuação catastrófica do escrete canarinho. Tudo alimentava os textos de *A Grande Família*.

Só que ainda faltava pensar no episódio final. Depois de catorze anos de sucesso na TV aberta brasileira, o seriado que contou a história da família Silva não podia terminar de qualquer maneira. Era preciso uma história emocionante, que amarrasse todos os conflitos e personagens, mas que deixasse uma sensação de dever cumprido para o espectador.

A primeira ideia que surgiu entre os roteiristas foi a de fazer o episódio ao vivo. Era ousada, surpreendente, e devolveria ao palco um produto que havia sido concebido por um dramaturgo clássico. Uma homenagem a Vianinha. E nem todo mundo gostou da sugestão. Uns achavam que podia dar errado, que podia ficar parecido com o *Sai de Baixo*, humorístico que já tinha usado a fórmula de fazer sitcom com plateia em formato parecido. Outros achavam que era injusto com o espectador que estava acostumado ao cenário, ritmo e estrutura do programa gravado e editado. Na grande reunião feita para bater o martelo, não havia ainda um consenso sobre como deveria ser o *gran finale*. Nem Guel Arraes tinha conseguido pensar em nada até então. Estavam todos encruados.

E quando há um vácuo na liderança... Nanini deu uma ideia: e se eles começassem a escrever o final ali mesmo, todos juntos? Os roteiristas ficaram pálidos. Depois do choque inicial, a sugestão surtiu efeito. "Vamos!", um deles gritou. E começaram a inventar, num grande e inédito brainstorm coletivo. Alguém teve a ideia de fazer uma metalinguagem, sugerindo que os personagens soubessem que estavam sendo filmados para a TV. E se a Globo os convidasse para fazer um seriado sobre uma família brasileira? Aos poucos a ideia ia ganhando corpo. Mas eles não eram atores, esse argumento não se sustentaria... E se houvesse outros atores interpretando um enredo baseado nos Silva? Essa ideia pareceu melhor. A gente podia chamar o Tony Ramos para fazer o Lineu.

"Ah, eu gostaria que a Deborah Secco fizesse a Bebel! A reunião foi ficando animada e virou uma grande cacofonia de sugestões. Pedro Cardoso sugeriu que um ator negro interpretasse o Agostinho, Marieta Severo escolheu Gloria Pires para interpretar Nenê. Para viver o suposto diretor global que inventaria de fazer uma série inspirada na trama daquela família pensaram em Daniel Filho, que dirigira a primeira versão do seriado. Tudo soava a uma grande festa de homenagem aos Silva, à TV, à profissão de ator e de atriz, mas, principalmente, uma deferência à família brasileira. Uma fala final de Nenê arrematava o sentimento que predominou no episódio: "Sabem por que nós somos muito especiais? Porque nós escolhemos ficar juntos todos esses anos. Mesmo brigando, mesmo discutindo, mesmo sendo cada um tão diferente do outro. Porque no fundo, no fundo, é isso que realmente define uma grande família".[25]

15. Um homem em cima de um palco pensando

> *Se você olhar longamente para o abismo, o abismo também olha dentro de você.**
>
> Nicky Silver, *Pterodátilos*

Entre 2001 e 2014, enquanto enchia de espanto e carisma a vida certinha de Lineu, Marco Nanini viveu sua fase mais ousada no teatro. Às quintas-feiras, acalentava os espectadores na TV encarnando o "popozão" de capanga de couro; de sexta a domingo, os surpreendia no palco ora com releituras inusitadas de textos clássicos, ora com personagens iconoclastas, ora em espetáculos cheios de efeitos especiais. Era a primeira vez que se arriscava em montagens mais transgressoras, com diretores dispostos a revolver a linguagem teatral até tirar dela frutos novos, sem que o principal objetivo fosse o sucesso comercial, mas a experimentação. E a novidade lhe enchia a boca d'água.

Foi um movimento que começou em 1996, com a peça *O burguês ridículo*, uma adaptação de Molière. Depois do ótimo resultado de *Brasil Especial* e *A Comédia da Vida Privada* Nanini quis retribuir a Guel Arraes tudo o que ele

---

* Tradução de Érica Migon.

havia lhe proporcionado. Se o diretor ofereceu a ele um novo modo de fazer televisão — "O Guel foi um dos maiores encontros artísticos que tive na vida" —, Nanini agradeceria convidando-o para conhecer sua casa, o teatro. Guel nunca havia feito nada para o palco. Topou na hora, levando outro pernambucano, João Falcão, que já tinha escrito bastante teatro em Recife e era seu braço direito na TV.

Eram três pitombeiras de raízes fortes que se juntavam. João era um dramaturgo e publicitário de renome no Recife quando aceitou o convite de Guel para largar tudo, se mudar para o Rio de Janeiro e arriscar fazer texto e direção para TV. Guel havia assistido a seus espetáculos e adorado — os textos de João tinham personagens ordinários, deslocados, sem talento, mas que sonhavam alto. Isso o comovia. Sua primeira missão em solo carioca foi adaptar os contos literários que Guel escolhia para o seriado *Brasil Especial* Vendo como Nanini encarnava os protagonistas, começou a "roubar" na idade dos personagens para que fossem sempre interpretados pelo ator — os que eram originalmente mais novos ficavam mais velhos, e os que eram muito mais velhos remoçavam. "O Nanini é um tipo de ator que quer sempre o melhor para o personagem. Por isso sempre arruma problemas para resolver em cena, uma caracterização mais complicada, uma outra forma de dizer a frase… Isso é ótimo para quem escreve, porque enriquece o enredo. Ele sempre quer estar fresco em cena, está muito atento a detalhes… Quem não quer escrever para um ator assim?", provoca João.

Guel apresentou os dois em um jantar, e as ideias de trabalho foram surgindo. Nanini tinha uma lista de desejos para realizar no teatro: nunca tinha feito *Hamlet*, de Shakespeare; *Calígula*, de Albert Camus; ou mesmo Molière, que não encenava desde os tempos do Conservatório. Para *Hamlet*, ele ainda esperava a hora certa, quase um sinal divino; para *Calígula*, a verdade é que tinha medo. Havia uma crença no meio teatral de que *Calígula* carregava uma espécie de maldição: a montagem não dava certo ou morria um dos atores durante a temporada. Já Molière… Não havia qualquer revés ou azar. Pronto, os três podiam fazer um Molière. "Guel morou na França, onde todo o mundo aprende Molière, então ele conhecia o comediante de trás pra frente. Ele pegou um gancho e resolveu unir o texto *As preciosas ridículas* com outro, *O burguês fidalgo*. Ele mesclou e aí ficou *O burguês ridículo*. Ele e o João fizeram um trabalho inacreditável de dramaturgia. Molière não é simples, ele escreve muito rápido, e as situações muitas vezes não têm um final. Ele não é o melhor comediante da história do teatro à toa... Foi ali que eu aprendi a gostar de Molière. Pior: passei a gostar mais de Molière do que de Shakespeare. Que Deus me perdoe, eu não posso falar isso não...", diz Nanini, rindo como se tivesse cometido uma heresia.

O burguês ridículo foi centrado em uma figura recorrente nas comédias de Molière, o sujeito que enriquece e fica deslumbrado. Encenadas originalmente para entreter os nobres da corte de Luís XIV, suas peças buscavam a risada nos tipos peculiares do imaginário francês. Com a costura das duas peças, o espetáculo reuniu as cenas mais jocosas do personagem, o sr. Jourdain. João Falcão deu ritmo aos conflitos, montando as duas peças como um quebra-cabeça, e Guel Arraes passou um verniz armorial na farsa francesa, criando uma comunicação mais popular com a plateia brasileira. Nanini fez um bufão impagável, que correu o país enchendo todos os teatros.

A peça ficou em cartaz em 1996 e 1997 e ganhou diversos prêmios. Era uma consagração rara, pois não era nada usual que as premiações teatrais brasileiras contemplassem as comédias. Mas havia uma mudança sutil em curso: no final dos anos 1990, a crítica se reconciliou com o gênero, dada a quantidade de bons espetáculos que estavam em cartaz — um levantamento do *Jornal do Brasil* mostrou que, das cinquenta peças exibidas em 1997, mais da metade eram comédias, das quais muitas foram premiadas.[1] Havia um surto de comédias na cidade, talvez explicado pelo fenômeno das "tias das vans", muito comentado nas crônicas semanais do dramaturgo Mauro Rasi no jornal *O Globo*:[2] estavam na moda as pequenas excursões organizadas em subúrbios e regiões metropolitanas para levar aposentados a espetáculos culturais, prática que garantia teatros cheios, especialmente os que tinham comédias em cartaz. A alta demanda forçou a oferta, e, com ela, uma boa safra. Não seria exagero dizer que as "tias das vans" salvaram as bilheterias de espetáculos durante a recuperação da inflação, nos primeiros anos do Plano Real.

O burguês ridículo rendeu tantos prêmios quantas histórias tensas de bastidores. No dia da apresentação no Festival de Curitiba, Nanini foi embarcar no Rio de Janeiro e descobriu em cima da hora que não havia reserva feita em seu nome no avião. Fez um escândalo no Aeroporto Internacional Tom Jobim, de onde partiria o voo para Curitiba. Desavorado, ligou para a produção do espetáculo e avisou que ficaria no balcão até a situação ser resolvida. Entraria naquele avião de qualquer jeito. Passou um tempo interminável de pé, andando de um lado para outro, cuspindo fogo contra quem o tentasse acalmar — se tem algo que o tira completamente do sério, a ponto de ataques de destempero, são os erros de produção que fogem ao seu controle. Falhas de comunicação, atrasos da equipe, falta de iniciativa para antever imprevistos. Deixar de estrear por uma reserva não feita, definitivamente, não era algo que ele tolerava. Nando é quem segura o rojão nesses momentos. "Ele é muito rigoroso com cada detalhe. Teve uma vez em que ele filmava *O Xangô de Baker Street* na cidade do Porto, em Portugal, e teve um entrevero com a produtora do filme, que era portuguesa. Ele não falava mais com ela. Ligava pra mim, que estava no Brasil, e eu tinha de resolver com ela por telefone", recorda-se.

Depois de um bom tempo e alguns gritos, conseguiu entrar no avião, e a sessão foi um sucesso. Barbara Heliodora vibrou: "É Marco Nanini quem mais brilha, especialmente e porque cuida para deixar que os outros brilhem. [...] Graças a ele (e evidentemente a Molière), esse burguês é divertido e alcança com alegria seu objetivo crítico. É uma festa".[3]

A trupe de *O burguês ridículo* correu a região Sul, o Nordeste e, quando chegou ao Centro-Oeste, já estava muito cansada. Em cada teatro acontecia alguma pegadinha com o cenário, que era muito grande e não se ajustava bem em qualquer palco, obrigando a direção a dispensar elementos de cena, e os atores, a refazer a marcação em cada cidade. Num dia normal, acumulavam mais de doze horas de trabalho. Num desses ensaios extenuantes, Nanini se desentendeu com a atriz Betty Gofman. Num rompante, chegou a dizer que não subiria mais no mesmo palco que ela. O espetáculo foi suspenso até que os ânimos se acalmassem, mas não houve solução para o impasse. Os dois romperam relações, e em 1998 a atriz Ilana Kaplan entrou no elenco para substituir Betty.

Outra história estressante da turnê aconteceu em abril de 1997. Na madrugada do dia 5, um incêndio destruiu completamente o Teatro Casa Grande, no Leblon, onde a peça estava em cartaz. Em vinte minutos, o fogo lambeu cenários, figurinos e todas as instalações do espaço. Horrorizados, vizinhos descreviam labaredas de quinze metros que subiam pelo teatro. Por sorte não havia ninguém no local e não houve feridos. Mas tudo se perdeu. O elenco ficou inconsolável. O teatro, além de um equipamento cultural importante da cidade, era um patrimônio da história da resistência de artistas contra a ditadura, uma espécie de central da democracia. Não à toa, o ex-presidente da República Tancredo Neves o apelidou de "casa da liberdade".[4] Durante a operação de rescaldo dos bombeiros, no dia seguinte, artistas e intelectuais foram velar o teatro queimado: Ferreira Gullar, Paulo José, Bete Mendes, Bemvindo Siqueira, Hermínio Bello de Carvalho, Alcione Araújo, Luiz Werneck Vianna. Diante dos escombros, choraram abraçados.

Desolados, e sem conseguir sequer mensurar o prejuízo — ainda foi preciso devolver o dinheiro de quem havia comprado ingressos para as sessões seguintes —, os produtores e atores ainda tiveram uma ideia: encenar uma última vez sobre os escombros. Não *O burguês ridículo*, que seria impossível, pelas perdas. Eles lembraram que nos ensaios da peça, um dos textos de Molière que haviam testado como um *work in progress* fora *O improviso de Versalhes*, um enredo curto sobre a trupe do próprio Molière tentando criar uma peça em apenas sete dias. Como haviam apresentado o exercício num festival de teatro, podiam muito bem reapresentá-lo sobre as cinzas, como uma despedida — e catarse. Exatamente como fizeram a cenógrafa Lina Bo Bardi e o diretor e ex-professor de Nanini, Martim Gonçalves, quando o Teatro Castro Alves, em Salvador, pegou fogo. Ele sempre ficou impressionado por essa história: faltando apenas cinco dias para ser inaugurado, no dia 9 de julho de 1958, o principal teatro soteropolitano foi completamente arrasado por chamas. Mesmo assim, Lina recriou um cenário que se adaptou às vigas que sobraram, e o diretor apresentou ali sua versão chamuscada da *Ópera dos três tostões*, de Bertold Brecht.

E assim foi feito. Com as bênçãos dos deuses do teatro e a direção de Guel Arraes e João Falcão, o *Improviso de Versalhes* teve apresentação única, em meio às ruínas do Teatro Casa Grande, no dia 28 de abril de 1997. Foram distribuídos 150 ingressos gratuitos. No final, quatrocentas pessoas espremidas no chão assistiram ao espetáculo, que terminou ovacionado e recebeu críticas apaixonadas nos jornais. "Conseguimos nos livrar da dor através da própria arte", desabafou Nanini.[5] "Foi importante mostrar ao público que nós não sucumbimos, assim como o teatro também não pode sucumbir."[6]

Não sucumbiu. Surpreendentemente, as empresas batiam à porta da produtora oferecendo patrocínio para a reconstrução de *O burguês ridículo*. Mais surpreendentemente ainda, o Ministério da Cultura anunciou uma boa verba para a reforma do teatro, em cerimônia que contou com o próprio Nanini representando a categoria dos atores. Cada detalhe do cenário e figurino foi refeito para encerrar a temporada de *O burguês*. Recomeçaram por Niterói, cidade que lotava as plateias de *Irma Vap*, ainda com coisas emprestadas, e seguiram por Volta Redonda, Petrópolis e São Paulo, onde reestrearam em uma temporada de nove meses de sucesso em um teatro de 1500 lugares sempre esgotados. Os tantos prêmios não viriam à toa — entre eles, um prêmio Sharp para Nanini como melhor ator e um prêmio Shell para Betty Gofman como melhor atriz.

Depois daquele "Improviso da Gávea", como ficou conhecido o episódio, uma cremação coletiva e dionisíaca, sua sede de experimentação aumentava. Só o teatro podia saciá-la. Foi quando João Falcão apresentou a Nanini um antigo texto que havia escrito e que queria adaptar para o palco. O ator leu o texto à noite e não conseguiu mais dormir. Telefonou de madrugada para João: "Vamos fazer". Nanini, que naquela festa de 49 anos já tinha feito tanto, ainda encararia uma experiência que sempre evitou por medo da solidão no palco — o monólogo. Um monólogo sobre um homem em cima de um palco pensando.

Assim começava o espetáculo, rebatizado depois de *Uma noite na lua*: "Um homem em cima de um palco pensando". "Eu estava com muita vontade de escrever sobre alguém que tenta colocar as ideias no papel, mas é sempre interrompido por algum problema pessoal, e que essa insistência em elaborar uma obra virasse uma fritura, uma conversa consigo mesmo, um fluxo de pensamento angustiante, mas de alguma forma delicioso", conta João. Havia uma "pauta" livre de quarenta dias no Teatro dos Quatro, um espaço tradicional do Rio — no jargão teatral, uma "programação" —, o que os obrigou a trabalhar contra o tempo. Dois homens em cima de um palco começaram a pensar.

E a escrever. Sem perceber, Nanini dava tantas ideias a João Falcão que o início do monólogo foi escrito pelos dois, o que também rompia com seu trauma da escrita, que vinha desde *Descasque o abacaxi antes da sobremesa*. Depois disso, ele não esboçava "nem um cartão de aniversário", embora a vontade de escrever nunca o tenha abandonado. Um homem em cima de um palco pensando. Nanini subia no palco, os dois testavam cenas, rasgavam rascunhos, arriscavam mais uma vez. Nanini ia lendo em voz alta: "Um homem em cima de um palco... Pensando". Ora experimentava um ritmo mais ansioso na leitura, ora emprestava sua exaustão ao personagem. Havia uma mulher, Berenice, a quem o protagonista sempre se dirigia, evocando sua aprovação: "Será que você vai gostar disso, Berenice?". Um homem em cima de um palco... Pensando.

Será que você vai gostar, Berenice? As ideias iam surgindo e João escrevia. Em um dia inteiro de trabalho chegaram a dez páginas. Ainda não tinham um final, mas João confiava em que o começo estava pronto:

Um homem em cima de um palco.
Pensando.
Uma luz mais assim,
E um silêncio.

Será que a Berenice vai gostar desse começo?
É claro que ela vai ver a peça.
Também, se não for, azar o dela.

Um homem em cima de um palco pensando.
Pensando alto, é claro, senão como é que o público vai saber o que é que ele está pensando?
Um homem em cima de um palco, pensando alto.[7]

"O Nanini é um ator que se empresta à experimentação", define João Falcão. "Você tem que tomar cuidado com o que sonha perto do Nanini, porque muito provavelmente ele vai realizar. Em *Uma noite na lua* ele estava com todo o gás, topando tudo. Mas dentro do que fazia sentido na emoção do personagem, claro. Isso é muito importante pra ele. Em certo momento, eu queria dar ao personagem um ritmo mais musical, e propus que uma fala fosse feita em ritmo de rap. Aí ele achou que não cabia na boca do personagem, e acabou transformando em uma valsa, que ele canta lindamente. (Nanini estava com a voz quente: tinha acabado de retomar as aulas de canto para aceitar o convite de gravar uma canção com Nana Caymmi, "Saudades do Rio".) Ele ainda deu ao personagem uma postura de popstar. Encontrou um jeito de equilibrar o que eu queria e o que o personagem podia oferecer. Ajustou o tom perfeitamente."

A peça gira em torno de um homem com os sentimentos à flor da pele tentando escrever uma peça de teatro para deslumbrar a mulher que acabara de perder e, quem sabe, reconquistá-la. Era um golpe teatral quixotesco para que Berenice — o nome da mulher é repetido mais de cem vezes durante a peça, de forma que ela nunca saia do palco — voltasse a admirá-lo. Na sala do seu apartamento, sem nenhum observador, a não ser o público, ele dá vazão ao fluxo criativo enquanto desnuda suas fraquezas. É a sua ansiedade que aflora à imaginação, o que demanda todo um aparato tecnológico para exibi-la.

Uma noite na lua foi o primeiro monólogo de Nanini e também sua estreia com tanta tecnologia em cena. Para os efeitos visuais, foram filmados trechos da peça para que o ator interagisse com a imagem de si mesmo; e colocada uma câmera robotizada no palco, que filmava a plateia enquanto reproduzia as cenas no próprio espetáculo. Para Nanini, que mal conseguia dar play num videocassete, toda a experiência era uma aventura. A coreógrafa e bailarina Deborah Colker foi sua preparadora de corpo, e pôs Nanini para fazer quinhentas abdominais por dia. Ele estava tinindo, leve, saltitante. A certa altura, quando o personagem imagina o final da peça, fabulando roldanas que empinavam o palco, acontecia exatamente tudo o que ele dizia. O palco magicamente subia, como alavancado, e quando ele citava um cartão de amor que Berenice teria pintado para ele, brotavam do chão imensas flores iluminadas que interagiam com o personagem, como se ele estivesse dentro do cartão. O truque exigia dele perfeição nas marcações, para não se machucar. "Você fica muito sozinho num monólogo, mas faz parte. Só que a minha ideia de 'eu e um banquinho' foi por água abaixo. Nunca vi uma produção tão complexa. Era coisa de focos milimétricos, projeções de luz, efeitos especiais, o cenário se mexia todo", contou Nanini. Sorte dele que João Falcão não conseguiu realizar um último desejo para a peça: que a cadeira que o personagem usava no palco vibrasse como nos parques de diversões da Disney. "Ele teria me matado do coração."[8]

O uso do microfone foi um recurso que trouxe da experiência em *Irma Vap*. "Levei um bom tempo para perder o preconceito, porque pensava que, no teatro, os atores tinham que se fazer ouvir até pela velhinha surda da última fileira. Com o passar dos anos, as trilhas sonoras se sofisticaram e os microfones passaram a ser necessários para que a voz não ficasse em segundo plano. Os microfones nos dão conforto, mas não quer dizer que podemos falar num tom naturalista, como o da televisão. É preciso impostar a voz para que a cena vibre", admitiu ele.[9]

A noite de estreia estava lotada. Nanini também tinha acabado de voltar às novelas, na pele do protagonista da novela das sete, *Andando nas Nuvens*, o que o colocava ainda mais em evidência para o espetáculo. A coincidência temática dos títulos — *Uma noite na lua* e *Andando nas Nuvens* — fazia com que muita gente fizesse confusão na bilheteria, provocando risos nos bastidores: "Quero duas entradas para *Andando na lua*"; "Quanto custa o ingresso para *Uma noite nas nuvens*?". No final da primeira apresentação, uma surpresa: quando Nanini agradecia os aplausos, uma senhora de bengala aproximou-se do palco: "E não é que você é mesmo um ótimo ator?", disse ela, com a voz impostada para que toda a plateia ouvisse. Era Dercy Gonçalves, aos 91 anos, sua tutora no início da carreira, que tinha ido de surpresa ao teatro ver o pupilo e se impressionou com um de seus improvisos em cena quando uma das flores do palco não abriu — o improviso, seu principal legado a Nanini. Quando ele a reconheceu, imediatamente a colocou no palco. Ela tomou o microfone: "Hoje você é um grande comediante, e teria muito a me ensinar". Foi aplaudida de pé, deixando todos emocionados.

O espetáculo foi muito bem recebido e, apesar de todas as traquitanas tecnológicas, era mais portátil para as turnês, o que facilitava bastante. No Carnaval de 1999, fizeram uma pequena pausa entre a temporada do Rio e a de Belo Horizonte para aproveitar o feriado. Nanini sempre se esforçava para folgar no Carnaval, uma paixão que cultivava desde que a mãe o fantasiou de "gato preto na neve" em Recife. Pegou um avião e foi para Salvador. Tinha recebido um convite imperdível da cantora Margareth Menezes: na quinta-feira antes do feriado, ela inauguraria o bloco "Os Mascarados", uma homenagem bolada por ela para celebrar os 450 anos de Salvador. Diferentemente dos abadás que deixavam a multidão toda uniformizada — uma febre do Carnaval local —, Margareth inventou de resgatar o uso das fantasias dos antigos festejos da cidade. Nando ficou preso no Rio resolvendo detalhes da turnê da peça, e Nanini foi na frente. Nando só conseguiria chegar em Salvador em cima da hora, quando o bloco estivesse prestes a sair.

Sempre pontual, Nanini paramentou-se todo de plumas, paetês e foi atrás do trio elétrico. Nando surgiu tarde no bloco, com uma cara esquisita, mas Nanini achou que era cansaço da viagem corrida. Brincaram a noite inteira, voltaram para o hotel e foram dormir. No dia seguinte, à mesa do café da manhã, o companheiro não conseguia mais disfarçar. Precisava contar o que tinha acontecido no Rio. "Tenho que te dizer uma coisa", falou a Nanini, que quase entrou em colapso assim que Nando arqueou a sobrancelha, já antevendo alguma desgraça. "O nosso cenário está todo destruído. A carreta que levava o espetáculo para Belo Horizonte capotou na estrada e não sobrou nada", disse ao ator. Antes de Nanini desfalecer de desespero misturado com ressaca, Nando completou: "Mas já está tudo sendo feito de novo, e nós vamos estrear em Belo Horizonte". Muito antes do telefone celular, numa época em que o máximo de modernidade nas comunicações eram os bips, ou pagers, enganchados na cintura, ele já tinha mandado refazer todo o cenário em meio ao Carnaval, uma das suas maiores provações em agilidade logística. Os dois formam uma parceria perfeita: enquanto Nanini persegue a emoção de cada personagem, Nando acossa a razão, o método, a realização. "Até hoje eu não sei como conseguimos levantar tudo a tempo. São os deuses do teatro", desabafa Nando.

Não foi nada fácil. Aliás, desde o início era bem difícil levar tantos homens àquela lua. Quando estavam com o texto pronto, logo no início da produção, Nando correu atrás de mais de oitenta empresas para patrocinar a montagem do espetáculo, sem sucesso. Apesar de habilitada em todas as leis de incentivo, não houve qualquer interesse da iniciativa privada em direcionar seus impostos para a peça. Nando e Nanini tiveram de pagar a montagem do próprio bolso, vendendo um apartamento — em 1998, *Uma noite na lua* custou 600 mil reais. Foi só no final da temporada que o Sesc São Paulo os financiou.

Os dois haviam fundado a produtora Pequena Central, em 1996, para produzir projetos de forma independente, aproveitando a experiência artística de Nanini e a destreza para negócios de Nando. Mas não imaginaram que seria tão difícil levantar um monólogo. Mesmo depois de ganhar cinco prêmios Mambembe, um prêmio Sharp e um prêmio Shell no final do primeiro ano de apresentação, nem assim conseguiram recursos para fazer a peça circular pelo país.

Uma noite na lua ensinou a Nanini a dura lição de que, se quisesse realmente se aventurar por espetáculos menos comerciais, como tão bem começou a fazer com João Falcão, teria de ser ainda mais criativo para conseguir o investimento. O mercado privado não estava interessado em qualquer tipo de risco, mesmo com atores de primeira grandeza em obras premiadas. Bons patrocínios eram raros e só viriam anos depois, para um ou outro texto mais popular, a exemplo de *O bem-amado*, encenado em 2008. Quando muito, conseguiam alguma verba com editais de estatais. A necessidade de maior investimento público em cultura se tornaria uma pauta recorrente de Nanini. Sempre que era convidado para dar entrevistas, participar de programas de TV e manifestar sua opinião sobre problemas do país, ele puxava o debate. Sua angústia era de que a política cultural brasileira estivesse muito dependente da figura do mecenas, do empresário que decidia, por benevolência ou estratégia de marketing, direcionar o valor dos seus impostos para patrocínios culturais. Para Nanini, essa decisão concentrada na mão do mercado privado acabava por nublar os critérios de seleção de quais produtos eram ou não beneficiados. E ainda colava em artistas consagrados, como ele, a ideia de que tinham visibilidade suficiente para garantir seus patrocínios, o que na prática não era verdade. Para Nanini — e Nando, que naquela altura já tinha participado da fundação da Associação dos Produtores de Teatro (APTR) —, o Estado precisava equilibrar esse jogo de forças, puxando mais para si a decisão sobre a distribuição de patrocínios, apoiada em critérios técnicos.

Das entrevistas aos gabinetes foi um pulo: diversas vezes Nanini se reuniu com secretários e ministros da Cultura para reiterar sua opinião sobre possíveis mudanças na Lei Rouanet. Numa delas, em 2004, durante o primeiro governo Lula (2003-6), foi com um grupo de atores entregar uma carta ao então ministro da Cultura, o cantor e compositor Gilberto Gil, com uma série de sugestões de mudanças na Lei Rouanet, que legislava sobre o tema. "Foi um encontro para dissolver ruídos. Quando acontecia o diálogo com o Ministério, era uma conversa truncada com o [secretário-executivo] Juca Ferreira, com quem tínhamos uma certa dificuldade de comunicação [...]. Queremos desfazer a imagem de que artistas consagrados estão usurpando dinheiro público. Estamos todos no mesmo barco. O teatro é uma arte ainda muito dependente, infelizmente", disse Nanini ao final do encontro, em clara posição de liderança do grupo, que tinha 290 assinaturas.[10]

O desgaste era grande, mas não chegava a desanimá-lo. Depois de ter experimentado as novidades que João Falcão lhe trazia, Nanini queria mais. Pegou outra senha para suas ideias mirabolantes, que tanto o entusiasmavam como ator. Se a TV era uma caipirinha bem-feita, fazer teatro com João era, para usar uma expressão sua, "Mandrix com gim-tônica". A próxima empreitada dos dois viria em 2001: a amiga Marieta Severo, que também tinha provado o talento de João com a montagem de *A dona da história*, queria muito experimentá-lo na direção de um texto clássico, a peça *Quem tem medo de Virginia Woolf?*, de Edward Albee. Conversando com Nanini nos intervalos de *A Grande Família*, ela propôs que formassem um trio: ela, Nanini e João Falcão. O ator ficou ensimesmado com a ideia, pois nunca tinha pensado em reencenar aquela peça. Tão clássica, tão dramática, tantas vezes feita. Marieta o convenceu:

subverter um texto conhecido poderia ser um gole de água fresca. Não demorou muito para que Nanini e Marieta comprassem os direitos da peça, assumissem a produção com Nando e dessem carta branca a João Falcão para virar o Albee do avesso.

Àquela altura, mais do que consagrado por seus personagens — tão bem fincados no imaginário popular —, Nanini vivia um momento raro na trajetória de um ator: podia fazer o que quisesse. Sentia o conforto de poder desconstruir um dos personagens mais clássicos do teatro moderno do século XX como era George, o marido doído, bêbado e falastrão de *Quem tem medo de Virginia Woolf?*. Sua segurança reverberava em João, que tampouco se sentia obrigado a corresponder a qualquer expectativa de uma montagem tradicional. Aos poucos, toda equipe estava contagiada com a sensação de liberdade estética.

João tirou o sofá da peça, um símbolo do teatro psicológico. O palco tornou-se um local abstrato, sem itens que marcassem tempo ou espaço, adornado por uma iluminação que casava com as sombras dos personagens. Não havia mais o bar, o gabinete, nada. Cortou também a longa duração do espetáculo, que caiu de três para uma hora e quarenta minutos — o que conseguiu extirpando todos os localizadores sociais do texto, como a crise econômica americana. Valorizou especialmente a atuação dos atores durante o "jogo da verdade" que conduz a narrativa, puxado por George e levado a cabo por sua mulher, Martha, seguidos pelo jovem casal que dialoga com eles, Nick e Honey. Os quatro, bêbados, começam a brincadeira de contar segredos íntimos depois de uma longa discussão entre George e Martha, o que estimula a onda de revelações. Apoiados apenas no texto, na luz e nas emoções dos personagens, chegam às agressões físicas. Nanini compôs o personagem escavando todas as possibilidades das emoções que afloram com a hipocrisia, o sentimento que ele considerava central em George. Deu a ele um humor cáustico, para desafogar o drama das discussões, e divertiu-se com a exaustão emocional que a trama lhe cobrava. Tudo apoiado pela afinidade que George ganhava com uma Martha, interpretada por Marieta Severo. Era a primeira vez que os dois contracenavam num palco desde *As desgraças de uma criança*, em 1973. Na TV, no entanto, estavam juntos de terça a quinta para as gravações de *A Grande Família*; e, no cinema, ainda colhiam os louros do casal dom João VI e Carlota Joaquina. A frequência apurava a amizade, que trazia solidez para a contracena. A fé cênica no casal que se digladiava era absolutamente bem construída. Pura catarse.

A crítica, no entanto, considerou que a montagem radical de João Falcão diminuía o texto de Edward Albee. Para Barbara Heliodora, que não gostou de quase nada, era uma "obra-prima encenada como uma obra plástica", na qual a dramaturgia havia sido reduzida à luz.[11] Para o crítico Macksen Luiz, "o espetáculo de João Falcão caminha na tendência inversa à que estabelece a peça, provocando estranheza em cena e diluindo a intensidade dramática".[12] Nanini defendeu a montagem: "Muita gente gostou da peça, mas muita gente não gostou, porque ele [João Falcão] não gostava de fazer gabinete. Eu adorei fazê-la! Achei fantástica".[13]

Quem também adorou foi o diretor Felipe Hirsch, que ganhava prêmios e notoriedade na cena teatral brasileira à frente da sua companhia de teatro curitibana, a Sutil Companhia. Encantado com a desconstrução do texto e com a atuação de Nanini, Hirsch foi até o camarim cumprimentá-lo e convidá-lo para refazer outra pedrada: *A morte de um caixeiro-viajante*, de Arthur Miller. Nanini, que ainda não tinha visto nenhuma das peças de Felipe Hirsch, ficou lisonjeado, mas declinou. Queria fugir de clássicos. *Quem tem medo de Virginia Woolf?* era uma exceção para João Falcão, e só porque era ele.

Nanini e Marieta ainda queriam mais. Textos perturbadores, ideias provocantes, propostas desafiadoras. Em comum, e também para cindir um pouco a paz que *A Grande Família* instaurava na carreira dos atores, eles tinham muito desejo de experimentação nos palcos. Queriam fazer um novo espetáculo juntos, quem sabe ainda mais excitante. Tentaram um texto de Pedro Cardoso, mas não ficou pronto a tempo. Nanini lembrou-se da visita de Felipe Hirsch ao seu camarim e telefonou para ele: "Eu não quero fazer *A morte do caixeiro-viajante*. Quero fazer outra coisa qualquer com Marieta. Você sugere outra coisa qualquer?", perguntou.

Havia algum tempo Felipe estava lendo com avidez os textos do americano Nicky Silver. A obra do dramaturgo tinha um certo tipo de violência com alto potencial de comédia. Felipe começou a ficar interessado em tensionar a ferocidade com o humor. Diante daquele telefonema insólito, lembrou-se de Nicky Silver, adiantou um pouco seus temas e indicou a Nanini um farto material de leitura. Nanini comprou tudo que havia para ler do autor e ficou louco com aquela mistura de canibalismo, incesto e homicídio. Já se viu no palco repetindo uma das falas: "Se você olhar longamente para o abismo, o abismo também olha dentro de você".[14] Havia algo de Nelson Rodrigues nas construções dramáticas do autor que o incendiaram. Escolheu com Marieta dois textos para trabalhar: *Pterodátilos* e *Homens gordos de saia*. Felipe costurou as duas tramas num espetáculo que ganhou o nome de *Os solitários*.

"Os atores mais velhos são os mais curiosos, os que têm mais vontade de fazer. Aquilo que os fez se apaixonar pelo ofício ainda está dentro deles queimando. Nosso primeiro encontro já teve eletricidade. Foi um encontro explosivo. Nossa relação foi tão íntima que eu posso dizer que nós só não tivemos um romance... Há algo em comum entre nós que é estar abertos pro mundo de outra forma. E o Nanini se deixa conduzir pela emoção, pela sensibilidade, ele começa a construir seus trabalhos pela emoção. Eu sugeri o Wagner Moura para completar o elenco, e começamos as leituras e ensaios na casa do Nanini, na Lagoa. Nunca senti nenhum tipo de resistência em relação às minhas loucuras, e isso me dava um gás... Havia uma cena importante de incesto entre mãe e filho, vividos por ele [Nanini] e Marieta. Imagine, depois quando estávamos em cartaz eu recebia cartas dizendo que eu estava acabando com *A Grande Família*, já que os dois estavam todas as quintas-feiras na TV como um casal romântico. Isso é o teatro: a gente sabe que pode ter a mais sadia irresponsabilidade para lidar com as questões com muito mais liberdade que na nossa vida. Mas lembro que o ensaio geral durou quatro horas e tudo deu errado. Não tinha a menor condição de estrear. Quando acabou, fui tomar um ar fora do teatro, já pensando que eu estava arruinado e que melhor seria abrir uma padaria. Era um ensaio aberto, e lembro de ouvir um casal saindo, e um dizendo para o outro: 'Tá vendo? É por isso que eu não venho ao teatro...'", lembra Felipe.

No dia seguinte, estavam todos cedo no teatro para corrigir os erros, e Nanini pacientemente contribuía com sugestões. Estrearam bem *Os solitários*. Mas a cena do incesto de fato expulsava boa parte da plateia, e aquilo deixava Felipe apreensivo. Uma espectadora chegou a passar mal, e outra ligou para o Teatro Alfa para pedir o dinheiro de volta. À noite, Felipe recebeu em seu quarto de hotel uma caixa grande com todos os tipos de florais de Bach — para estresse, insônia, cansaço, desespero, timidez, incertezas, tudo. Tomou um susto, pois não tinha qualquer intimidade com a terapia alternativa. Mas sabia quem tinha enviado: Nanini, claro. Desde que descobrira os florais com Carla Camurati nos bastidores do filme *Carlota Joaquina*, sempre que encontrava uma chance, batizava alguém com a fórmula fitoterápica. À época, era um produto importado, ainda pouco popular no Brasil, e custava caro importá-lo. Felipe entendeu o recado — era uma sinalização de carinho e parceria do ator. Quando foi agradecer, começou a tomar o líquido dos pequenos frascos para experimentar, orientado por Nanini, mas, quando se deu conta, atraídos pelo cheiro de álcool da fórmula, estavam os dois tomando um porre de florais de Bach no hotel. "Nanini achava que eu era uma esfinge, que eu não dizia tudo pra ele, e acho que ele quis me dar um porre de floral para eu me soltar", diverte-se Hirsch, acrescentando que dirigir Nanini é um trabalho de 24 horas — as conversas sobre o espetáculo continuam no jantar, no quarto do hotel, no avião, é um trabalho imersivo.

Nanini e Felipe fizeram três trabalhos juntos: depois de *Os solitários*, veio *A morte de um caixeiro-viajante*, finalmente, em 2003, que teve temporada curta, mas excelente resultado. Ele reencontraria no palco, quase trinta anos depois, a amiga Juliana Carneiro da Cunha; e contracenaria pela primeira vez no teatro com o ator e amigo Francisco Milani, em um dos últimos trabalhos que este ator fez antes de morrer, em 2005. Era um espetáculo de três horas de duração, o que também era raro na sua trajetória — assim como foi o único caso em que o patrocinador insistiu para que a peça continuasse, e o elenco, já comprometido com outros trabalhos, não pôde dar sequência.

"Lembro que o Milani deu um lindo depoimento a uma rádio gaúcha na época dizendo que o Nanini era um ator que o colocava no precipício o tempo todo, e como isso era fascinante. Foi uma peça que me fazia lembrar de *Ensaio de orquestra*, do Fellini. Quando os atores saíam de cena, ficavam na coxia, sentados, assistindo ao espetáculo. Isso não acontece com frequência", lembra Nando, produtor e fã da montagem.

Seis anos depois, em 2010, Nanini e Hirsch fizeram em *Pterodátilos* uma adaptação de parte do texto de *Os solitários* que parava em pé sozinha. Tudo o que Nanini buscava em termos experimentais — e até o que não sabia, ou nem sequer podia imaginar — ele alcançou nessa parceria. Seus personagens praticavam incesto, bebiam sangue, banalizavam a morte, corriam de ratos de verdade que se penduravam no panô do teatro. Era uma época em que o Teatro João Caetano, no Rio de Janeiro, estava completamente abandonado. Nanini chegou a ter seus pertences roubados no próprio camarim. Foi uma experiência avassaladora sob todos os aspectos: quando interpretou Willy Loman, o caixeiro-viajante, Nanini começou a confundir ator com personagem, uma tentação à qual ainda não havia cedido em sua carreira — pelo menos não de maneira tão forte. Numa das vezes em que Felipe discutia com o ator Guilherme Weber, que interpretava o personagem Biff, sobre a melhor maneira de realizar uma cena, Nanini o interrompeu de uma forma desproporcional. Retrucou ao diretor, que respondeu de volta, estranhando seu comportamento. E o que ameaçava ser uma discussão de vulto de repente virou um silêncio: Hirsch se deu conta de que o destemperado não era Nanini, mas o personagem Willy Loman, que estava defendendo o filho, Biff, como fazia na peça. "Eu demorei a entender o que estava acontecendo, e de repente... Uau. Eu tinha mexido com o filho dele. Não acredito que estou discutindo com o personagem, pensei!", relembra Hirsch.

Pelas mãos de Felipe, Nanini aprendeu a purificar a própria versatilidade. Se diversos trabalhos da sua trajetória exploravam o pleno domínio da troca rápida de personalidades no palco —, o que transcorria mais facilmente com a logística de figurino, como em *O mistério de Irma Vap* e na novela *Êta Mundo Bom!*, de 2016 —, nas peças que fez com Felipe isso foi se diluindo. Para interpretar Emma, uma adolescente de quinze anos, em *Pterodátilos*, abriu mão de qualquer peruca ou adereço que induzisse o espectador diretamente ao imaginário adolescente. Compôs Emma com os cabelos curtos e grisalhos, como usava no dia a dia. Tampouco forçava a maquiagem. Despiu-se de qualquer facilitador para sua imersão: "A diferença estará na forma de expressar as sensações, especialmente de solidão e desespero", alegou o ator à época.[15]

Também aprendeu a dosar riscos reais de tragédia no palco. Reais mesmo. Em *Pterodátilos*, Hirsch inventou de fazer um palco hidráulico que se abria em buracos durante a peça, um movimento mecânico que representava os desníveis da família problemática retratada no texto, deixando a plateia tensa. Perguntou se o elenco topava, já sabendo que era uma ideia maluca. O problema era que, um passo em falso, e os atores poderiam quebrar uma perna ou até o pescoço. Tudo precisava ser milimetricamente ensaiado, o que daria muito trabalho. Nanini contou ao elenco a história do espelho que se partiu na cabeça de Juliana Carneiro da Cunha durante a peça *Mão na luva*, em 1985, por uma pequena distração da atriz, o que deixou todos apreensivos na reunião. Nanini assentiu: "Se é para ser assim, que seja muito bem-feito". Ensaiaram exaustivamente os saltos às quarteladas. Numa daquelas tardes de treino, Nanini olhou fixamente para Felipe: "Eu quero cair num desses buracos". O coração do diretor parou. Era muito perigoso. Nanini já tinha pensado em todas as soluções:

uma forração de colchões de segurança no fosso do palco protegeria a queda. Felipe foi convencido. De fato, a tensão da plateia com os atores atuando enquanto pulavam buracos reais atingiria seu ápice se um dos personagens caísse. E de repente Emma, uma adolescente hipocondríaca e transtornada, personagem interpretada por Nanini, no auge de um dos seus surtos, se atirava naquele precipício. Como ele carregava um buquê de flores na hora, o corpo saltando deixava o ramalhete no ar. *Pterodátilos* ganhou nove prêmios de teatro naquele ano, nas competições promovidas pela revista *Bravo!*, pela Shell e pela APTR — sendo três de melhor ator.

"Essa solução cênica deixava a plateia sem ar. E na mão dele", derrete-se Felipe. "Parecia um desenho animado, ele caindo e o buquê no ar. Isso é capacidade de fazer um espetáculo acontecer, e ele não perde uma oportunidade que passa na sua frente. Ele sabe colocar a plateia na ponta da cadeira, mudar a temperatura da cena. É um talento absurdo para se entregar ao desconhecido, ao mesmo tempo que não alimenta a vaidade: ele sempre soube deixar a Mariana [Lima] brilhar."

No intervalo em que não trabalharam juntos, entre 2003 e 2011, Nanini teve outro encontro impactante, dessa vez com o diretor e dramaturgo Gerald Thomas. Era uma gradação interessante que experimentava ao longo dos anos 2000: Guel Arraes o entregou para João Falcão, que o preparou para Felipe Hirsch, que o deixou no ponto para voar como um móbile solto no furacão Gerald Thomas. Apesar da imagem polêmica que tinha Gerald, tanto pelas montagens iconoclastas quanto por acontecimentos específicos ocorridos nas suas encenações — um deles ficou conhecido como o "episódio da bunda", no Theatro Municipal do Rio de Janeiro, quando Gerald abaixou as calças diante das vaias da plateia para sua adaptação de *Tristão e Isolda*, em 2003 —, ele era muito elogiado por atores que trabalhavam em suas obras, segundo Nanini. Ouvira maravilhas acerca do seu trabalho de direção de atores. Como não se cansava nunca do sabor da novidade lhe enchendo a boca, fez Gerald saber que tinha muita vontade de trabalhar com ele. Era recíproco. Tão logo soube, naquele abril de 2004, o diretor passou a mão no telefone de seu apartamento em Nova York. Encontrou dezessete dias livres na agenda de trabalho — à época, era residente do teatro La MaMa na cidade americana — e nesse pouco tempo escreveu uma peça inteira especialmente para Nanini. Ia redigindo as cenas, mandando por e-mail ao ator, depois telefonava — ficavam horas trocando ideias, até que surgiu *Um circo de rins e fígados*.

Era um texto eletrizante: na trama, um sujeito chamado Nanini, que o ator definia como "um nervo esticado", recebia pelos correio 25 caixas de documentos secretos que provavam uma ligação política comprometedora do Brasil com os Estados Unidos. Em algumas caixas jaziam também rins e fígados gelados. O remetente era um tal de João Paradeiro, que, a mando de um sujeito chamado Gerald, era o guardião das caixas desde a queda das Torres Gêmeas no atentado de Onze de Setembro. Depois de receber a encomenda suspeita, Nanini começa a ser assediado por todo tipo de força: de soldados romanos a PMs, passando por agentes da CIA. O protagonista é internado num péssimo hospital público, participa de um talk show e ainda se transforma em cão.

A peça é o que o diretor chama de "monólogo assistido", porque a maior parte do texto está na boca do protagonista. Quando muito, surge uma interlocutora, uma bailarina. "É um baú de teatralidade. Cada página abre mil possibilidades cênicas e interpretativas que só estamos começando a decifrar. [...] É um texto selvagem, [...] todo empastelado, e eu me divirto com os erros, que fazem a gente criar aleatoriamente", declarou Nanini à época dos ensaios, que tinha de fazer cena a cena, separadamente, porque Gerald não tinha dado nenhuma pista sobre o personagem, nem quem era exatamente, nem de onde vinha.[16] Sem saber por onde acessar suas emoções, Nanini experimentou blocar as cenas e ensaiá-las como espetáculos diferentes, até encontrar o fio que unia todas as cenas. Nunca havia feito dessa forma.

"O nosso entusiasmo mútuo me dizia, com certeza absoluta, que aquilo seria uma consagração. Nanini é o ator dos atores. O que quero dizer com isso? Ele é um companheiro de palco. No sentido de ajudar a cortar o texto, respeitando, mas entendendo o texto profundamente, fazendo intervenções em cena. Eu fico na coxia todas as noites dando os comandos técnicos de luz e som, olhando no olho dos atores, e ele entende tudo. Ali ainda dá tempo de trocar algumas coisas, inverter cenas, mudar a dinâmica do espetáculo, afinal, teatro é ao vivo. E o Nanini, ao contrário de tantos outros atores, deixa o autor-diretor seguro porque ele é também um rato de teatro", derramou-se Gerald, que assinava, como de costume, texto, direção, iluminação, trilha sonora, cenografia e projeto gráfico.[17]

A peça não conseguiu quase nenhum patrocínio. As empresas de aviação não queriam associar suas marcas a uma história que falava do atentado de Onze de Setembro; as seguradoras de saúde não queriam se meter com um texto que criticava abertamente o sistema público de saúde no Brasil. Só no final o Sesc São Paulo assumiu o patrocínio, como acontecera em *Uma noite na lua*. Deu certo: crítica e público prestigiaram o espetáculo, considerado a "encenação com maior humor" de Gerald.[18] Para a *Folha de S.Paulo*, "Pondo o público no bolso a cada cena, sem perder nunca o fio da meada da angústia com a falta de sentido do mundo, eis um raro exemplo de ator visceral e distanciado ao mesmo tempo, que comove pelo riso, que diverte com a desgraça mais mórbida. Cada cena é calibrada para ser esgarçada por ele, e frases em princípio pueris, como 'Nada prova nada', se tornam bordões a serem lembrados por muitos anos. [...] A alegria de Nanini ilumina as trevas da obsessão geraldiana, sem desautorizá-la".[19]

Numa das sessões da peça, que costumava acompanhar dos bastidores, na coxia, Gerald notou uma cabecinha conhecida na última fileira do teatro. Ao final da peça, aproximou-se, um pouco incrédulo, até ter certeza. Era Marília Pêra, que fora assistir ao espetáculo sozinha, discretamente. Nem ela nem Nanini nunca mais haviam se procurado. Mas aquele gesto demonstrava que ela ainda acompanhava o ex-amigo à distância. Depois da última fala do personagem de Marco Nanini — "Quando dizem que o ator não se emociona, estão errados: a gente se emociona sim"[20] —, ela levantou-se e foi embora.

Em meados dos anos 2000, enquanto Nanini pagava as contas com a TV, experimentava com o teatro e pinçava um ou outro convite para fazer cinema, outro espetáculo acontecia nos bastidores: o desejo crescente de ter o próprio teatro. Não uma sala tradicional, dessas que são batizadas com o nome do dono, mas um local onde pudesse ensaiar, que também fosse um espaço de convivência entre artistas e que tivesse um palco para apresentações. A coisa começou como uma conversa à toa com Nando, e logo virou uma expedição pelos anúncios classificados. Queria um espaço amplo, iluminado, num bairro central, que absorvesse o teatro de forma orgânica também. Em 2006, Nando começou a avaliar possibilidades no Rio de Janeiro, em bairros periféricos que pudessem ser beneficiados com a inauguração de um centro cultural do tipo. Até que encontrou um galpão desativado enorme, na Gamboa, bairro da região portuária de grande peso cultural para a cidade. Próximo à Pequena África, berço do samba, onde a cozinheira e mãe de santo Tia Ciata promovia reuniões musicais que construíram boa parte da identidade cultural do país, o bairro da Gamboa guardava amplos galpões desativados de antigas fábricas localizadas próximo ao escoamento do porto carioca. "Nanini queria um lugar para ensaiar, mas que fosse sem muros, para poder se comunicar com a cidade. Fui a lugares como Vidigal e Santa Teresa, mas só na Gamboa achei uma construção sem coluna no meio. Era uma velha fábrica de peças para navios", conta Fernando Libonati, hoje diretor do Galpão Gamboa.

Muito antes de a região receber vultosos investimentos e ser revitalizada pelo poder público para grandes eventos sediados no Rio de Janeiro — como a Copa do Mundo de 2014 e as Olimpíadas de 2016 —, Nando e Nanini resolveram apostar no local, mesmo com infraestrutura precária. Quando o Galpão Gamboa foi inaugurado, com a exibição de peças e aulas de projetos sociais oferecidas à comunidade, chamava a atenção pela ousadia: uma inesperada sede em arquitetura industrial incrustada numa área onde ainda faltava asfalto e transporte público. Era comum chegar para um show badalado no Galpão sem saber se haveria como voltar para casa — muitas vezes os táxis não aceitavam a corrida até lá. Foi preciso todo um trabalho de base feito pela equipe do centro cultural para desconstruir a imagem de lugar inacessível. A curadoria artística ficou a cabo do ator César Augusto, que Nanini conheceu durante as filmagens de *O bem amado* e que se tornaria um parceiro na empreitada. Pouco a pouco, reportagem a reportagem, curso a curso, espetáculo a espetáculo, o Galpão foi entrando no circuito de eventos culturais da cidade aos fins de semana e de espaço de aprendizado para a comunidade da região dos morros da Providência, do Pinto e do Santo Cristo nos dias úteis. Lá foram oferecidas gratuitamente aulas de artes marciais, teatro, dança, além de o local servir como ateliê de costura, acervo técnico, espaço de ensaios, festas e apresentações. A Prefeitura da cidade construiu ao lado a Cidade do Samba um complexo que centraliza os barracões de escolas de samba e recebe turistas para visitação, inaugurou o sistema elétrico de transportes VLT e algumas empresas migraram para a região. Ainda há muito o que melhorar no entorno, mas pelo menos agora o Galpão Gamboa pode contar com alguma estrutura na vizinhança.

Pouco tempo depois, o Galpão Gamboa rendeu frutos. Na ânsia de "espalhar cultura por toda a cidade",[21] Nando e Nanini abriram o Reduto, um centro cultural-gastronômico em Botafogo, na Zona Sul da cidade — a cerca de vinte minutos da Gamboa. É uma proposta complementar: enquanto o Galpão tem espaços amplos para aulas, ensaios e apresentações, o Reduto consiste em dois casarões do início do século XX que foram reformados para abrigar um restaurante, um teatro pequenino, uma pista de dança e uma área ao ar livre com mesas e uma loja. Um espaço para receber amigos e convidados, fazer exposições de artes e eventos de lançamento de peças, filmes e livros. Foi no Reduto que Nanini comemorou o seu aniversário de setenta anos, em 2018; fez a festa de lançamento do filme *Greta*, em 2019; e a festa de 82 anos que ofereceu à amiga Camila Amado, em 2020. O maître Dante Nanini ficaria orgulhoso — o espaço tem mesas confortáveis, luz morna e buganvílias maravilha espalhadas por todo ambiente.

Quando ainda estava às voltas com os primeiros anos do Galpão Gamboa, em setembro de 2010, Nanini recebeu um e-mail. Era Felipe Hirsch, que estava em Dublin e tinha acabado de vivenciar uma situação que o fizera se lembrar do ator. Naquela manhã, ele fora a uma livraria especializada em edições raras, e a dona do estabelecimento lhe mostrara um volume em especial. Puxara do fundo de uma gaveta a segunda edição de *De Profundis*, de Oscar Wilde, sobre o qual Nanini lhe contara ser um dos seus livros preferidos. A obra é um compilado de cartas épicas escritas por Wilde ao amante, Alfred Douglas, enquanto esteve detido na prisão de Reading, na Inglaterra, em 1897. Wilde cumpria pena de dois anos de trabalhos forçados por "cometer atos indecentes com pessoas do sexo masculino". Nenhuma das cartas, no entanto, havia sido enviada. Wilde só era autorizado a escrever e entregar uma lauda por vez, sem que as pudesse reler. Entregou página a página, e todas foram armazenadas e devolvidas a ele no final da detenção. Wilde deu uma cópia do apanhado ao amigo jornalista Robert Ross, que o editou e publicou, numa versão reduzida, em 1905, quatro anos depois da morte de Wilde. A edição completa só seria publicada anos depois, em 1962. Felipe sabia algo sobre essa história, contada a ele por Nanini, e quando a dona da loja trouxe o exemplar de 1905, ele se animou pelo fato de ser uma edição de certa forma censurada pelo amigo do escritor. Era como se ele estivesse diante de um interdito, de um texto maculado de Oscar Wilde. O que Ross teria escondido? Por que cortar trechos do desabafo de amor de um sujeito preso? Imediatamente, teve a ideia de fazer algo com aquele texto — e não havia ninguém melhor para interpretá-lo do que o ator Marco Nanini.

A paixão por Oscar Wilde era uma daquelas que guardava na manga para fazer na hora certa, como *Calígula* ou *Hamlet*. Nanini tem tanta afinidade com o escritor que chega a se parecer com ele — no gestual grandiloquente e cortês, no modo de manter o cabelo farto, nos adereços elegantes, chapéus e anéis. A sensibilidade para observações poéticas e a agilidade para as ironias, baforadas com um ar de dândi moderno. Na sua cabeceira, a biografia de Oscar Wilde escrita pelo crítico literário americano Richard Ellmann, edição premiada com um Pulitzer, é toda marcada com post-it coloridos. Já a leu e releu algumas vezes, e sempre volta a ela para buscar uma frase ou história. É um personagem que o magnetiza. Não podia negar que o e-mail de Felipe mexeu profundamente com ele. O diretor ainda fez um charme extra: na época, assinava uma coluna no suplemento cultural do jornal *O Globo*, e contou toda a história — Dublin, a livraria, Wilde, Ross, Nanini — no texto da semana. Tornava público o desejo do ator. A ideia para o espetáculo que bolava ia além do *De Profundis*: Felipe tinha ficado impressionado quando vira que o túmulo de Oscar Wilde tinha uma redoma de acrílico para que as pessoas não ficassem beijando a lápide, como se tornara um hábito. Até Wilde acharia excessiva aquela medida, pensou Felipe. E foi amadurecendo a ideia de escrever algo sob o ponto de vista do próprio Wilde, que tinha ficado todo aquele período numa prisão por ter beijado homens, para depois, livre, ainda ter interditado os beijos espontâneos dos seus leitores. Tinha uma história presa nessa lápide.

"Numa viagem seguinte a Londres eu fui para o hotel onde o Wilde foi preso definitivamente. Eu nem teria grana para alugar o quarto dele, que era caríssimo, mas quando o gerente do hotel soube que eu estava escrevendo uma peça de teatro sobre Wilde, me ofereceu a estada. Fiquei ali dez dias escrevendo. Esse seria nosso quarto trabalho juntos. Avancei bastante no texto, mas, quando eu voltei para Curitiba, recebi uma notícia terrível, de uma doença na família, que me deixou muito mal. Pedi para adiarmos o projeto, mas o Nanini ficou bem frustrado. E aí eu fiquei com raiva por ele ter se frustrado. E decidi que não queria mais fazer a peça. Isso já faz muito tempo, a peça acabou sendo feita pelo Jô Bilac. Eu só tenho amor pelo Nanini, e tenho certeza de que ele por mim. A gente se observa de longe, eu sei. Trabalhar com um ator como ele me faz muita falta", contou Felipe.[22]

Nanini de fato ficou chateado, e conversou pouco com Felipe depois do incidente, preferindo não tocar no assunto. A peça estreou em 2014, com texto assinado por Jô Bilac e direção de Bel Garcia. Felipe Hirsch consta nos créditos, dividindo a concepção do projeto com Marco Nanini. O espetáculo teve boa recepção, mas ficou pouco tempo em cartaz. Cumpriu o seu objetivo: realizar um sonho do ator. Apaixonado pelo projeto, Nanini batizou a rede de internet da sua casa com o título *Beije minha lápide*.

Apesar do afastamento do amigo e diretor Felipe Hirsch, Nanini estava em uma fase de completude. O Galpão Gamboa era muito mais do que um teatro. Grande, espaçoso, simples e convidativo — era um pouco como ele. Numa das vezes em que foi visitar o espaço, apareceu de surpresa na aula de arte que crianças faziam no local, como parte de um dos projetos sociais que ocupam as salas do Galpão. A turma estava descobrindo personalidades da história cultural brasileira, e, totalmente absorvida, nem percebeu a presença da figura famosa ali entre eles, mesmo com a reprise do seriado *A Grande Família* na TV à época. "Não deram a mínima para mim. Eles só queriam continuar aprendendo. Parei e fiquei vendo, tocadíssimo", contou à *Veja*.[23]

O Galpão Gamboa o deixava muito feliz. Estava numa ótima fase quando recebeu o repórter da revista *Bravo!*, Armando Antenore, em sua casa, numa tarde de setembro de 2011, para conversar sobre um prêmio que tinha acabado de ganhar da publicação, o Artista Bradesco Prime de 2011, conferido por voto popular, no caso, os leitores da *Bravo!* (era a segunda vez que ganhava, a primeira havia sido em 2005). Estava tão leve que se sentiu à vontade para falar sobre sua sexualidade pela primeira vez. Era um assunto que nunca tinha abordado publicamente, apesar de tampouco esconder ou disfarçar. Em 2003, até tinha se deixado fotografar numa campanha promocional da Parada do Orgulho Gay, junto com outros artistas. Mas nunca havia falado abertamente sobre isso. De uma forma bastante natural, mas como se estivesse construindo uma brecha entre assuntos — e muito também por ter simpatizado com Armando, repórter conhecido por fazer entrevistas sensíveis com artistas —, disse a ele: "No palco, persigo a emoção despudorada. Fora dele, ajo com mais pudor. Sou meio formal e desconfiado. Não gosto de multidão, de festas e de estreias. Como odeio bancar o inconveniente, só me mostro extrovertido perto de pessoas íntimas. Publicamente, priorizo a discrição. Moro sozinho no Rio de Janeiro, em uma casa, com três cachorros. Às vezes, pintam umas namoradas, uns namorados… Namoradas, não. Namorados… Mas, se não pintam, sem problemas. Já vivi o que necessitava viver nessa seara".[24]

A fala repercutiu na imprensa com comoção, mas nele, com alívio. A partir de então, praticamente todas as entrevistas querem saber mais sobre a decisão de tornar pública sua sexualidade — e se ele quer se tornar uma bandeira do movimento LGBTQIA+. Nas primeiras, ainda evitava postar-se como símbolo. A vida pessoal extremamente reservada não combinava com tal exposição. Nanini vivia havia anos uma parceria sólida com Fernando Libonati, que incluiu um longo namoro, um relacionamento aberto, uma separação de casas, uma produtora de teatro, a maior amizade que ele já teve, inúmeros projetos em conjunto, uns tantos cachorros compartilhados e, em 2019, até um contrato de união estável, feito sem festa ou alarde. Quem era próximo dos dois sabia perfeitamente, e só a eles importava. Aos poucos, no entanto, Nanini foi percebendo que o aumento de casos de violência e mortes por homofobia no país exigia mais. "Sou homossexual e me sinto absolutamente seguro e maduro para declarar isso. Não quero fazer disso um drama nem discutir por que sim ou por que não. São muitos os casos de violência física contra gays. Quanto mais eu assumir a minha parte nesse assunto, melhor, mas sem aquele chantilly que costuma cobrir as fofocas. Isso é assunto sério", declarou em 2021.[25] Nos espaços geridos por ele e Nando, uma das características da programação cultural é apresentar e impulsionar a cena de artistas brasileiros LGBTQIA+ — na concepção dos parceiros e sócios, o melhor que pode fazer por uma causa é ativar sua economia. Na apresentação do Prêmio APTR de 2016, que homenageou Nanini, a atriz Renata Sorrah resumiu o que ele faz: "Sem nunca ter levantado explicitamente nenhuma bandeira, acabou defendendo várias".[26]

Nanini sempre aparece de surpresa em alguma sessão do Galpão Gamboa ou do Reduto, e, como fez com as crianças, fica de longe, olhando. "Eu não gosto de avisar quando eu venho porque senão eles separam uma cadeira na primeira fileira pra mim. Eu prefiro ficar no cantinho para não incomodar o artista que está no palco, que pode ficar ansioso com a minha presença. Sou um espectador discretinho", brincou Nanini, durante a estreia do show *Cabaré das Travestidas*, do coletivo cearense As Travestidas, no Reduto, em julho de 2019. Fundado e liderado pelo ator Silvero Pereira, que estava em temporada no Rio também com o premiado espetáculo *BR-Trans*, o grupo fez sucesso na cidade, com todos os ingressos esgotados. Naquela noite, no entanto, Nanini não conseguiu escapar do lugar reservado na primeira fileira. Nem das lágrimas. Em um dos números musicais apresentados pelas drag queens, que naquela noite montaram um repertório especial só com canções cearenses, o ator se emocionou quando o próprio Silvero interpretou "Alucinação", de Belchior, e entoou vividamente o verso "Amar e mudar as coisas me interessa mais".

Epílogo
"O teatro é a arte da morte"

"A gente faz duzentas touradas e um dia faz 'a' tourada". A atriz Fernanda Montenegro sacudiu uma capa vermelha imaginária com a frase que disse para Guel Arraes durante o reencontro da equipe de *O auto da compadecida*, em maio de 2021. "O nosso filme é 'a' tourada", completou ela.

Em um dos momentos mais graves da pandemia de covid-19, quando quase 500 mil brasileiros já tinham morrido infectados pelo vírus e outros tantos faziam isolamento social para evitar o contágio, o elenco participou de um evento virtual para celebrar os vinte anos do filme. Uma comemoração presencial tornara-se impossível desde 2020, quando a catástrofe sanitária se impôs sobre o mundo. Mas não dava para ignorar a data redonda: era preciso retomar os ritos de celebração da vida, ainda que pela tela dos computadores, e refletir sobre o que *O auto* representava para cada um, depois de tanto tempo. Não era um filme qualquer: era "a" tourada. "Vinte anos depois, e *O auto* continua me trazendo felicidade", respondeu Nanini a Fernanda pelo microfone do computador.

Era uma situação tão diferente e ao mesmo tempo tão parecida com a vez em que os dois se conheceram, em março de 1967, naquela aula inaugural do Conservatório Nacional de Teatro que Fernanda ministrou para a turma de Nanini. Sentados em um auditório de madeira, ela com 37 anos e ele com dezenove, o que faziam era mais ou menos o mesmo: celebravam a arte de executar boas touradas. Dessa vez, olhando Fernanda pela tela do computador, um rosto tão sábio e íntimo, Nanini fez uma retrospectiva da própria trajetória: tinha muito orgulho de tudo que tinha feito, as touradas boas e as ruins. A sua busca pela emoção dos personagens emocionava o público, o que fazia as pessoas visitarem os próprios sentimentos e os sentimentos do outro. Os tipos que construiu faziam parte do imaginário popular, o que aumentava o amor do público pela cultura brasileira. Além disso, tinha um grupo sólido de atores e trabalhadores da arte consigo, o que ajudava a fortalecer uma cena e construir um estamento. Havia trabalhado duro pelo teatro, que o agraciou em troca. Intimamente, sabia que havia bordado minuciosamente a sua capa para sacudi-la diante de uma arena lotada quantas vezes fosse preciso. E ainda queria fazer isso muito mais.

Mas a verdade é que havia alguns anos sentia as arestas do bordado soltas. Nenhum trabalho que fazia o empolgava mais como antes. Nem nas novelas, nem nas peças de teatro. O filme *Greta* (2019) era uma exceção, mas fora ele… Nanini até se distraía na fase das pesquisas para a construção dos personagens, como fez na peça *Ubu rei* (2017), em que montou cadernos de colagens com fotos de batatas e reis — ele imaginava o protagonista, um bufão, com a postura de um saco de batatas. Ou como fez na novela da TV Globo *Deus Salve o Rei* (2018), em que passou a observar falcões-rei no YouTube para tomar emprestado das aves a postura altiva de um monarca. Depois dessa etapa, Nanini se sentia amuado. Para fazer a novela *A Dona do Pedaço* (2019), assistiu a diversos filmes de Ettore Scola e Federico Fellini, na confiança de que o enredo teria a atmosfera dos conflitos das famílias operárias italianas retratadas pelos cineastas, mas quando começou a gravá-la, contava os dias para terminar o folhetim. A trama da novela desandou, a audiência caiu, o público cobrava uma coerência que não existia. A rotina televisiva o cansava mais do que de costume, e ele se via como um alienígena entre os atores mais jovens, que passavam todo o tempo no camarim sem conversar, cada um no seu canto. "Olho para eles, todo mundo com o celular na mão, e eu, ao contrário, sempre fiquei totalmente distante desse universo",[1] declarou à *Folha de S.Paulo*.

Quando Marco Nanini chega à TV para gravar, basta entrar na sala de maquiagem que seu andar muda, já em concentração para o personagem. Conversa (ou tenta) com os atores que vão dividir as cenas com ele, confere o peso ou a volumetria do figurino, para entender se vão atrapalhar seus movimentos.

A atenção focada na cena em que vai filmar o ajuda a não precisar ficar repetindo tomadas, o que o deixa impaciente. (Sobre essa característica, o diretor Antonio Pedro falou que é uma qualidade dos atores de teatro: "Um ator de cinema vai dizer que se desconcentrou e repetir o take; já o ator que tem contato físico com seu espectador, como no teatro, não desiste no meio, não se deixa afetar por um acidente em cena, não fica sem saber o que fazer".) Prefere fazer as refeições em casa, para ficar o tempo todo focado na cena, mas tampouco exige camarins separados ou outros luxos comuns aos atores de alto escalão. Tem hábitos simples nos bastidores (tanto ele quanto o outro gêmeo, que vez ou outra aparece para gravar): uma ou outra fruta, água, uma cadeira mais confortável para esperar sua cena. Nos sets, Nanini pode ser visto caminhando pelos corredores do estúdio, ora fazendo exercícios para a voz, ora ensaiando as marcações e ora "pontando"[2] seus textos com o ator Gutenberg Rocha, que desde 2014 é seu "ponto" oficial.

Essa é uma atividade peculiar nos bastidores das novelas que passa despercebida ao espectador: os "pontos" geralmente são atores em início de carreira que auxiliam os mais experientes ditando o texto que eles vão falar em cena, com o suporte de uma pequena traquitana eletrônica que lembra um grão de feijão encaixado no ouvido, com um fio que circunda a orelha. É uma função que sempre existiu no teatro, em que os "pontos" ficavam soprando o texto escondidos no proscênio. Quando os atores não podem decorar o calhamaço de falas que o ritmo industrial das novelas impõe, eles adotam um "ponto", um profissional que conheça profundamente o seu ritmo de respiração e que ao mesmo tempo tenha alguma experiência dramática para não presumir a entonação das frases. A primeira vez que Nanini serviu-se de um ponto foi a mando da atriz Dercy Gonçalves, que obrigava sua trupe a usá-lo — o que deixava todo mundo louco, já que ela não respeitava o texto nem com o ponto. Nanini voltou a usar o recurso uma ou outra vez na carreira, mas decidiu contratar um ponto fixo na peça *A arte e a maneira de abordar seu chefe para pedir um aumento* (2013), de Georges Perec, seu segundo monólogo, trabalho no qual voltou a ser dirigido por Guel Arraes. Como o texto tinha muitas repetições — o autor explorava uma espécie de fórmula combinatória de maneiras pelas quais o narrador tentava pedir aumento ao seu chefe —, achou por bem garantir a fidelidade ao texto.

Atriz e professora de teatro, a filha de Camila Amado, Rafaela Amado, foi quem selecionou três atores para testar como possíveis "pontos" para Nanini. O ator e professor de artes marciais Gutenberg Rocha foi aprovado na seleção e segue no ofício até hoje. Desde 2013, portanto, quem sopra seu texto na maior parte dos trabalhos, à distância, é Guto, como é conhecido. Guto, que também é assistente de produção, tornou-se uma mistura de anjo da guarda e braço direito (e esquerdo) de Nanini. É ele quem organiza sua agenda, quem sai de casa correndo quando o ator não consegue ligar o computador e quem o protege de fãs histéricos. "Eu faço uma cara séria quando estou perto dele, isso é como um escudo invisível. Porque as pessoas chegam agarrando, querendo sentar no colo, cantando 'Essa família é muito unida' aos berros", conta Guto, cuja semelhança física com o lutador de vale-tudo Anderson Silva também protege Nanini, mesmo que inconscientemente. "Numa churrascaria, uma vez, uma família chegou à mesa em que estávamos para pedir meu autógrafo, achando que eu era o Anderson Silva. Ele estava muito em evidência na época, e eles nem repararam no Nanini, que pôde jantar em paz naquela noite. Mas eu tive que dizer que eu não era quem eles imaginavam…"

Guto integra uma equipe de funcionários que dão suporte a Nanini — e da qual faz parte uma grande família Silva, como no seriado de TV: Márcia Suely da Silva, Rosely da Silva e seu filho, Giovani da Silva. "Nanini encoraja os funcionários a fazer cursos, incentiva, quer saber da nossa família, onde a gente mora, se estamos bem, estamos sempre juntos nas festas, nossos filhos também", conta Guto. "No trabalho, é muito técnico. Em cada peça, cada personagem, ele respira de uma forma, e eu preciso estar muito atento. Como ponto, eu tenho que me conter, não posso interpretar. Tenho que ser claro nas palavras e nas pontuações, antecipando, mas sem exagerar. É como se ele estivesse me lendo, não só me ouvindo. Uma voz que vai lembrando a ele um texto. Desde que comecei a trabalhar com ele, fiz Tablado, depois fiz CAL [Casa das Artes de Laranjeiras]. Ele sempre me incentivou como ator a não parar de estudar."

Guto estava bem perto quando o desânimo atropelou Nanini em 2019. Foi percebendo que nos fins de semana ele não tinha mais energia para ir a lugar nenhum. Já andava bem caseiro havia alguns anos, mas ia ao teatro ou ao cinema de vez em quando, o que não queria mais. Quando muito, assistia a algum espetáculo no Reduto. O que também ia acontecendo cada vez menos: Nanini sentia que sua presença na plateia o obrigava a cumprimentar os artistas nos camarins. "E se eu não gostar do espetáculo? Vou dizer que gostei? Eu não posso fazer isso", pondera ele, para explicar os caminhos aflitivos da sua diagnosticada ansiedade.

Depois dos setenta anos, era um sacrifício mentir. E se levantar. E dirigir — desde que havia fissurado a coluna durante a peça *Ubu rei*, tinha alguns movimentos limitados e a dor aumentada. Gim-tônica, só podia tomar um por semana, por recomendação médica. A carne vermelha já não lhe caía bem. Em 2018, pouco antes do aniversário redondo, parou de fumar. Muito de vez em quando, uma "Carmen Miranda" fazia seu chica-chica-boom — o apelido que deu para a maconha lá nos anos 1970. A leitura o entediava, os filmes novos pareciam rápidos demais, as redes sociais nunca o seduziram, o pouco ânimo que sentia, guardava para os amigos, especialmente os bichos. Babão foi um companheiro fundamental nessa época amofinada.

Em março de 2020, quando foi anunciada em todo o mundo, a pandemia não lhe pegou bem. Diante de tantas restrições e angústias, e daquilo que parecia ser um ordenamento para o fim do mundo, Nanini tornou-se mais ansioso e teve alguns picos de depressão. Isolou-se em casa, no Rio, e mesmo assim contraiu o vírus num dos momentos mais críticos da doença no Brasil, em novembro de 2020. Passou bem pela infecção, mas a vulnerabilidade do histórico médico e da idade o apavorava. Amigos muito próximos morreram por covid-19 antes da criação da vacina, numa sequência de despedidas impossibilitadas pelos protocolos sanitários que tornavam o luto ainda mais doloroso. Era a primeira vez que Nanini sentia o medo da morte gelar sua espinha. Apesar de ter morrido tantas vezes em cena, de lidar com a morte na ficção em praticamente todos os seus trabalhos, de ter perdido o pai, a mãe, tantos amigos e amores, a morte não é algo que se aprende. Não havia como trabalhar durante a pandemia — a TV Globo cautelosamente proibiu os atores de mais de sessenta anos de pisar num set —, e não trabalhar, para Nanini, era um pouco como morrer.

Não havia como circular pela cidade, não havia como sair da cidade, não havia nem como seguir com os depoimentos para esta biografia, que foi interrompida durante o colapso. O descaso do governo federal com o país o deixava enojado, e em pouco tempo parou de ler notícias para não se deprimir ainda mais. A casa com jardim com que sonhara desde a infância foi seu porto seguro durante o período de turbulência, mas o conforto era só externo. Dentro de si, Nanini sentia o trovão: tudo o que ele conhecia e amava estava ruindo. As dores nas costas voltaram violentas, a insônia só era aplacada por uma boa quantidade de remédios. Nada mais parecia fazer sentido.

Quando as primeiras vacinas começaram a ser distribuídas para idosos e os testes rápidos de sorologia foram popularizados, ficou mais viável reunir poucas pessoas para discutirem o futuro. Foi quando Nando propôs a ele o melhor remédio que conhecia: experimentar. Fazer algo completamente novo, com um formato inédito, com uma turma jovem na produção. E foi isso que Nanini se deixou fazer, ainda que a muito custo. Havia um projeto antigo na gaveta, um desejo dele e da amiga Camila Amado de trabalharem em um texto juntos. Só os dois. Ela tinha sugerido a montagem da peça *As cadeiras*, de Eugene Ionesco, escrita em 1951. Já tinham lido juntos o texto da peça, em 2017, num evento teatral no Reduto. Nando pesquisou sobre as possibilidades do videoteatro, e estava com as mãos quentes para dirigir um espetáculo. Os três passaram a se encontrar no Reduto para as leituras em novembro de 2020. Eram os dias mais felizes da semana. "Experimentar algo novo aos 72 anos é importantíssimo para mim. Senão, a gente vai se sentindo sem óleo, sabe? Nunca fiquei tanto tempo parado, queria fazer esse exercício, entrar nessa coisa de internet, descobrir novos caminhos. Porque o teatro virou uma coisa quase impossível. Como vamos sobreviver com esse arrocho? De criatividade, de orçamento... Um ano sem levar gente ao teatro, as pessoas começam a não ir mesmo. Foi tudo por água abaixo, não dá para fingir", disse, ao jornal *O Globo*, durante os ensaios da peça.[3]

Camila tinha um câncer avançado no pâncreas. O tratamento lhe dava alguma sobrevida, o suficiente para fazer mais uma peça. Não estava com medo da morte, mas de não conseguir terminar o trabalho, que a cada dia lhe parecia mais vital. O teatro a fazia imortal. Por isso sugeriu aquele texto de Ionesco: *As cadeiras* é uma peça que ela fez em 1957, aos dezoito anos, em Lisboa, Portugal, e da qual guardava uma memória maravilhosa: ela tinha descoberto a "consciência do ser" com aquele texto.

Além disso, no meio de uma pandemia fatal causada por um vírus respiratório, circundada por notícias falsas e um ódio recalcitrante, revisitá-lo fazia todo sentido. A falta de diálogo é um eixo de *As cadeiras*. A trama acontece no farol de uma ilha deserta, onde um casal de idosos vive o último dia da existência, enquanto prepara a mensagem final que o homem vai transmitir à humanidade. Camila convenceu Nanini. Nando providenciou uma superestrutura para que o ensaio pudesse ser feito em segurança sanitária: montou uma espécie de bolha plástica cortada ao meio que isolava o palco da plateia e os atores entre si. Fazer teatro durante a pandemia parecia um trabalho aeroespacial: equipe técnica reduzida ao mínimo, máscaras no rosto, testes virais feitos a todo momento, palco embalado num invólucro transparente. Em janeiro de 2021, os ensaios passaram para o Galpão Gamboa, já com as duas câmeras. Foram dez dias treinando algo que eles nunca tinham feito. Com equipamentos que captam imagens em planos diferentes em 360 graus, o estreante diretor Nando comandou o espetáculo, com uma equipe que incluía Gringo Cardia na concepção visual e Antonio Guedes no figurino — profissionais que acompanham Nanini há anos. Muitas das decisões estéticas de Nando foram inspiradas por tudo que aprendeu acompanhando, via Nanini, os trabalhos de diretores como Gerald Thomas, Felipe Hirsh e Guel Arraes, especialmente as câmeras que seguiam "a alma dos personagens", como definiu. Era a primeira vez que Nanini e Camila experimentavam algo parecido a uma videoarte, um espetáculo digital, mas com essência teatral, e que pudesse ser assistido na tela do computador ou da TV, como um filme. Uma linguagem totalmente nova, fruto do seu tempo.

Ao longo da vida, Camila escreveu um livro de memórias — projeto do qual só sabiam os mais íntimos.[4] Nesse período de ensaios, ela anotou: "O texto absurdo nos leva para um farol, longínquo no oceano. Dentro do farol, o Velho, de 95 anos, e a Velha Semíramis, de 94, moram sós a vida inteira. No dia em que a peça se passa, o Velho está amargurado, o fracasso da vida na consciência. O Velho, como todos que não realizaram seus sonhos ou não assumiram viver plenamente o dia a dia sem grandes projetos, guarda no fundo de si a ilusão de revelar uma mensagem salvadora ao mundo. A Velha anima-o a convidar os personagens mais importantes do mundo para ouvirem, no farol perdido no oceano, a mensagem que ele quer transmitir. Depois de convencê-lo e suportar a angústia da espera, os personagens imaginários começam a chegar. O Velho é contagiado pela imaginação da Velha. Da majestade suprema do rei da França à mais bela dama. Todos reunidos no farol, enquanto a Velha recebe-os oferecendo, no palco, cadeiras e mais cadeiras reais. Ela segura a realidade, enquanto o Velho sonha".

Entre ensaios e filmagens, naquele repentino reviver da Camila de dezoito anos ao lado de um amigo tão amado, a atriz escrevia: "O ator dentro de uma severa disciplina é livre em sua expressão. Artistas são diferentes de simples profissionais. Profissionais imaginam que, executando com precisão as marcas e o texto, estão seguros. Mas, muitas vezes, se fecham nesse comportamento aplicado, tornam-se funcionários do teatro e perdem momentos espontâneos que a vida no palco traz consigo e que é a luz do sucesso. Com Marco Nanini, experimentei contracenar com o artista. Livre, dentro do contexto. Disciplinado, mas aberto ao movimento alheio. Criativo, em generosa comunhão com o parceiro. Brecht dizia: 'O ator deve antes de entrar em cena ler o jornal da manhã. Trazer o máximo de informações subterrâneas e expressar a emoção de cada dia em nossos corpos e almas através dos mesmos textos, mesmos personagens e no ritmo do espetáculo. E todas as noites o mesmo ritual se repete com vida nova. Surpreendendo, antes de mais nada, a nós mesmos'. Semíramis abriu este canal. Disfarçada na velhinha indigna, amorosa, amoral, livre, amante e sábia, pude me estudar, me viver plenamente, me realizar, no sentido de me tornar real. E aí o paradoxo. Como o teatro me permitia, finalmente, ser eu mesma!".

O espetáculo terminou de ser filmado em novembro de 2020 e foi para a ilha de edição.

No dia 5 de junho de 2021, um sábado, Nando e Nanini foram ao bairro do Itanhangá visitar Camila, que estava acamada na casa do filho, Rodrigo. Apesar de fragilizada, e sem conseguir falar direito, por conta dos fortes remédios que tomava para controlar o tumor, ela se sentia feliz quando as pessoas conversavam ao seu redor. Havia outro amigo na visita, o ator Mário Borges. Nando contou como andava a finalização de *As cadeiras*, que estava empolgado em fazer uma trilogia de videoarte a partir daquele espetáculo — e levou algumas imagens da gravação, que deixou passando em uma televisão próxima a Camila, na esperança de que ela pudesse assistir a alguns trechos prontos. Ela piscou os olhos, como se fosse a própria Semíramis. Nanini lembrou de como a conheceu, entrando no teatro do nada e a convencendo a remontar *Encontro no bar* para viajar pelo Sul do país, apesar do fracasso que a peça teve no Rio. Lembra de ter oferecido seu Volkswagen como garantia, e como em pouco tempo os dois já estavam tomando Mandrix juntos, e que ela ia engatinhando à noite no quarto do pai para roubar os comprimidos do remédio, que ele guardava na cabeceira. Entubada, ela esboçou um sorriso. O amigo tentava trazer à tona lembranças felizes que viveram juntos, como a vez em que subiu ao palco no meio de *A dama das camélias*, peça em que ela era a protagonista, confundido pela personagem interpretada pela atriz Henriqueta Brieba, que se chamava Nanine. Tocou a mão da atriz, que levava no anelar a aliança que fora da sua mãe, Cecy — um presente dado à amiga logo depois que a mãe morreu. A certa altura, entre uma e outra história rediviva, e como se tivesse esquecido que a amiga não estava falando direito, Nanini perguntou: "Camila, quem foi mesmo o autor da trilha de *Encontro no bar*? Foi o John Neschling? Você se lembra?". Ela o olhou enternecida, como se tivesse direito só a algumas poucas palavras naquele dia, e que as usaria para corrigir sua pouca memória: "Lembro... Egberto Gismonti". Os três riram. Ainda contou mais uma ou outra história engraçada, mas, a certa hora, para não cansá-la, fez que ia embora. Antes os dois se olharam fixamente, sabendo exatamente o que estava acontecendo ali.

No dia seguinte Camila Amado morreu. Nanini foi a última pessoa de fora da família com quem ela falou, naquela cena de despedida tão dramática. Camila era tão teatral que no dia seguinte correu pela cidade uma mensagem de áudio que ela gravou nos seus últimos momentos para a filha, que generosamente a fez chegar aos amigos. Nanini custou a ouvir. Quando tocou a mensagem, se emocionou muito. Com uma voz doce e resignada, Camila diz:

"Eu tô muito feliz. Será que eu tô fingindo que tô feliz? Não. Eu não me lembro de ser tão feliz quanto sou agora. A morte nunca me assustou. Eu vi minha avó morrendo, e nunca minha avó morreu pra mim. Eu não tenho medo da morte, eu tenho carinho pela morte. Eu sempre acompanhei quem tá morrendo, e eu gosto de acompanhar. É um descanso para uma festa. É assim que vejo a morte. E eu sinto que a vida em meu corpo é adorada e requer cuidados que eu espero ter, como a água, eu sinto falta da água. Eu gosto de nadar, nadei muito. Eu gosto de tanta coisa. Eu gosto das conversas que não são objetivas, que são voos da alma. E acho que quando a alma tá voando, ela já morreu. Ela faz companhia ao corpo até o fim, mas ela já sabe que morreu. Eu adoro quando Hamlet se pergunta: 'Ser ou não ser, eis a questão. Será mais nobre sofrer na alma pedradas e flechadas do destino feroz ou pegar em armas contra um mar de angústias e, combatendo-o, dar-lhe fim? Morrer, dormir. Só isso. E com sono, dizem, extinguir dores do coração e mil mazelas naturais a que a carne é sujeita. Eis uma consumação ardentemente desejável. Morrer, dormir. Dormir. Talvez sonhar. Aí está o obstáculo. Os sonhos que hão de vir no sono da morte quando tivermos escapado ao tumulto vital não obrigam a hesitar... E é essa reflexão que dá à desventura a uma vida tão longa."

De cor, à beira da morte, Camila interpretava Hamlet — o papel dos papéis, um dos poucos que Nanini ainda não realizou.

Iluminada pelo bardo inglês, a morte de Camila reacendeu a vontade de viver de Nanini. Ainda que as mortes se acumulassem e que a pandemia não arrefecesse, a população já começava a tomar a segunda dose dos imunizantes. A cobertura vacinal lentamente se ampliava. Havia esperança de que a vida voltasse ao normal. "Será mais nobre sofrer na alma pedradas e flechadas do destino feroz ou pegar em armas contra um mar de angústias e, combatendo-o, dar-lhe fim?", Hamlet lhe soprava. A esperança o colocava em movimento: a esperança de ver finalizada a edição de *As cadeiras*, que Camila não alcançou; de conseguir fazer o próximo trabalho para o qual a TV Globo o escalou, um avô com doença de Alzheimer no seriado *Sob Pressão*; de ler a nova parte de um novo texto que Gerald Thomas escrevia especialmente para ele, *Traidor*, que seria a segunda peça filmada da trilogia de videoarte que tanto empolgava Nando; de filmar a peça que fez com Guel Arraes em 2013, *A arte e a maneira de abordar seu chefe para pedir um aumento*, que talvez possa ser a terceira da trilogia; de voltar a ver espetáculos no Galpão Gamboa e no Reduto. À beira dos 75 anos, Nanini tem muita esperança. Esperança de ver políticas públicas implantadas em benefício da cultura, esperança de que os colegas voltem a trabalhar em longas temporadas, com plateias lotadas; esperança de que o público se comova com o teatro.

Esse sempre foi seu maior desejo, repetido em diferentes entrevistas: "que a multidão que lota os estádios de futebol saísse do Maracanã, lanchasse, apanhasse suas mulheres e filhos e fossem todos ao teatro. Queria que o teatro fosse uma comoção popular".[5] Nanini lembra de uma noite inesquecível em que viu essa comoção acontecer espontaneamente. Era 9 de abril de 1982, uma Sexta-Feira Santa. Àquela época, a prefeitura e a arquidiocese do Rio de Janeiro promoviam a encenação da via-crúcis de Jesus Cristo no Centro da cidade. Um espetáculo grandioso, com cerca de trezentos profissionais envolvidos, entre atores e técnicos. Vinha gente de todo canto da cidade para assistir à representação da Paixão de Cristo, que começava na Igreja da Candelária e ia percorrendo a pé cada "estação" do sofrimento de Jesus carregando a cruz, passando de igreja em igreja, até os Arcos da Lapa, onde um palco fartamente iluminado aguardava a todos para o grande final, a Ressurreição. De 1980 a 1983, o diretor da empreitada foi Aderbal Freire-Filho. Batizado de *Via sacra de Cristo hoje*, o texto era uma adaptação feita por José Paulo Moreira da Fonseca e fazia referências a tragédias contemporâneas — naquele ano, foi citada a Guerra Civil de El Salvador, que dizimava milhares de pessoas desde o golpe militar ocorrido no país em 1979. Nanini, que sempre guardou muita admiração pelos rituais católicos desde seus tempos de leitor de epístolas na igreja de Santa Teresinha, aproveitou que naquela sexta-feira não estava em cartaz nem tinha gravação de novela e foi assistir ao acontecimento.

"Foi se formando uma grande procissão, que ia aumentando aos poucos. Cada elenco que fazia e assistia a cada quadro da via-crúcis em frente a uma igreja ia se encontrando com outros grupos, que fizeram o mesmo, e o cordão foi se alongando, se avolumando, até formar-se uma multidão que fez a apoteose nos Arcos da Lapa. Foi um espetáculo que tomou conta da cidade. Fiquei fascinado com isso, porque [...] comecei na Candelária, acompanhei a procissão que rasgou a avenida Rio Branco, sempre absorvendo mais pessoas, e terminou na Lapa. Fiquei no meio do povo e chorava como uma criança. Me emocionei, porque aquilo era a coisa mais simples do mundo. Era um tablado e os atores estavam vestidos com as roupas da época de Cristo. Havia um equipamento de som e todos os diálogos tinham sido gravados, e os atores dublavam, porque ao ar livre não daria para fazer com o gogó. Como o calvário é um tema que deslumbra muito o povão, tudo o que acontecia no palanque interessava a todos nós. E o local ficou abarrotado de todo tipo de gente. Chovia muito, e ninguém se mexia. Todos estavam emocionados, com os olhos cravados nos atores. Como a chuva aumentasse, todo o mundo abriu seus guarda-chuvas e sombrinhas, e as pessoas que estavam atrás pediam: 'Fecha! Fecha!'. E todos atenderam aos pedidos e permaneceram assistindo ao espetáculo totalmente molhados. Foi lindo." Na edição do *Pasquim* da semana posterior, o jornalista Ferdy Carneiro escreveria que mais de 30 mil pessoas acompanharam o rito: "Digno de nota foi o entusiasmo com que o cardeal dom Eugênio Sales abraçava os atores, um por um, após o espetáculo — e efusivamente ao Cristo negro, Zózimo Bulbul".[6]

É um movimento de contrapesos: quando se sente estagnado, fazer algo novo lhe cura. Cede às traquitanas tecnológicas, confia o próprio corpo ao risco, mergulha em sentimentos inéditos. No entanto, mesmo experimentando linguagens, textos e personagens, Nanini busca um teatro simples, que nunca perca de vista que o mais importante é emocionar as pessoas. "O teatro é a arte da morte", diz ele. "A morte é uma coisa horrorosa. Não falo no sentido de tristeza, decomposição e lágrimas. No cinema e na televisão, fica tudo registrado. Já no teatro, a arte nasce quando se abre o pano e se encerra quando as cortinas se fecham. Depois tem os aplausos, e está tudo terminado. Aí a gente encontra uma grande solidão. Estou nascendo e morrendo todos os dias. O bonito da carreira do ator é que ele é apenas um ser que empresta seu corpo e a sua alma para uma determinada personagem, e faz o público acreditar naquela fantasia como se fosse algo absolutamente real. Depois que as pessoas se divertem, emocionam, riem e choram, se esquecem do ator, e cada um vai para o seu canto. Cada noite, quando acaba um espetáculo, o público sai em festa; e eu, quando se fecha a cortina e saio pelo teatro entre as poltronas vazias, e na porta as luzes estão apagadas e já não há mais ninguém, me sinto só, triste, sem luz própria. A realidade toma conta de mim. E fico avidamente esperando pelo dia seguinte, das oito às onze horas da noite, quando voltarei a me iludir e ser feliz".

Agradecimentos

Depois de anos trabalhando como repórter de cultura em jornais e revistas, há algum tempo eu queria me dedicar a uma reportagem de fôlego. As notícias diárias não dão conta da complexidade da cultura popular brasileira — e, para amá-la, é preciso conhecê-la. São tantos personagens fascinantes da nossa história que ainda não foram minuciosamente contados que parecia um veio fértil ao qual me dedicar. Para isso, no entanto, era preciso tempo, aceite, estrutura. Não são tempos fáceis para o jornalismo no Brasil. As ideias ficavam ali na gaveta, maturando: já quis escrever uma biografia sobre o escritor João Antônio, sobre o compositor Guilherme de Brito, sobre mulheres de grandes sambistas que tiveram trajetórias brilhantes nubladas pelo sucesso dos maridos. Sempre gostei de mexer em acervos, arquivos e de conversar com as pessoas, e a biografia me parece um gênero que acolhe bem o vagar dessas tarefas.

Uma em especial me impressionava: *Noel Rosa: Uma biografia*, um trabalho hercúleo de resgate cultural feito pelos jornalistas Carlos Didier e João Máximo, publicada em 1990. Com Didier, fiz um curso de escrita biográfica e pude ouvir todas as histórias de como ele havia apurado os detalhes da vida do compositor ao longo de dez anos — lições de insistência, faro e afeto. Didier tem um método impressionante para organizar as informações que colhe, de modo a seduzir o leitor até o final do livro. Lembro que em uma das aulas ele nos fez ler a cena inicial de algumas biografias clássicas e compará-las, como as de Machado de Assis e Vinicius de Moraes — "a primeira cena de uma biografia é como o trailer de um filme", dizia ele. Com Máximo, convivi diariamente na redação do jornal *O Globo* nos anos em que fui repórter do Segundo Caderno, entre 2011 e 2017. O seu amor pela cultura brasileira, especialmente o futebol e a música, e o fino trato nas entrevistas deixavam o interlocutor à vontade para contar os melhores causos, o que resultava num texto imbatível. E um texto imbatível nos conta qualquer história. Se um dia eu escrevesse uma biografia, eu sabia, tentaria perseguir o que faziam Didier e Máximo. A eles, portanto, devo meu primeiro agradecimento, pela inspiração e referência.

Eu nunca havia entrevistado o ator Marco Nanini quando fui convidada para este projeto. Eu o conhecia como público comum: das memórias afetivas com o episódio *O Santo e a Porca*, de "A Comédia da Vida Privada"; de morrer de rir com sua atuação em *Carlota Joaquina, princesa do Brazil*, em 1995; de batalhar ingressos em Niterói para assistir a *Uma noite na lua*, já que todo mundo só falava no espetáculo; de achá-lo a cara do meu avô em *A Grande Família* (especialmente no detalhe do cinto afivelado bem no meio da barriga); de repetir as falas do Francisco Evandro em *Lisbela e o Prisioneiro* ("Comigo é na inhanha"). De ficar absorta com sua entrega em *Pterodátilos*, uma atuação quase suicida como Emma, destruída de dor, a desviar dos buracos no palco. Seria suficiente? Seria eu a pessoa certa para biografá-lo? A editora achava que sim: parecia que ele gostava dos meus textos do jornal. Como sem saber eu já entrava na casa dele, inconscientemente talvez soubesse o caminho.

Tivemos um primeiro encontro em abril de 2018, na sua casa, uma conversa inicial. Eu, Bruno Porto, o primeiro editor do livro, Nanini e Fernando Libonati, todos muito calorosos à ideia. Nanini foi bastante franco: tinha feito muita coisa na vida, estava à beira dos setenta anos, gostaria de deixar o que chamou de um "obituário", mas não queria escrever. Franqueou-me todos os seus acervos, fotos, pastas de recortes de jornal, programas de peças de teatro, deixava tudo à minha disposição, podia me ver semanalmente. Abriu sua casa e vasculhou sua memória em muitos e muitos encontros. Levou-me para acompanhar gravações de novela, apresentou-me aos seus amigos, começou a ler biografias em sequência para se inteirar do processo — gostou muito de *Só garotos*, de Patti Smith, para reviver o clima dos anos 1970, época marcante em sua trajetória. Gargalhou ao se lembrar das tiradas da mãe, emocionou-se ao ver pela primeira vez os jornais sobre o pai, vez ou outra deixou que o outro gêmeo participasse das entrevistas, o irritadiço. Ao Marco Nanini, agradeço a chance de reviver uma história fabulosa. Só alguém que viveu tantas vidas para saber escancarar a própria com tanta generosidade, com todos seus percalços e contradições.

Ao Bruno Porto e Felipe Maciel, que à época trabalhavam na Companhia das Letras e primeiro me encorajaram ao desafio. Ao Fernando Libonati, pela confiança, o carinho e a paciência.

Aos que me acompanharam e apoiaram em cada fase do trabalho, familiares e amigos próximos, que hão de me perdoar as horas subtraídas de convívio: Rosa Maria Filgueiras, João Paulo Filgueiras, Daniel Filgueiras, Morghana, Paola, Cecília e Amora; Sebastião Rodrigues e Junia Luz; Milla Monteiro, Lia Baron, Ines Garçoni, Juliana Vilas, Roberto Souza Leão, Mariana Sued, Luciana Adão, Nuno Virgílio Neto, Tatiana Motta, Fernanda Rondon, Rafael Millon, Thatiana Diniz, Naila Oliveira, Renata Chiara.

Aos meus "chefes", Alessandra Orofino e Gregorio Duvivier, que flexibilizaram meus horários de trabalho no programa de TV *Greg News* ao longo dos últimos anos, especialmente em 2021, tornando possível que eu me dedicasse à escrita do livro.

Ao time de pesquisadoras da Atelier de Conteúdo, que me ajudou com a organização de todas as reportagens sobre o ator que foram publicadas em quase sessenta anos de carreira, um trabalho monumental.

Aos jornalistas e suas agendas e bibliotecas preciosas: Rachel Almeida, Daniel Schenker, Silvio Essinger, Leonardo Lichote, Emiliano Urbim, Cleo Guimarães, Maurício Meirelles, Christina Fuscaldo e Joselia Aguiar. Um agradecimento especial ao jornalista Simon Khoury, pela série maravilhosa de entrevistas que publicou por conta própria, a *Bastidores*. A entrevista de seis horas com Nanini feita em 1994 foi fundamental para este livro — especialmente pelas perguntas tão inesperadas, arrancando ainda mais histórias.

Aos historiadores que me indicaram fontes certeiras sobre a ditadura, minha "comissão da verdade" pessoal: Angela Moreira e Lucas Pedretti.

À Maria Ines Carreiras, que transcreveu cada uma das entrevistas que fiz com Nanini, bem como os Depoimentos para a Posteridade do Museu da Imagem e do Som — um trabalho artesanal que precisa ser feito presencialmente e a lápis —, deixando às margens comentários espirituosos que me ajudavam a saborear ainda mais as declarações.

À querida família pernambucana Maria Cristina Maia Monteiro, Fernando Monteiro, Carolina Monteiro e Ines Campelo, que me ajudou a destampar o perfume da memória da Recife dos anos 1940. Ainda na rota das viagens a que o livro me levou, agradeço aos amigos Yusseff Abrahim e Marcius Coutinho, por me conduzirem pelas ruas de Manaus, mesmo à distância; e ao amigo Antonio Manoel Filho, por ter garimpado tantos vinis de trilhas sonoras de musicais e novelas do Nanini. O disco é a única máquina do tempo que funciona.

No meio do processo da pesquisa, a pandemia de covid-19 obrigou, por razões sanitárias, o fechamento de bibliotecas e acervos públicos. Tive de contar com prestativos funcionários que me ajudaram em consultas remotas, como Patrícia França, da Uni-Rio; Fabio Ribeiro Junior, do acervo da revista *Veja*; e com o pesquisador Marcos Nascimento, um ás da Hemeroteca Digital da Biblioteca Nacional.

Aos entrevistados, que me cederam seu tempo em depoimentos emocionados: Antonio Pedro, Bianca de Felippes, Denise Bandeira, Analu Prestes, Neila Tavares (in memoriam), Pedro Paulo Rangel, Bia Nunnes, Zezé Motta, Wolf Maya, Beth Mendes, Lúcio Mauro Filho, João Falcão, Marieta Severo, Regina Casé, Felipe Hirsch, Guta Stresser, Rita Carvana, Armando Praça, Cláudio Paiva, Rafaela Amado, Juliana Carneiro da Cunha, Renata Sorrah, Silvero Pereira. Aos entrevistados pelo jornalista Marco Rocha em 2008, em material cedido a este trabalho: Emiliano Queiroz, Dercy Gonçalves (in memoriam), Fernanda Montenegro, Pedro Cardoso, Guilherme Weber, Helvécio Ratton, Hugo Carvana (in memoriam), Barbara Heliodora (in memoriam), Ney Latorraca, Carla Camurati, Ariano Suassuna (in memoriam) e Gerald Thomas.

Aos funcionários do Nanini, que me receberam sempre com muito carinho e disposição para acessar seus arquivos, com litros de café com bolinhos: Gutenberg Rocha, Márcia Suely da Silva, Rosely da Silva e Giovani da Silva, meu mais afetuoso abraço.

Agradeço o foco e o ânimo da minha editora, Daniela Duarte, que me apaziguou todas as vezes em que me senti perdida em meio a tantas informações. Eu levarei para sempre o seu conselho para "deixar a emoção aflorar no texto" quando eu tentava retraí-la, como se pudesse — ou tivesse o direito de — preservar o leitor.

Aos professores do curso de pós-graduação em letras da Uerj Ana Chiara e Italo Moriconi, pelos conceitos de *bioescritas* e *biografemas* trabalhados em classe, que tanto enriqueceram meu entendimento sobre as possibilidades do gênero biográfico; e aos professores da UFF André Dias, pelo entusiasmo com que leciona a história do teatro moderno brasileiro, e Eurídice Figueiredo, pela orientação no meu mestrado e no doutorado, levados paralelamente a este livro. Estar dentro da universidade durante o trabalho contribuiu muito para o rigor da pesquisa — e para uma reflexão crítica constante acerca da importância da arte num mundo adoecido. Obrigada.

Eu escrevo com muito mais alegria quando estou apaixonada. Ou pelo menos penso que escrevo, e imaginar já é um pouco despregar os pés da terra. O livro teve a sorte de me encontrar assim flutuando, com a pena um tanto mais leve. Eu agradeço ao Guto Bellucco por todo amor que devotou à leitura e releitura de cada capítulo, anotando cada sugestão ou crítica em e-mails longos e poéticos; por tantos filmes, novelas e seriados a que assistiu comigo, decupando a minutagem das melhores cenas do Nanini; pela atenção especial que tinha a cada informação musical que aparece no livro, sempre encontrando novos significados para elas. Agradeço a parceria e a compreensão por todas as vezes que não pude estar presente, imersa na escrita. Este livro também é seu.

Por ter quase a mesma idade do Nanini, por ter visto no teatro peças dele quando eu nem sonhava em nascer, por ter sido testemunha dos horrores da ditadura e da vida cultural candente do Rio de Janeiro, compartilhando um mesmo imaginário, minha mãe foi minha principal referência nesta escrita, e também sua primeira leitora. Pelo amor que me legou à cultura popular brasileira, este livro eu dedico a ela, Rosinha, a quem agradeço por tudo.

E aos deuses todos do teatro, claro, por terem comungado conosco, humanos, essa catarse apaixonante, esse delírio existencial, esse "Mandrix com gim-tônica" que é o palco.

Linha do tempo[*]

1965
O BRUXO E A RAINHA (peça infantil)

1967
ÉDIPO REI (peça teatral)

1968
SALOMÉ (peça teatral)
STANISLAW PONTE PRETA E O SEXO ZANGADO (peça teatral)
RALÉ (peça teatral)

1969
SHOW DO CRIOULO DOIDO (peça teatral)
A VIÚVA RECAUCHUTADA (peça teatral)
A PONTE DOS SUSPIROS (novela)

1969-70
A GATATARADA (peça teatral)

1970
ESTE BANHEIRO É PEQUENO DEMAIS PARA NÓS DOIS (peça teatral)

---

* Listados aqui somente os trabalhos em que Marco Nanini atuou ou dirigiu até o fechamento deste livro.

1970-1
A VIDA ESCRACHADA DE JOANA MARTINI E BABY STOMPANATO (peça teatral)

1971
ROMEU E JULIETA (peça infantil)
A PEQUENA NOTÁVEL (peça teatral)
O CAFONA (novela)

1972
O PRIMEIRO AMOR (novela)
COMÉDIA ESPECIAL | Episódios *Missão Especial: O Regime das Bananas Chegou, O Usurário e Tartufo* | (teleteatro mensal)
CORDÃO UMBILICAL (peça teatral)
É PROIBIDO JOGAR LIXO NESTE LOCAL (peça teatral)

1972-3
A PATOTA (novela)

1973
ENCONTRO NO BAR (peça teatral)
CASO ESPECIAL (programa de TV)
DESCASQUE O ABACAXI ANTES DA SOBREMESA (peça teatral)

1973-4
CARINHOSO (novela)

1973-5
AS DESGRAÇAS DE UMA CRIANÇA OU IL BAMBINO INFELICE (peça teatral)

1974
PIPPIN (peça teatral)
AS MOÇAS DAQUELA HORA (longa-metragem)

1975
GABRIELA (novela)
PANO DE BOCA (peça teatral)
A MORENINHA (novela)
O ROUBO DAS CALCINHAS (longa-metragem)
UM PADRE À ITALIANA (peça teatral)

1975-6
PECADO CAPITAL (novela)

1976
O FEIJÃO E O SONHO (novela)
O SÍTIO DO PICA-PAU-AMARELO | Participação como Guarda Anselmo (seriado de TV)

1976-7
DEUS LHE PAGUE (peça teatral)

1977
OS FILHOS DE KENNEDY (peça teatral)
UM SOL MAIOR (novela)

1978
ZOO STORY (peça teatral)
CAMAS REDONDAS, CASAIS QUADRADOS (peça teatral)
A NOITE DOS DUROS (longa-metragem)
REVISTA RELATIVA OU TINHA UM PINTO NO MEIO DO MEU CAMINHO (peça teatral)
CASO ESPECIAL | Episódio *Chanel nº 5* (programa de TV)

1979
FEIJÃO MARAVILHA (novela)
TIRO AO ALVO (peça teatral)

1979-80
O TODO-PODEROSO (novela)

1980
TEU-TUA (longa-metragem)
PLANETA DOS HOMENS (programa de TV)

1980-1
BRASIL: DA CENSURA À ABERTURA (peça teatral)
AS TRÊS MARIAS (novela)

1981-3
DOCE DELEITE (peça teatral)

1982
ELAS POR ELAS (novela)

1983
CASO ESPECIAL | Episódio *Casal Vintém* (programa de TV semanal)
ELBA RAMALHO – CORAÇÃO BRASILEIRO | Participação em "Tango de bordel" (especial para TV)

1984
PLUNCT PLACT ZUUUM II | Participação em "Vou contar tudo pra vovó" (programa de TV)
JOANA (seriado de TV)

1984-5
MÃO NA LUVA (peça teatral)

1985
UM SONHO A MAIS (novela)
O CORSÁRIO DO REI (peça teatral)

1986
A BANDEIRA DOS CINCO MIL-RÉIS (peça teatral)
TELE TEMA | Episódios *A Luneta Mágica* e *O Homem que Salvou Van Gogh do Suicídio* (programa de TV)

1986-96
O MISTÉRIO DE IRMA VAP (peça teatral)

1987
BREGA & CHIQUE (novela)
ANJOS DA NOITE (longa-metragem)

1988
FELIZ ANO VELHO (longa-metragem)

1988 e 1990
TV PIRATA (programa de TV)

1990-3
FULANINHA E DONA COISA (peça teatral | direção)

1991
ALMA BRASILEIRA (peça teatral)
ESPECIAL ESCOLINHA DO PROFESSOR RAIMUNDO (especial de TV)

1991-2
HELLO, GERSHWIN! (peça teatral | direção)

1992
A SERPENTE (longa-metragem)
PEDRA SOBRE PEDRA (novela)

1993
CASO ESPECIAL/TERÇA NOBRE | Episódios *O Mambembe, O Alienista, Lisbela e o Prisioneiro, O Besouro e a Rosa, Ed Mort: Nunca Houve uma Mulher como Gilda* (programa de TV)
O MAPA DA MINA (primeiros capítulos da novela)

1993-4
DE ROSTO COLADO (peça teatral | direção)

1994
A COMÉDIA DA VIDA PRIVADA (programa de TV)
CASO ESPECIAL | Episódios *Suburbano Coração, O homem que Sabia Javanês, O Coronel e o Lobisomem* (programa de TV)
O MÉDICO E O MONSTRO (peça teatral | direção)

1995
A COMÉDIA DA VIDA PRIVADA | Episódios *Casados e Solteiros, Pais e Filhos, A Casa dos Quarenta, Mãe é Mãe, Meninos e Meninas, O Pesadelo da Casa Própria* (programa de TV)
CASO ESPECIAL/TERÇA NOBRE | Episódio *O Engraçado Arrependido*
CARLOTA JOAQUINA, PRINCESA DO BRAZIL (longa-metragem)
KEAN (peça teatral)
ENGRAÇADINHA: SEUS AMORES E SEUS PECADOS (minissérie)
AS REGRAS DO JOGO (peça teatral | direção)

1996
A COMÉDIA DA VIDA PRIVADA | Episódios *O Grande Amor da Minha Vida, Drama, Parece que Foi Ontem* (programa de TV)
E CONTINUA TUDO BEM (peça teatral | direção)

1996-8
O BURGUÊS RIDÍCULO (peça teatral)

1997
A COMÉDIA DA VIDA PRIVADA | Episódios *A grande noite, Anchietanos* (programa de TV)
O IMPROVISO DE VERSALHES (peça teatral)

1998
DONA FLOR E SEUS DOIS MARIDOS (minissérie)
AMOR & CIA (longa-metragem)

1998-9
UMA NOITE NA LUA (peça teatral)

1999
O AUTO DA COMPADECIDA (minissérie)
ANDANDO NAS NUVENS (novela)

2000
A INVENÇÃO DO BRASIL (minissérie)
BRAVA GENTE | Episódio *O Santo e a Porca* (seriado para TV)
O AUTO DA COMPADECIDA (longa-metragem)
QUEM TEM MEDO DE VIRGINIA WOOLF? (peça teatral)

2001
BRAVA GENTE | Episódio *O Comprador de Fazendas* (seriado para TV)
COPACABANA (longa-metragem)
O XANGÔ DE BAKER STREET (longa-metragem)
TEMPESTADE CEREBRAL (longa-metragem)

2001-14
A GRANDE FAMÍLIA (programa semanal de TV)

2002
OS SOLITÁRIOS (peça teatral)

2003
A MORTE DE UM CAIXEIRO-VIAJANTE (peça teatral)
LISBELA E O PRISIONEIRO (longa-metragem)
APOLÔNIO BRASIL, O CAMPEÃO DA ALEGRIA (longa-metragem)
IRMÃO URSO (animação-dublagem)

2005
O CIRCO DE RINS E FÍGADOS (peça teatral)

2006
IRMA VAP: O RETORNO (longa-metragem)

2007
O BEM AMADO (peça teatral)
A GRANDE FAMÍLIA, O FILME (longa-metragem)

2008
ROMANCE (longa-metragem)

2009
A SUPREMA FELICIDADE (longa-metragem)

2010
O BEM AMADO (longa-metragem)

2011
PTERODÁTILOS (peça teatral)

2013
A ARTE E A MANEIRA DE ABORDAR SEU CHEFE PARA PEDIR UM AUMENTO (peça teatral)

2015
BEIJE MINHA LÁPIDE (peça teatral)

2016
ÊTA MUNDO BOM! (novela)

2017
UBU REI (peça teatral)

2018
DEUS SALVE O REI (novela)

2019
GRETA (longa-metragem)
A DONA DO PEDAÇO (novela)

2021
AS CADEIRAS (peça filmada)
MISE EN SCÈNE: A ARTESANIA DO ARTISTA (longa-metragem)

2022
SOB PRESSÃO (série)

Notas

APRESENTAÇÃO — A LINHA E O LINHO [pp. 11-6]

1. Mandrix, nome comercial da metaqualona, era um calmante muito usado no final dos anos 1970 no Brasil, posteriormente proibido. Quando associado ao álcool, dava ao usuário uma sensação de prazer e lentidão prolongada.

2. Referência ao fragmento "A caixa de costura" (*Der Nähkasten*), do livro autobiográfico de Walter Benjamin, *Rua de mão única*, no qual ele conta que, quando criança, gostava de observar a mãe sentada à janela com sua caixa de costura, o que o levava a imaginar outras utilidades para os materiais.

3. Em depoimento ao jornalista Marco Rocha, em 2008, que fez várias entrevistas sobre Marco Nanini e as cedeu para esta publicação. Todas as entrevistas feitas por ele estão creditadas ao longo do livro.

4. O conceito de "ilusão biográfica", de Pierre Bourdieu, diz respeito a uma suposta ficção de si que direciona a atribuição de sentidos e a busca de coerência aos acontecimentos considerados, pelo narrador, como mais significativos na história de sua vida ("Ilusão biográfica", em *Usos & abusos da história oral*).

PRÓLOGO — "ISSO É O TEATRO" [pp. 17-20]

1. "A estreia de amanhã: *Desgraças de uma criança*", *O Globo*, 30 maio 1973.
2. "Camila Amado e suas desgraças", *Luta Democrática*, 26 abr. 1973.

3. Antonio Pedro em depoimento a D. Norões, "Teatro sem começo, meio e fim e cano certo", *Diário de Notícias*, 12 jun. 1973.

PARTE 1

1. NASCE UMA ESTRELA (LAAAÁ NO CÉU) [pp. 23-31]

1. Em 1994, os cineastas Lírio Ferreira e Amin Stepple fizeram *That's a Lero Lero*, curta-metragem que imagina a farra de Orson Welles pelas noites de Recife.

2. MANAUS E AS PIRÂMIDES DO EGITO [pp. 32-41]

1. José Ribamar Bessa Freire, "Barés, Manáos e Tarumãs". Disponível em: <https://tinyurl.com/2p977s3r>.
2. *Jornal do Comércio*, 24 nov. 1950, p. 3.
3. *O Cruzeiro*, 30 dez. 1950. Cf. Catarina Vitorino, "Uma viagem aos meandros do inferno verde...", p. 301.
4. José Ribamar Bessa Freire, op. cit.
5. Thiago de Mello, *Manaus: Amor e memória*.
6. Manuel Bandeira, "Evocação do Recife", em *Libertinagem & Estrela da manhã*, p. 25.

3. O SALTIMBANCO NANINI [pp. 42-60]

1. Marcelo Camacho, "Marco Nanini comemora 50 anos de carreira", *Vogue*, 30 mar. 2017.

PARTE 2

4. MILTON, DERCY E AFONSO [pp. 63-78]

1. Simon Khoury, *Atrás da máscara 2. Depoimentos a Simon Khoury*.
2. O levantamento foi feito pelo crítico teatral Yan Michalski no livro *O palco amordaçado*.
3. Rogério Menezes, *Ary Fontoura: Entre rios e janeiros*, p. 189.
4. Simon Khoury, *Atrás da máscara 2*, pp. 19, 37-8.
5. Do álbum *Aladdin Sane*, de 1973.
6. "Sofrendo para dormir/ naquele luar *quaalude*", em tradução livre ("Pygmy Twylyte", do álbum *A Token of His Extreme*, de 1974).
7. "Teatro pobre" é como ficou conhecido o estilo de encenação desenvolvido pelo pesquisador, diretor e encenador polonês Jerzy Grotowski no final da década de 1950, quando fundou o Teatro Laboratório e escreveu o livro *Em busca de um teatro pobre*. Nele, Grotowski propõe a

eliminação de tudo que não seja a relação entre os atores e a plateia, optando por uma encenação de extrema economia de recursos cênicos.

8. Simon Khoury, *Bastidores II*, pp. 171-2.
9. Projeto Memória Globo. Disponível em: <https://memoriaglobo.globo.com/perfil/marco-nanini/>. E em depoimento a autora.
10. Toninho Vaz, *Solar da Fossa: Um território de liberdade, impertinências, ideias e ousadias*.
11. Simon Khoury, *Bastidores II*, p. 163.
12. Em depoimento ao jornalista Marco Rocha.
13. Afonso Stuart nasceu em 1895, em Orã, na Argélia, quando o país era colônia francesa. Stuart passou quarenta anos vivendo no Brasil e achando que era francês, até precisar tirar um passaporte para viajar a trabalho. Aí foi informado pelo consulado de que só quem havia servido ao Exército francês tinha direito à nacionalidade. Stuart automaticamente "virou" espanhol, a nacionalidade de seu pai.
14. Entrevista concedida ao Serviço Nacional de Teatro (SNT), *Depoimentos I*, 1975.
15. Simon Koury, *Bastidores II*, 1994, p. 201.
16. Ibid., pp. 152-3.

5. A VIDA ESCRACHADA [pp. 79-91]

1. Em entrevista a Rodrigo Murat, *Zezé Motta*, p. 46.
2. Entrevista dada ao *Caderno do Festival Vitória Cine Vídeo*, em 2005, edição que homenageou Marco Nanini.
3. Marília Pêra e Flavio de Souza, *Vissi d'Arte: 50 anos vividos para a arte*, p. 279.
4. Ibid., p. 80.
5. Ibid.
6. Rodrigo Murat, *Zezé Motta*, p. 43.
7. TV Tamanduá, Depoimento ao programa *Estúdio Brasil*, 1997.
8. Antonieta Santos, "Marília Pêra está amando Marcus Nanini". *Intervalo*, n. 446, 20 jul. 1971.
9. Marília Pêra e Flavio de Souza, *Vissi d'Arte*, p. 118.
10. Flavio Marinho, "Marília Pêra e Marco Nanini: O doce deleite de uma carreira conjunta", *O Globo*, 19 jan. 1981; Margarida Autran, "Marco Nanini: Herdeiro dos melhores comediantes brasileiros, é a grande presença num musical americanizado", *O Globo*, 7 dez. 1976.

6. TRAGÉDIA E COMÉDIA [pp. 92-107]

1. João Lira Neto, *Maysa: Só numa multidão de amores*, p. 210.
2. "Marcos Nanini: Televisão dá oportunidade de se fazer bons trabalhos". *O Globo*, 22 jun. 1972.
3. "Enterro de Sérgio provoca histeria", *Correio da Manhã*, 21 ago. 1972.
4. Mario Prata, "Quando morreu o Almir, eu estava lá", *O Estado de S. Paulo*, 12 jan. 1994.

5. Simon Khoury, *Bastidores*, v. 16, p. 324.
6. Luciene Louzeiro, "Desgraça de uma criança, na visão de Camila", *Tribuna da Imprensa*, 30 abr. 1975, p. 10.
7. Simon Khoury, *Bastidores*, v. 16, p. 326.
8. Roberta Oliveira, "Um encontro na lua", *O Globo*, 11 nov. 1998, pp. 1-2.
9. Simon Khoury, *Bastidores II*, p. 191.
10. Yan Michalski, "O ator e a essência do homem brasileiro", em Simon Khoury, *Atrás da máscara 2*, p. 11.
11. Roberta Brasil, "Marco Nanini brilha em *A Grande Família*", *Diário do Grande ABC*, 24 maio 2003.
12. Simon Khoury, *Bastidores*, v. 16, p. 419.
13. Depoimento a Rogério Menezes, em *Bete Mendes: O cão e a rosa*.
14. Em depoimento à autora.
15. Simon Khoury, *Bastidores II*, p. 140.
16. Depoimento a Rogério Menezes, op. cit.
17. Coluna do historiador Luiz Antonio Simas. *O Dia*, 26 abr. 2014. Disponível em: <https://odia.ig.com.br/diversao/2014-04-26/luiz-antonio-simas-medicinas-cariocas.html>.
18. A música encontra-se digitalizada no acervo virtual do Instituto Tom Jobim. Disponível em: <https://www.jobim.org/jobim/handle/2010/7688>. A história da canção pode ser conferida em: <http://historiasocialpesquisa.blogspot.com/2010/10/acervo-de-tom-jobim.html>.
19. A joão barandi é uma das espécies medicinais tratadas no livro *Medicina quilombola*, de Vilson Caetano Sousa Júnior. Disponível em: <https://issuu.com/estaleiroenseada/docs/medicina_quilombola>.
20. Ricardo Araújo Pereira, *A doença, o sofrimento e a morte entram num bar*, p. 23.
21. Henri Bergson, *O riso*, p. 18.
22. Leandro Saraiva e Newton Cannito, *Manual de roteiro, ou Manuel, o primo pobre dos manuais de cinema e TV*, p. 94.
23. Simon Khoury, *Bastidores II*, p. 147.
24. Ibid.
25. Fábio Prikladnicki, "Marco Nanini: Sou mais contemplativo, gosto de olhar o céu", *Zero Hora*, 25 jul. 2015.
26. Entrevista dada ao Museu da Imagem e do Som, Projeto Depoimentos para a Posteridade, 25 abr. 2013.
27. Simon Khoury, *Bastidores*, v. 16, p. 413.
28. Id., *Bastidores II*, p. 125.

7. "QUASE INDESCASCÁVEL" [pp. 108-23]

1. "Marco Nanini: a hora de descascar o abacaxi", *O Globo*, 5 set. 1973.
2. Depoimento ao programa *Roda Viva*, da TV Cultura, 1992.

3. Em depoimento à autora.
4. Yan Michalski, "Quase indescascável", *Jornal do Brasil*, Caderno B, 5 set. 1973.
5. "Rio Show", *O Globo*, 20 set. 1973.
6. Eleazar de Carvalho, "Colunão", *Tribuna da Imprensa*, 11 set. 1973.
7. "Abacaxi, o amargo depoimento de hoje", *Jornal do Commercio*, 14 set. 1973.
8. Aldomar Conrado, "O protesto da solidão", *Diário de Notícias*, 31 ago. 1973.
9. Id., "A solidão andrógina de Marco Nanini", *Diário de Notícias*, 7 set. 1973.
10. Anamaria de Moraes, "Jovens em cena", *Jornal do Brasil*, 6 set. 1973.
11. Adalgisa Nery, *Mundos oscilantes*, p. 14.
12. Museu da Imagem e do Som, Projeto Depoimentos para a Posteridade, 25 abr. 2013.
13. Machado de Assis, *O ideal do crítico*.
14. Sábato Magaldi, "O teatro e o historiador: Interlocuções entre linguagem artística e pesquisa histórica, em Alcides Freire Ramos et al., *A história invade a cena*, pp. 83-4.
15. Artur da Távola, "*Carinhoso*: Primeiras impressões", *O Globo*, 20 jul. 1973.
16. Id., "*Carinhoso*: Plá final do elenco", *O Globo*, 23 jan. 1974.
17. "*Carinhoso* chega ao fim", *O Globo*, 18 jan. 1974.
18. Scarlet Moon e Nelson Motta, "Linhas Cruzadas", *O Globo*, 12 out. 1974.
19. Simon Khoury, *Bastidores II*, p. 198.
20. Yan Michalski, "Pippin", *Jornal do Brasil*, 21 jun. 1974.
21. Coluna "João Alberto", *Diario de Pernambuco*, 3 out. 1974.
22. Flávio Rangel, "Simples, bonito, inteligente e modesto", *O Pasquim*, ano VI, n. 264, pp. 23-9, jul. 1974.
23. Simon Khoury, *Bastidores II*, p. 199.
24. "Rio Show", *O Globo*, 22 jul. 1975; Gilberto Braga, "Pano de boca", *O Globo*, 22 jul. 1975.
25. Artur da Távola, "Do trivial variado", *O Globo*, 2 dez. 1975.
26. Simon Khoury, *Bastidores II*, p. 187.
27. Carmelinda Guimarães, "*Zoo Story*: Uma peça que decepciona", *A Tribuna*, 28 fev. 1978.
28. Jairo Arco e Flexa, "Praça da tristeza", *Veja*, 1 mar. 1978, p. 64.
29. Simon Khoury, *Bastidores II*, p. 186.
30. TV Cultura. *Roda Viva*, 1992.
31. Id.
32. *Caderno do Festival de Cinema de Vitoria*, 2005.

8. O AVESSO DO BORDADO [pp. 124-39]

1. Simon Khoury, *Bastidores II*, p. 203.
2. Tania Pacheco, "Deus lhe pague ou God bless you?", *O Globo*, 15 nov. 1976.
3. Flavio Marinho, "*Deus lhe pague*: O breque maior de Nanni", *Manchete*, 4 dez. 1976.
4. Ibid.

5. Yan Michalski, "Deus lhe pague: No mundo do faz-de-conta (ii)", *Jornal do Brasil*, 16 nov. 1976.
6. Simon Khoury, *Bastidores II*, p. 214.
7. Bravo Brasil, TVA. Depoimento ao programa *Estúdio Brasil*, em 1997.
8. Simon Khoury, *Bastidores II*, p. 212.
9. Depoimento ao jornalista Marco Rocha.
10. Simon Khoury, *Bastidores II*, p. 153.
11. Depoimento ao jornalista Marco Rocha.
12. Sábato Magaldi, *Iniciação ao teatro*, p. 24.
13. Museu da Imagem e do Som, Projeto Depoimentos para a Posteridade, 25 abr. 2013.
14. *Cadernos do Festival 5*, XII Vitória Cine Vídeo, p. 7.
15. TVA, Programa *Estúdio Brasil*, em 1997, uma espécie de *Actor's Studio* nacional (programa tradicional americano em que atores se encontram com estudantes de teatro para tirar dúvidas).
16. *Mise en scène: A artesania do artista*. Documentário disponível no Globoplay.
17. Lea Penteado, "Amor e aventura com sabor de chanchada", *O Globo*, 19 mar. 1979.
18. *Jornal Hoje*, TV Globo, 29 nov. 1986.

PARTE 3

9. LENTA, GRADUAL E SEGURA [pp. 143-60]

1. "Figueiredo pede colaboração para consolidar a democracia", *O Globo*, 2 jan. 1980.
2. O relatório final da Comissão Nacional da Verdade, publicado em 2014, reconheceu 434 mortes e desaparecimentos políticos entre 1964 e 1988, a maioria ocorrida durante o período militar. Disponível em: <http://cnv.memoriasreveladas.gov.br/index.php/outros-destaques/574-conheca-e-acesse-o-relatorio-final-da-cnv>>.
3. Lilia Moritz Schwarcz e Heloisa Starling, *Brasil: Uma biografia*, p. 470.
4. Jô Soares e Matinas Suzuki, *O livro de Jô*, p. 85.
5. Relatório do Sistema de Informações do Arquivo Nacional.
6. Yan Michalski, *Reflexões sobre o teatro brasileiro no século XX*, p. 331.
7. Jô Soares e Matinas Suzuki, *O livro do Jô*, p. 86.
8. Simon Khoury, *Bastidores II*, p. 150.
9. O espetáculo fazia parte do projeto "A arte como processo de recriação em presídios", coordenado por Maria Rita Freire Costa e Elias Andreato. Desenvolvida na Penitenciária Feminina da Capital, em São Paulo, a experiência foi interrompida depois da fuga de três presas antes de uma apresentação no Centro Cultural São Paulo. No período em que esteve ativo, o projeto realizou cinco espetáculos: *Criação coletiva* (1978), *Favor não jogar amendoim* (1979), *Cela forte mulher* (1980), *Fala só de malandragem* (1982) e *Nós de valor... Nós de fato* (1983).
10. Simon Khoury, *Bastidores II*, p. 129.
11. Ibid., p. 127.

12. Simon Khoury, *Bastidores,* v. 16, p. 361.
13. Vivian Wyler, "'A mão na luva': A modernidade de um Vianinha até agora desconhecido", *Jornal do Brasil,* 30 nov. 1984.
14. Oduvaldo Vianna Filho, *Mão na luva,* p. 127.
15. Ibid.
16. Grupo de teatro carioca que centralizou a mobilização contra o regime militar em 1964. Sua origem está no espetáculo *Opinião,* de dezembro de 1964, considerado a primeira resposta da cultura de esquerda ao golpe militar. Artistas ligados ao Centro Popular de Cultura (CPC) da UNE produziram um show dirigido por Augusto Boal, reunindo Zé Kéti, João do Vale e Nara Leão (depois substituída por Maria Bethânia). No ano seguinte, o grupo apresentou *Liberdade, liberdade,* de Millôr Fernandes e Flávio Rangel, tendo no elenco Paulo Autran, Tereza Rachel e Oduvaldo Vianna Filho. João das Neves, Ferreira Gullar, Teresa Aragão, Paulo Pontes, Pichin Plá e outros artistas se juntaram ao grupo, estruturado como empresa em 1966. Disponível em: <https://memoriasdaditadura.org.br/grupos/grupo-opiniao/>.
17. Dênis de Moraes, *Vianinha,* p. 162.
18. Joana Ribeiro da Silva Tavares, "*Mão na luva,* quando o teatro dançou. Uma preparação corporal de Klauss Vianna," p. 2. Disponível em: <www.revistas.udesc.br/index.php/urdimento/article/view/1414573101062004091/8221>.
19. Tamanduá TV, Programa *Estúdio Brasil,* 1997.
20. Oduvaldo Vianna Filho, *Mão na luva.*
21. Depoimento ao Acervo Klauss Vianna em 2007. Disponível em: <www.klaussvianna.art.br/obra_detalhes.asp?id_evento=292#[shoulDer]2938>.
22. Joana Ribeiro, "*Mão na luva,* quando o teatro dançou", p. 93.
23. Vivian Wyler, "'A mão na luva': A modernidade de um Vianinha ate agora desconhecido", *Jornal do Brasil,* 30 nov. 1984.
24. Edla van Steen e José Eduardo Vendramini (Orgs.), *Amor ao teatro: Sábato Magaldi.*
25. O Teatro do Oprimido consistia em uma série de técnicas e jogos teatrais inspirados em Paulo Freire que democratizava a produção e o acesso ao teatro.
26. Cláudia de Arruda Campos, "Certo Augusto Boal", *Literatura e sociedade,* São Paulo, Universidade de São Paulo, n. 15, p. 158, 2011. Disponível em: <www.revistas.usp.br/ls/article/download/64552/67197/85308>.
27. "*O corsário do rei*: O musical da Nova República", *Fatos,* 23 set. 1985, p. 37.
28. Lucia Rito, "O musical do ano", *Jornal do Brasil,* 4 ago. 1985.
29. Flavio Marinho, "Espetáculo com sabor de matinê", *O Globo,* 22 set. 1985.
30. *Jornal do Brasil,* 29 set. 1985.
31. "O corsário do rei", *Jornal do Brasil,* 2 out. 1985.
32. Augusto Boal, *Hamlet e o filho do padeiro,* 2014.
33. Clara de Andrade, "O corsário do rei e o eterno exílio de Augusto Boal". VI Reunião Científica da Abrace, Porto Alegre, 2011.
34. Isa Pessoa, "Caso Corsário: sobe a temperatura do debate", *O Globo,* 16 out. 1985. "O corsário se defende", *Jornal do Brasil,* 6 out. 1985.

10. DOCE DELEITE [pp. 161-73]

1. Marília Pêra, *Cartas a uma jovem atriz*, p. 155.
2. Teresa Cristina Rodrigues, "Marília Pêra: Depois da queda, outra vez inteira e vibrante", *O Globo*, 9 fev. 1981.
3. Leonor Amarante, "Doce Deleite com sabor de alegria", *O Estado de S. Paulo*, 5 mar. 1982.
4. Pontifícia Universidade Católica do Rio de Janeiro.
5. Teresa Cristina Rodrigues, "Marília Pêra: Depois da queda, outra vez inteira e vibrante", *O Globo*, 9 fev. 1981.
6. Flavio Marinho, "A volta de *Doce deleite*", *O Globo*, 28 jun. 1981.
7. Macksen partia do espetáculo *As 1001 encarnações de Pompeu Loredo*, dirigido por Jorge Fernando, que fazia sucesso na cidade, mas acabou batizando um gênero, que teve como precursor o espetáculo *Quem tem medo de Itália Fausta?*, de 1979, na qual os atores Miguel Magno e Ricardo de Almeida, travestidos, faziam esquetes sobre o próprio teatro.
8. Flavio Marinho, *Quem tem medo de besteirol? A história de um movimento teatral carioca*, p. 12.
9. Ibid., p. 52.
10. Wilson Cunha, "Verdadeiro deleite", *Manchete*, 14 fev. 1981.
11. Yan Michalski, "1981: Um teatro dissociado da realidade", *Jornal do Brasil*, 23 dez. 1981.
12. Ibid.
13. Humorista, radialista e roteirista, é tido como o padrinho de Jô Soares na TV.
14. José da Silva Aranha, *Teatrologia*, p. 72.
15. Flavio Marinho, "Nunca se fez tanto teatro no Rio como em 1980", *O Globo*, 30 dez. 1981.
16. Simon Khoury, *Bastidores II*, p. 182.
17. "Marco Nanini está adorando Ney Latorraca", *Amiga TV Tudo*, 27 fev. 1985.
18. Em depoimento ao jornalista Marco Rocha.
19. "Mulher sensual", *Amiga TV Tudo*, 3 jul. 1985.
20. "Latorraca, Nanini e Antonio Pedro vão tirar os vestidos", *Amiga TV Tudo*, 26 jun. 1985.
21. *Amiga TV Tudo*, 15 maio 1985.
22. Rozane Oliveira, "TV Globo tira os vestidos de Ney Latorraca, Marco Nanini e Antonio Pedro", *Veja*, 19 jun. 1985.

11. O MISTÉRIO DE IRMA VAP [pp. 174-91]

1. Lucia Rito, *Ney Latorraca: Em muito além do script*, p. 21.
2. Marília Pêra e Flavio de Souza, *Vissi d'Arte*, p. 352.
3. Em depoimento ao jornalista Marco Rocha.
4. Elizabeth Orisini, "Um adepto do estilo transado", *Jornal do Brasil*, 17 maio 1986.
5. Em depoimento a Simon Khoury, *Bastidores II*, p. 183.

6. Lucia Rito, *Ney Latorraca: Em muito além do script*, p. 26.
7. Carlos Alberto Mattos, *Carla Camurati: Luz natural*, p. 151.
8. Lucia Rito, *Ney Latorraca: Em muito além do script*, p. 25.
9. Em depoimento à autora.
10. Em agosto de 1987, um navio ameaçado pela polícia despejou no litoral brasileiro 22 toneladas de maconha acondicionadas em latas parecidas com as de leite em pó. As latas boiaram e começaram a aparecer nos litorais fluminense e paulista, indo até as praias do Rio Grande do Sul.
11. Ângela Pimenta, "Campeões de bilheteria batem recorde no palco", *O Estado de S. Paulo*, 15 maio 1991.
12. Eliane Lobato, "Bons amigos para sempre", *O Globo*, 12 jan. 1990.
13. Em depoimento ao jornalista Marco Rocha.
14. Id.
15. *Estúdio Brasil*, 1997. Disponível em: <https://tamandua.tv.br/filme/?name=marco_nanini>.
16. Em depoimento ao jornalista Marco Rocha.
17. Teté Ribeiro, "Marco Nanini fala sobre carreira e relações conturbadas com atores", *Folha de S.Paulo*, Serafina, 15 maio 2018.
18. Marília Pêra e Flavio de Souza, *Vissi d'Arte*, p. 280.

12. UM CASO DE AMOR COM A MÁQUINA [pp. 192-211]

1. Infelizmente não foi possível fazer uma entrevista com Oswaldina Motta, dada a sua idade e seu estado de saúde, e porque o livro foi escrito durante a pandemia de covid-19, antes que as vacinas estivessem à disposição dos brasileiros.
2. Rodrigo Murat, *Zezé Motta*, p. 110.
3. Selton Mello e Marcos Nanini, programa *Tarja Preta*, do Canal Brasil. Disponível em: <www.youtube.com/watch?v=To3GS4yw9j4>.
4. Tania Carvalho, *Ney Latorraca*, p. 65.
5. Museu da Imagem e do Som, Projeto Depoimentos para a Posteridade, 25 abr. 2013.
6. Carlos Alberto Mattos, *Carla Camurati*, p. 65.
7. Museu da Imagem e do Som, Projeto Depoimentos para a Posteridade, 8 maio 1995.
8. Ana Claudia Souza, "Parceria que bateu recordes", *Jornal do Brasil*, 20 nov. 1993, p. 9.
9. Museu da Imagem e do Som, Projeto Depoimentos para a Posteridade, 8 maio 1995.
10. "Especial 25 anos: *Carlota Joaquina, princesa do Brazil*", *Papo de Cinema*, 31 ago. 2020.
11. *Manchete*, 21 jan. 1995, p. 74.
12. Eduardo Souza Lima, "O testamento da rainha louca", *O Globo*, 6 jan. 1995.
13. Hugo Sukman, "Opção duvidosa num filme icônico", *Jornal do Brasil*, 22 dez. 1994.
14. Jaime Biaggio, "Garro e deboche sem foco", *Tribuna da Imprensa*, 6 jan. 1995.
15. Marcelo Coelho, "*Carlota Joaquina* debocha da história", *Folha de S.Paulo*, 15 fev. 1995.
16. Celina Cortes, "Regente na berlinda", *Jornal do Brasil*, 18 jan. 1995.
17. TV Tamanduá, depoimento ao programa *Brasil Estúdio*, 1997.

18. João Silvério Trevisan, *Pai, pai*, pp. 145-7.
19. Em depoimento à autora.
20. Marco Nanini e Selton Mello, Programa *Tarja Preta*, op. cit.
21. Em depoimento ao jornalista Marco Rocha.
22. Disponível em: <https://www.youtube.com/watch?v=MwPsttZDntE>.
23. Id.
24. "Grande encontro do elenco de *O auto da Compadecida*", programa *Cinejornal*, reencontro do elenco vinte anos depois. Canal Brasil, 17 maio 2021. Disponível em: <https://www.youtube.com/watch?v=gLq2iCmx308>.
25. Em depoimento ao jornalista Marco Rocha.
26. Em depoimento à autora.
27. "Grande encontro do elenco de *O auto da Compadecida*", *Cinejornal*, op. cit.
28. Canal Brasil, *Cinejornal*, entrevista à Simone Zucolotto, 4 maio 2020. Disponível em <www.youtube.com/watch?v=Hy7zgAue8Bc>.

13. SOMOS TÃO JOVENS [pp. 212-29]

1. Acervo pessoal de Marco Nanini.
2. TV Tamanduá, *Estúdio Brasil*, 1997.
3. Marcus de Barros Pinto, "Guel Arraes tira a TV da rotina", *Jornal do Brasil*, 27 abr. 1995.
4. Marcelo Migliaccio, "O jogo vai começar", *O Globo*, Revista da TV, 23 abr. 1995, p. 2.
5. Monica Soares, "Sem contra-indicações, *Jornal do Brasil*, 3 maio 1998.
6. Em depoimento a autora.
7. Em depoimento ao jornalista Marco Rocha.
8. Chris Fuscaldo, *Discobiografia legionária*, p. 85.
9. Bia Abramo, "Renato Russo exorciza paixão em disco solo, *Folha de S.Paulo*, 24 jun. 1994.
10. Ibid.
11. Deborah Berman, "Renato Russo assume total", *Manchete*, 16 jul. 1994.
12. Chris Fuscaldo, Discobiografia legionária, p. 93.
13. "O adeus a Renato Russo", *Jornal do Brasil*, 13 out. 1996, p. 36.
14. Dados do *Jornal do Brasil* apud João Silvério Trevisan, *Devassos no paraíso*.
15. "A hora da verdade", *Jornal do Brasil*, 20 maio 1990.
16. "Brasil, mostra a tua cara: Brasil, não há aviso mais salutar de um vivo para outros vivos que este: o tempo não para. Triste do país e do tempo que precisam de heróis. A revista *Veja* quer que se veja Cazuza como uma vítima, mas Cazuza não é uma vítima; por sua coragem, por sua generosidade, por sua poesia, todas as forças vivas do Brasil reconhecem nele um herói de nosso tempo. Porta-voz da 'síndrome da antiética adquirida', *Veja* nos oferece um triste espetáculo de morbidez, vulgaridade e sensacionalismo sobre Cazuza. Com arrogância e autoritarismo, *Veja* e outros 'sócios do Brasil' tentaram parar o tempo, mas o Brasil e Cazuza sabem que o tempo não para. O que Cazuza diz está dito e bendito, bendito ele entre os malditos, e deve ser ouvido com atenção por todos nós. A indignação de Cazuza não é solitária: é também nossa." *O Estado de S. Paulo*, 30 abr. 1989.

14. A GRANDE FAMÍLIA [pp. 230-54]

1. Os "Casos Especiais" eram a adaptação de textos clássicos para o contexto brasileiro, como: *Medeia*, de Eurípedes, *Ratos e homens*, de John Steinbeck, *Noites brancas*, de Dostoiévski, *A dama das camélias*, de Alexandre Dumas, entre outros. Com episódios escritos por Vianinha, o programa contribuiu muito para a solidificação de uma teledramaturgia brasileira.

2. Na década de 1960, foram produzidas sitcoms sobre a família ideal, o estilo de vida americano e o mundo da ficção científica, porém, nos anos 1970, esse quadro mudou. Com a geração hippie, a guerra do Vietnã e os altos índices de criminalidade, surgiram sitcoms retratando questões sociais, políticas e familiares; dentre elas, podemos citar *All in the Family* (Tudo em Família), seriado televisivo que influenciou *A Grande Família* (Cf. Fernanda Furquim, *Sitcom: Definição & história*).

3. Dênis de Moraes, *Vianinha*, p. 237.

4. Ibid.

5. Ibid., pp. 235-6.

6. Entrevista a Luiz Werneck Vianna. *Opinião*, 29 jul. 1974.

7. Sandra de Cassia Araújo Pelegrini, "A teledramaturgia de Oduvaldo Vianna Filho: Da tragédia ao humor, a utopia da politização do cotidiano", *Diálogos*, Maringá, v. 5, n. 1, pp. 251-4, 2001. Disponível em: <https://periodicos.uem.br/ojs/index.php/Dialogos/article/view/37720>.

8. Dênis de Moraes, *Vianinha*, p. 243.

9. Para a historiadora Sandra Pelegrini, a disposição de refletir sobre as questões mais urgentes da sociedade brasileira e de problematizar as vivências das pessoas comuns através da dramaturgia, cultivada desde os tempos do teatro universitário, nos anos 1950, e culminando em *A Grande Família*, nos anos 1970, acabou sendo uma tônica do trabalho desenvolvido por Vianinha na televisão: "A teledramaturgia seria interpretada [por ele] como uma modalidade de trabalho privilegiada, uma alternativa para driblar a censura que cerceava as atividades teatrais e de abrir novas possibilidades de popularização para sua arte" (Sandra de Cassia Araújo Pelegrini, "A teledramaturgia de Oduvaldo Vianna Filho...", p. 252).

10. Dênis de Moraes, *Vianinha*, p. 240.

11. Ibid., p. 244.

12. Nos acervos da Memória Globo, a versão para o fim de *A Grande Família* é que a morte de Vianinha abalou a equipe que fazia a série, e que o amigo que o substituiu na escrita, o dramaturgo Paulo Pontes, não deu continuidade ao trabalho. Há ainda a versão de que o mesmo estúdio não conseguia acomodar a gravação da novela das seis e de *A Grande Família* simultaneamente. Na autobiografia de Boni (*O livro do Boni*), ele não comenta o fim da série. Apenas menciona em duas linhas, com um erro de data, que "em 1974, quando o Oduvaldo Vianna Filho e o Armando Costa assumiram a redação, foi adicionado conteúdo social e político ao programa".

13. Dênis de Moraes, *Vianinha*, p. 249.

14. Depoimento ao projeto Memória Globo. Disponível em: <https://memoriaglobo.globo.com/entretenimento/humor/a-grande-familia-2a-versao/>.

15. Patricia Kogut, "A ordem dos nomes". Coluna Controle Remoto, *O Globo*, 1 fev. 2001.

16. Depoimento ao projeto Memória Globo. Disponível em: <https://memoriaglobo.globo.com/entretenimento/humor/a-grande-familia-2a-versao/>.

17. Trecho retirado do episódio "Consciência é fogo", 31 maio 2001, Memória Globo.

18. Depoimento ao filme *Mise en scène: A artesania do artista*. Disponível em: <https://globoplay.globo.com/v/9568986/?s=0s>.

19. Renata Gallo, "Adoro quando o Lineu pira", *O Estado de S. Paulo*, 8 jun. 2003.

20. "Sexo na Grande Família", *Tribuna da Imprensa*, 25 jun. 2003.

21 Museu da Imagem e do Som, Projeto Depoimentos para a Posteridade, 25 abr. 2013.

22. Renata Gallo, "Adoro quando o Lineu pira", *O Estado de S. Paulo*, 8 jun. 2003, p. 186.

23. Fábio Prikladnick, "Marco Nanini: 'Sou mais contemplativo, gosto de olhar o céu'", *Zero Hora*, 25 jul 2015.

24. Em depoimento ao jornalista Marco Rocha.

25. Trecho do episódio exibido em 11 set. 2014. Disponível em: <https://globoplay.globo.com/v/3624550/>.

15. UM HOMEM EM CIMA DE UM PALCO PENSANDO [pp. 255-78]

1. Roberta Oliveira e Marília Sampaio, "Rir ainda é o melhor remédio", *Jornal do Brasil*, Caderno B, 10 jun. 1997.

2. Mauro Rasi, "As tias das vans", *O Globo*, 21 fev. 2000; "O poderoso chefinho", *O Globo*, 17 abr. 2000; "Susana, Arlete, Zezé, Renata... e Guta!", *O Globo*, 11 set. 2000.

3. Barbara Heliodora, "Festa crítica celebrada nos detalhes", *O Globo*, 19 ago. 1996.

4. Cláudio Cordovil, "O fim da 'casa da liberdade'", *Jornal do Brasil*, 11 abr. 1997.

5. Roberta Oliveira, "Peça de Molière ressurge das cinzas", *Jornal do Brasil*, 28 abr. 1997.

6. Id., "Molière nos escombros da casa ameaçada", *Jornal do Brasil*, 30 abr. 1997.

7. Trecho da peça *Uma noite na lua*, de João Falcão.

8. Museu da Imagem e do Som, Projeto Depoimentos para a Posteridade, 25 abr. 2013.

9. Roberta Oliveira, "Ruídos no caminho até a última fila do teatro", *O Globo*, 11 jul. 1999.

10. Helena Aragão, "Artistas fazem reivindicações a Gilberto Gil", *Jornal do Brasil*, 3 jul. 2004.

11. Barbara Heliodora, "Uma obra prima encenada como uma obra plástica", *O Globo*, 23 nov. 2000.

12. Macksen Luiz, "Edward Albee por João Falcão", *Jornal do Brasil*, 17 nov. 2000.

13. Museu da Imagem e do Som, Projeto Depoimentos para a Posteridade, 25 abr. 2013.

14. Nicky Silver, *Pterodátilos*. Tradução de Érica e Úrsula Migon. Adaptação de Felipe Hirsch (cf. <https://vdocuments.com.br/textopterodatilosnickysilver.html>).

15. "Marieta e Nanini juntos de novo no palco", *O Estado de S. Paulo*, 4 mar. 2002.

16. Arnaldo Bloch, "Feitos um para o outro", *O Globo*, 2 ago. 2004.

17. Em depoimento ao jornalista Marco Rocha.

18. Macksen Luiz, "Gerald com humor", *Jornal do Brasil*, 15 ago. 2005.

19. Sergio Salvia Coelho, "Nanini ilumina angústia de Gerald Thomas", *Folha de S.Paulo*, Ilustrada, 7 maio 2005.
20. Adriana Maciel (Org.), *Um circo de rins e fígado*, p. 374.
21. Cristina Tortáguila, "Arrasa quarteirão", *O Globo*, 2 maio 2012.
22. Em depoimento à autora.
23. Cleo Guimarães, "Marco Nanini: 'A cultura nunca foi tão maltratada como agora'", *Veja-Rio*, 19 mar. 2021.
24. Armando Antenore, "'Sou fumante por causa de um personagem', conta Marco Nanini", *Bravo!*, nov. 2011.
25. Cleo Guimaraes, "Marco Nanini: 'A cultura nunca foi tao maltratada como agora'". *Veja-Rio*, 19 mar. 2021.
26. Cerimônia de abertura do Prêmio APTR 2016, em homenagem a Marco Nanini.

EPÍLOGO — "O TEATRO É A ARTE DA MORTE" [pp. 279-90]

1. Gustavo Fioratti, "Nanini chega aos 70 estranhando geração que 'vive no celular'", *Folha de S.Paulo*, 13 jun. 2018.
2. No jargão televisivo, pontar um texto significa ditar o texto que o ator deve dizer em um ponto eletrônico escondido no ouvido de quem está em cena. O "ponto" é um ofício geralmente cumprido por profissionais que ficam numa cabine próxima do set de filmagem.
3. Maria Fortuna, "Bolha da solidão", *O Globo*, 17 nov. 2020.
4. Esse material será publicado pelos filhos de Camila, Rafaela e Rodrigo Amado, que gentilmente cederam os trechos citados neste livro.
5. Simon Khoury, *Bastidores II*, p. 219.
6. Ibid., p. 221; Ferdy Carneiro, "Cristo hoje", *O Pasquim*, 15 abr. 1982.

Referências bibliográficas

AGUIAR, José Vicente de Souza. *Manaus: Praça, café, colégio e cinema nos anos 1950 e 1960*. Manaus: Valer, 2020.

ALENCAR, Mauro. *A Hollywood brasileira: Panorama da telenovela no Brasil*. Rio de Janeiro: Senac Rio, 2002.

AMARAL, Maria Adelaide. *Dercy: De cabo a rabo*. São Paulo: Globo Livros, 2011.

ANDRADE, Clara de; LIGIÉRO, Zeca. "O corsário do rei e o eterno exílio de Boal". *Anais Abrace*, v. 12, n. 1, 2011.

ARANHA, José da Silva. *Teatrologia: Guia de assuntos cênicos; noções fundamentais para quem quiser ser artista de teatro e de cinema. Pequena história universal do teatro correlata com a do Brasil*. Rio de Janeiro: O Construtor, 1949.

ARAP, Fauzi. *Pano de boca*. São Paulo: Sesi-SP, 2015.

ASSIS, Machado de. *O ideal do crítico*. Rio de Janeiro: José Olympio, 2008. Coleção Sabor Literário.

BANDEIRA, Manuel. *Libertinagem & Estrela da manhã*. Rio de Janeiro: Nova Fronteira, 2005.

BENJAMIN, Walter. *Rua de mão única: Infância berlinense: 1900*. Trad. de Rubens Rodrigues Torres Filho e José Carlos Martins Barbosa. São Paulo: Brasiliense, 2012. Coleção Obras Escolhidas, v. 2.

BERGSON, Henri. *O riso: Ensaio sobre a significação do cômico*. Trad. de Nathanael C. Caixeiro. Rio de Janeiro: Zahar, 1983.

BOAL, Augusto. *Hamlet e o filho do padeiro: Memórias imaginadas*. São Paulo: Cosac & Naify, 2014.

BONI, José Bonifácio O. Sobrinho. *O livro do Boni*. Rio de Janeiro: Casa da Palavra, 2011.

BOURDIEU, Pierre. "A ilusão biográfica". In: FERREIRA, Marieta de Moraes; AMADO, Janaina; PORTELLI, Alessandro. *Usos & abusos da história oral*. Rio de Janeiro: Editora FGV, 2006. pp. 183-91.

BOSI, Ecléa. *Memórias e sociedade*. São Paulo: Companhia das Letras, 1994.

CARVALHO, Tania. *Ney Latorraca: Uma celebração*. São Paulo: Inesp, 2004. Coleção Aplauso.

CASTRO, Ruy. *A noite do meu bem: A história e as histórias do samba-canção*. São Paulo: Companhia das Letras, 2015.

DEPOIMENTOS I: *Afonso Stuart, Iracema de Alencar, Luiza Nazareth, Olavo de Barros, Procópio Ferreira, Sadi Cabral, Vasco Leitão da Cunha*. Rio de Janeiro: MEC, Serviço Nacional de Teatro, Funarte, 1976. Coleção Documentos.

DIDIER, Carlos; MÁXIMO, João. *Noel Rosa: Uma biografia*. Brasília: Editora da UnB, 1990.

DINES, Alberto et al. *Os idos de março e a queda em abril*. Rio de Janeiro: José Alvaro Editora, 1964.

EAGLETON, Terry. *Humor: O papel fundamental do riso na cultura*. Trad. de Alessandra Bonrruquer. Rio de Janeiro: Record, 2020.

ELLMANN, Richard. *Oscar Wilde*. Trad. de José Antonio Arantes. São Paulo: Companhia das Letras, 1988.

FELINTO, Marilene. *As mulheres de Tijucopapo*. São Paulo: Ubu, 2021.

FILHO, Daniel; BARBOSA, Maria Carmem. *Antes que me esqueçam*. Rio de Janeiro: Guanabara, 1988.

_____. *O circo eletrônico: Fazendo TV no Brasil*. Entrevistas do autor concedidas a Sérgio Luiz e Luiz Carlos Maciel. Estabelecimento do texto Luiz Carlos Maciel, Daniel Filho e Mariana Zahar. Rio de Janeiro: Zahar, 2001.

FURQUIM, Fernanda. *Sitcom: Definição & história*. Trad. de Fernando Cabral Martins. Porto Alegre: FCF, 1999.

FUSCALDO, Chris. *Discobiografia legionária*. São Paulo: Leya, 2016.

GROTOWSKI, Jerzy. *Em busca do teatro pobre*. Trad. de Aldemar Conrado. Rio de Janeiro: Civilização Brasileira, 1992.

KHOURY, Simon. *Atrás da máscara 2: Segredos pessoais e profissionais de grandes atores brasileiros*. Rio de Janeiro: Civilização Brasileira, 1983.

_____. *Bastidores II: Entrevistas a Simon Khoury*. Rio de Janeiro: Leviatã, 1994. Coleção Bastidores.

_____. *Bastidores: Entrevistas a Simon Khoury*. v. 16. Rio de Janeiro: Letras e Expressões, 2016.

LEBERT, Nilu. *Sérgio Viotti: O cavaleiro das artes*. São Paulo: Imprensa Oficial, 2004. Coleção Aplauso — Perfil.

LIRA NETO, João. *Maysa: Só numa multidão de amores*. São Paulo: Companhia das Letras, 2017.

LOBO, Narciso. *A tônica da descontinuidade: Cinema e política em Manaus na década de 60*. Manaus: UA, 1994.

MACIEL, Adriana (Org.). *Um circo de rins e fígado*. São Paulo: Sesc, 2019.

MAGALDI, Sábato. *Iniciação ao teatro*. São Paulo: São Paulo Editora S.A., 1965. Coleção Buriti 1.

_____. *Panorama do teatro brasileiro*. São Paulo: Global, 2004.

MARIA, Julio. *Ney Matogrosso: A biografia*. São Paulo: Companhia das Letras, 2021.

MALLMANN, Max. *A Grande Família: O livro*. Rio de Janeiro: Casa da Palavra, 2015.
MARINHO, Flavio. *Quem tem medo de besteirol? A história de um movimento teatral carioca*. Rio de Janeiro: Relume Dumará; Prefeitura Municipal da Cidade do Rio de Janeiro, 2004.
MATOGROSSO, Ney. *Vira-lata de raça*. São Paulo: Tordesilhas, 2018.
MATTOS, Carlos Alberto. *Carla Camurati: Luz natural*. São Paulo: Inesp, 2005. Coleção Aplauso.
MELLO, Thiago de. *Manaus: Amor e memória*. Manaus: Philobiblion, 1984.
MENEZES, Rogério. *Ary Fontoura: Entre rios e janeiros*. São Paulo: Imprensa Oficial, 2006. Coleção Aplauso — Perfil.
_____. *Bete Mendes: O cão e a rosa*. São Paulo: Imprensa Oficial, 2001. Coleção Aplauso — Perfil.
MICHALSKI, Yan. *O palco amordaçado: 15 anos de censura teatral no Brasil*. Rio de Janeiro: Avenir, 1979. Coleção Depoimentos, v. 13.
_____. *Reflexões sobre o teatro brasileiro no século XX*. Org. de Fernando Peixoto. Rio de Janeiro: Funarte, 2004.
MONTENEGRO, Fernanda. *Prólogo, ato, epílogo: Memórias*. 1. ed. Com colab. de Marta Góes. São Paulo: Companhia das Letras, 2019.
MONTEIRO, Denilson. *Dez, nota dez! Eu sou Carlos Imperial*. São Paulo: Planeta, 2015.
MORAES, Dênis de. *Vianinha: Cúmplice da paixão*. Rio de Janeiro: Record, 2000.
MURAT, Rodrigo. *Zezé Motta: Muito prazer*. São Paulo: Imprensa Oficial, 2005. Coleção Aplauso — Perfil.
NERY, Adalgisa. *Mundos oscilantes: Poesia reunida*. Rio de Janeiro: José Olympio, 1962.
OLIVEIRA, Domingos de. *Vida minha: Autobiografia*. Rio de Janeiro: Record, 2014.
PÊRA, Marília. *Cartas a uma jovem atriz: Disciplina, criatividade e bom humor*. Rio de Janeiro: Elsevier, 2008.
_____; SOUZA, Flavio de. *Vissi d'Arte: 50 anos vividos para a arte*. São Paulo: Escrituras, 1999.
PEREIRA, Hamilton Vaz. *Trate-me Leão*. Rio de Janeiro: Objetiva, 2004.
PEREIRA, Ricardo Araújo. *A doença, o sofrimento e a morte entram num bar: Uma espécie de manual de escrita humorística*. Rio de Janeiro: Tinta da China Brasil, 2017.
PRADO, Décio de Almeida. *O teatro brasileiro moderno*. Org. de J. Guinsburg. São Paulo: Perspectiva, 2009. Coleção Debates.
RABETTI, Beti. *Teatro e comicidades 3: Facécias, faceirices e divertimento*. Rio de Janeiro: 7Letras, 2010.
RAMOS, Alcides Freire; PEIXOTO, Fernando; PATRIOTA, Rosangela (Orgs.). *A história invade a cena*. São Paulo: Hucitec, 2008.
RATTO, Gianni. *A mochila do mascate*. São Paulo: Hucitec, 1996.
REIS, Angela de Castro. "Contribuições do circo e da revista ao teatro de declamação brasileiro dos anos 40 e 50: Afonso Stuart na companhia Eva e seus artistas". In: RABETTI, Beti (Org.). *Teatro e comicidade 3: Facécias, faceirices e divertimento*. Rio de Janeiro: 7Letras, 2010.
RIDENTI, Marcelo. *Em busca do povo brasileiro*. Rio de Janeiro: Record, 2000.
RITO, Lucia. *Ney Latorraca em: Muito além do script*. São Paulo: Globo, 1999.
SANTOS, Joaquim Ferreira dos. *Feliz 1958: O ano que não devia terminar*. Rio de Janeiro: Record, 1998.

SARAIVA, Leandro; CANNITO, Newton. *O manual de roteiro, ou Manuel, o primo pobre dos manuais de cinema e TV*. São Paulo: Conrad, 2004.

SERGIO, Renato. *Bráulio Pedroso: Audácia inovadora*. São Paulo: Imprensa Oficial, 2010. Coleção Aplauso — Perfil.

SOARES, Jô; SUSUKI, Matinas. *O livro de Jô: Uma autobiografia desautorizada*. São Paulo: Companhia das Letras, 2017.

STUART, Afonso. *Depoimentos I*. Rio de Janeiro: MEC; Serviço Nacional de Teatro; Funarte, 1976. Coleção Documentos, v. I.

SCHWARCZ, Lilia Moritz; STARLING, Heloisa Murgel. *Brasil: Uma biografia*. São Paulo: Companhia das Letras, 2015.

TREVISAN, João Silvério. *Pai, pai*. Rio de Janeiro: Alfaguara, 2017.

_____. *Devassos no Paraíso: A homossexualidade no Brasil, da colônia à atualidade*. 4. ed. rev., atual. e ampl. Rio de Janeiro: Objetiva, 2018.

VAN STEEN, Edla; VENDRAMINI, José Eduardo (Orgs.). *Amor ao teatro: Sábato Magaldi*. São Paulo: Sesc, 2016. Coleção Críticas.

VAZ, Toninho. *Solar da Fossa*. Rio de Janeiro: Casa da Palavra, 2011.

VERNANT, Jean Pierre; NAQUET, Pierre Vidal. *Mito e tragédia na Grécia Antiga*. São Paulo: Perspectiva, 2014. Coleção Estudos, n. 163.

VIANNA FILHO, Oduvaldo. "Mão na luva". In: MICHALSKI, Yan (Org.). *O melhor do teatro de Oduvaldo Vianna Filho*. São Paulo: Global, 1984.

WILDE, Oscar. *De Profundis e outros escritos do cárcere*. Org. de Oscar Fingal O'Flahertie. Trad. de Júlia Tettamanzy e Maria Angela Saldanha Vieira de Aguiar. Porto Alegre: L&PM, 2006.

TESES E ARTIGOS ACADÊMICOS

CAMPOS, Cláudia de Arruda. "Certo Augusto Boal". *Literatura e Sociedade*, v.16, n. 15, pp. 144-59, 2011. Disponível em: <www.revistas.usp.br/ls/article/download/64552/67197/85308>.

CARNEIRO FILHO, Carlos Eduardo Silva. *Gianni Ratto: Artesão do teatro*. Dissertação de mestrado em Artes Cênicas. São Paulo: USP, Escola de Comunicação e Artes, 2007. Disponível em: <www.teses.usp.br/teses/disponiveis/27/27139/tde-05072009-195421/publico/405700.pdf>.

FALCÃO, Letícia Fonseca. "Sábato Magaldi: Do princípio da crítica à crítica como princípio". Trabalho apresentado ao XX Encontro Regional de História, História em Tempos de Crise. Belo Horizonte: ANPUH-MG, 2016. Disponível em: <http://encontro2016.mg.anpuh.org/resources/anais/44/1469223391_ARQUIVO_Leticia1.pdf>.

SIQUEIRA, Armando Augusto. "O U.S.O. Club chega ao Recife: Aspectos da presença norte-americana no Brasil durante a Segunda Guerra Mundial". *Navigator*, Rio de Janeiro, v. 16, n. 32, pp. 102-18, 2020. Disponível em: <https://www.revistanavigator.com.br/navg32/dossie/N32_dossie7.pdf>

TAVARES, Joana Ribeiro da S. *Klauss Vianna: Do coreógrafo ao diretor de movimento. Historiografia da preparação corporal no teatro brasileiro*. Tese de doutorado. Rio de Janeiro: Uerj, Programa de Pós-Graduação em Teatro, 2007.

TEIXEIRA, Wagner da Silva. *Educação em tempos de luta: História dos movimentos de educação e cultura popular, 1958-1964*. Tese de doutorado. Niterói: UFF, Programa de Pós-Graduação em História, 2008. Disponível em: <www.historia.uff.br/stricto/teses/Tese-2008_TEIXEIRA_Wagner_da_Silva-S.pdf>.

VITORINO, Catarina. "Uma viagem aos meandros do inferno verde: Planos discursivos da campanha publicitária do Hotel Amazonas na revista *O Cruzeiro*, 1950-1951". *PragMATIZES, Revista Latino-Americana de Estudos em Cultura*, Niterói, ano 10, n. 19, pp. 298-323, set. 2020. Disponível em: <hhttps://periodicos.uff.br/pragmatizes/article/view/40673/24699>.

ZAIDAN, Simone Mello. *O tempo em cena: Experimentação dramatúrgica em* Mão na luva, *de Oduvaldo Vianna Filho*. Dissertação de mestrado. São Paulo: USP, Programa de Pós-Graduação em Artes Cênicas da Escola de Comunicação e Artes, 2011. Disponível em: <https://teses.usp.br/teses/disponiveis/27/27156/tde-02062011-144345/publico/MestradoMaoNaLuva_SIMONE_MELLO_ZAIDAN_final_reduzido.pdf>.

Créditos das imagens

Todos os esforços foram feitos para reconhecer os direitos autorais das imagens. A editora agradece qualquer informação relativa à autoria, titularidade e/ou outros dados, se comprometendo a incluí-los em edições futuras.

pp. 1 a 3, 4 (acima e abaixo, à esquerda), 5 (abaixo, à esquerda), 6 (abaixo), 7 (acima), 8 (abaixo, à esquerda), 9 (acima), 10 (acima e abaixo), 11 (acima), 14 (acima e abaixo, à direita) e 15 (acima): acervo pessoal Marco Nanini
p. 4 (abaixo, à direita): Diário da Noite/ DA Press
pp. 5 (acima) e 8 (acima): TV Globo/ Cedoc
p. 5 (abaixo, à direita): Leo Aversa/ Agência O Globo
p. 6 (acima): Antonio Nery/ Agência O Globo
p. 7 (ao centro): Acervo Jô Soares
p. 7 (abaixo): Sérgio Zalis
p. 8 (abaixo, à direita): Fabio Seixo/ Agência O Globo
p. 9 (abaixo): Flavio Colker
pp. 10 (ao centro), 12 (acima) e 14 (abaixo, à esquerda): Ana Branco/ Agência O Globo
p. 11 (ao centro): Copacabana Filmes
p. 11 (abaixo, à esquerda): Zeca Fonseca/ Agência O Globo
p. 11 (abaixo, à direita): Fernando Quevedo/ Agência O Globo
pp. 12 (abaixo) e 13 (acima): Globo Filmes
p. 13 (abaixo): Marcos Issa/ Agência O Globo
p. 15 (abaixo): Carnaval Filmes
p. 16: Guito Moreto/ Agência O Globo

Índice remissivo

"1981: Um teatro dissociado da realidade" (Michalski), 167

Abreu, Silvio de, 205
Adolpho Bloch, teatro, 116
Aguiar, Sindoval, 205
aids, 227-8
Albano, João, 134
Albee, Edward, 121, 265
Albuquerque, Cao, 201
Ali, Muhammad, 130
"alienista, O" (Machado de Assis), 195, 216
Almeida Prado, Décio de, 113
Almeida, Araci de, 25
Almir Pernambuquinho (futebolista), 96
"Alucinação" (canção), 278
Alves & Cia. (Queirós), 206
Alves, Ataulfo, 40
Alves, Geraldo, 145, 148
Amado, Camila, 17-8, 83, 97-9, 101, 103, 107, 109, 116, 148, 184, 214, 219, 275, 282, 284-8
    sobre Nanini, 286

Amado, Jorge, 217
Amado, Rafaela, 282
Amiga (revista), 170, 172
Amor & Cia (filme), 206
Andando nas Nuvens (novela), 262
Andrade, Clara de, 158
Andrade, Jorge, 231
Andrade, Mário de, 195, 216
Andrade, Oswald de, 58
Angela Maria, 38, 40
Anjos da noite (filme), 193
Ankito, 40
Antenore, Armando, 277
Antígona (Sófocles), 54
Antonio Pedro, 17-8, 71, 77-8, 85-7, 98, 100, 109, 112, 120, 171, 281
Anysio, Chico, 45
Apareceu a Margarida (Athayde), 112
Apolônio Brasil (filme), 208
Arap, Fauzi, 118-20
Araújo, Alcione, 161-2, 259
Arco e Flexa, Jairo, 122

327

Arena conta Zumbi (peça teatral), 80
Aristóteles, 107
Armação ilimitada (programa de TV), 196, 215
Arraes, Guel, 195, 197, 207-8, 214-7, 235, 239, 251, 253, 255-7, 259, 271, 279, 281, 288
arte e a maneira de abordar seu chefe para pedir um aumento, A (Perec), 281
Artimanhas de Scapino (Molière), 161
Asdrúbal Trouxe o Trombone, 68, 167
Assis Chateaubriand, 26
Assis Trindade, Cairo de, 111
Associação dos Produtores de Teatro (APTR), 265
Athayde, Roberto, 111-2, 176
Augusto Olímpio, 54
Auto da Compadecida (Suassuna), 207
auto da compadecida, O (série e filme), 207, 279
Autran, Paulo, 91, 165
Azevedo, Artur, 216

Babenco, Héctor, 167
Bahia, Mayrton, 223
Balabanian, Aracy, 94, 194, 214, 218
bandeira dos 5 mil réis, A (peça teatral), 179
Bandeira, Denise, 156, 158-9, 181, 214, 221-3, 227
Bandeira, Sylvia, 145, 148
Bandeirantes, TV, 138, 168, 187
Bardi, Lina Bo, 259
baronesa transviada, A (filme), 46
Barreto, Fernando, 25
Barros, Wilson, 193, 228
Bastidores (filme), 183
Baum, L. Frank, 179
Becker, Cacilda, 91
Beltrão, Andréa, 214, 246, 248, 251
bem-amado, O (filme), 209
bem-amado, O (peça teatral), 264
Ben Jor, Jorge, 188, 205
Bergson, Henri, 105

Bernardet, Jean-Claude, 205
Bernhardt, Sarah, 169
besouro e a rosa, O (Andrade), 195, 216
Bessa Freire, José Ribamar, 33, 35
besteirol, 165
Beto Rockfeller (novela), 92
Beuttenmüller, Glorinha, 131
Bezzi, Maria Helena, 54, 56
Bilac, Jô, 276
Bisso, Patrício, 172
Bloch, Adolpho, 116
Bloch, Debora, 197-8
Boal, Augusto, 80, 155-8
Boca do Lixo, 204
Borges, Alexandre, 206
Borges, Luiz Fernando, 223
Borges, Mário, 286
Borghi, Renato, 138
Borja, Vítor Porfírio de, 169
Bosi, Ecléa, 15
Botelho, Claudio, 194, 222
Botelho, Jorge, 54
Botequim (Guarnieri), 147
Braga, Gilberto, 120; *ver também* Gilberto Tumscitz
Braga, Regina, 214
Brandão, Ronaldo, 118
"Brasil Especial" (programa de TV), 215, 256
Brasil: da censura à Abertura (peça teatral), 144-7, 164
Brasil, panorama político cultural nos anos 1950-60, 44-5
Bravo! (revista), 271, 277
Brecht, Bertold, 231, 259, 286
Breda, Marcos, 194
Brega & Chique (novela), 91, 193
Bressane, Julio, 93
Brieba, Henriqueta, 116
Brincando em cima daquilo (peça teatral), 176
Brito, Margot, 125

Brito, Sérgio, 91, 127-8
Brizola, Leonel, 155, 158
Brooks, Mel, 105
Bruel, Beto, 201
Brunet, Luiza, 215
Bruno, Isaura, 49
Buarque, Chico, 70-1, 104, 132, 155-7, 221
Bulbul, Zózimo, 156, 289
burguês fidalgo, O (Molière), 256
burguês ridículo, O (peça teatral), 106, 255-60
Burle Marx, Roberto, 33, 213

Cabaré das travestidas (show), 278
Cabral, Sadi, 54-5
Cacaso, 105
cadeiras, As (Ionesco), 284-5
Cadernos de teatro, 57
cafona, O (novela), 89, 91-3, 127
Calcanhotto, Adriana, 194
Caldas, Sílvio, 25
Calígula (Camus), 256
Camargo, Hebe, 84, 181
Camargo, Joracy, 125
Camila, em momentos (peça teatral), 219
Campos, Walter, 115
Camurati, Carla, 183, 198-200, 203, 208, 268
Camus, Albert, 256
Candeias, Ozualdo, 205
Candido, Antonio, 113
Caos (Górki), 58
Cardia, Gringo, 201, 285
Cardoso, Fernando Henrique, 199, 242
Cardoso, Louise, 98, 100, 112, 181, 194, 212-4
Cardoso, Pedro, 216, 236-7, 246, 248, 254, 267
 sobre Nanini, 248
Cardoso, Rogério, 207, 236, 246
Cardoso, Sérgio, 94-5
Carequinha, palhaço, 40
Carinhoso (novela), 114, 128
Carlota Joaquina, princesa do Brazil (filme), 198-204
 críticas negativas a, 203
 sucesso de público, 203-4
Carneiro da Cunha, Juliana, 151, 269
Carneiro, Ferdy, 289
Carneiro, Geraldo, 97
Carneiro, Milton, 13, 63, 66, 68-9, 76, 78, 85-6
 ver também Companhia Milton Carneiro
Carone, Felipe, 68
Carrasco, Walcyr, 205
Carrero, Tônia, 91, 94, 129, 165, 181, 214
Carvalho, Eleazar de, 110
Carvalho, Hermínio Bello de, 259
Carvalho, Tania, 197
Carvana, Hugo, 208
Casaldáliga, Pedro, 35
Casé, Regina, 68, 91, 167, 218, 235
Castelo Branco, Humberto, 49
Castro de Morais, dom (governador-geral do Rio de Janeiro), 156
Castro, Tarso de, 18, 158
Catatau (Leminski), 70
Cavendish, Virginia, 207
Caymmi, Nana, 261
Cazarré, 137
Cazuza, 228-9
Cela forte mulher (peça teatral), 147
Celeste, Cláudia, 172
Celulari, Edson, 217
Centro Popular de Cultura (CPC), 52
César Augusto, 274
Chagas, Walmor, 82, 91, 124-5, 219
Chauí, Marilena, 15
Chediak, Braz, 205
Chico Buarque & Maria Bethânia ao vivo (show), 221
Chiozzo, Adelaide, 39, 137
Christie, Agatha, 175
Cidade do Samba, RJ, 274
circo de rins e fígados, Um (Thomas), 271-3
Clair, Janete, 80, 230
Clima (revista), 113

Colker, Deborah, 262
Collor de Mello, Fernando, 195
"comédia da vida privada, A" (Verissimo), 197, 216-7
"Comédia Especial" (teleteatro), 93, 169
comédia, definições de, 105
Comissão Nacional da Verdade (2012), 144
Companhia Milton Carneiro, 69, 169
Conrado, Aldomar, 110
Conservatório Nacional de Teatro, 52, 54, 60
Copacabana (filme), 208
Corações e mentes (documentário), 130
Cordão umbilical (peça teatral), 92, 149
Corpo a Corpo (novela), 171
Correio da Manhã, 47
corsário do rei, O (peça teatral), 155-60
Cortez, Raul, 121
Costa Leite, Luís da, 33
Costa, Alaíde, 49
Costa, Armando, 233-4
Costa, Janete, 213-4
covid-19, pandemia de, 279, 283
criadas, As (Genet), 59
crítica teatral no Brasil, 113-4
Cruz, Walter, 205
Cultura, TV, 122
Cunha, Wilson, 127, 165
Cuoco, Francisco, 95
Curi, Ivon, 137

dama das camélias, A (peça teatral), 116
Daniel Filho, 104, 254
Davis, Angela, 130
De Felippes, Bianca, 200, 202-3, 222
De Profundis (Wilde), 222, 275
Dean, Billy, 225
"Decididamente" (canção), 125
Dercy de Verdade (programa de TV), 71, 75
Deriquém, Moacyr, 70
Descasque o abacaxi antes da sobremesa (Nanini), 108-11

desgraças de uma criança, As (Martins Pena), 17-20, 99-102, 128
Deus lhe pague (peça teatral), 91, 124-8
Deus Salve o Rei (novela), 221, 280
Diário de Notícias, 18, 90, 110
Diario de Pernambuco, 118
Dias Gomes, 70, 80, 209, 217, 230-1
Díaz, Enrique, 207
Diegues, Cacá, 93
diletante, O (Martins Pena), 55
"Dinheiro em penca" (canção), 105
Diniz, Colmar, 176
Diretas Já, 149
ditadura militar (1964-85), 49, 58
    Abertura (anos 1980), 144
    assassinato de Edson Luís, 60
    tortura na, 102
Doce deleite (peça teatral), 91, 161-70
dona da história, A (peça teatral), 214, 265
Dona do Pedaço, A (novela), 280
Dona Flor e seus Dois Maridos (minissérie), 213, 217
DOPS, 65
Dória, Gustavo, 54, 113
Dória, Jorge, 138, 206
Douglas, Alfred, 275
doze passos e as doze tradições, Os (Alcoólicos Anônimos), 229
Duarte, Anselmo, 165
Duarte, Débora, 168
Duguay-Trouin, René, 155
Dumas, Alexandre, 197
Duncan, Emília, 200-1
Duncan, Zélia, 225
Dussek, Eduardo, 17, 80, 82, 84, 99, 101-2
Dutra, Eurico Gaspar, 25, 145
Duvivier, Gregorio, 252
Dylan, Bob, 124, 130
Dzi Croquettes, 96, 179

E continua... tudo bem (peça teatral), 197

É proibido jogar lixo neste local (peça teatral), 93
É tudo verdade (filme), 25
Eichbauer, Hélio, 156
Eliana (atriz de chanchadas), 165
Ellmann, Richard, 276
Éluard, Paul, 42, 58
Embrafilme, 195, 199
Encontro no bar (peça teatral), 92, 97-8, 128
"engraçado arrependido, O" (Monteiro Lobato), 216
Ensaio de orquestra (filme), 269
Erasmo Carlos, 86
Erundina, Luiza, 185
Espelho Mágico (novela), 172
Estado de S. Paulo, O, 19, 96
Este banheiro é pequeno demais para nós dois (peça teatral), 69
Estúdio Brasil (programa de TV), 137
Êta Mundo Bom! (novela), 169
"Eu só comigo" (Nery), 112

Fagner, 157
Fala baixo, senão eu grito (peça teatral), 86
Falabella, Miguel, 218
Falcão, Adriana, 207
Falcão, João, 207, 256-7, 259-62, 264-7, 271
    sobre Nanini, 256
Fantástico (programa de TV), 95
Faria Jr., Miguel, 208
Farias, Maurício, 208
Farney, Cyll, 40, 165
"Feedback Song for a Dying Friend" (canção), 229
Feijão Maravilha (novela), 137
Feliz ano velho (filme), 194
Fellini, Federico, 269, 280
Fernandes, Millôr, 125
Ferraz, Buza, 118, 222
Ferraz, Paulo, 65
Ferreira Gullar, 52, 259
Ferreira, Bibi, 125-7, 132
Ferreira, Juca, 265
Ferrite, Zanoni, 97, 129
Figueiredo, João Batista, 143
filhos de Kennedy, Os (peça teatral), 128-33, 147
Fischer, Vera, 218
Flávio Márcio, 146-7
floresta encantada, A (peça teatral), 53
Folclore político: 350 histórias da política brasileira (Nery), 144
Folha de S.Paulo, 224
    sobre Nanini em *Um circo de rins e fígados*, 273
Fonseca, José Paulo Moreira da, 289
Fontoura, Ary, 65-6
Foote, Gene, 116
Fosse, Bob, 116
Fraga, Denise, 207
Francis, Paulo, 113
Franco, Itamar, 199
Franco, Suely, 116
Freire-Filho, Aderbal, 92, 96, 149-50, 152-4, 179, 197, 289
Freire, Nelson, 44
Freitas, Lourival de (doutor Nero), 104-5
Frisch, Max, 69
Fulaninha e dona Coisa (peça teatral), 194
Furtado, Jorge, 197, 216

Gabeira, Fernando, 145, 153
Gabriela (novela), 118, 128
Galpão Gamboa, 274, 277-8
Galvão, Lafayette, 99
Garcia, Bel, 276
Garcia, Clóvis, 19
gatatarada, A (peça teatral), 74
Gaya, Claudio, 179
Geisel, Ernesto, 144
Genes, Rinaldo, 86
Genet, Jean, 59

Gervitz, Roberto, 194
Gil, Gilberto, 265
Gilberto Tumscitz (nome de batismo de Gilberto Braga), 110
Gismonti, Egberto, 97
Globo Filmes, 207
Globo, O, 91, 110, 127, 159, 162, 167, 257, 276, 284
Globo, TV, 75, 92-3, 164, 168, 172, 181, 195, 197, 207, 215, 217, 230-1, 234, 245, 248, 253, 283, 288
Goethe, Wolfgang, 111
Gofman, Betty, 258
  prêmio Shell por *O burguês ridículo*, 260
Gonçalves, Dercy, 13, 18, 70-6, 78, 85-6, 90, 129, 177, 198, 263, 281
Gonçalves, Martim, 259
Gonçalves, Maurício, 207
Górki, Maksim, 58, 63-5
Gota d'água (peça teatral), 132
Goulart, João, 50
Goulart, Paulo, 207
Governador do Estado de São Paulo, Prêmio, 133
Goya, Francisco de, 201
Gracindo, Paulo, 60
Grande Família, A (programa de TV), 106, 230- 54
  inspiração para Lineu, 46
grande família, o filme, A (filme), 208, 249-50
Grande Otelo, 39, 49, 137
Gregório, Carlos, 54
Greta (filme), 209-11, 280
Greta Garbo, quem diria, acabou no Irajá (peça teatral), 209
Grisolli, Paulo Afonso, 163, 232, 234
Grotowski, teatro pobre de, 69
Guarnieri, Gianfrancesco, 147
Guedes, Antonio, 201, 285
Guerra, Ruy, 97
Guimarães, Carmelinda, 121

Guimarães, Luiz Fernando, 91
Guinness Book, 175
Gurgel Aranha, Edgard, 228

"Há tempos" (canção), 212
Hamlet (Shakespeare), 32, 106, 197, 256
Heliodora, Barbara, 52, 54, 113, 178, 258, 267
Hello, Gershwin (peça teatral), 194
Hendrix, Jimi, 130
Hernandes, Simone, 159
Hirsch, Felipe, 267-71, 275-6
Hirszman, Leon, 52
Hitchcock, Alfred, 179
Hitchcock, Bill, 125
Hoffman, Dustin, 171
Holiday, Billie, 222
"homem que sabia javanês, O" (Lima Barreto), 216
Homens gordos de saia (Silver), 268
"Hurricane" (canção), 124

"ideal do crítico, O" (Machado de Assis), 113
Ignez, Helena, 60
improviso de Versalhes, O (Molière), 259
Iniciação ao teatro (Magaldi), 135
Intervalo (revista), 89
Ionesco, Eugene, 284
Irma Vap: o retorno (filme), 184
IstoÉ, 165
Izquierdo, Aída, 126

Jabor, Arnaldo, 203, 209
Jansen, mestre, 58
Jaolino, Carlos, 228
Jarry, Alfred, 65
Jô Onze e Meia (programa de TV), 181
João Alberto (jornalista), 118
"João Barandi" (canção), 105
João Caetano, 59, 169
João do Rio, 113
Jobim, Tom, 104-5, 186

Johnson, Ben, 170
Joplin, Janis, 130
Jorge, Zaquia, 46
Jornada de um imbecil (peça teatral), 58
Jornal da Tarde, 154
Jornal do Brasil, 19, 96, 110-2, 118, 127, 157, 167, 180, 228, 257
Jornal do Commercio, 110
Jornal Hoje (TV), 139, 181
Jornal Nacional (TV), 171
Jouvet, 135
Juca do Acordeon, 40
Juno e o pavão (O'Casey), 55

Kaplan, Ilana, 258
Kaz, Leonel, 159
Kean (peça teatral), 197
Kean, Edmund, 197
Kennedy, John F., 128, 130
Khoury, Simon, 19, 170
King, Martin Luther, 130
Kroeber, Carlos, 116-7, 172
Kubitschek, Juscelino, 40, 45

Lacerda, Carlos, 50
Laços de Família (novela), 235
Lage, Natália, 246
lágrimas amargas de Petra von Kant, As (peça teatral), 151
Lane, Virgínia, 40
Lang, Jack, 155
Laport, Nelly, 56
Lara, Odete, 150
Laroche, Guy, 179
Latorraca, Ney, 170-1, 175-6, 181-90, 196, 214, 218-9, 221, 228, 248
  sobre Nanini, 197
Lei Rouanet, 265
Leigh, Richard, 225
Lemmertz, Julia, 218
Lemmertz, Lilian, 138

Levi, Clóvis, 138
Lewgoy, José, 137
"Liberdade" (Éluard), 42, 58
Libonati, Fernando, 179-80, 186-7, 196, 209, 213, 218-20, 222-3, 247, 258, 263, 265-6, 269, 273-4, 278, 284-5, 288
Lima Duarte, 207
Lima, Mariana, 271
Lins, Lucinha, 156
Lins, Osman, 192, 195, 216
Lisbela e o prisioneiro (filme), 208
Lisbela e o prisioneiro (Lins), 192, 195, 216
Lobo, Edu, 125, 155-7
Lobo, Narciso, 33
Lombardi, Carlos, 138
Lopes, Démick, 210
Ludlam, Charles, 174-5, 181
Luís XIV, 155
Lula da Silva, Luís Inácio, 265
Lyra, Carlos, 52

Macedo, Eliana, 39-40, 137
Macedo, Watson, 39, 46
Machado de Assis, 113, 120, 195
Machado, Maria Clara, 54, 56, 88
Macksen Luiz, 157, 165, 267
Madrid, José María, 40
Magaldi, Sábato, 113, 135, 154
Magno, Alberto, 195
mais-valia vai acabar, seu Edgar, A (peça teatral), 149
"mambembe, O" (Azevedo), 216
Mambembe, Prêmio, 121, 168
Manaus: Amor e memória (Mello), 37
Manchete, 127, 165, 224
Mandarino, Ney, 177-8
Mandrix, 67-8
Manga, Carlos, 45
Mão na luva (peça teatral), 143, 149-55
"marcha nº 1 do Clube Vassourinhas, A", 23
Marcos Paulo, 125
Maria Bethânia, 221

333

Maria Zilda, 80, 83-4
Marinho, Euclydes, 214
Marinho, Flavio, 110, 127, 164-5
Marins, Maria Lúcia, 149, 232-3
Marquezi, Dagomir, 170
Martinez Corrêa, Zé Celso, 88
Martins Pena, 17, 18, 55, 98, 101, 113
Martins, Carlos Estevam, 52
Más, Daniel, 170
Matos, Zélia, 40
Matou a família e foi ao cinema (filme), 93
Mauro Filho, Lúcio, 236-7, 246, 250-1
Maya, Wolf, 17, 80, 82-3, 98-9
Maysa, 93
Mazzaroppi, 39
médico e o monstro, O (Stevenson), 197
Medina, Tetê, 116
Mello e Souza, Gilda de, 113
Mello, Selton, 196, 207
Mello, Thiago de, 37
Melo, Fernando, 111, 209
Melo, Luis, 207
Memória e sociedade (Bosi), 15
Mendes, Bete, 101-4, 259
    prisão pela ditadura, 102
Meneses, Ademir de, 40
Menezes, Glória, 218
Menezes, Margareth, 263
Mesquita, Evandro, 246
Michalski, Yan, 19, 100, 110, 113, 118, 127, 145, 150, 158, 167
Migliaccio, Flávio, 94
Milani, Francisco, 247, 269
Miller, Arthur, 267
Milton Carneiro, Companhia de teatro, 63
Minelli, Liza, 116
mistério de Irma Vap, O (peça teatral), 91, 107, 169, 174-91, 198
    brigas entre Nanini e Latorraca, 188-9
    curiosidades nas apresentações, 185-8
Miúcha, 104

moças daquela hora, As (filme), 205
Möeller, Charles, 194, 222
Molière, 56, 106, 161, 255-6
Molière, Prêmio, 112, 127, 155
Monte, Marisa, 188
Monteiro Lobato, 216
Montenegro, Fernanda, 57, 91, 107, 178, 207, 279
Montez, Nancy, 40
Moraes, Dênis de, 150
Morais, Dulcina de, 66, 168
Morais, Vinicius de, 58, 104, 125, 148
Moreninha, A (novela), 121, 128
morte de um caixeiro-viajante, A (Miller), 267, 269
Motta, Nelson, 148
Motta, Oswaldina, 193
Motta, Zezé, 68, 80-4, 87, 192, 195, 205, 214, 220
Moura, Wagner, 268
Muniz, Lauro César, 114, 170, 172
Murro em ponta de faca (peça teatral), 147
Murtinho, Rita, 223
Murtinho, Rosamaria, 94

Nachtergaele, Matheus, 207
Nadinho da Ilha, 125
Nagle, Leda, 139
Nanini, Cecy, 26-32, 34, 37, 43, 48, 50, 53, 56, 79, 84, 100, 129, 152, 191-2, 287
Nanini, Dante, 19, 25-30, 32, 34-5, 42-3, 46-7, 50, 56, 79, 84, 98, 100, 129, 146, 242, 275
Nanini, Marco
    acidente de carro e internação hospitalar, 102-3
    adolescente no papel de são João Batista, 51
    ajuda de Ary Fontoura no início da carreira, 66
    aluno do Conservatório Nacional de Teatro, 54-60
    amizade com Camila Amado, 98

amizade com Louise Cardoso, 213
amizade com Marília Pêra, 161
amizade com Ney Latorraca, 197
amizade e entrosamento com Juliana Carneiro da Cunha, 151-2
amizade e entrosamento com Marieta Severo, 266
apartamento no edifício Copan em São Paulo, 129
aprendendo com Afonso Stuart, 77
aprendendo com Dercy Gonçalves, 74
Ariano Suassuna sobre, 135
sobre a arte de contracenar, 89
sobre a arte do teatro, 290
ator de múltiplos papéis, 68
o bordado e o avesso do bordado, 134
caderno de autógrafos, 39-40 48, 50, 91
Camila Amado sobre, 286
cancelamento da temporada de *Mão na luva*, 154
câncer do pai, 19, 98, 100
sobre *Carlota Joaquina*, 200
carreira no cinema, 204-11
casado com Fernando Libonati, 179, 185, 196
e o cinema na infância, 39
cirurgia espiritual, 104
colecionador de textos e críticas sobre ele, 120
e a comédia, 55-6
sobre a comédia e a tragédia, 106-7
na Companhia Milton Carneiro, 63, 66
composição de Lineu de *A Grande Família*, 239-41
confronto com espectador em *Os filhos de Kennedy*, 132
contusão na coluna, 283
sobre a convivência do elenco de *A Grande Família*, 248
como cozinheiro, 81
criatividade em cena, 18
sobre a crítica, 112, 121-2

crítica negativa por *Carinhoso*, 115
críticas negativas a *Descasque...*, 110-1
descobre nódulo nas cordas vocais, 190
desentendimento com Aderbal Freire-Filho, 154
como dublador de cinema, 205
Emiliano Queiroz sobre, 133
no enterro de Renato Russo, 227
estabilidade financeira depois de *Irma Vap*, 184
sobre os exercícios de Klauss Vianna, 152
experiência com LSD, 219-20
fã de videogames, 192
festa de 49 anos, 212-4, 229
frequentador da praça Roosevelt, 130
e o Galpão Gamboa, 274, 277-8
gestos femininos inspirados em Marília Pêra, 170
sobre *A Grande Família*, 252
sobre *Hamlet*, 106
improvisos de, 202
indicação ao Prêmio Mambembe, 121
indicação para o Prêmio Molière, 112, 127
infância, 29-31
    em Belo Horizonte, 43
    em Manaus, 32-41
    no Rio de Janeiro, 43-4
interação com os técnicos do espetáculo, 135
João Falcão sobre, 256
como jovem poeta, 112
maníaco por pontualidade, 153
sobre *Mão na luva*, 151
Marília Pêra como amiga, namorada, mentora e parceira, 86-7, 89-91
modo de atuar, interpretação/vivência, 135
sobre Molière, 257
morando no Rio e em São Paulo, 192
morando no Solar da Fossa, 69-70
morte da mãe, 191
morte do pai, 101
morte de Sérgio Cardoso e, 94

musicalidade de, 157
nascimento, 28
sobre a necessidade de se expressar pela escrita, 111
Ney Latorraca sobre, 197
oferece texto para direção de Ney Latorraca, 197
ovacionado em *Deus lhe pague*, 125
pai como inspiração para Lineu de *A Grande Família*, 242
paixão por animais, 220
paixão por Oscar Wilde, 84
paixão por pitombas, 202
no palco com Pedro Paulo Rangel, 59
parceria com Felipe Hirsch, 269
sobre a parceria com Guel Arraes, 256
participando da campanha das Diretas Já, 159
Pedro Cardoso sobre, 248
pesquisa cuidadosa na construção do personagem, 129-32, 134, 200-1
sobre a política brasileira, 146
preferência pelo teatro, 204
premiações para *Uma noite na lua*, 264
premiado no Festival de Berlim por *Greta*, 211
prêmio Artista Bradesco Prime 2011, 277
Prêmio Governador do Estado de São Paulo por *Os filhos de Kennedy*, 133
Prêmio Mambembe por *Doce deleite*, 168
Prêmio Molière por *Mão na luva*, 155
prêmio Sharp por *O burguês ridículo*, 260
prêmios em cinema, 206
prêmios por *Pterodátilos*, 271
preocupação com o preparo físico, 86
primeira cena de sexo no cinema, 211
primeiro espetáculo teatral, 38
primeiro papel no teatro, 51
projeto de teatro próprio, 273
sobre a própria sexualidade, 277-8
prova do vestibular para teatro, 53-4
e o Reduto, 274, 278

reencontro com Dercy Gonçalves, 263
representação como arte coletiva, 201
relação com Dercy Gonçalves, 73-5
revolta com as críticas a *O corsário do rei*, 158
rompimento com Marília Pêra, 190
separação física de Fernando, 247
sequelas do acidente, 104-5
sexualidade, 82, 84, 89
solidariedade e aids, 228
sobre sucesso e fracasso, 123
tabagismo e, 153
sobre teatro, cinema e televisão, 204
sobre o trabalho de diretor, 197
trechos de roteiros destacados com cores, 136
usando Fernando Pessoa na composição de Lineu de *A Grande Família*, 241
uso de Mandrix, 67-8, 90
uso do microfone em cena, 262
walkman, 164

trabalhos como ator:
    no cinema:
        Amor & Cia, 206
        Anjos da noite, 193
        Apolônio Brasil, 208
        O auto da compadecida, 207, 279
        O bem-amado, 209
        Carlota Joaquina, princesa do Brazil, 198-204
        Copacabana, 208
        Feliz ano velho, 194
        A grande família, o filme, 208, 249-50
        Greta, 209-11, 280
        Lisbela e o prisioneiro, 208
        As moças daquela hora, 205
        A noite dos duros, 205
        Quem tem medo de Irma Vap, 208
        Romance, 208
        O roubo das calcinhas, 205
        A serpente, 195

A suprema felicidade, 209
Teu tua, 206
O Xangô de Baker Street, 208
em novelas:
   Andando nas Nuvens, 262
   Brega & Chique, 91, 193
   O Cafona, 89, 91-3, 127
   Carinhoso, 114, 128
   Deus Salve o Rei, 280
   A Dona do Pedaço, 280
   Gabriela, 128
   A Moreninha, 128
   A Patota, 93
   Pedra sobre Pedra, 194
   O Primeiro Amor, 93-4, 128
   Um Sol Maior, 129
   Um Sonho a Mais, 170-3
   O Todo Poderoso, 138
   As Três Marias, 164
em programas de TV:
   "O alienista", 216
   Armação Ilimitada, 196
   O Auto da Compadecida, 207
   "O besouro e a rosa", 216
   "Comédia Especial", 93
   Dona Flor e Seus Dois Maridos, 213, 217
   "O engraçado arrependido", 216
   A Grande Família, 106, 235-54
   "O homem que sabia javanês", 216
   Lisbela e o Prisioneiro, 216
   "O mambembe", 216
   "Terça Nobre", 195
   TV Pirata, 93, 194
no teatro:
   A arte e a maneira de abordar seu chefe para pedir um aumento, 281
   A bandeira dos 5 mil réis, 179
   O bem-amado, 264
   Brasil: da censura à Abertura, 145-7
   O burguês ridículo, 255-60
   As cadeiras, 284-5

   Um circo de rins e fígados, 271-3
   Cordão umbilical, 92, 149
   O corsário do rei, 155-60
   As desgraças de uma criança, 99-102, 128
   Deus lhe pague, 91, 124-8
   Doce deleite, 91, 161-70
   É proibido jogar lixo neste local, 93
   Encontro no bar, 97-8, 128
   Este banheiro é pequeno demais para nós dois, 69
   Os filhos de Kennedy, 128-33, 147
   A gatatarada, 74
   O improviso de Versalhes, 259
   Kean, 197
   Mão na luva, 149-55
   O mistério de Irma Vap, 91, 169, 174-91, 198
   A morte de um caixeiro-viajante, 269
   Uma noite na lua, 260
   Um padre à italiana, 76, 107, 128
   Pano de boca, 118-20
   Pippin, 91, 115-8, 128
   Pterodátilos, 269-70
   Quem tem medo de Virginia Woolf?, 265-6
   Ralé, 64-5
   Romeu e Julieta, 92
   Salomé, 84
   Sexo zangado, 69
   Show do crioulo doido, 68
   Os solitários, 268-9
   Ubu rei, 210, 280, 283
   A vida escrachada..., 86-8, 90, 115, 128, 169
   A viúva recauchutada, 71-2
   Zoo Story, 121, 134, 147
trabalhos como autor:
   Descasque o abacaxi antes da sobremesa, 108-11
   A floresta encantada, 53

Hoje eu sou aquela cadela suja, 109
Hotel do amor, 109, 111
trabalhos como diretor teatral:
  E continua... tudo bem, 197
  Fulaninha e dona Coisa, 194
  Hello, Gershwin, 194
  As regras do jogo, 197
trabalho como produtor teatral:
  Tiro ao alvo, 146
Nascimento, Milton, 181
Negrão, Walter, 93-4
Nery, Adalgisa, 30, 112
Nery, Sebastião, 144
Neschling, John, 99, 163
Neto, Claudia, 194
Neves, Tancredo, 149, 259
New York Dolls (banda), 130
Ney Matogrosso, 80-1, 163
Ney, Nora, 40
Niskier, Clarice, 125
Nogueira, Ana Beatriz, 223
noite dos duros, A (filme), 205
noite na lua, Uma (peça teatral), 260
Nunes, Celso, 97
Nunes, Max, 168
Nunnes, Bia, 168

Oficina, Teatro, 118
Olga del Volga (Patrício Bisso), 172
Oliveira, Aloysio de, 125
Oliveira, Dalva de, 94
Oliveira, Dante de, 159
Oliveira, Domingos, 206, 234
Oliveira, Marcos, 246
Ópera dos três tostões (Brecht), 259
Opinião, grupo teatral, 150
Orgia ou O homem que deu cria (filme), 204
Orquestra Tabajara, 25
Oscarito, 39, 76
Otávio Augusto, 97
Otelo (Shakespeare), 197-8
Ozanan, Chico, 65

Pacheco, Tania, 127
padre à italiana, Um, 76, 107, 128
Paiva, Claudio, 236-8, 240, 243, 249-50
Pano de boca (peça teatral), 118-20
Pariz, Lourival, 121
Pasquim, O, 118, 289
Patota, A (novela), 93
Patrick, Robert, 128
Paulinho da Viola, 70, 205
Paulo José, 94-5, 169, 259
Pecado Capital (novela), 133
Pedra sobre Pedra (novela), 194
Pedro Raimundo, 40
Pedroso, Bráulio, 79, 86-7, 92, 96-8, 137, 231
Penido, José Márcio, 163
Pequena Central, A (companhia de teatro), 196, 247, 264
Pequeno Teatro da Aldeia Abandonada, 176
Pêra, Marília, 19, 41, 86-91, 116, 124-5, 127, 145, 148, 161, 163, 167-9, 176-8, 183, 190, 193, 219, 229, 235, 273
  como mentora de Nanini, 90
  prisão pela ditadura, 163
  referências a Nanini em sua biografia, 190
  rompimento com Nanini, 190
Pêra, Sandra, 80
Perec, Georges, 281
Pereira, Silvero, 278
Pereira, Tonico, 246, 248
Pereira, Vicente, 100, 163
Perez, Ariclê, 116
Perez, Gloria, 214
Pessoa, Fernando, 241
Pessoa, Ricardo, 176
Piaf, a vida de uma estrela da canção (peça teatral), 133
Pillar, Patricia, 206
Pinheiro, Felipe, 228
Pinheiro, Paulo César, 115
Pippin, 91, 115-8, 128
Pires, Gloria, 254

Pixote (filme), 167
Planeta dos Homens (programa de TV), 164
Plínio Marcos, 58
Pollack, Sidney, 171
Pontes, Paulo, 52, 132-3, 231, 235
Porto, Paulo, 205
Porto, Sérgio, 68-9
Praça, Armando, 209, 211
Prado, Osmar, 93
Prata, Mário, 92, 96, 170, 172
preciosas ridículas, As (Molière), 256
Prêmio da Música Brasileira, 182
Prêmio Resgate do Cinema Brasileiro, 200
preparação do ator, A (Stanislavski), 53
Prestes, Analu, 214, 217, 221-2
Primeiro Amor, O (novela), 93-4, 127-8
Proença, Maitê, 173
Pterodátilos (peça teatral), 255, 268-70
  premiações, 271

Quacken, Helmut, 33
Queirós, Eça de, 206
Queirós, Luís Armando, 54, 86
Queiroz, Emiliano, 13, 133
Quem tem medo de besteirol? (peça teatral), 165
Quem tem medo de Irma Vap (filme), 208
Quem tem medo de Virginia Woolf? (Albee), 265-6

Ralé (Górki), 63-5
Ramalho, Elba, 180
Ramos, Joana Batista, 23
Ramos, Tony, 253
Rangel, Flávio, 118
Rangel, Pedro Paulo, 51-4, 56-7, 59, 183, 205
Rasga coração (peça teatral), 149, 231, 233
Rasi, Mauro, 100, 163, 257
ratoeira, A (Christie), 175
Ratto, Gianni, 52, 54, 64-5
Ratton, Helvécio, 206

Ravache, Irene, 162
Rebu, O (novela), 104, 137
Reduto, 274, 278
regime das bananas chegou, O, 169
regras do jogo, As (peça teatral), 197
rei da vela, O (peça teatral), 58
Reichenbach, Carlos, 205
Reis, Dary, 70
Renato Russo, 212-9
República Resedá, 80-2, 87, 93, 103, 220
Resedá, Ronaldo, 80, 87, 90, 96, 116, 125
Retomada (do cinema nacional, 1995), 204
"Reviravolta" (especial da TV Globo), 104
Ribeiro, Darcy, 155, 158
Roberta Close, 182
Roberto Carlos, 86
Rocha, Glauber, 58
Rocha, Gutenberg (Guto), 210, 281-2
Rocha, Martha, 40
Rocha, Matias da, 23
Roda viva (peça teatral), 87, 163
Roda Viva (programa de TV), 122, 139
Rodrigues, Jair, 49
Rodrigues, Nelson, 195, 267
Rogato, Ada, 40
Rogéria, 182
Romance (filme), 208
Romeu e Julieta (peça infantil), 92
"rosas não falam, As" (canção), 131
Rosenfeld, Anatol, 113
Ross, Robert, 275
Rossano, Herval, 83
Rossi, Ítalo, 219
roubo das calcinhas, O (filme), 205
Rousseff, Dilma, 252

Sá, Rodrix e Guarabyra, 70
Saboia de Melo, Maria de Lourdes, 83, 93, 129
Saffioti Filho, José, 138
Sai de Baixo (programa de TV), 253
Sales, dom Eugênio, 289

Salles Gomes, Paulo Emílio, 113
Salomé (Wilde), 60, 64, 84
Sampaio, Maria, 116
Santiago, Emílio, 188
Santo e a Porca, O (Suassuna), 207
Santoro, Fada, 40, 165
Santos, Lucélia, 80-1, 83, 104, 148
Sarasate, Paulo, 53
Sartre, Jean-Paul, 197
"Saudades do Rio" (canção), 261
SBT, 181
Scola, Ettore, 280
Se correr o bicho pega, se ficar o bicho come (peça teatral), 150
Secco, Deborah, 254
Senhorita Júlia (Strindberg), 149
serpente, A (filme), 195
Sesc São Paulo, 264, 273
Seu Edgar (peça teatral), 149
Severo, Marieta, 17, 70, 99, 101, 148, 181, 199-201, 214, 219, 235-6, 238, 246, 249, 251-2, 254, 265-8
Sexo zangado (peça teatral), 69
Sganzerla, Rogério, 93
Shakespeare, William, 32, 55, 58, 114, 178, 197, 256
Shepard, Sam, 195
Show do crioulo doido (peça teatral), 68, 169
Silva Aranha, José da, 59
Silva, Amândio, 86
Silva, Cleofas César da, 214
Silva, Giovani da, 282
Silva, Márcia Suely da, 282
Silva, Rosely da, 282
Silveira, Breno, 201
Silver, Nicky, 255, 267
Siqueira, Bemvindo, 259
"Só por hoje" (canção), 223
Soares, Claudette, 75
Soares, Jô, 144
Soares, Jofre, 138

Sob Pressão (seriado de TV), 288
Sol Maior, Um (novela), 129
Solar da Fossa, Botafogo, RJ, 69-70
solitários, Os, 268-9
"Somewhere in my Broken Heart" (canção), 225
Sonho a Mais, Um (novela), 170-3
Sorrah, Renata, 94, 129, 151, 195, 214, 218, 220, 278
Souza, Herbert de (Betinho), 224, 226
Stanislavski, método, 58
Stela Calderón (pseudônimo de Dias Gomes), 70
Stern, Berthold, 48
Stevenson, Robert Louis, 197
Stonewall Celebration Concert, The (disco de Renato Russo), 225
Stresser, Guta, 236, 238, 243, 246, 248-50
Strindberg, August, 149
Stuart, Adriano, 205
Stuart, Afonso, 13, 76-8, 82, 85, 135
Stuckart, Clarice, 51
Suassuna, Ariano, 135, 207-8
Super Plá (novela), 86
suprema felicidade, A (filme), 209
Sutil Companhia, 267

Tablado, O (escola de teatro), 56-7
Tavares, Neila, 54-6, 58, 60, 92
Távola, Artur da, 115, 121
Taylor, Elizabeth, 166
Tchékhov, Anton, 179
Teatro Amazonas, Manaus, 38
Teatro Casa Grande, RJ, 258
Teatro Castro Alves, BA, 259
Teatro do Oprimido, 155
Teatro do Ridículo, 197
Teatro dos Quatro, RJ, 260
Teatro Novo, Lapa, RJ, 64
teatro, comédia e tragédia, 105-6
Teatrologia (Silva Aranha), 59, 169

tempestade, A (disco da Legião Urbana), 226
tempestade, A (Shakespeare), 58
"Tempo perdido" (canção), 227
Tenreiro, Luis Felipe, 223
"Terça Nobre" (programa de TV), 195, 215
Teu tua (filme), 206
Thomas, Daniela, 201
Thomas, Gerald, 176, 271, 288
   sobre Nanini, 272
Tikaram, Tanita, 225
Tiro ao alvo (peça teatral), 146
Todo Poderoso, O (novela), 138
Tootsie (filme), 171
Tornaghi, Eduardo, 138
Torre de Babel (novela), 217
Torres, Mariana, 169
Torturas de um coração (Suassuna), 207
Tostes, Cirene, 73
Traidor (peça teatral), 288
Trate-me leão (Asdrúbal Trouxe o Trombone), 68
Travassos, Patricya, 68
Três Marias, As (novela), 164
Trevisan, João Silvério, 204
Tribuna da Imprensa, 110
Tribuna, A, 121
Trilha, Carlos, 225
Tristão e Isolda, 271
Tupi, TV, 92, 129
TV *Pirata* (programa de TV), 93, 169, 194
Twain, Mark, 105

Ubu rei (Jarry), 65, 210, 280, 283
UNE, 52

Vale, Adalberto, 33-4
Valli, André, 86, 109-10, 112, 163
Vamp (novela), 189
Varella, Drauzio, 214
Vargas, Getúlio, 145

Vaz, Toninho, 70
Veja, 118, 122, 229, 277
Velázquez, Diego, 201
Veloso, Caetano, 181
"Vento no litoral" (canção), 224
Verão da Lata, 184
Vereza, Carlos, 93
Verissimo, Luis Fernando, 197, 216
Via sacra de Cristo hoje, 289
Vianinha: cúmplice da paixão (Moraes), 150
Vianna Filho, Oduvaldo, 52, 143, 149-50, 153-5, 230-7, 239, 243, 253
Vianna, Klauss, 151-2
Vianna, Luiz Werneck, 259
Vicente, Gil, 52
vida escrachada de Joana Martini e Baby Stompanato, A (peça teatral), 79, 83, 86-8, 115, 128, 169
Vieira, Suzana, 163
Vilela, Diogo, 207
Villar, Leonardo, 94-5
Viotti, Sérgio, 54-6
viúva recauchutada, A (peça teatral), 71-2
Volpone (Johnson), 170

Weber, Guilherme, 270
Weinberg, Denise, 211
Welles, Orson, 25
Wilde, Oscar, 60, 84, 222, 275
Wilker, José, 128-9
Williams, Tennessee, 179

Xangô de Baker Street, O (filme), 208, 258
Xavier, Nelson, 156
Xica da Silva (filme), 81
Xuxa, 181

Zimbo Trio, 130
Ziraldo, 69, 144
Zoo Story (peça teatral), 121, 134, 147
Zorra Total (programa de TV), 237

1ª EDIÇÃO [2022] 1 reimpressão

ESTA OBRA FOI COMPOSTA EM MINION PELO ACQUA ESTÚDIO E IMPRESSA
PELA LIS GRÁFICA EM OFSETE SOBRE PAPEL PÓLEN SOFT DA SUZANO S.A.
PARA A EDITORA SCHWARCZ EM FEVEREIRO DE 2023

A marca FSC® é a garantia de que a madeira utilizada na fabricação do papel deste livro provém de florestas que foram gerenciadas de maneira ambientalmente correta, socialmente justa e economicamente viável, além de outras fontes de origem controlada.